丽泽论史集

北京师范大学中西文明比较研究中心 编

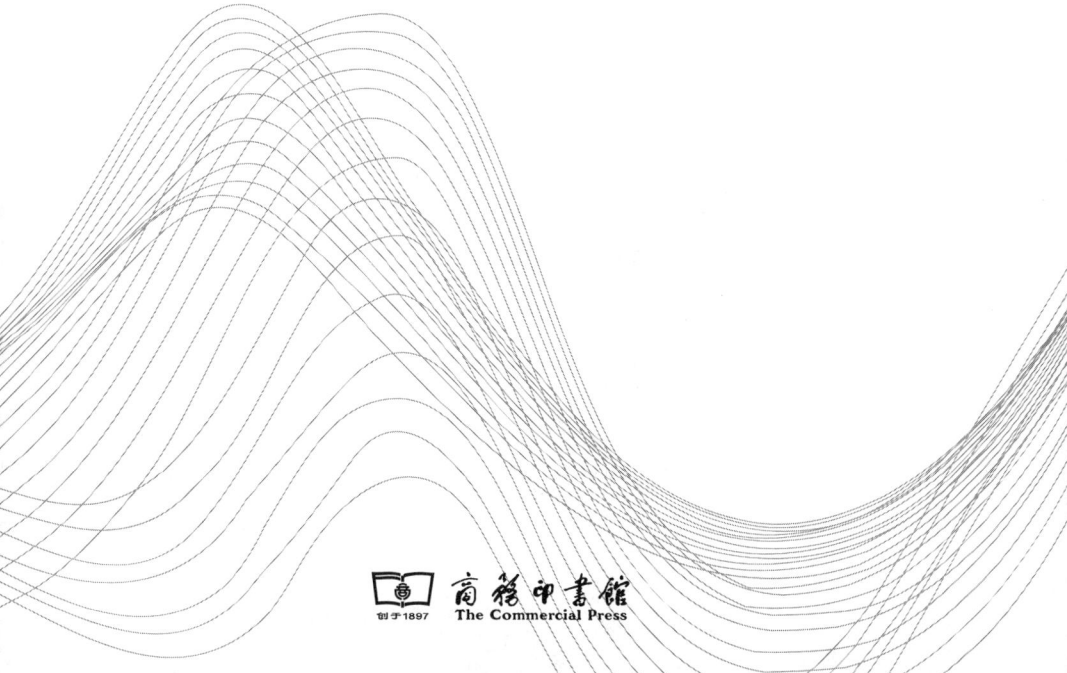

图书在版编目(CIP)数据

丽泽论史集/北京师范大学中西文明比较研究中心编.—北京:商务印书馆,2020
ISBN 978-7-100-19139-5

Ⅰ.①丽… Ⅱ.①北… Ⅲ.①史学—文集 Ⅳ.①K0-53

中国版本图书馆 CIP 数据核字(2020)第 184640 号

权利保留,侵权必究。

丽泽论史集
北京师范大学中西文明比较研究中心　编

商务印书馆出版
(北京王府井大街36号　邮政编码100710)
商务印书馆发行
北京冠中印刷厂印刷
ISBN 978-7-100-19139-5

2020年12月第1版　　开本710×1000　1/16
2020年12月北京第1次印刷　　印张28
定价:98.00元

本书缘起

《丽泽论史集》即将出版了，当此之时，有必要把本书缘起的一些情况略作说明。

为什么要出版这样一部书？我们认为，这是学术发展的内在要求决定的。

学术研究要想得到健康发展，就要对已有的学术成果作出系统的总结和深刻的反思。一个时代若没有系统的学术总结和深入的学术反思，这个时代的学术成果就很难得到彻底的认识和理解，其价值也很难得到恰当的衡量和评估，这份学术资源就不能发挥应有的作用，学术的下一步发展很难说会迎来光明的前景。如此看来，对于一个时代学术发展的了解越是全面，越是深入，就越有可能为学术的进一步发展创造更好的条件。

学术是学者创作的成果，能做出一个时代标志性学术成就的，自然就是这个时代的有代表性的学者。反过来，要想了解一个时代的学术，当然一定要研究这样的有代表性的学者。刘家和先生毫无疑问就是这样一位学者。研究刘先生的学术和思想，就是深入认识和理解时代学术的一个重要途径。

刘先生出生于20世纪20年代后期，那是国难深重的时代。1937年7月日寇发动全面侵华战争，12月南京失守，他的家乡江苏六合就在长江对岸不远处，很快也沦陷了，少年的他不幸成了亡国奴，遭受了长达八年的痛苦煎熬。在日寇的铁蹄之下，和千百万同胞一样，刘先生并不屈服，他当时幼小的心灵中萌生了成年人也未必会有的那样强烈的民族解放意识和中华文化认同。他热爱中国文化，又渴望了解外部世界，心中早早地就埋下了中外比较研究的种子。抗战胜利后，报考大学时选择历史学作为毕生志业，在中西历史文化比较研究的路途上迈出了关键的一步。在漫长的学术生涯中，他悉心体会和揣摩钱穆、唐君毅、牟宗三、陈垣、白寿彝、林志纯等诸位师长的学术方法，潜心研读中外古圣先哲的传世经典，融会诸家所长，在古代希腊史、古代印度史、古代中国史及中外古史比较研究、史学理论和史学史等学科领域作出了开创性的贡献，提出了一系列重要的学术观点。最有代表性的如：中国人有责任写出包括中国史在内并给中国史以应有地位的世界史（刘先生主编的两部世界古代史著作都是有中国史在内并给中国史以应有地位的研究成果），"轴心期"各主要文明的根本异同在于人类精神觉醒方式的异同，中国历史具有统一性与连续性的特点而且经历了数次否定之否定的螺旋式发展周期因而绝不是"非历史的历史"，中国史学编纂中有重视"通史精神"的传统而西方史学编纂中则有重视普世史的传统，"历史理性"在中国思想中得到了较为充分的发展而"逻辑理性"则在西方思想中得到了较为充分的发展，中西文化差异的最根本处在于理性结构的不同并可追溯到两种二分法的不同和语言的不同，如此等等。这些观点都是关系到中西文明特点的根本问题；是这个时代的标志性成果，在百余年来中西思想文化比较研究的征途上具有里程碑的意义；是对前人研究的发展和创新，对于未来的学术研究和文化发展必将产生深远的影响。我们相信，生活在当下以及将来的人们会因为读到这些成果而得到启迪！

刘先生为什么能作出这样的贡献？凭什么能作出这样的贡献？或者说，他究竟采用了怎样的方法才取得了上述的成就？

在学术方法上，刘先生的经验具有宝贵的教育意义。刘先生从小就有深深的忧患意识，在中华民族亡国灭种的危难关头，他发奋读书，以保存中华文化火种为己任；同时，又努力学习西方文化，既要找到可资比较的对方，又要找到可以学习和借鉴的方法。成年后，他深入钻研中西经典，一方面通过研习小学，掌握读懂中国典籍的本领；另一方面，通过多语种学习、多版本对读的方法钻研马克思主义经典原著和其他西方名著。不论中学西学，皆能循序而进，深入根底，登堂入室，准确把握。在史学之外,还对哲学、逻辑学、经济学、社会学、文学等领域的知识有广泛的了解和深厚的修养,在一些重要问题上能做到洞彻根本。特别值得一提的是,刘先生一直以来对数学有浓厚兴趣,他和校内校外的许多数学家广交朋友,不断加强数学修养,锻炼理论思维能力。2019年8月间,刘先生与丘成桐先生在清华大学会面,围绕数学与传统文化的主题畅谈数小时。这是一流的历史学家与一流的数学家的一场对话,已成为当代学界的一段佳话。正是通过自觉的方法训练和理论反思,才会在学术工作的基础,在博与精、宏观与微观、长处与短板的关系等问题上提出富有理论指导意义的见解,才会练就"两个菲罗"、"矛盾分析"、"入室操戈"①等学术本领。此外,刘先生对于辩证思维早已通过拳拳服膺而达到精义入微,这是他之所以能够不断地自我反省、自我否定、自我突破、自我超越的根本所在,也是他之所以成为学术常青树的内在原因。

刘先生虽然以古代中西历史为比较研究的对象,但他所关心的,绝不限于古代。他时刻关注当代的世界大势,关心国家民族的命运,关心国计民生,他的研究成果蕴涵着古今观照、资古鉴今的精神。对国家民族命运,对人民生存发展,对世界和平进步,对文明对话融通的关切是他探究当代世界的来源,寻求当下凡此种种之所以然的动力所在,这是他的学术研究有如源头活水、永不枯竭的又一个内在原因。

要想理解刘先生的学术成就,就一定要了解他的学术思想,了解他的人生经历,这就要求我们既要对他的学术成果做系统的整理和研读,又要做到知人论世,对刘先生本人的成长经历做深入的探究。

20世纪50年代中期,刘先生考入东北师范大学由苏联专家主讲的教师进修班,撰写了论文《论黑劳士制度》,获得专家的好评,顺利通过答辩,以优异成绩结业。60年代初,刘先生发表了《印度早期佛教的种姓制度观》一文,得到季羡林先生的由衷赞赏,成为世界史

---

① 参见蒋重跃:《刘家和先生治史的理论追求》,《古代文明》2020年第1期。本书收录。

领域著名的青年历史学家。1983年，主要是因为刘先生的深厚学养以及在学术研究上的卓越贡献，北京师范大学世界上古中古史专业获批博士学位授权点，刘先生成为北师大世界古代史博士点的开山人，这时的刘先生已经是誉满天下的历史学家。20世纪80年代中期，刘先生赴美讲学，受到当地学界的重视，被聘为享誉世界的英文史学杂志《世界历史》的唯一一位来自东亚的编委。更值得一提的是，在哈佛大学，刘先生受到了著名的前辈历史学家杨联陞教授的高度赞扬[①]。1993年，郭小凌教授就对刘先生做了学术访谈，以《对历史的敬意——刘家和先生访谈录》为题，发表在当年第二期《史学史研究》上[②]。当时学术期刊数量不多，学术界刚刚时兴刊发著名学者自传和访谈类文章。这篇文章从古今中外、史学理论和历史研究、主观和客观领域的交叉互渗等多个角度，谈对历史的理解和敬意，在海内外产生广泛的影响。20世纪90年代中期，刘先生的《古代中国与世界》出版，很快就有同事、学生发表了书评和读后感。进入21世纪以来，研究文章数量渐增，访谈文章也陆续发表，主题随着刘先生的学术研究的不断深入而越来越具体。

尤其值得注意的是，随着史学研究的发展，学术界越来越多的人意识到，刘先生的学术研究和学术思想蕴含着宝贵的学术价值，对当代学术研究有重要的启发意义，因而有必要给予系统的挖掘和研究。特别是一些研究机构和出版机构主动提出承担研究和出版研究成果的任务。2018—2019年，国家图书馆"中国记忆·学者口述史"工程设立"刘家和口述史"课题，经多次访谈形成音像和文字资料，成为众多口述史料中较为全面、系统的一份。根据访谈音像资料整理的书稿，即将由商务印书馆出版。上海师范大学光启国际学者中心以"愚庵比较史学讲坛"为题（"愚庵"是刘先生书斋的名号）设立了专门研究刘先生学术思想和学术方法的系列讲座，2019年6月4日，举办了第一场学

---

① 见邵东方：《论学相见恨晚——记杨联陞先生与刘家和师的一段学术交往》，《古代文明》2020年第1期，本书收录。

② 本书收录。

术研讨会。2019年7月6日，东北师范大学举办"刘家和先生学术研讨暨《古代文明》组稿会"。从2020年第1期起，《古代文明》杂志陆续刊发了刘家和先生学术思想和方法的研究论文，迄今已有9篇文章发表，本书皆予收录。

刘家和先生及其学术研究已然成为一个学术现象，引起学界的重视。本书就是这种形势下的一项成果。

本书的最大特点在于它的综合性。一是文章体裁多样。它收录的文章可以分为三类，学术访谈、书评和研究论文。二是发表时间跨度较大。最早发表的时间是1993年，至今历时27年。阅读这些文章，读者既可以从不同角度了解刘先生的学术经历、学术成就和学术思想，还可以切实地感受到学术界对刘先生学术和思想的认识过程，相当于了解了一个专题的当代学术史。

当然，与很多内容丰富、思想深刻的研究对象一样，认识和理解刘先生的学术和学术思想也不会是一次就可完成的，它需要长期的、反复的思考和体会。本书所选的文章都是以往的研究成果，它们的意义是为未来的研究提供了基础和桥梁。今后的研究应该在以往的基础上，更加拓展、更加深入、更加系统。让我们不懈努力，夯实基础，提高水平，这样才能更好地理解刘先生的学术成就和学术思想，才能作出准确的评估和定位，为理解这个时代的学术成就，从而为相关领域学术研究的进一步发展作出新的贡献。

商务印书馆历来重视出版中外经典、推动学术研究、昌明当代教育，建馆123年来，出版了大量传播中外优秀文化的学术经典。热心服务学界，密切联系学者，是商务印书馆的优良传统。多年来，商务印书馆一直希望把刘家和先生学术思想研究列入出版计划，皆因刘先生的谦逊婉拒而未果。

今年，北京师范大学中西文明比较研究中心成立。中心以推动中西文明比较研究为使命，以通古今、兼中西、跨学科为基本宗旨，力图办成中西文明比较研究的孵化器。为了推动中西文明比较研究事业的发展，学习、总结刘家和先生的学术思想和学术方法，就成了当务之急。

这是推动学术研究，促进文化建设的一项大事业，为此，我们说服刘先生，由中心把发表于各个期刊上有关刘先生学术成就的研究论文、书评和访谈文章搜集起来，加以编辑整理，交由商务印书馆出版。

我们深信，本书的出版，一定会为中西文明的比较研究、为中国文化的发展作出自己的贡献。

北京师范大学中西文明比较研究中心

目　录

释史新解 ………………………………………………… 陈　宁 1
在凝重的思考中求索
　　——读刘家和先生的《古代中国与世界》………… 吴怀祺 4
刘家和著《古代中国与世界》…………………………… 徐松巍 16
海天寥廓立多时
　　——读《古代中国与世界》…………………………… 邵东方 19
学贯中西　体大思精
　　——论《古代中国与世界——一个古史研究者的思考》的
　　　　学术特色 ………………………………………… 史　文 37

结构·张力·历史
　　——刘家和先生学术思想述要 ……………………… 蒋重跃 43
史学比较研究如何可能？
　　——刘家和先生《史学、经学与思想》初读记 …… 刘　超　陈立柱 64
向老前辈学习宝贵的治学精神与方法
　　——刘家和先生的治学经验与方法述略 …………… 李英华 77
谈刘家和先生的历史比较研究思想 ……………………… 王大庆 86
一封关于历史哲学的学术通信
　　——读刘家和先生《关于历史发展的连续性与统一性问题
　　　　——对黑格尔曲解中国历史的驳论》随感 …… 王树人 101
论古代人类精神觉醒产生的条件
　　——刘家和先生《论古代人类精神的觉醒》读后 … 梁　洁 108

刘家和先生治史的理论追求 ………………………………… 蒋重跃 114
谈刘家和先生对中西理性结构问题的思考
　　——读《史苑学步：史学与理论探研》札记 …………… 王大庆 145
比较史学何以成为可能
　　——刘家和先生比较史学理论和方法初探 ……………… 王成军 178
刘家和先生的经学研究探析 …………………………………… 许兆昌 214
中国史学的个性
　　——刘家和先生史学思想发微 …………………………… 赵轶峰 249
史学园林中的"一只极为珍稀的鸟" ………………………… 郭小凌 269
论学相见恨晚
　　——记杨联陞先生与刘家和师的一段学术交往 ………… 邵东方 277
通则透　透则明　明则智　智则用
　　——刘家和先生治学思想与人文精神探微 ……………… 于殿利 288
我所了解的刘家和先生学术研究的实践、特点及品格 ……… 刘林海 338

对历史的敬意
　　——刘家和先生访谈录 …………………………………… 郭小凌 359
"学者亦必志于彀"
　　——访刘家和教授 ………………………… 刘家和　江　湄　罗新慧 373
在中外历史文化长河中徜徉
　　——访刘家和教授 ………………………………………… 邹兆辰 384
在挑战与回应中前进
　　——刘家和先生谈学术工作的基础 ……………… 刘家和　蒋重跃 406
再谈挑战
　　——访刘家和教授 ………………………………………… 邹兆辰 422

拜嘉感言 ………………………………………………………… 刘家和 435

释史新解

陈　宁

刘家和的《古代中国与世界——一个古史研究者的思考》是一部很有学术价值的著作。作者针对古史中存在的疑难问题进行讨论，并提出自己独特的观点。研究古代史，同研究别的人文学科不同的是，它经常遇到的困难是很多问题都有大量争议，不仅现在的学者之间看法不一，就连古人也常有不同的说法。对这一问题，作者说："我读先秦两汉古籍，在紧要处或有疑难处，从不敢以得一家之解为满足，虽不能'竭泽而渔'，至少对主要的各家说法都要认真地比较和思考，然后择善而从。"作者分析这些有争议的问题，指出各家得失，然后提出一个更为合理的解释。作者的分析和解释，都建立在详尽地运用史料和严密地推衍逻辑的基础之上，使其结论具有很强的说服力。

作者不论研究政治制度史，学术思想史，还是社会经济史，都十分重视训诂。可以说，这本著作的学术价值很大一部分体现在作者训诂方面的成果。"《书·梓材》人历，人宥试释"一文，作者释"有"为"友"，"历"为"鬲"，即两种身份不同的人。以此解释去读《梓材》，意思就通顺了。"说《诗·大雅·公刘》"的主要内容是训诂，其中最精彩处是对"其军三单"的解释。这四个字的含义，各注家分歧很大。作者在前人的基础上进一步指出，"军"在这里当做"营屯"解，"单"指"台地"，全句为营地设在三块台地上。此义与上下文十分吻合。在"先秦儒家仁礼学说新探"一文中，作者采阮元释"仁"为"佞"之说，更指出佞字早期指"才"，并证以先秦典籍。另外，楚国君王的名字，很多带有"敖"字。作者根据古音韵敖与豪相近，又根据马融释豪为酋豪，认为敖就是酋豪。楚国有一官名叫"莫敖"，其义古注家未提供。刘先生依据《汉书》、《左传》，认为"莫"与"幕"相通，有军幕的意思，故莫敖本义是职司军事的酋豪。这些训诂的文字，显示了作者研究中国古代史的刻苦精神。书中的心得，多来自这种训诂的刻苦努力。

然而，作者并没有停留在纯粹的训诂领域，训诂的目的在于了解历史真貌。如作者指出，上述人历人宥两种人，反映出当时共同体以内的人与以外的人的对立。"仁"当"才"讲，说明到了孔子时，仁的概念才被赋予新的道德内容。"军"是营屯，而不是指军队，故不能认为周人在公刘时代已进入国家形成的阶段。从"敖"和"莫敖"的本义可看出楚君与其他贵族首领在军事上的权力相去不远。

探讨问题，层层深入，这是本书的另一特点。作者常常以提出问题开始，继之以训诂考证，从文字上疏通问题涉及的内容，然后将问题展开，逐一讨论与问题有关的各个方面以及它们之间的关系，或在某一方面进行更深入的讨论，最后站在高处，指出所讨论的问题对我们了解古代史有哪方面的意义。

"春秋三传灾异观"一文，分析《左传》、《公羊传》、《谷梁传》对灾异的态度。作者指出三者的不同，探讨其各自的历史渊源，说明其态度不同的原因。"三朝制新探"讨论古代国君与大臣与民商讨国家大事的制度。作者从"朝"的概念开始，逐一分析内朝、治朝、外朝的功能，将其与古代其他文明的情况比较，指出同异，然后叙述三朝制的衰败，点出从这一制度的兴衰看中国专制君主制的产生。"《史记》与汉代经学"是兼谈史学与经学的文章，作者探讨了司马迁对经学的态度，所引材料为今文还是古文的问题，以及司马迁与董仲舒在思想上的异同这三个层面，从这样的角度去观察《史记》与经学的关系，我们可以更清楚地看到经学对史学的影响。

这本书的另一个特点是作者充分利用前人治古史已取得的成绩，尤其注意清人的研究结果。作者说："有清一代，经学和史学都很发达……经学和史学密切结合，在清代学术史上有其成功之处。这也是清人对于前代学术传统的继承和发展的结果。"本书收录的作者有关中国古代史方面的论文，无一篇不引用清人的观点，足见清人的学术是作者知识结构中重要的组成部分。

本书体现出的治学的态度也值得称道，正如作者所说："这些文字没有一篇是未经长期准备和思考就率尔操觚的。"

（原载《读书》1996年第2期）

在凝重的思考中求索

——读刘家和先生的《古代中国与世界》

吴怀祺

读完刘家和先生的《古代中国与世界》这本著作后，使人想起一句话：风格即人。他在中外古史研究中，思考历史，也思考史学。这部书处处闪现出思想的火花。书的副题是："一个古史研究者的思考"，很贴切地点出了这本书的特点。

全书共收21篇论文，《谈学术工作的基础》一篇附在文末，是谈治学经历和体会。这21篇文章中前4篇是50年代到60年代初期的作品，其余的论文是在70年代末至90年代写就的。从内容上说，有社会经济史、政治制度史研究，也有学术史的研究；从研究的角度说，很多是中外古史比较的探讨。除了从60年代中期到70年代的后期中间有一个断层外，21篇文章反映了他研究发展的逻辑，反映了论者在不同阶段研究的兴趣，认识的水平和认识的发展。如果说各个阶段有侧重面的话，那么，50、60年代是在社会史、经济史方面，也包括宗教史在内的文化史的内容；到了70年代以后，侧重研究的方面是包括史学、经学在内的文化史，同时也有社会史的研究；思考的重心，从对历史的客体的发掘，向历史的主体、史学主体的研究方面转移。这是兴趣的变化，也是研究领域的拓展，意蕴、内涵的深化，思维力度的增强。学者研究的重心和对一些问题的看法，随着岁月的推移会有演变，还可能有变化，但重要的是一个史学家不满意已有的成就，不是在同一个层次上重复自己，而是在思考，在求索。

中外古史的比较思考的民族意识

中外古史比较研究不可避免要碰到一个问题，这就是怎样认识中国历史，怎样认识其他国家的历史，怎样给中国历史与世界历史以科学的定位。刘先生的古史比较如他所说的是选择了二、三个点：中国古史是他早已确定的选点，另一个是印度，再一个西方希腊。这三个点的确定，他是有自己的想法。中西比较要选择希腊当然是不成问题的，之所以还选择印度作为自己探索的领域，是"因为印度也是文明古国之一，其文化自有特色，足资与中国及西方历史进行比较研究，而且我们是邻国，很有研究的必要；同时，中国历史上有研究印度的传统，积有大量的汉文的关于印度的文献，如能恰当地运用这一条件，我们的研究也很有作出自己的特色的可能。"（《附录·谈学术工作的基础》）从可能与必要性两个方面说明进行中外古史比较，印度是不可或缺的。这中间有一个观念问题，即在对我们的邻国印度古代文明给以充分的肯定时展示一个道理，也就是说，古代世界并不是只有西方是先进的，东方的民族同样是有着光辉的灿烂的文化。

关于中国古代的历史在世界上的历史地位，《附录》中有这样一段话，说：

> 中国是世界文明古国之一，可是在外国人写的世界古代史里没有得到应有的地位。要改变祖国历史在世界上的不合理地位，不能依赖别人，只有靠我们自己把中国史放进世界史中去研究。因此，在我从事世界古代史教学和研究的过程中，从来没有间断过对中国古史的业余进修。

近年，刘先生在中国古代史学、史学理论方面用去相当多精力，当然有他自己的思考，他说：

  在世界史学的园地里，中国古典史学无疑是一朵自有异彩的奇葩。要阐明中国史学对世界史学已经作出的贡献，我们不能置我国古典史学于不顾。同时，作为一种传统，我国古典史学对于后世以至当代史学不可能没有多方面的、人们意识或不曾意识到的影响。因此，要发展我们当前的史学和史学理论，以求对世界史学作出更多的贡献，我们也不能不对中国古典史学从理论上进行深入反省。这种反省既可以结合纵向的前后历史阶段的比较来进行，也可以结合横向的与外国古代史学的比较来进行。（《对于中国古典史学形成过程的思考》）

  无可否认，西方古希腊、罗马有一批文化巨人和影响千百年学术思想的著作。但是，东方同样也有自己的骄傲，产生过一代文化上的巨子和标志人类觉醒的文化的巨制。东方西方各个民族都有着光辉的过去与未来。这是历史的事实。没有这种民族的意识，所谓的中西比较研究，把自己贬到九层楼台之下，似乎只有西方的学术才能救东方学术，这不符合历史的事实，是一种扭曲心态的反映。但也有另一种观点，对西方的文化采取排斥的态度，不重视吸收别的民族的先进的东西，说是西方的学术思想，中国古已有之。这同样是一种不健康的心态。

  曾经有一种说法，认为西方的史学理论丰富，而中国的历史编纂学发达，但是没有史学理论、史学思想。对此，这本书以实际的例子展示出的是另一种情况。《〈史记〉与汉代经学》一文分析司马迁关于"天"的理解，指出司马迁所说的"天"，有的如果用黑格尔的话说，就是"理性"或"普遍的东西"。由此可以这样认为："司马迁在二千余年以前对天人之际的认识，就已经接近于黑格尔的理解，实在是难能可贵的。用这样的天人之际解释历史的发展，其深度远远超出汉代经学水平之上了。"

  本书不是笼统地论说中国史学的价值，而是以史实说明中国史学宝库中的精神财富在世界史学史上也占有十分重要的地位。

  论者既指出中国历史、史学与世界历史、史学的联系，也论说包括中国历史、史学在内的古代文明与世界其他国家、地区文明的差异。无论从政治史，还是从文化史上看，中国古代文明的发展连续性在整个世界史上尤其显得突出；从空间上看中国古代文明具有展延性特点，也就是文明的统一性。与此相应的精神上的特点是四海一家、天人相应的思想。他不同意黑格尔的分析，一是，黑格尔在《历史哲学》中注意到了中国是世界上唯一持久的国家，但是他否认中国文明有在时间中的变化和发展，这不符合中国历史的实际，也有悖他的辩证法。二是黑格尔认为中国只有抽象的统一。还有高善必也说中国只有汉族的统一的文化，缺乏多样性。这同样是不合乎中国的历史真实。"这些见解都缺乏对中国历史的了解。"中国文明的多样性又是容纳在统一之中。（以上参见《关于中国古代文明的特点的分析》）

《古代中国与世界》一书之所以为我们重视，在于它从历史事实出发，具体地展示了中国与西方各自文化的丰富内涵与各自的个性；展示了东方与西方历史各自的魅力与影响。有些问题还需要继续讨论，书中的许多认识与研究也在发展。但重要的是开展中外比较，要尊重历史实际，要有开阔的视野，要有民族的自信心。从先验的结论出发，或者以狭隘的民族意识谈中国历史、世界历史是不可能得出正确的认识的。

中国民族史学特点的思考

刘家和先生在探索中国古代史学发生、发展的途径、中西史学的同异时，是从中国经学与史学的关联上着手，抓住这样一个切入点，展开讨论，揭示出中国史学的特点。

中国史学与经学结下了不解之缘。中国古代典籍中是经史不分，《汉书·艺文志》并没有独立的史类。《隋书·经籍志》四部分类，史部在典籍中蔚然成为一大宗。但《经籍志》的作者却是认为"经籍源于史"。刘知几在《史通》中指出史有六家，也是经史没有截然分开。《尚书》、《春秋》二家本来就是史。史学史上所谓五经皆史、六经皆史各种提法中，涵义不尽相同，但明显的是，都看到经与史是密切联系在一起的。但无可否认，史与经又不能等同。因此，经史关系的讨论对理解中国史学就是至关重要的问题。

经学对史学的影响一般来说，有三种意义：第一，提供资料。第二，提供对古代文献的解释。第三，提供整理古代文献的方法。（《史学和经学》）但如果仅仅这样来说明经学与史学的关系，说明经学对史学的影响，那显然是不够的。论者多年的探索没有到此为止，他是从经学发展过程，从经学内部的矛盾变化，来阐明经学对史学变化、对史学传统的形成以及对史学走向上产生的重大影响的。

刘先生的讨论，从经史关系入手，一个重要的方面，是以经学内部矛盾发展来分析古代史学特点的形成。如，作者指出《春秋》三传不同，左氏是史；公、谷为经，这是唐儒早已有的定论。但由此论说经学的发展、论说三传对灾异的态度以及经学内部的差别，进而揭示出中国古代史学有着无征不信的史学理性，有着重人事的传统，这样的思考就进了一层；从经学的变化发展看出中国史学传统的形成的途径。

正是从经史辩证关系上进一步分析中国古典史学发展的三个阶段，即：以《尚书》为代表的以史为鉴的阶段；以《春秋》为代表的经史为法阶段；以《史记》为代表的以史立言阶段。

从经学与史学关系的讨论，进而透视出中国史学的重传统、讲经世致用的特点，是作者探索的又一个独特的地方。中国古典史学发展的各个阶段中形成自己的传统，"总之，以史为鉴、以史为法、以史立言、以史经世，成了中国后世史学中沿袭和发展的传统，史学中的善与真的关系问题，古今之变的问题，天人之际的问题，也都成为后世史学所重视和讨论的问题。"（《对于中国古典史学形成过程的思考》）

我们可以引出书中的另一段论证的文字。文章说中国的史学与经学关系十分密切，除政治原因外，还有学术的原因，又说：

    第一，中国经学有一个特点，就是十分重视传统。……重传统有其保守的一面，但是也有维护中国文化连续性的一面。中国史学也重传统。如果说经学重的是多识前言往行以蓄其德，那么史学重的就是多观前车之鉴以益其智。……究其实际，恐怕只有中国的经学和史学的连续性才真正体现了文化链条上环节的完整性。中国经学和史学在发展中既是平行的，又是相互影响的。这对中国文化的连续性关系至大。

第二，中国经学不是宗教教义，不是纯抽象的哲学，而是兼涵多种学术内容，有论有史，与史接近。……

第三，中国的经学和史学既有相通之处，还有共同的倾向，就是都注意经世致用。（《史学和经学》）

文章既重视经学对史学的影响，又指出史学对经学的变化同样有重要的作用，也就是"中国经学和史学在发展中既是平行的，又是相互影响的"。

在分析经史之间的几层关系之后，下面的结论当然也就顺理成章："既然中国的经学和史学在历史上的关系并非偶然的，现在我们就不能敝屣视之，一丢了事。我们应该科学地利用经学成果以为治史之资"。文章以为应从三个方面探索。一是充分研究文化传统、史学传统，发展有中国特色的史学。二是应该发扬中国史学（经学亦同）注意多科联系的传统。从当前看，还要了解外国史学方面的新发展，建立有中国特点的多学科史学。三是史学仍是需要注意经世致用。经世致用和引古喻今不同，和影射不是一回事。

我们注意到刘先生在这里是从建立有中国民族特色的史学出发，思考经学与史学的关联，思考经史关系的问题。史学史的研究本来就不完全是单纯的对过往史学的总结，它同样是要"述往事，思来者"。总结经学、史学其目的是发展当代史学，使我们的民族史学沿着自己的传统，同时又不断吸收新的营养不断壮大，不断更新，不断发展。这可以说是他的经史关系论的用心。

经史关系密切，经学对中国史学发展影响很大，但史学与经学又不能等同，在研究经史关系时，还有一个如何对待经学史的问题。如果没有这一层，那么不只是影响对史学史问题的理解，而且也影响对经学问题作深入的探索。本书提出认识经学史的三个原则：这就是：一、凡有争论的问题皆需考信。二、经学史上的问题，需要从揭示经学本身的矛盾中逐步加以清理、解决。三、分析经学史上的问题产生的历史条件，通过说明这些问题产生必然性以彻底说明问题。(《宗法辨疑》)

我觉得，从经史关系上来深入思考中国古代史学有关问题，思考民族史学问题，还有一点是值得提出来的：这就是研究民族史学的传统与特点，透视民族史学发展的方向，不能只是作一些表象的说明，而是应当从一个民族文化内部去揭示，从民族文化的自身的矛盾中看出它的运动趋向。这一点对研究其他民族史学也应当是适用的。

基础与方法：治学历程留下的思考

历史研究方法对于有效地进行研究，很重要，但如果没有一个深厚的学术基础，如果离开了踏实治学是无济于事的。当前有一种急功近利的学风，不是潜心学术、勤奋治学，而是企图找一种方法，走一条学术捷径，这不但办不到，而且此风一倡，对史学的危害性是难以想象的。

刘先生反思自己的学术的历程，说："我可以说的只有一点，即这些文字没有一篇是未经长期准备和思考就率尔操觚的。"(《后记》)"率尔操觚"四个字，形象地说明不良学风特征。在学术探索上能做到"长期准备和思考"，是学者研究获得成功的保证。

这本书中的《附录》说到了学术基础是怎样奠定的，这几段话对我们治史是有启发的。《附录》说早年为写希腊史方面的论文，"五年之间，三次遇到基础不够的问题"，由此，对学术基础问题产生许多思考，说：

……先前我曾认为，只要年轻时打好基础，以后就是做研究了，不再存在打基础的问题。这时开始觉得原来的想法太简单了。诚然，年轻时可以打下一些知识基础（如语文工具等），以后永远有用。但决非永远够用。基础是相对于学术工作而言的。随着工作或研究层次的提高，势必要有相应的基础的加深。基础同样是有层次的，它的层次常因学术研究层次的变化而变化；反之也可以说，基础层次的变化为研究工作层次的变化提供了可能。

关于学术工作的基础中精与博的关系，文章说：

  这是与基础的层次、结构密切有关的一个问题。在一般情况下，基础层次的较低部分相对于较高部分来说是博，较高部分相对于较低部分来说是精；基础结构的一般部分相对于核心部分来说是博，核心部分相对于一般部分来说是精。博与精是相对的，也是相辅相成的。

还有一段话，说：

  没有对基础的拓宽及其结构的调整，就不可能有更多的研究层次的进展。

书中是从三个方面说的，这里只能就自己感受引出几点。首先，学术上打基础是一辈子的事，也就是论者所说的："在一个人的学术老化阶段到来之前，总是会不断加深其基础的。"另外，博与精是相辅相成的。再者，学术基础既是有层次的，又是有结构的。所以一个学者在打学术基础时，要从两个方面着眼，一是不断加深原有的层次，二是要调整结构。同样随着结构的调整，又要把开辟知识的层面与加深知识的层次结合起来。所以打学术基础不是读死书，其中包括学识与治学的旨趣。古往今来，成就大学术者，永远不会止步在某一点上，不会满足已取得的成就，更不会局限在一个小的天地之中。"率尔操觚"

者也许可以取得一时的轰动,但是决不可成就大学问。这是我联想到的题外话。

应该指出,治学方法在一个学者的治学中,仍然占有十分重要的地位,学者的学术的基础也在治学方法中得到充分的反映。同时,一个学者的治学的方法又能反映治学个性。这是一。第二,每一个有成就的学者的治学方法,不会是单一的,往往是多种方法的综合运用。这一点在本书中,同样看得很清楚。下面结合具体的实例来说明,这对今天的治史工作同样有意义。

刘先生的治史面很宽,但就其主要领域来说,是从事中外古史和中外古典史学的比较,显然,比较研究是他治史的基本特点,这种比较一是体现在研究的内容上,二是体现在研究的方法上。现在问题是作者怎样开展他的比较研究,是动态的,还是静态的?是从什么角度进行比较?在比较中运用了哪些手段?从这些方面思考,可以看出他的比较研究的特点。

——溯源探流。在研究早期印度佛教、研究中国楚邦的发生、发展等课题上,这一点表现得很明显。应该说,溯源探流是一种学术上的通识。这在中国史学史上,是优良的传统。但是作者在这一点上,又有自己的独到地方。首先,以辩证的眼光来认识事物的流变。在谈到希腊的黑劳士制度时,书中有这样一段论说:

> 为了弄清黑劳士制度,以下几点是必须注意的。这就是:(1)黑劳士制度同其他任何事物一样,不是凝固的、一成不变的,它有自己的发生、发展、衰亡的过程。我们必须以历史的眼光把它作为一个发展的过程来考察。(2)黑劳士制度不是孤立存在的,它是在一定的条件下发生、发展、衰落的;离开活生生的历史条件,就无法了解这种制度的历史必然性。我们必须把它作为整个斯巴达社会的有机结构的一部分来考察。(3)黑劳士制度作为一种具体的制度,其内容表现为多方面的。在研究过程中需要将多方面的内容充分展开,但需要的并不是现象的简单罗列。我们必须考察这一制

度多方面的内容内在的联系,从而把握它的本质的特点。(《论黑劳士制度》)

因此,这里显示的溯源探流,不是罗列历史的现象的前后连接,也不是一种简单的历史的因果联系,而是历史的一种内在的必然表现出来的事物的发生、发展、衰亡的过程。

探讨历史事物的源流中,注意到过程中阶段性的变化,上面说的发生、发展、衰亡的变化也是这一方面的体现,在研究楚邦问题时,同样明显地表现出这一点。《楚邦的发生和发展》一文是本文集中十分重要的一篇长文。文章从楚邦的发生发展整个过程中展开讨论。在西周和春秋中期,楚邦在远远落后于中原诸国的情况下,经过艰苦的创业,终于突破了旧格局,走到了先进各国的前列。这是事物的发生。到了春秋中期,楚邦在争霸过程中,县制兴起,开始由一个邦向着更高的王国过渡。这是事物的发展。到了春秋晚期,在过渡中,由于突破了旧格局,而成为春秋时期的大国;当作为一个大国进入战国时期,又由于旧格局破除不足,而长期不振。这是事物的衰变。而楚最后亡于秦,和这一点有关系。这又揭示了事物发展的必然。

总之,这样探讨源流,是对历史事物的一种辩证认识。

——发覆释疑。在本书中是通过一个制度一件事物,揭示历史中的发展大势。在中西比较中,注意到异中有同,同中有异,进而讨论中西发展的道路之差别。文集中的《三朝制新探》论说了中国古代三朝制的具体内容及其发生、发展、变化。指出:"中国上古政制与西方有相似之处,这是因为:不论在中国或西方,最初的文明均由野蛮而来,原始社会晚期广泛流行的军事民主制的权力结构都会对早期国家的政制发生重大影响。……另一方面,不论在中国或西方,早期国家都具有小国寡民的特点,在这样的国家里,公民或国人是构成国家武装力量的基本成分,当然也就保持了自己的权利和地位。在紧要的关头成为征询意见的对象。"但是中国毕竟与希腊、罗马有了明显的不同。在古代社会,中国不曾有过君主制被废除的阶段。在中国从战国时期起,政权逐渐地向君权手中集中，这是由于多种历史条件而形成的一种趋势。这种趋势在朝会制度上的反映是：三朝制度消失，国家的大计集中于君主所居的内朝之路寝。文章最后由此透视出："三朝制的终结，恰好反映了中国专制君主制的发生。"

这就不但说明了三朝制的历史，而且也论说中西政治的差异，对理解中西文化政治诸问题是有意义的。

——词语训释。这在本文集中是相当突出的，这和刘先生的学术丰富涵养是有关系的。他不但通晓中国音韵训诂之学，而且又以朴学的方法，去解决西方文字方面的问题。这里就他如何通过语词训释以解决古史问题举出几个例子加以说明。

文集中的《〈书·梓材〉人历，人宥试释》以及《说〈诗·大雅·公刘〉及其反映的史事》诸篇，都是成功之作。这方面，他是重训诂但不墨守训诂；重前人的训释，但不囿于成说。在释《公刘》中"何以舟之"的"舟"字，引俞樾、王运诸家之说，而有所辨论，说："我认为，舟可以训为酬，不过非报酬之酬，而是酬酢之酬。"在训"京师之野，于时处处，于时庐旅……"之"旅"字时，看到"旅"字一词多义，《说文》、《尔雅》、《广雅》以及《周礼》、《诗》中诸家注中都有训解。或训为军旅，或训为俱，也可引申为商旅，最广义训释为众。文章认为："从治史的角度来说，我们不能从'旅'字中众多含义中任选一个，代入诗句，可以说通，便以为满足。我们必须历史地弄清这个词的本始义（以及与诸引申义的关系），也必须历史地弄清这个词在当时确实表示的是什么事物。"接着引近代诸家的治学的成果，以金文、甲骨文的材料佐验，指出"这样的旅，训为子弟，当然是可以。西周春秋时期尚且如此，那末公刘时代的旅显然不能指宾或军旅，而只能是一种亦血缘亦地域、亦兵亦农、亦行亦止的浑然未分的共同体。所谓的庐旅，就是组成这种共同体的周人暂时寄居下来。"这里反映对上古文字训释的一种开阔见解。这里不是在以词通其道，而是在由"道"以理解文词；又由一字的训释得当，而获新解。太炎先生说："物名必有所缘起"。而"一'实'之名，必有其'德'若'业'相丽。"（《语言缘起论》）也就是训释词语要从"德""业""实"三品上加以考虑，从根本上说，要从古文字的语源以及当时词性、事物实体以及作用全面加以考虑。可以看出刘先生在训释古代词语、名物制度等方面，是继承了前人的优良传统，而又加以发挥。

总之，刘家和先生这本论文集不但在中西古史比较方面留下十分重要的见解，而且在治学上也给我们很多启示。

（原载《史学理论研究》1997年第3期）

刘家和著《古代中国与世界》

徐松巍

刘家和著《古代中国与世界》虽以论文的形式结集,但内容极丰富,融中外古史为一炉,纵横捭阖于社会经济、政治制度与学术思想史之间,钩沉稽疑,新义迭出。

英国当代著名史学家巴勒克拉夫在《当代史学主要趋势》一书中曾说:"如果不能从更广阔的背景来看待本国的历史,那末所有的这些研究工作都将是徒劳无功的。"而且也"必然会阻碍他们更加深刻地认识西方世界和非西方世界的历史发展过程。"不论研究外国史,还是治中国史,都需要一种恢廓的研究视野,将所研究的对象与问题置于世界这个广阔的时空和多重的背景之下进行观察和思考。有了这个背景作为参照系,既有助于深化和丰富我们对所研究的对象与问题的认识和理解,又可以使我们的研究获得新的视角和新的成果,以对研究对象与问题进行准确的定位与客观的评价。《古代中国与世界》的特色之一便是视野开阔。作者非但将所研究的对象与问题放在世界这个广阔的时空与多重的背景之下进行观察与思考,还把它们置于同外部世界的比较与联系中进行探索。这样既能更深入地从世界历史发展的一般规律中揭示和把握所研究的对象与问题的具体规律,又可更全面地从世界有机联系的整体中来重新审视与研究具体的对象与问题。如在《关于中国古代文明特点的分析》中,作者在思考与探讨中国古代文明特点的内涵、表现形式与成因时,既将中国古代文明之产生与发展嬗变纳入整个人类文明演进的流程中去考察,又从政治、文化和民族等不同的视角与层面将中国古代文明放在与其先后并存的埃及和两河流域文明、腓尼基文明、印度河及恒河流域文明、爱琴文明、赫梯文明、巴勒斯坦文明、古希腊文明和罗马文明等诸文明之比较与联系中进行深入的研究，从而在准确把握中国古代文明具有整个人类文明所拥有的共性之基础上，又提出了由于特定的时空、国情和人文传统等差异，中国古代文明在自身的发展进程中呈现出别具一格的三大特点：在时间中发展的连续性、在空间延展中的统一性和在主要精神方面所表现出的四海一家、天人相应的思想。随后作者又对中国古代文明特点形成的原因进行深刻的分析："中国古代文明能够长期连续存在，就是因为它在沿袭中保持了变革，在变革中保持了沿袭。"又说："中国古代文明的统一性特点的形成，并非依靠它能排斥或者消除异己的因素，恰恰相反，完全依靠它兼容并蓄，然后经过熔冶将不同的因素化为一个不断发展的新整体。"这既有助于从本质和规律上揭示中国古代文明特点的丰富内涵和发展变化的深刻动因，又有助于澄清和纠正在中国古代文明研究中所存在的一些含混认识和错误观点，同时对我们重新认识和正确评价中国古代文明亦具有特别重要的意义。

创新既是学术研究的灵魂和保持生命力的"源头活水"，又是学术研究的最高境界，同时也是人们衡量与评价一部学术著作水平高低的重要标尺。作者在充分借鉴和汲取前人与当代研究成果的基础上，提出了许多新观点。这也正是作者长期以来矢志不渝、孜孜以求的学术旨趣和境界。作者在"论古代的人类精神觉醒"一文中，对古代人类精神觉醒的内涵和历史条件，对古代印度、希腊和中国在人类觉醒过程中的特色所作的深刻独到的整体思考和理性透视，是对古代人类精神觉醒的全新定位和阐释。首先作者以全新的视角、从哲学的高度对古代人类精神觉醒之定义与内涵作了精确的界定。他说："所谓人类精神的觉醒，乃指人类经过对自身存在的反省而达到的一种精神上的自觉。……这应包括以下三个方面：（1）人类经过对人与自然或天人关系的反省达到关于自身对外的界限的自觉；（2）人类经过对人与人之间关系的反省，达到关于自身内部结构的自觉；（3）人类经过对以上两方面反省的概括，进而有对人的本质或人性的反省，达到关于自身的精神的自觉。"这是正确理解与深入研究古代人类精神觉醒之关键的环节和重要的切入点。作者在对古代印度、希腊和中国进行比较研究的基础上，指出了各自的特色：一、在天人关系上，古代印度、希腊和中国形成了不同的研究传统：印度形成了宗教研究的传统，希腊形成了科学研究的传统，中国形成了人文研究的传统。二、在人与人之间关系上，印度佛教主张无差别的平等，古希腊学者揭示人类平等中的内在矛盾，而中国儒家则以具有礼的形式的仁使现实的有差别的人同一起来。三、在人性问题上，古代印度认为人是宗教的动物，古希腊把人理解为政治的动物，中国儒家则将人视为伦理的动物。这些颇具新意的诠释，既有益于我们深刻理解和充分评价古代人类精神觉醒对整个人类历史进程所产生的深远而巨大影响，又有利于我们从新的视角、新的高度来思考和寻觅古代东西方文化发展嬗变的轨迹，及对当今世界文化发展走向与趋势的影响。

由于史学所面对的研究对象是纷繁复杂、千姿百态的人类历史，因此既需要研究者具有恢廓的视野、创新的意识，又要有学贯中西、通古明今、一专多能的渊博深厚的学术基础。作者之所以能站在哲学的高度，对所研究的对象与问题进行不同视角和层面的比较与研究，进行贯通古今的探赜索隐和镜考源流，以及翔实精湛、富有哲理的论述等，无一不是得益于渊博精深的学术基础。作者不仅对逻辑学和哲学始终情有独钟，于语言文字亦用功甚勤，非但精通英、俄、德等语言，对古希腊文、拉丁文也有较深的造诣，同时复以考据学和文献学见长。正是有了这样的前提条件，作者才奉献了如此精美的学术精品。

最后还需特别提及的是，作者认真谨严、精益求精的学风值得称道。本书是作者从事学术研究几十年来的第一部专著，是作者呕心沥血、厚积薄发的结晶。诚如作者所言："我觉得，这些文字的是非得失，要请同行学者和读者朋友们多加指教；而我可以说的只有一点，即这些文字没有一篇是未经长期准备和思考就率尔操觚的。"这同时下那种浅尝辄止、急功近利、轻率为文的浮躁学风，以及盲目地贪多求富，甚至以所谓"著作等身"相炫耀的浅薄无知相比，实难同日而语，足以加惠史林，泽及后学。

（原载《历史研究》1997年第6期）

海天寥廓立多时

——读《古代中国与世界》

邵东方

刘家和先生的学术论文集《古代中国与世界：一个古史研究者的思考》于1995年秋由武汉出版社出版。全书收有刘先生多年来研究中国古史、古印度史、古希腊史以及对这三大古典文明比较的二十篇论文和一篇谈治学经历的附录。刘先生原来没有出版这本书的打算，只是在朋友们的鼓励和催促下，才选辑部分文章，结集成书。这本书既未请名人作序，也没有作者的前言，而且印数只有区区一千册而已。有名人作序能为书带来价值，尤其是序中名人能予书以充分肯定；在前言中，作者也可以用较为谦虚的方式"自卖自夸"一番，以此提高价码；印数多的学术著作本身就给人以深有影响力的感觉。由于缺乏当下出书所必备的以上三项条件，此书之优异和特识，只有读之而方可领略。笔者作为后学门生，侍先生讲席久，知刘先生学行或较他人为多，故本篇书评在评介刘先生在古代史研究和中外古典文明比较方面的成就与贡献时，对先生的治学经历和学术业绩也作一些介绍，以供关心史学研究前途的朋友参考。

刘先生出生于具有浓厚清学传统的江苏六合县，清代著名治《左传》的经学家刘文淇、刘毓崧、刘寿曾一门三世即是刘先生的乡中前辈。因此他从小就受到清代考据学气氛的感染，这对于他后来的学术发展产生了重要的影响。刘先生幼年丧父，很小就被送进私塾，熟读《四书》《五经》。他自童稚之年即酷爱文史哲，他从小就服膺乾嘉考据之学,十几岁时于《说文解字》着实下过一番苦功,初步奠定了他的国学基础。抗日战争期间,他就学于南京的一所教会学校,有机会较早地学习英文,对其他外文亦有浓厚兴趣,同时开始接触和了解西学。抗战结束后,唐君毅、钱穆、牟宗三先生应无锡荣氏家族之邀,来到位于太湖之滨的江南大学任教。刘先生因仰慕大师之名而投考入江南大学,从三位先生学习历史、哲学。时唐先生夫妇和唐致中女士(唐先生之妹)甚爱刘先生之勤奋好学和秉性忠厚,视如子侄,常携刘先生泛舟于太湖之上,生活上问寒问暖,课堂上教之以中西哲学,尤其是儒家、康德(Immanuel Kant)以及黑格尔(Georg Wilhelm Friedrich Hegel)的哲学。刘先生对唐先生的崇高品德十分钦佩。唐先生常以仁教弟子,并躬行实践,刘先生亲聆面命耳提,对之有着切身的体验。唐先生的高风亮节对塑造刘先生的人生观和学术生命起了重要的作用。在一九四八年春雨连绵的一天,当唐先生主持开会的临时校舍礼堂因淫雨不断而突然面临倒塌之际,唐先生放弃了可以就近先退出的机会,全力疏导在场的几百名同学迅速撤离,而自己则留在最后面。唐先生这种将个人生死安危置之度外的精神,给青年的刘先生留下了永不泯灭的印象。他后来在缅怀唐先生的文章里满怀深情地写道:

> 孔子云:"君子无终食之间违仁,造次必于是,颠沛必于是。"先生所有之。又孔子言:"仁者寿。"若先生者,固仁者之雄也,何以竟不克享高年?呜呼!我知之矣。老子有言:"死而不亡者寿。"寿,其不朽之谓欤!信如是,先生亦寿矣。

钱穆、牟宗三两先生也在史学、哲学(特别是逻辑学)上对刘先生循循善诱,指导他阅读中西典籍。时值乾撼坤岌之际,三位先生虽持不同政见,仍从容讲文论学;刘先生虽因痛恶政治腐败而参加学生运动,却有心于学,侍随于三先生杖履之间,恭敬地向他们求知问学。在三位大师的引导下,刘先生益发愤读书,在学术上从略窥门径到登堂入室。

一九四九年后,刘先生北上辅仁大学,在历史系继续学业。在辅仁大学期间，他很仰慕陈垣先生在文献学方面的功力与成就，自觉地把打好文献基础作为自己长期努力的一个目标。为此，他连续几年在《日知录》上下功夫。当时他所写的一篇关于顾炎武的论文，深得陈垣先生的称许。毕业后，刘先生留校任教。刘先生早就有志于治中国古史，可是在当时因其外文程度高而被分配教世界古代史。

1955年，刘先生被派往东北师范大学，在苏联古史专家主办的世界古代史进修班（相当于研究生）进行深造。在那里，他随苏联古史学者苦学西方古代史和俄文。在两年的学习时间里，刘先生以古希腊文明作为研究重点，深入学习作为西方文明源头的古希腊文化、历史、经济与哲学。进修结业时，刘先生完成了八万多字的学术专论《论黑劳士制度》。关于黑劳士（Helot）制度与中国古史分期问题的纠葛，是学术界众所周知的。关于这一制度形成的原因、性质及其特点等问题都是聚讼纷纭。然而参加中国古史分期讨论者虽然企图从比较研究的角度讨论黑劳士制度，但却因没有人真正从古希腊史研究的角度探讨黑劳士制度本身的内容，而使他们的讨论颇有盲人骑瞎马和隔靴搔痒的味道。刘先生的这篇论著将当时所见的国外有关黑劳士的史料尽可能完备地搜集起来，详尽地探讨了黑劳士制度的起源和性质。这部长篇论文是中国学者研究古希腊史的开创之作，论证紧凑，环环相扣。刘先生深刻地指出：黑劳士制度实质上是一种与斯巴达（Sparta）城邦土地所有制相对应、与城邦命运共始终的奴隶制度。黑劳士制度是城邦所有的奴隶制度。它是在斯巴达城邦形成时期由于征服的作用而形成的。黑劳士制度带来了古希腊其他城邦一般都不具有的现象：奴隶劳动过早、过快也过多地排斥了自由民的劳动，呈现出一种历史早熟的局面。正是在土地私有化的过程中，黑劳士制度逐渐走向衰落。黑劳士制度在其兴起时可以抑制或代替私有奴隶，而在其衰落时又为私有奴隶制所取代。因此，把黑劳士等同于一般的国有奴隶，或把一般的国有奴隶称为黑劳士型奴隶，是不符合历史实际的。而从现象上将黑劳士制度比附为封建农奴制度，则只能给历史造成混乱。从分析黑劳士制度出发，刘先生对如何判断奴隶社会的性质提出了一个重要见解：如果说一个社会是奴隶制社会，那么这个社会必须有一定数量的奴隶，这些奴隶必须在社会生产中占一定地位。但是，这并不是说奴隶必须在人口中占多数，必须在数量上成为社会的主要劳动者，因为小生产者在古代一般总是占人口多数的。问题的关键在于怎样说明奴隶制在西方古代社会中起了支配作用。具有人身自由的小生产者，从原始社会解体以后就存在，甚至在进入资本主义的一些国家里，都曾在一段或长或短的时间里大量地存在。可是他们从来不是决定社会性质的因素，相反，他们存在于各种类型的社会里，是被各社会所制约的因素。所以，奴隶制关系规定了古代小生产者分化的趋向，奴隶主作为统治阶级利用经济的和超经济的力量使得小生产者奴隶化，这就是奴隶制在社会中占主导地位的主要表现。这些看法对我们认识古代社会的奴隶制性质有着指导性的意义。尽管这篇早期之作尚有教条主义的痕迹，但它却是填补中国学者研究古希腊史空白的奠基性论著，具有突破性的贡献。

刘先生在从事古典文明的研究中逐渐认识到，任何一个文明中的具体历史问题，如不通过比较研究，实际上是无法解决的。自五十年代末起，刘先生又选定古代印度作为他研究世界古典文明的重点。他继承中国历史上研究印度的传统，合理而充分地利用现存的大量关于古代印度的汉文文献。刘先生研究古代印度，首先在卷帙浩瀚、内容复杂的汉文《大藏经》上下功夫，除对大乘部分了解其源流和分部情况以及不时翻检查核目录和史传外，对小乘部分，特别是其中的经、律，深入原文，比较别本、异译，并与南传佛经的英译本对读。经过费时四年的潜心研究，到了六十年代初，刘先生在学术界一鸣惊人，发表了研究古代印度的具有国际水平的两部长篇巨制——《印度早期佛教的种姓制度观》和《古代印度的土地关系》。前文根据汉文《大藏经》所记载的上古南亚史料，分析了早期佛教对于种姓制度的态度和产生这种态度的社会历史根源及其历史作用。例如，刘先生根据早期佛教的重要典籍阿含部诸经中的记载，论证了早期佛教曾经宣扬反对种姓制度的思想来源和历史条件。又从《佛本行集经》看出佛教对刹帝利和婆罗门两个种姓地位之高下的重视程度。后文对在学术界争论不休的古代印度土地所有制性质问题提出了重要的创见，刘先生引用《阿拔斯檀巴》《布利哈斯帕蒂》等几部法经和法论，分析了西方学者关于古代印度土地私有说的论据，论证了古代印度的农民对于土地并不具有所有权。刘先生又根据《佛本生经》记载考察了古印度农村公社内部的土地分配与使用，以说明公元前六世纪至公元五世纪的古代印度主要存在的是国有土地制，而非农民的土地私有制。古代印度国王对于广大的农村公社农民和奴隶来说，不仅是法律上的、而且是实际上的土地所有者。而国王对于奴隶主贵族们来说，只是法律上土地所有者；相应地说，奴隶主贵族们尽管在法律上也同农村公社农民一样，只是土地占有者，但是他们同国王一道分享了地租，因此对于劳动者来说，他们是真正的土地所有者，并同国王一道分享了土地所有权。这两篇发表在近四十年前的论文迄今仍然代表着我国学者研究古印度史的最高水准，迄今无出其右者。其利用佛经探讨印度古代史的研究方法深为中外南亚学专家所推服，我国著名南亚史专家季羡林教授就曾向中国经济史和宋史专家漆侠教授力荐这两篇论文。

　　在从事外国古代史的研究过程中，为了确切地把握经典原著的确切涵义以及长期以来对德国康德、黑格尔哲学的浓厚兴趣，刘先生向北京师范大学外语系精通德语的张天麟教授求教，花费三年时间学会了德文，能够直接阅读德文原著，而无须通过英、俄、中文的转译。后来刘先生又自学了法文。在刘先生苦学外文期间，并无游学海外的机缘。他学习外语的成就也非因有异于常人的天赋，而靠的是坚韧不拔的求知毅力。在刘先生所阅读过的外文书籍上，满篇全是他所作的语法分析符号、字源求证的记录。虽然刘先生掌握多种外文，但从不以此为炫耀。刘先生把语言文字作为治学的工具，他通过自己所掌握的多种外语，直接阅读原文文献，把握原著的本意，并能及时了解国外的学术思潮与动态。在"文革"前，刘先生是坚持阅读国外学术刊物的为数极少的国内学者之一。

　　在大学时代，刘先生在唐君毅、牟宗三先生指导下，接受了严格的哲学训练。在治史的五十多年中，刘先生始终未放弃对西方哲学的钻研。每当夜深人静之际，刘先生都沉潜于哲学思辨的海洋里，经常直至三更才放下亚里士多德（Aristotle）、康德、黑格尔、伽达默尔（Hans-Georg Gadamer）等哲学大师的著作而入睡的。随着岁月的流逝，刘先生对德国哲学的理解日趋成熟，能够以哲学的眼光去分析古代史中的一些问题。这不仅在史学界罕见，就是在哲学界也很少有人能与之比肩。无怪乎美籍华裔历史学家许倬云教授在海外介绍刘先生时，总是称许刘先生对黑格尔和德国哲学的研究。哲学理论的运用使刘先生的古史考证更加深入，本书对中外古史的分析处处显示出作者对德国古典哲学的深厚素养。如对"克己复礼"中"克"字的考证，前人有正反两义的解释，即克胜与胜任。刘先生以哲学理论为参照系，指出这词所含有正反两义的现象，正表现出汉语自古即具辩证的特点，因此"克"字的正反二义可以帮助理解"克己"的真实涵义。刘先生认为，"克己复礼"在逻辑上有三个阶段：第一步是己作为人的肯定；第二步是经过"由己"而及人，而及人必然克己或约己，这是对己的否定；第三步是由克己而成仁，达到己在与人和谐中的再肯定。此说不仅发前人未所发，而且使"克"字的解释更为深入、合理。又如，刘先生对司马迁的"天"的分析也很富于思辨色彩。史公一方面认为秦并六国是"天所助焉"，另一方面则说为秦扫清道路的是六国自己的所作所为。刘先生分析道，依据史公之见，为秦扫清道路本非六国之初衷，但结果却起到这一作用。这是"莫之为而为，莫之致而至"的表现，所以史公以天以命说之。同样，秦本为维护其统治而不立诸侯，结果却为汉高祖的统一铺平了道路，这也是莫之为而为，故史公也归之于天。史公所持的这种天，颇似黑格尔所说的"理性的狡计"（cunning of reason）。在刘先生看来，中国古代的史学有一个从"以史为鉴"向"以史为法"的发展过程，而且后者表现为对前者的"扬弃"（Aufhebung）。这是因为：

> 一方面，不论以史为鉴还是为法，都要使今人和后人从史得到启发和教益，可以说以史为法是一种特殊的以史为鉴；另一方面，以史为鉴时所取的是历史上客观存在的人和事，而以史为法时所要立的却是史家用以论史的主观的准则。

这种以"扬弃"的角度分析以史为鉴与以史为法的异同,既准确又简明地揭示了二者的关系。如果没有深厚的哲学素养,是不可能提出这样的看法的。类似的富有哲学意味的历史分析在书中不胜枚举,这里就不多介绍了。

在二十多年研治外国古代史的岁月中,刘先生念念不忘与中国传统学术认同,从不放弃对中国学问的自修。他嗜书如命,几十年来从无一日不读书,可以说是手不释卷、博览群书,故其国学知识的广博、理论修养的深厚大大超出其同代学人。在五、六十年代期间,刘先生每天下午在教学、研究之余,采取一种特殊的休息方式——逛旧书店。从不间断地连年逛旧书店,竟使刘先生得以周览古今载籍,获得了研究中国古史的大量目录学知识。

在长达二十多年的时间里,刘先生在紧张的教学之余,尽夜读书,不仅通读了十三经及先秦两汉的文献,并且系统地阅读了清儒的解经之文。刘先生对清代学术的源流,本末支系,传法师承,皆了如指掌。无论是研究制度史、还是思想史,无论是经学、还是史学,刘先生皆主张以清人学术为基础。本书收录的研究中国古代史的论文,无一篇不引用清人的观点,足见清代学术是刘先生知识结构中的一项重要组成部分。可以说,刘先生在古代史领域中能够取得出色的成就,是与他多年来精研、吸取和研究清人的学术成果有着密切联系的。刘先生常说,他之所以十分重视清代学术,是受到他的老师钱穆先生的启发。钱先生教导他,在研究先秦史时不可忘记参考清代学者对于经学与诸子之学的研究成果。刘先生一向注意阅读清代学术史、《清史稿·儒林传》《清儒学案》以及多数清代学者的年谱,《清经解》和《续经解》更是常置案头,随时翻检,以了解清人对经书、先秦诸子研究的概略和著作目录。这显然是钱穆先生的路数。

近人研究清代学术多从思想史着眼,很少涉及经学内部的问题。他们之所以总在周边打转转而不能进入经学的根本原因,就在于缺乏清人的考据功夫。而刘先生却能深入经学内部的问题,知经传之义而达于史事。他的研究是建立在坚实的考据之上的,他力求使自己的考据达到乾嘉大师的水平，凡遇到先秦典籍中的问题，绝不苟且，也从不以得一家之解为满足，而是尽量征求异说，对各家说法加以认真比较和思考，然后择善而从。凡要紧处或疑难点，即便已有前人考据成果的，刘先生通常有意先不看原来的注疏，而是运用文字、训诂、音韵学重考一遍，以检验自己对文献的考证能力。结果，刘先生的考证结果往往不仅得出与乾嘉考据大师相近的结论，并时常修正了他们的不当之论，更有不少超越前人的见解。如楚国有一官名叫"莫敖"，其义不见于古注。刘先生依据《左传》《汉书》，认为"莫"与"幕"相通，含有军事幕僚的意思，所以"莫敖"的本义当为职司军事的酋豪。可以说，刘先生对清学的研究真正地达到了"入乎其内而又出乎其外"的境界。譬如对《尚书·梓材》篇"人历"、"人宥"的解释，在经学史上极有争议。刘先生利用金文材料，纠正了清儒孙诒让等人的误解，证实了人历、人宥实际上是中国古代两种身分不同的人——前者是古代礼法界限以外的"黎民"，后者则是古代城邦中的"百姓"。这一令人信服的精辟考证解决了经学史研究上的一道难题。刘先生读书精审，善于发现问题，他曾反复参订，从英译本校勘出流传一千多年的汉译《金刚经》中的误译之处。这些看来似乎是笨功夫的重复劳动，却显示了刘先生在佛学上的雄厚学术造诣。这也同时说明，精通中国传统的学术并不是可以借助个人想象力，也不是凭四两拨千斤的捷径就可以达到的。

刘先生在治学中不但依靠个人的勤奋自学，同时也十分注意转益多师。除前面提到的唐君毅、钱穆、牟宗三、陈垣先生外，他还认真向许多前辈学者问学。老一辈学者如雷海宗、季羡林、周一良等先生均称赞刘先生的学问扎实，功底深厚。改革开放后，刘先生多次应邀去美国、韩国、新加坡以及中国台湾地区和香港地区访学，与海外学者进行学术交流。刘先生在八十年代中期曾访问哈佛大学，已故著名美籍华裔学者杨联陞教授（时已退休在家）闻讯曾数度专程赴校园与刘先生论学。两人谭艺甚欢，每次都长达六七个小时。可以说，刘先生在广泛接触西方汉学和现代思潮的过程中，学识进境更为开阔。

在"文革"期间，刘先生顶着"不务正业"和"白专道路"的压力，坚持自修金文和考古学知识。"文革"结束后，刘先生转入北京师范大学史学研究所。其时，刘先生的学术规模已经奠定，他不仅重操中国上古史旧业，而且还走上了中外古史比较的道路。《古代中国与世界》中的大部分论文写于这个时期。千里之行，始于足下，严肃的学术研究成果绝非一日之功所能完成，而是要经过几十年的艰苦准备和锲而不舍的努力方能结果的。刘先生的古史研究真积力久，功夫深厚，故多有创获。其考证之精不让乾嘉考据诸老，其思想之深刻直逼近代思想大师。尽管刘先生的治学重点是在史学，但在西方哲学、佛经、古典经济学和中国古典文学研究上均有极高的造诣。譬如他比较世界古代思想的长篇论文《论古代的人类精神觉醒》就充分体现了对德国哲学和佛经研究的深厚学养和造诣。

古人常云"博学高识"。其实博学未必就有高识，而高识则一定要建立在博学的基础之上。从本书所收各篇文章可以看出，刘先生主张义理和考据不可偏废，故其文字在史和论的结合上既丰满又自然。他还主张综合贯通微观研究与宏观研究，从而形成一套有系统的论述。在他看来，所谓宏观是指重视理论，即有史识，所谓微观是指实事求是，即持论有据。西方结构主义大师列维—斯特劳斯（Claude Levi Strauss）认为，就史学研究而言，在博学与高识之间存在着一种悖论关系（paradoxical relationship）。根据他的"资讯—理解"（information comprehension）观点，越是试图记住特定领域的更多资讯，对该领域的理解就越少；越是试图更好的理解该领域，旨在解释这一领域的笼统结论中所包含的资讯就越少。这一看法则适与中国的学术传统截然相反。中国古人早已承认宏观研究与微观研究的圆满结合并不容易，但这并不表示两者的交融是不可能的，故而不能放弃这样的努力。

在如何理解儒家经典的问题上，传统经学家一向有两种倾向：一是强调主观理解，一是重视客观存在。在刘先生那里，两者却实现了一种真正的动态平衡。现以刘先生释《诗经·大雅·公刘》篇中的"旅"字为例说明。他指出：

> 从治史的角度，我们不能从"旅"字的众多涵义中任选一个，代入诗句，可以说通，便以为满足。我们必须历史地弄清这个词的本始义，及其与诸引申义的关系，也必须历史地弄清这个词在当时确实表示的什么事物。

这样的解说不仅揭橥了理解古书的基本要领，而且从根本上与所谓儒家新诠释派抹杀客观存在与主观思维的观点划清了界限。在考释过程中，刘先生首先因声求义，探求本源，又兼采备录各家说法，再以甲骨文、金文为据，指出"旅"字的来源及后人的脱胎点化，将"于时庐旅"中的"旅"合理地训为：春秋以前的由共同体组成的兵农不分的旗下之众。如此的立论合乎实际，确凿可信。刘先生认为过分强调解释的多元化，容易流于学术的空疏，从而失去任何客观的标准。应该说，刘先生的学术不限于"既止于解释文句"的专家之学，而是更上一层楼，成为"能够讨论问题"的通儒之学。探讨问题，层层深入，这是本书的一大特色。

本书中经常出现"层次"一词，在刘先生看来，"层次"有两个意思：一指某事物的各个方面，一指某事物的表层和里层。正是因为有这种层次的观念，刘先生才能够多方面地观察事物，对问题的分析既全面又有深度。本书中的多数文章是以提出问题开始，继之以训诂考证，再由文字上疏通问题涉及的史实内容，然后将问题展开，逐一讨论与问题有关的各个方面以及它们之间的关系，或在某一方面进行更深入的讨论，最后高屋建瓴，力求在考史中求史识，指出所讨论的问题对理解古史具有何种意义，可谓"卒章显其志"。

本书探讨的许多课题是围绕着历史上有争议的问题展开的。举例而言，《说〈诗·大雅·公刘〉》评论了汉人和清人对《诗》意的不同注释，《关于芍掩治赋》列举出汉晋以来对芍掩治赋的内容的各种记载，《宗法辨疑》开篇便提出古代学者对宗法是否包括天子诸侯在内所持的歧异看法，《楚邦的发生和发展》则胪列了古今学人对楚邦出现的时代、楚邦的族源、楚始封的地望的多种说法，《先秦儒家仁礼学说新探》介绍了学术界对孔子"克己复礼为仁"说的种种解释,《〈史记〉与汉代经学》叙述了历代对司马迁对经学的态度及其所依据的材料是古文还是今文的争论。但是,刘先生并没有停留在阐述诸家的分歧之中,而是力求有所突破,解决这些长期争论不休的疑难问题。刘先生的分析和解释,都建立在详尽地运用史料和严密地推衍逻辑的基础之上,使结论具有很强的说服力。譬如,刘先生大量引用青铜器铭文及文献材料以证明国君在宗法系统之内,并提出经学史上凡有争议的问题皆须考信于史的原则。刘先生学风谨严,每立一论,必反复推敲,务使细密周详。如对《诗经·大雅·公刘》篇"既庶既繁"句的理解,刘先生认为是指豳地戎狄的情景而非指周人,因为从逻辑上说,周人刚刚定居而且民从之者开始时为数不多,自然不可能出现"既庶既繁"的景象;而且从历史的线索看,若干资料都提到公刘迁徙、处戎狄之间。这样的结论足见刘先生的识见卓越。我们知道,《公刘》篇的"其军三单"、"彻田为粮"两句,历代学者争论最多,一直没有定论。刘先生除了补充和证实了过去学者的一些看法外,从传统文字训诂、现代考古学的角度出发,对这两句进行考证,作了结论性的解释。他受清儒马瑞辰的启发,主张"其军三单"是说营地设立在三块台地之上。刘先生又以古希腊的份田(Temenos)作比较,认为"彻田为粮"是指从公社中彻取一部分田地作为公田,这是原始社会解体和阶级社会开始时期一种普遍存在的历史现象。刘先生的结论立说精凿,最接近史实,被学术界视为不易之论。

  刘先生治中国古史不拘于文献,他还始终密切注意考古学的新发现和新资料。例如关于中国古史上楚与苗的关系长期以来纠缠不清,刘先生在《楚邦的发生和发展》一文中对于这个问题给予澄清。刘先生在全面占有文献资料的基础上,认真利用新发现的考古材料来印证和补充文献记载之不足,订正前人不当的说法,从而得出了翔实可靠的结论。他举《淮南子》中苗山即楚山为例,指出楚国的发生不是因周人分封而是出现于其之前。周人的分封,只不过是承认楚邦存在的现实。这样的说法比较如实真切。对于为什么楚国没有产生齐国或鲁国那样世家大族的问题?刘先生从各个方面逐一条分缕析,不为旧说所囿,突破了前人的看法。另外，楚国君王的名字，很多带有"敖"字。对此，由于古音韵"敖"与"豪"相近，刘先生根据马融的训义，认为"敖"即酋豪。然而，刘先生并没有停留在单纯的训诂层次上，而是通过训诂更确切地了解古史的真貌。刘先生从"敖"和"莫敖"的本义发现楚君与楚国其他贵族首领在军事权力上相去不远的历史现象。在评价楚国的历史地位时，刘先生揭示了楚国的敬祖、争霸和统一的思想如何对中国古代社会的发展发生了意义深远的影响，这是很有创意的。

刘先生对中国古史的扎实基本功远远超过了国内外的许多同行学者。一般说来，在中国治史通常是以研究中国史和外国史（在国内习惯上称"世界史"）分野的，治中国史者鲜有问津外国史者，而治外国史者亦无涉足中国史者。形成这种局面的根本原因在于，研究中国史与外国史所要求具备的语言工具有着很大的不同，这在治古史上尤为明显——前者需要有文字、训诂、音韵方面的严格训练，后者则需要精通主要西方语言（如英语、德语、法语、俄语）和主要古典文明的古文字（如梵文、古希腊文、象形文字、楔形文字）。如果语言文字不过关，也就很难说在学术上有所创获。然而这些条件往往是处在近代以来文化危机中的中国学人难以完全具备的，其原因在于古典研究的训练在近百年中处于一个江河日下不断坠退的过程。但是由于特殊的经历和个人的刻苦勤奋，刘先生却惊人地具备了兼治中外古史的大部分条件。近代以来，不少学者往往利用新出的材料来探讨新问题，故以矜奇炫新成名。刘先生不仅利用甲骨文、金文等新材料，更注意从传统的旧材料中推陈出新，有所创获。他所引用的材料十之八九为人所常见，而其结论却不同凡响，使人不能不折服。比如《先秦儒家仁礼学说新探》所讨论关于仁与礼的关系，过去在学术界的讨论几乎到了题无胜义的地步，刘先生却心裁别识，重释仁礼关系。他在分析孔子的仁与礼之间的张力时，将其核心内容总结为"在差别中求和谐，在和谐中存差别"，诚不愧一语中的。

刘先生在研究中虽不一味追求新说，但他对任何一种新思想、新观点都持开放的态度。如他曾引美国著名思想史学者史华兹（Benjamin

Schwartz)比较墨子和霍布士（Thomas Hobbes）的看法，来说明墨子的"兼爱"与"天志"观在历史和哲学上的悲剧结局。刘先生的国学基础雄厚，又精熟西方历史，具有在浩瀚的中外史料中进行选择和判断的能力，故在学术研究中能触类旁通、举一反三。当他以国史为依托时，同时观照古希腊和古印度，往往为外国学者所不及；同样，当他以古希腊和古印度为依托时，又表现出国内学者所不能达到的层次。总之，刘先生在开拓中外古史比较新途径的过程中，能够洞幽烛微，推陈出新，不断提出带有总体性意义的深刻见解，读起来使人感到痛快淋漓。

本书中关于中外古史比较的文章特点在于视野广阔，刘先生不仅把古代中国文明与印度、希腊古典文明对比研究，而且把考古学、古文字学、思想史、政治史、经济史交织在一起，构成长幅画卷。刘先生以横向研究的方式突破了传统的纵向研究历史的界限，给人以气象一新的感觉。刘先生注意到，在外国人所写的世界文明史中，中国古代文明始终未能得到应有的地位。而这种不合理的现象显然是不能依靠外国人来解决的，这是因为他们或带有某种西方中心论的偏见，或是受其自身对中国了解不足的限制，所以只有通过中国学者自己的努力，把中国史放进世界史中去研究，才能使中国古代文明在世界史中占有合理的地位。刘先生有关中外古史比较的论文，代表了他学术成熟时期关于人类古代文明发展的总体性见解，其中对中国、希腊、印度三大文明的比较具有一种前人未有的通识。这种通论要比古史专题研究更难于下笔，因为它不仅要求具有整体性的判断，而且还需要拥有对每一个古典文明的专门知识。在《论古代的人类精神觉醒》一文中，刘先生对轴心时代（Axial Age）中的古代印度、希腊、中国在思想史上重大突破的不同过程和特点作了比较。他从人与天（神）的关系、人与人的关系，以及人性的问题三个方面，揭示出这三大文明经过不同的途径对自身反省所达到的精神自觉，得出了发前人未所发的精辟结论：分别把人理解为宗教的动物、政治的（城邦的）动物和伦理的动物是古代印度、希腊、中国在人的本质上所达到的各具特点的结论。尽管刘先生对西方和印度的古典文献有着直接和深厚的了解与掌握，但是他从来没有单纯以西方或印度文化为本位，而是以不同文明为参照系，从而使早期中国文明在古典世界有了相应的定位。例如，刘先生注意到，中国古代文明具有一种不断融合和联合的趋势。在对待不同民族的态度上，中国与其他古国有所不同。古印度雅利安人（Aryan）对于民族差异看得比较绝对。中国先秦时期也讲夷夏之防，但界限主要不在自然的血统上，因而也不很绝对化。夷夏的区别主要建立在礼的不同之上，血统的区分被文化的区分所代替。这样来比较研究世界上的各个古典文明，的确使治古史者耳目一新，而且很具中国特色，这是外国学者一般难以做到的。

自"五四"以来，有很多学者从事中西文化和中西哲学的比较研究，其中也有少数人将印度包括在内比较研究的范围之内。但是，这些比较研究多因作者在某一方面学力不足而失之肤浅或流于无根之谈。与时下的比较研究不同，刘先生对古典文明比较的通论性文章是建立在他对古代中国、印度和希腊史研究的若干专论之上，故立论极为稳妥，而未陷入凿空武断之论。刘先生对中、西、印思想文化的比较研究，熔炼古今，学淹中西，应该说是从根本上扭转了这种现象。刘先生的比较研究不仅在于他对中国、印度、希腊古史材料的熟悉程度，更体现于他有一种通观中外的襟怀和气度。刘先生在美国讲学时，曾以中、希、印古代文明比较为题作系列讲座，听讲的西方学者认为他关于古史比较的见解具有一种深刻的穿透力，表现出一种宏大的气势，在场治古希腊、罗马、印度史的美国教授们无不叹其学问之浩瀚邃密。刘先生在讲演中指出，中国从上古到中古的过渡是在历史的正常连续进程中实现的，这对于世界史的比较研究和选取典型无疑是有重大意义的。他还论证了中国在与外部世界联系的过程中对其他文明，甚至对整个世界的发展变化所发挥的重要作用，以及中国北部游牧民族与南部中原农耕社会的关系变化，特别是历史上三次重要的游牧民族大迁移如何直接或间接地影响西方历史的进程。

从这本书所收的论文可知刘先生的学术研究涉及范围极广，以地域而言，包括中国上古史、印度古代史、希腊古代史以及古典文明的比较；以内容而言，包括社会经济史、政治制度史、学术思想史。刘先生的每一篇论文都是采取历史的取径，首先研究前人的成果，然后在前人的基础上，提出自己的观点。他继承传统，超越传统，显示出继往开来之功。简言之，刘先生的方法是中国传统的考据学与近代西方的逻辑分析相结合，思想原则乃是中国传统的基本价值与近代西方哲学的有机结合。刘先生在考证上力求精细，资料上务求详赡，其分析与综合两者俱见功力，以及在逻辑与历史的统一，均达到了这方面研究中前所未有的高度。正如旅美著名宗教研究学者赵复三先生在读了刘先生的著作后所写道的："冯友兰先生、金岳霖先生、贺麟先生、张岱年先生都是我拳拳服膺的，季羡林先生、金克木先生、汪子嵩先生的专业造诣和思想深刻也是我深深景仰的。李泽厚、冯天瑜的论著有清新气也令我爱读。然而能像刘先生把三方面的功夫熔于一炉的，我还没见过。"

当然，刘先生学贯中西，这使他的学术负担至少要加倍于其他专治中国史或外国史的学者，更何况他所治乃是中国史中难度颇大的先秦史和外国史中令人望而止步的古印度史（据说在印度本国也鲜有史学家涉足这一领域）。治古史难，经历者如鱼饮水，冷暖自知，不足为外人道也。陈寅恪先生曾言"不敢观三代两汉之书"，此语虽是陈先生针对上古文献匮乏、史事难以稽考而发的谦虚之辞，但也足见治中国上古史之艰巨。可是刘先生却知难而进，拣起了这颗坚果，废寝忘食，夜以继日，以坚韧不拔的毅力啃了数十年，老而弥笃。刘先生于经尤重《尚书》《诗经》《春秋》三传，专勒成章，取得了为国内外士林所称道的学术成就。若非有坚强的毅力和尽弃他务的献身精神，这样精深博大的学问是绝不可能达到的。然而，刘先生常常对于未能尽展其治史抱负而深以为憾，这当然是由于种种非个人所能控制的因素所致。但是他能在不利的客观外部环境里，充分发挥个人的主观能动性，因而在经史研究领域作出了世所公认的贡献。另一方面，尽管刘先生博通经史，学有渊源，但他继承中国传统学术的优良传统，一向不敢轻言著述。刘先生常谓"读书见闻不可不广，而著书尤不可不轻易下笔"。这种自谦自重的"包袱"使刘先生的学问量与著作量从表面上看似不成比例，世之所传不及其学十分之一。然而这却是值得人们所尊敬的地方。老一辈学者如陈寅恪先生、钱钟书先生下笔极为慎重，而且陈先生的两部重要史学著作皆自谦称"稿"，以此著作不丰，似乎称不上"著作等身"。刘先生也是蓄之于内者多，而出之于外者少，胸中的学问远较见诸文字者为多。这正说明刘先生和老一辈学者一样，既不以自我创作、求异于前人为学术宗旨，亦无自我成名的自满心理之存在。刘先生居恒布衣蔬食，极少抛头露面，惟以闭门读书为事。他认为泛泛空谈，无益于学问修养。他还常为诸老代笔，参加集体编写工作。因为刘先生恬淡寡欲、不干仕禄，不受名利之束缚，也就在很大程度上限制了外界对刘先生学术造诣的了解。

在结束本篇文字之前，我还要谈一谈《古代中国与世界》一书所体现的刘先生的治学态度。刘先生一向主张治史应有一种敬意。他常引钱穆先生所言，如果我们自己对本国的历史、本民族的文化毫无敬意，"数典忘祖"，谁还能对我们的历史及我们的现在会怀有敬意呢？刘先生认为，"敬"有两种含义：一为感情上的尊敬，一为理智上的肃敬。史家对于历史的敬意，既表现在对历史事实的崇真黜伪上，也表现在历史价值的是非或善恶上。史家在研究之始难以无情，但深入之时又不能不重理，而最终的结果则要求情理结合。在刘先生看来，一位严肃的历史学家在从事一项历史研究或撰述之前，必定在精神上处于孔子所说的愤悱状态，即因某种外在或内在因素的刺激而产生的一种感情状态。所以，对历史的敬意包括两个方面：一方面，对自己的愤悱状态保持尊敬。另一方面，对自己的愤悱状态保持肃敬。这与章学诚提倡的"史德"，即修养成因事动情，却不因情而冲动，极为相近。如果我们以"敬"的标准来衡量《古代中国与世界》这部书，可以说其中没有一篇是率尔操觚的，因此此书肯定会因其经久的学术价值而名传不朽。今之著书者皆以求速效，声誉既易致，而利禄亦随之。可是那些急于成名的浮躁之作是根本无法与本书相比。这种高要求、高质量的治学态度非常值得我们学习，尤其在今天商业冲击下的粗制滥造的著书风气中，刘先生的这部精心之作，逻辑严谨，言之有物，更显出其难能可贵的价值。并且，本书的行文风格自然朴实，辞浅意深，从不附庸风雅，形式平正通达。古语有谓："文如其人"，我们读其文便知其人。在平淡自然的文字中，却蕴藏着刘先生思路的清晰和论理的透彻。所以，读刘先生的文章，常有一种渐入佳境的感觉。这与当前流行的"溺于文辞，以为观美之器"的华而不实文风形成了鲜明的对照。

本书所收集的各篇论文的另一个突出特点，是作者严谨、深思和诚恳的治学态度。在讨论古史中有分歧的问题时，刘先生或从训诂与逻辑方面进行分析，或借助哲学理论阐释历史现象，或引用前人的研究成果，或对某一问题多方面深层次地综合探讨。尽管刘先生在研究中力求最为合理、最近史实的解说，但是他并不轻易否定其他假说存在的可能性。本书还体现了刘先生谦恭的学风。学术分歧是不可避免的现象，有学术讨论就难免有不同的观点。刘先生一贯主张学术文章应各有主张，不能强求一同。对持不同学术观点的人，无论其地位高低，无论其已故或健在，他都待以谦和恭敬的态度。纵然是在反驳对方的观点，刘先生亦文辞温和，就事论事，入情入理，而且尽量肯定对方的长处，仅以委婉方式道出其不妥之处，指出其致误原因，真正做到以理服人。在学术争鸣中，刘先生从不拘泥于观点的对立，而是注意观察支撑不同观点或假设背后的东西，即这样的论断是如何产生的。从本书可以看出，刘先生从不轻易否定前辈学者之学术成果，更不厚诬古人。他发扬古人"临文必敬、论古必恕"的精神，总是以尊重的态度对待前人的不同说法，把它们放到特定的历史背景中加以比较、决定取舍，力求使自己的见解建立在前人研究的基础之上。刘先生在学术上从不盛气凌人，而是平心静气地进行学友式的对话。他虽学识渊博，却虚怀若谷，凡人问难请益，总是认真耐心，不惮其烦，每有所问，必有所答。不少学者凡有造述，总是先请刘先生过目，经他裁定后方敢刊布。刘先生从来都是不遗余力地奖掖后进，经常通宵达旦为中青年学者审阅稿件，认真提出修改意见，以资策励之意。刘先生唯一的希望就是中国的学术能够后继有人。元好问诗云："鸳鸯绣了从教看，莫把金针度与人。"自古以来，多数学术大家出于各种原因，鲜有将个人治学的真实门径介绍出来的，而目下市面上的所谓治学之道，多为故弄玄虚、自我标榜。在本书的附录中，刘先生毫无保留地将自己的治学得失和读书方法娓娓道出，以便时贤与后学在治学中尽量减少盲目性、少走弯路。这体现出他视学术为天下之公器的大度，也正是他淡泊名利一贯态度的真实写照，与那些沽名钓誉的庸妄之伦形成鲜明的对照。老子曰："生而不有，为而不恃，长而不宰，是谓玄德。"本书所展示的学术心境正可以此来概括。

　　刘先生的这部文集是他几十年研究之精粹，丝毫也不掺水分的，它的问世必然会对古史研究和古典文明比较起到一种树立标准的典范作用。在国内商品经济大潮冲击下，返观今日学术研究清冷、粗糙之作泛滥的环境，刘先生能逆流而上，实在是太难得了。我在这里还要特别感谢武汉出版社为繁荣学术，不计较经济上的得失，出版了这样一部好书，实在是可钦可佩。最后需要指出的是，刘先生的风范学识远非这篇文字所能概括，这里似乎只有借用梁启超"海天寥廓立多时"的诗句为题才能勉强得其仿佛。

（原载《人文论丛》1998年卷）

学贯中西　体大思精

——论《古代中国与世界——一个古史研究者的思考》的学术特色

史　文

刘家和先生是北京师范大学史学研究所博士生导师。长期以来，先后从事世界古代史、中国古代史、史学史，以及中外比较研究与教学，以治学严谨、功底深厚、学识渊博著称。《古代中国与世界——一个古史研究者的思考》一书，是作者几十年如一日辛勤耕耘、执着求索、精研覃思、厚积薄发的结晶。虽然以论文的形式结集，但其内容却非常丰富。就所涉及的地域而言，是融中外古史为一炉；就所涉及的内容而言，是纵横捭阖于社会经济、政治制度与学术思想史之间。综观全书，非但所论多为中外古史研究中的"重点"、"难点"、"焦点"和"空白点"问题，而且旁征博引、钩沉稽疑、精湛独到。但限于篇幅，难以尽述，仅就该书的学术特色略陈管见。

英国当代著名史学家杰弗里·巴勒克拉夫在其代表作《当代史学主要趋势》中曾说："如果不能从更宽广的背景来看待本国的历史，那末所有的这些研究工作都将是徒劳无功的。"而且也"必然会阻碍他们更加深刻地认识西方世界和非西方世界的历史发展过程。"（第163页）又说："史学家的观点愈有世界性，愈能摆脱民族和地区的偏见，愈接近于有效于当代的历史观念。"（第182页）即谓不论研究外国史，还是研究中国史，都需要有一种恢廓的研究视野，即将所研究的对象与问题置于世界这个广阔的时空和多重的背景之下进行观察和思考。因为有了世界这个广阔的时空和多重的背景作为参照系，既有助于深化和丰富我们对所研究的对象与问题的认识和理解，亦可使我们的研究获得新的视角、新的思维、新的突破和新的成果，从而达到对所研究的对象与问题进行科学准确的定位，以及全面客观的评价。《古代中国与世界》（简称）一书的特色之一便是视野恢廓。即谓该书不管研究中国史，还是研究外国史，非但悉将所研究的对象与问题放在世界这个广阔的时空与多重的背景之下进行全方位、多层面的观察与思考，而且复将所研究的对象与问题置于同外部世界的比较与联系中进行探索。这样既可以更深入地从整个世界历史发展的一般规律中揭示和把握所研究的对象与问题的具体规律，亦能更全面地从世界有机联系的整体中来重新审视与研究具体的对象与问题。即在局部中的整体和整体中的局部之相互联系中去分析和把握所研究的对象与问题的阶段性特征和整体性特征。诸如书中的"关于中国古代文明特点的分析"、"古代印度的土地关系"、"三朝制新探"、"论中国古代轴心时期的文明与原始传统的关系"和"论古代的人类精神觉醒"等文悉为这种特色的典范。然限于篇幅，仅就"关于中国古代文明特点的分析"一文略作阐述。作者在思考和分析中国古代文明特点的内涵、表现形式和形成原因时，既将中国古代文明的产生与发展嬗变纳入整个人类文明演进的过程中进行考察与探讨，又从政治、文化和民族等不同的视角与层面将中国古代文明放在与其先后并存的埃及和两河流域文明、腓尼基文明、印度河流域和恒河流域文明、爱琴文明、赫梯文明、巴勒斯坦文明、古希腊文明和罗马文明等诸文明之比较与联系中进行系统深入的分析与研究，从而在准确地把握中国古代文明具有整个人类文明所普遍拥有的共性之基础上，又提出了由于特定的时空、国情和人文传统等等差异，中国古代文明在自身的发展变化的进程中又呈现出别具一格的三大特点。这即是：在时间中发展的连续性、在空间延展中的统一性和在主要精神方面所表现出的四海一家、天人相应的思想。继之，作者复将深邃冷峻的目光投向中国古代文明特点形成的具体原因。诚如作者所言："文明从其本质来说，是一种否定野蛮的过程。

它像其他有生命的东西一样，自身总要有不断的新陈代谢，如果不能否定自身中的消极成分，不能维持新陈代谢，那么一种文明就将衰亡。中国古代文明能够长期连续存在，就是因为它在沿袭中保持了变革，在变革中保持了沿袭。"（第486页）又说："中国古代文明的特点，不在于没有多样性，而在于能将多样性容纳在统一性之中。总之，中国古代文明的统一性特点的形成，并非依靠它能排斥或者消除异己的因素，恰恰相反，完全依靠它能兼容并蓄，然后经过熔冶将不同的因素化为一个不断发展的新整体。"（第500页）这种精湛独特的分析既有助于研究者从本质和规律上揭示与把握中国古代文明特点的丰富内涵、发展变化的深刻动因及其载体，也有助于澄清和纠正长期以来在中国古代文明研究中所存在的一些含混的认识和错误的观点。同时对我们重新认识和正确评价中国古代文明亦具有特别重要的意义。而这一切的取得无一不是源于作者恢廓的视野。

创新既是学术研究的灵魂和得以保持不朽与常青之生命力的"源头活水"，推动学术研究不断向纵深拓展，乃至取得长足的进步和质的突破的"内驱力"，又是学术研究的最高境界。同时更是人们衡量与评价一部学术著作优劣高下和是非得失的重要标准与尺度。刘家和先生在充分借鉴和汲取前人和当代研究成果，以及经过长期辛勤耕耘和精研覃思之基础上，于《古代中国与世界》中提出了许多精湛独到、殊多启示的新观点、新思维和新诠释，成为该书另一鲜明的特色。而这也正是作者长期以来矢志不渝、孜孜不倦所追求的学术旨趣和境界。作者于书中"论古代的人类精神觉醒"一文里，对古代的人类精神觉醒之内涵、历史条件，以及古代印度、希腊和中国在人类觉醒的过程中所表现出的各自不同的特色所作的整体思考和理性透视，是对古代的人类精神觉醒的全新的定位和阐释。首先，作者以独特的视角，从哲学的高度对古代的人类精神觉醒之定义与内涵作了令人耳目一新的精确界定。他说："所谓人类精神的觉醒，乃指人类经过对自身存在的反省而达到的一种精神上的自觉。……这应包括以下三个方面：（1）人类经过对人与自然或天人关系的反省达到关于自身对外的界限（界限是区别之点，也是联系之点）的自觉；（2）人类经过对人与人之间的关系的反省，达到关于自身内部结构的自觉；（3）人类经过对以上两方面反省的概括，进而有对人的本质或人性的反省，达到关于自身的精神的自觉。以上三个方面也可以说是三个层次。……所以，我们所说的古代的人类精神觉醒，就是指人类经过三个方面的反省所达到的三个层次的自觉。"（第573页）这是正确理解与深入研究古代的人类精神觉醒之关键的环节和重要的切入点。继之，作者在对古代印度、希腊和中国在人类精神觉醒过程中的历史条件之异同的逐个层面之比较的基础上，认为三者是别具一格，各有特色。这即是：一、在天人之关系上，古代印度、希腊和中国形成了不同的研究传统：印度形成了宗教研究的传统，希腊形成了科学研究的传统，中国形成了人文研究的传统。二、在人与人之间关系上，印度佛教主张无差别的平等，古希腊学者揭示人类平等中的内在矛盾，而中国儒家则以具有礼的形式的仁使现实的有差别的人同一起来。三、在人性问题上，古代印度认为人是宗教的动物，古希腊则把人理解为政治（或城邦的）动物，而中国儒家则将人视为伦理的动物。这些诠释，既有助于我们深刻理解和充分评价古代的人类精神觉醒对整个人类历史进程所产生的深远而巨大的影响，又有助于我们从新的视角、新的高度和新的层面思考和寻觅古代东西方文化发展嬗变的轨迹及其构筑其上的价值取向之鲜明差异的本质原因与规律，以及对当今世界文化发展变化之走向与趋赴的影响。可以说这种精湛独到、深邃透辟、勇于创新的鲜明特色是贯穿全书的一条主线，随处可见。

　　由于史学所面对的研究对象是包罗万象、纷繁复杂、千姿百态和变化莫测的人类历史，所以既需要研究者具有恢廓的视野，创新的意识，还需要有学贯中西、通古明今、一专多能的渊博深厚的学术基础。因为只有具备渊博深厚的学术基础，才能对所研究的对象与问题进行宏观上的思考和整体上的把握；才能不断开辟新的研究领域，拓宽视野，启迪思路，激发灵感，进行创造性的研究。笔者在拜读《古代中国与世界》

的过程中，深深地感到作者之所以能够站在哲学的高度，以恢廓的视野、创新的意识，对所研究的对象与问题进行全方位、多层面的比较与研究，进行贯通古今的探赜索隐和考镜源流，以及翔实精湛、富有哲理的分析与论述等等，无一不是源于作者学贯中西、通古明今和一专多能的渊博精深的学术基础。作者自矢志献身学术研究事业之日起，即将渊博精深的学术基础作为其一生无怨无悔、不懈追求和努力的目标，非但几十年如一日默默无闻、乐此不疲地去身体力行，而且根据学术研究的需要不断充实、调整和完善其学术基础。时至今日，刘家和先生作为长期从事中外古史及其比较研究的著名学者在这些方面所取得的累累硕果和所达到的精深境界无须多言。就是在学术基础的其他方面也是收获颇丰，作者不仅对逻辑学和哲学始终情有独钟，而且对语言文字也用功甚勤，迄今为止非但精通英、俄、德等语言，同时对古希腊文、拉丁文等亦有较深的造诣。此外，复以考据学与文献学见长。因此，作者才得以在《古代中国与世界》一书中，向同仁和读者奉献了众多的内容丰富、风格各异的精品。这其中不仅有严谨致密的逻辑推理、翔实确凿的文献爬梳、中西合璧的宏观比较，而且亦有深邃思辨的哲学定位、钩沉稽疑的精审考据和匠心独具的诸多新意。

此外，需要特别提及的是，在书中所折射出的作者认真谨严、精益求精的学风。毋庸讳言，展示在我们面前的《古代中国与世界》这部学术专著，是作者从事学术研究几十年来的第一部专著，到目前为止也是唯一的一部专著。从表面看来，这与作者渊博精深的学识和境界显得不太相称，甚至有些令人不解。然而熟知作者的人都会知道，不论是被收入该书中的这些文章还是未被收入的文章，悉为作者几十年来在不辞辛劳地于大量中外文献资料中千淘万滤、披沙拣金的基础上，经过长期精研覃思、反复推敲论证而成，实可谓呕心沥血、厚积薄发的结晶。诚如作者于后记中充满自信地写道的："我觉得，这些文字的是非得失，要请同行学者和读者朋友们多加指教；而我可以说的只有一点，即这些文字没有一篇是未经长期准备和思考就率尔操觚的。"（第611页）这同时下那种有感即发、浅尝辄止、急功近利、轻率为文的浮躁,以及满足于一得之功或一孔之见,盲目地贪多求富,甚至以所谓的"著作等身"相卖弄炫耀的浅薄相较实不可同日而语。尽管该书所收的文章不过二十余篇,但是篇篇悉为经过反复锤炼陶冶、精益求精、掷地有声的名篇佳作。足以加惠史林,泽及后学。

(原载《求是学刊》1999年第5期)

结构·张力·历史

——刘家和先生学术思想述要

蒋重跃

一、引言

刘家和，1928年12月生，江苏六合人。北京师范大学历史学院教授。1952年毕业于北京辅仁大学历史系，同年分配在北京师范大学历史系任教。1955—1957年间，曾到东北师范大学从苏联专家进修世界古代史。1979年以前，主要从事世界古代史教学、研究工作；1980年至今，转以中国古代史为主兼治世界史，同时从事中外古史比较研究工作。曾先后主编两本《世界上古史》（教育部指定高校文科教材）和一本《世界古代文明史研究导论》（教育部推荐研究生用参考教材）。另著有《古代中国与世界》（1995）、《史学、经学与思想》（2005）及论文数十篇。曾参与的集体著作、译作尚有多种。

刘家和先生是享誉海内外的历史学家。他在古代希腊史、古代印度史和中国先秦秦汉史、中外古代历史文化比较以及史学理论等领域，皆有精深的研究。他的研究皆关乎古代历史文化的重大问题。例如，关于斯巴达的"黑劳士"制度、印度早期佛教的种姓制度观、《书·梓材》中的"人历"、"人宥"等问题的研究，是探讨古代世界的社会阶层问题的；关于《诗·大雅·公刘》所反映的史事、楚邦的发生和发展、三朝制、宗法制等的考证，是讨论古代国家产生的途径和特点的；至于他集中讨论的中国古代文明的统一性和连续性及其关系问题、中国古代王权神化、"轴心期"中国古代文明的特点、中国古典史学形成的过程、古代世界的人类精神觉醒等，本身就是重大的学术课题。上述这些是20世纪50至90年代初的成果。最近十几年来发表的论文，大多集中在中国古代的史学、经学等领域，是在世界历史的视野中，从精神层面进一步理解中国古代文明特点的比较研究的力作，特别是关于史学在中国传统学术中的地位、中国的通史传统与西方普世史传统的比较、历史理性在古代中国的发生和发展、先秦时期天下一家思想的萌生、战国时期的性恶说、《左传》中的人本思想和民本思想、春秋公羊学所表现的史学的悖论和历史的悖论等项研究，集中反映了他的研究兴趣和理论深度，也是在世界背景上有关中国历史文化研究的高水平成果。总之，所有这些工作，是他立志把中国史放到世界史中去研究，为写出具有世界眼光的中国历史，写出有中国史在内，并给中国史以应有地位的世界史的重要步骤。刘先生发表的论文皆以选题精准、考证精当、分析精细、思考精深而著称。他的许多学术观点，特别是关于中国历史文化的统一性和连续性及其辩证关系的观点，已经为越来越多的学者所接受。

以广度和深度而论，刘先生的学术成果是非常丰厚的。取得这样丰厚的学术成果，一定有着非同寻常的勤奋和毅力，这是毫无疑问的；而在这勤奋和毅力的背后，更有着对真善美的真诚信仰和不懈追求，有着对研究方法的理性自觉，还有着对这两者及其相互关系的深刻反省。这种反省理所当然应该纳入"学术思想"的范畴。在提升学术质量日益受到重视的今天，认真学习刘先生的学术思想，是十分必要的。本文作者有幸跟随刘先生学习多年，但深知，要想很好地理解刘先生学术思想的精义，还有很长的路要走。这篇文章反映了作者现在的认识水平和程度，理解不当之处，在所难免，尚祈批评指正。

二、关于历史的学习与研究的关系

什么是研究？历史研究应该怎样进行？对于打算认真研究学术的人

来说，这的确是一个重要的问题。世纪之交，刘先生在为《世界古代文明史研究导论》撰写引论时，积半个多世纪学术研究的经验和思考，对这个问题作了精辟的解说[①]。

（一）关于学习与研究的关系

刘先生把学习与研究的关系看作学术活动的内在结构之一种，通过两者之间的张力关系来理解研究的意义。他考察了中国传统典籍，对汉语"学习"和"研究"这两个词的含义进行了分析。指出，广义地说，"学"字的意思里包括研究。狭义地说，"学"字有知道（被教会）、记住和仿效三层含义，这三层意思都反映着人的受教过程。"习"字则有反复地做的意思。概括起来，由"学"和"习"两字组成的"学习"一词，表示的就是由"学"而开始获得知识，在反复的"习"中达到切实的把握。

"研"字本指以石将物磨为粉末，引申义就成了对事物进行精细的分解。"究"字的意思是穷、谋，即穷极究竟、远虑深思的意思。"研"、"究"二字之间是有某种内在联系的，"研"是彻底的分析、分解，"究"是彻底的探求。彻底的分析（研）是彻底的探求（究）的准备，彻底的探求（究）是彻底的分析（研）的完成。由彻底的分析而彻底的探求，这就是研究的过程。

由此可见，学习重在继承，研究重在创新。

那么，重在继承的学习，怎样才能过渡到重在创新的研究？或者说，从学习过渡到研究何以可能？这是刘先生发现并试图解答的一个重要问题。刘先生认为，实现这个过渡的关键就在"温故而知新"。所谓温故，就是"学而时习之"。它可以产生双重的效果：一方面，把所学知识牢固地记了下来，另一方面，在不断地复习中逐渐了解到所

---

① 刘家和、廖学盛主编：《世界古代文明史研究导论》，高等教育出版社 2001 年版，第 1—24 页。

学知识是通过何种途径得来的。或者说，温习的结果，既得到了具体的知识，又得到了产生此知识的方法。如果说，人们通过前者所把握的只是具体的"事"，那么，通过后者所把握的就包括了一般的"理"了。当人们试图用所得知的方法或"理"去进一步探讨新事物时，"研究"就从这里开始了，"新知"的门也就从这里打开了。当然，要做到以上这一点，那是有条件的，这个条件就是"思"。孔子说"学而不思则罔，思而不学则殆"。罔的意思是蒙蔽，也就是无知。学的时候没有用心思，也就无从研究，当然也就没有任何创新。在中国的学术传统里，学习与研究或温故与知新，既有明确的区别，也有重要的联系，这种联系的纽带就是"思"。学习或继承的阶段要会思，研究或创新的阶段更要会思。

刘先生进而指出，由学习过渡到研究，从思维层次来说是从重肯定到重否定的发展。中国有"学问"二字，"学"为什么必须继之以"问"？因为如果无问，学就不能发展。朱熹曾说过，会读书的是能疑，怎样疑呢？用他的话说就是"读书，须是看着他那缝罅处，方寻得道理透彻。若不见得缝罅，无由入得。看见缝罅时，脉络自开。"[①]学了以后要会提问题（即疑），问题从何而来？要从事物的内在矛盾——"缝罅"中去发现。客观的事物或书中所说的事物，为什么会有"缝罅"可被发现？黑格尔说得清楚："凡有限之物都是自相矛盾的，并且由于自相矛盾而自己扬弃自己。"[②]所谓"缝罅"，就是客观的普遍存在的矛盾。中国古代学术传统所重视的"疑"、"问"不是单纯抽象的否定，而是有分析的具体的否定，或者说是兼容否定与肯定的扬弃。

由此可见，学习是为研究打基础，作准备，而研究是学习的目标与发展。研究的成果又成了新一轮学习的对象，从而引起新一轮的研究，如此运行不已，就构成了人类文化的不断进展过程。

---

① 黎靖德编，王星贤点校：《朱子语类》卷十，中华书局1986年版，第162页。
② 黑格尔：《小逻辑》，贺麟译，商务印书馆1982年版，第177页。

（二）关于历史的学习与研究之关系

历史学习和研究的关系就是历史学学科领域内的学习与研究的关系，它符合学习与研究关系的一般规律，当然也有自己的表现方式和问题。刘先生从以下两方面来揭示两者的关系。其一，记忆与理解的关系。刘先生认为，历史学的学习不能不从记忆开始，但是要作研究，又不能只靠记忆，而是要由记忆而理解，由理解而提出问题，只有在提出与解决问题的过程中，历史学的研究才得以实现。

关于记忆，有一种偏颇的看法，以为历史课本从小学到大学的变化，就在于知识含量的不同，学生水平的区分也就在于记忆的多少，形象地说，就是"一杯水"和"一桶水"的区分，知识记忆量的水平变成衡量学生业务水平的唯一标准。这样理解问题，其实是把历史学习的方法一例变成了死记硬背。这种观点有见于知识量的区别，无见于知识质的区别。一桶水虽比一杯水多，但终有尽时，历史知识的一时之多，也总有其老化之时。真正好的历史记忆要靠真正好的历史理解来支撑。记忆能力与理解能力是成正比的。

在刘先生看来，理解对历史学有重要意义：一方面，历史学的资料都是前人记忆的成果，有些是无意中记忆下来的，但这样的记忆一般都不能保持很久，因为它未必有意义；而大多数都是在有意识的情况下记忆下来的。人们有意识的记忆又主要发生在以下两种情况下：一种是，人们深切地理解到该事件或过程对于自己的重要意义，从价值系统认识到记忆此事件或过程的必要性，于是产生了极大的注意力；另一种是，人们对于该事件或过程的内在结构和外部关系都有深切的理解，从知识系统具备了记忆此事件或过程的可能性。因此，我们今天所能接触到的前代的史料，都是前人根据自己的理解而记忆下来的、他们认为最需要记忆也最清晰的事件或过程。历史上发生过的事件或过程太多而且太纷繁，人们不可能也不必要把它们全记忆下来，于是前人就根据自己的理解去作选择取舍；历史上发生的事件或过程都可以从多方面、多角度去加以考察并评述，前人又根据自己的理解去解释，因此，我们就不得不透过前人的理解去认识前代的客观历史过程。

另一方面，我们今天学习前代历史，一旦从记忆的阶段进到理解的阶段，我们作为认识主体也就从被动的接受转到了主动分析状态，我们自然也必然会按我们的理解去认识并分析前代的历史。可是，在我们的理解与前人的理解之间，通常会有相同或相通的方面，不如此就会发生我们与前代历史文化之间的断裂；同样，通常也会有不同或疏离的方面，不如此就不能有历史的发展。因为在前人与我们之间必然存在着理解上的异同，所以历史学研究中总不断会有问题的出现。研究总是从问题开始的，而研究成果所达到的水平是与研究者所能提出并解决的问题的深度密切相关的。正如一位历史学家学问的大小是和他所掌握或记忆的历史资料的量成正比的，一位历史学家学问的深浅是和他所提出并解决的问题的深度成正比的。前者所涉及的是量的问题，后者所涉及的是质的问题。

其二，传承与创新的关系。刘先生认为，治史学，从学习到研究，不能没有传承，或传统（tradition），也不能没有创新，或革新（innovation）。在学习历史学的时候，比较地着重于传承，在研究历史学的时候，则更着重于创新。

在学术的传承与创新之间，具有一种相反相成或对立统一的关系。历史学的情况也是如此。真正的历史学上的创新，正如历史过程中的创新一样，是植根于传承之中的。在历史学的传承中，成果与问题同时积累下来，而创新则是这两种同时并存的积累的必然继续。因为，没有问题的积累，就没有创新的需求；而没有成果的积累，就没有创新的实际能力。真正的历史学上的创新必须有对于传承中问题的破，如不深于传承，就不知问题究竟何在，即使知道问题的大概所在，也不能真知其深层的症结所在，从而也就不能真知往何处破，更无从破到应有的深度。当然，创新不止于破，更重要的还是在于立。传承所积累的条件使我们有可能达到新的高度，彻底抛弃了传承的成果，人们也就无从创新。而传承从本质上说是人类文化生命的延续，而文化生命本身像人本身一样只能在不断的新陈代谢中维持下去。没有新陈代谢，没有推陈出新即创新，传承就只能是不断弱化或萎缩下去的苟延残喘，其结果就是最终消亡。真正的传承过程，就是活泼泼的推陈出新的过程。①

三、关于古史研究方法的三种关系②

刘先生指出，古代历史文化的研究方法同样有着若干内在构成及其张力关系。

（一）关于文字之学与哲学思考的张力关系

刘先生以为，必须将文字之学同哲学思考结合起来，使之形成张力，然后加以把握和利用。不仅如此，还必须有形成这种张力的自觉，没有这种自觉，就会总是徘徊在某种理解古书和分析历史的较低的水平上；有了这种自觉，就可以用睁开了的文字训诂之学的眼睛去促进哲学的学习自觉性，又用睁开了的哲学的眼睛去促进文字训诂之学的学习。这样，张力就不仅是一种使我们感到两头吃力的离心力，而是可以成为一种使我们收其两头相互促进之功的向心力。"宏观"和"微观"这两个相反的东西，互相构成张力，就像拔河一样，既是要离开的又是相吸引的，内部是相通的，实际上是相反相成的。③

刘先生的学术研究，一方面可以说是在宏观的视野下，考察微观问题，另一方面又可以说是深入微观问题以求达到宏观的理解。这就需要从哲学和文字学两个方向进行考察。只有这样才能深入到历史现

---

① 刘家和：《论原创文化与文化的创新》，《浙江学刊》2003年第6期。
② 参看刘北成、郭小凌、蒋重跃：《建设中国的世界史学科》，《北京师范大学学报》（社会科学版）2002年第5期。
③ 刘家和、江湄、罗新慧：《"学者亦必志于彀"——访刘家和教授》，《历史教学问题》2002年第4期。

象的内部，在张力中理解和把握历史现象的本质。本文以他 2002 年发表的《论通史》一文为例略加说明。该文首先对西文 general history、universal history、global history、ecumenical history、total history 等和中文"通史"一词逐个进行了词源考证，发现，那些西方词汇都是用来表示带有普世性或区域群体性的历史的，并不强调时间上的古今贯通。而在中国古代，"通"与"达"互训，有"达到"的意思（《说文解字》）；"通"的反义词是"穷"，《易·系辞上》有"往来不穷谓之通"①句。"通"字本指空间的由此及彼，而空间上的往来不穷又是在时间里进行的，因而也就变成了时间上的连续不断。"通"字用于时间中运行的历史，主要是指时间上的连续而言。接着，刘先生又从哲学上进行阐释。他借鉴柯林武德《历史的观念》，指出作为西方史学传统之渊源的希腊罗马史学是实质主义的，柏拉图认为，知识（episteme）是对永恒不变的实质的真知实见，而对应于变化不居的现象的感性只能有意见（doxa）而已。因此，希腊人的历史有待于历史事件目击者的作证，结果只有当代的、当地的历史，这与柏拉图信奉的永恒不变的实质是完全不同的。柯林武德指出，希腊人看到了世界万事在变，于是就追求其背后的不变的实质，经过抽象获得的是"实质"，这"实质"本身是抽象的"一"，其内部没有对立方面，这种形而上学的"一"，当然是反历史的。古代中国思想家并非不追求现象背后的本质，不过他们寻求的不是抽象的、无差别的"一"或永恒不变的实质，而恰恰相反，是变中之常。《易·系辞上》："一阴一阳之谓道，继之者善也，成之者性也。"②刘先生根据《周易折中》所言"一阴一阳，兼对立与迭运二义。对立者，天地日月之类是也，即前章所谓刚柔也；迭运者，寒来暑往之类也，即前章所谓变化也"③，指出，中国人的解释认为，万物并无抽象不变的实质，也非抽象的无差别的"一"，而是"一阴一阳"组成的"道"或本质，其中包含着对立，与希腊的"实

---

① 孔颖达：《周易正义》，《十三经注疏》，中华书局 1980 年版，第 78 页。
② 同上。
③ 李光地等：《周易折中》，影印《文源阁四库全书》第 38 册，商务印书馆 1986 年版，第 381 页。

质"相反。唯其一阴一阳，这样的道或本质就不能不变，也就不能不更迭。按中国人的理解，道兼体用，自其体而观之，道是对立的统一；自其用而观之，道又是迭运和不断运动的途径。"继之者善"，迭运不穷自然为善。"成之者性"，道（大一）运成物（小一或具体的一），即成此物之性，个性犹有道之一体。因此，中国古人依据通达的意思而著通史，而希腊人则凭借实质主义而著普世史或当代史。至此，文字考证和哲学思考这两端便贯通起来，形成张力，而问题也就在张力中得到了合理的解释。当然，这种理解在中国和西方史学传统上有着确实的历史证明，文章也已给予充分的交代[①]。这是刘先生对中西历史文化最根本的特质所做的一次成功的比较研究，不仅对史学研究具有重要的指导意义，就是在哲学和文化研究上也同样具有深刻的启发意义。在这之前，刘先生在《对于中国古典史学形成过程的思考》一文中对司马迁天观念的解释，在《儒家仁礼学说新探》中对"克己复礼"一句的解释，以及在其他一些文章中的研究，就已经体现了这种治学精神。[②]

（二）关于历史的内在理解与客观分析的张力关系

刘先生指出，所谓的对于历史的内在理解，第一层意思是说，在阅读历史著作时，要透过著作理解作者的思想和精神；第二层意思是说，在此基础上，进一步理解历史的时代精神。如果缺乏这两种理解，那么我们对于历史的认识就只能是支离破碎的和肤浅的。现代人能够对于已成过去的历史有内在的理解吗？是能够的。因为历史是现实生活的渊源，和我们的文化生命有着内在的联系，本国的历史文化尤其如此，所以我们必须也能够把它作为一种活体来理解或体验。那么，又为什么必须有对于历史的客观的分析？因为从另一方面来说，历史又是我们研究的对象，是外在于我们的客观存在。作为历史学的研究者，当然应该也

[①] 刘家和：《论通史》，《史学史研究》2002 年第 4 期。
[②] 参看刘家和：《古代中国与世界》，武汉出版社 1995 年版；邵东方：《海天寥廓立多时——读〈古代中国与世界〉》，《人文论丛》1998 年卷。

必须对自己的研究对象加以认真的分析或解剖。对于历史的内在理解与客观分析二者之间实际也存在一种张力，它们的方法和任务各不相同，但是又能互相促进。因此既要做好对于历史的内在理解，又要做好对于历史的客观分析，并且使二者互相促进，形成张力。对于历史的内在理解，不是凭某种直觉而发生的领悟和体验。要达到对于历史的内在理解，首先必须弄清楚有关材料的文字训诂，确切把握文献的含义；在此基础上进一步做逻辑的分析，弄清文献的内在理路。这些都是必不可少的客观分析，没有这样的分析，所谓内在的理解就会失去可靠的基础，因此需要的是二者的相辅相成与相得益彰[6]。

刘先生常说，研究历史就仿佛在与历史人物——往往是第一流人物——进行对话。这些人物或是历史活动的主角，或是历史活动的记录者和研究者（在历史记录和研究的历史活动中也是主角）。这种对话就是内在理解。为了使对话顺利地开展，首先必须读懂材料。而要做到这一点，就必须进行客观的分析。刘先生的许多文章都可以作如是理解。以下试以他的一篇短文《"岂非天哉"的三重解读》为例予以说明①。

刘邦出身布衣，毫无凭借，但在秦末大起义中，却能三年亡秦，五年灭楚，一统天下。司马迁在《史记·秦楚之际月表·序》中评论说："故愤发其所为天下雄，安在无土不王。此乃传之所谓大圣乎？岂非天哉，岂非天哉！非大圣孰能当此受命而帝者乎？"②刘先生早年读此，以为"岂非天哉，岂非天哉"就是司马迁歌颂刘邦的话，刘邦自然就是大圣了。稍后，读《高祖本纪》、《项羽本纪》等篇，联想到这句话，便产生了疑问：司马迁笔下的刘邦起兵前原是那样一个贪婪、无赖之辈；起兵后却因有胆识而被推为沛公。楚汉相争时期，目睹父亲妻小落入项羽之手而无动于衷。打败项羽后当上了皇帝，得天下为私产，自然踌躇满志、得意忘形。所有这些，怎能当大圣之名？既然如此，那么太史公何以用"岂非天哉，岂非天哉"来评价刘邦呢？在读到司马迁专门叙述刘

---

① 刘家和：《"岂非天哉"的三重解读》，《史学集刊》2003年第2期。

② 司马迁：《史记》第3册，中华书局1959年版，第760页。

邦病重时的一段对话时，刘先生又有所悟："医入见，高祖问医。医曰：'病可治。'于是高祖谩骂之曰：'吾以布衣提三尺剑取天下，此非天命乎？命乃在天，虽扁鹊何益！'遂不使治病，赐金五十斤罢之。"[1] 原来司马迁是借刘邦自己的嘴道出，所谓"岂非天哉，岂非天哉"，是说他之得天下不是凭借人力，不是凭借自己的道德才能，而是靠了运气（天命）啊！再后来，继续读《史记》，发现司马迁在写战国魏亡时说"天方令秦平海内"，魏是没有办法支撑的[2]；写秦的兴起和统一"盖若天所助焉"。为什么这样说呢？据《六国年表》可知，六国为了各自的利益，相互之间战斗不休，结果不是实现了六国的利益，而是在客观上为秦灭六国扫清了道路，这正合了孟子所说的"莫之为而为者，天也；莫之致而至者，命也"[3]。秦灭六国，废诸侯，本是为了巩固自己的统治，结果却为后来者扫清了道路，这也是莫之为而为、莫之致而至的天命啊。"岂非天哉，岂非天哉！"正是由此而来的，这里的天命就是指不以人的主观意志为转移的发展趋势啊！读到这里，刘先生有了更深的理解：战国秦汉之际，正值历史巨变时期，旧贵族习气适应不了新时代，而刘邦则没有贵族习气，他的流氓习气恰恰成了他能克敌制胜的条件。从时代精神来看问题，司马迁所言的"岂非天哉，岂非天哉"，正是对刘邦之所以为"大圣"受"天命"的解释。这样，刘先生对"岂非天哉"的理解，经过了正、反、合或否定之否定的三个阶段，既完成了客观分析的一个循环，也对刘邦何以成就帝业和司马迁何以"成一家之言"达到了双重的内在理解。

（三）关于逻辑论证与历史论证的张力关系

刘先生在多年的学术研究中认识到，古代中国人和西方人在对待思

---

[1]《史记》第2册，中华书局1959年版，第391页。
[2]《史记》第6册，中华书局1959年版，第1864页。
[3] 焦循：《孟子正义·万章上》，《诸子集成》第1册，上海书店出版社1986年版，第383页。

想和论证方法的问题上有着不同的态度。中国人习惯于历史的论证：你说一个道理，要拿出证据来，关键是举出事实例子来，所谓无征不信。先秦诸子都是拿例子说话的，即通过故事讲道理，如孔子所言："载之空言，不如见之于行事之深切著明"①。其中当然有逻辑，但主要是拿故事做论证。换句话说，中国传统认为真理不能从静态中把握，只能从动态中把握，所以最好的论证就是历史的论证。但希腊人的传统不是这样的，希腊哲学家认为历史的证据是不能证明永恒真理的，因为它昨天是这样的，今天可以不是这样的，所以必须作逻辑的论证。总之，中西文明之分，不在于一方有理性、有哲学，而另一方则没有。双方都有高度发达的理性，是其所同；而西方的发展主要表现在逻辑理性上，中国的发展则主要表现在历史理性上。在西方古代文明的理性结构中，逻辑理性居于主导地位，而在中国古代文明的理性结构中，则历史理性居于主导地位。毫无疑问，两者各有所长。不过，对于中国人来说，必须学习西方学术传统里的逻辑的自觉性。只有学人之所长，才能补己之所短，从而才有可能把经过取长补短的中国文化贡献于人类。

刘先生的学术论文从多方面体现出逻辑论证和历史论证形成张力的特点。以《历史的比较研究与世界历史》为例，该文可分为三部分，第一部分从语源、定义和理论上说明为什么历史比较的功能在于明同异。第二部分则从一多关系来说明世界历史与比较研究的同一性。第三部分则就世界历史的具体问题展开论述。前两部分虽间或涉及具体的史实，但那只是论证时选用的论据，总体上看，这两部分的论证是从"同异"、"一多"的逻辑联系探讨历史的比较研究与世界历史的关系的。后一部分则引述了大量的历史事实来说明问题，表现了历史论证的特点，并与前两部分相呼应，使逻辑论证与历史论证形成了张力关系，取得了较好的论证效果②。《史学的求真与致用问题》一文，虽主要是历史的论证，但全文在谋篇布局和论证的程序和结构上则有着强烈的逻辑精神。是逻

---

① 《史记·太史公自序》，《史记》第10册，中华书局1959年版，第3297页。
② 刘家和：《历史的比较研究与世界历史》，《北京师范大学学报》（社会科学版）1996年第5期。

辑论证和历史论证相结合并形成张力的典型[①]。2005年与陈新博士合写的《历史比较初论：比较研究的一般逻辑》一文，一方面从可公度和不可公度的矛盾关系及概念的种属关系的角度出发，论证比较研究在理论上的可能性；另一方面，又以法国学者布洛赫《封建社会》关于封建制度的比较研究为例，说明比较研究在经验上的可行性。是逻辑论证和历史论证相结合并形成张力的又一成功例证[②]。刘先生探讨理论问题的文章一方面能够做到突破经验，达到理论的高度；另一方面，又能够与历史相互印证和发明，得到经验事实的支持；探讨历史问题的文章则能够做到选题定位准确、层次和结构分明、行文路数清晰可辨，论证合乎逻辑，经得起时间的考验。这些都得益于他对逻辑论证和历史论证的张力关系的自觉。

四、关于历史的比较研究

刘先生是历史比较研究的大家。他之所以能在比较研究上取得丰硕成果，除了拥有深厚的中外语文功底及丰富的中外史学知识，还与他对比较研究有着清醒的理论自觉和深刻的理性思考分不开。在他看来，历史的比较研究之所以可能，不仅是一个经验的问题，更是一个理论问题。经过他的论证，历史的比较研究已经不再是一个单纯经验性的实用型的学术门类，而是有着坚实的理论性前提条件和研究自觉的学科，究其原因，就在于他指出了内在于比较研究中的结构与张力关系。

（一）20世纪90年代的理论总结

1996年，刘先生发表了题为《历史的比较研究与世界历史》的论

[①] 刘家和：《史学的求真与致用问题》，《学术月刊》1997年第1期。
[②] 刘家和、陈新：《历史比较初论：比较研究的一般逻辑》，《北京师范大学学报》（社会科学版）2005年第5期。

文,对历史比较研究何以可能的问题作出了回答。在《世界古代文明史研究导论·引论》中,对相关问题也作了阐述。

1. 同与异——世界历史的内在结构之一

刘先生指出:比较研究的基本功能在于明同异,包括共时性的比较,即不同国家、民族、社会集团等等之间在同一历史时期中的同异,和历时性的比较,即一个国家、民族、社会集团等等在不同历史时期中的同异。同异是历史的比较研究赖以实现的前提。因为,很明显,历史时期相同,不同的国家、民族、社会集团等之间的比较才是有意义的,而同一个国家、民族、社会集团与其自身没有比较的价值。这就是说,无异之同不具有比较研究的条件。历史时期不同,同一个国家、民族、社会集团的前后比较是有意义的,而不同的国家、民族、社会集团之间就没有比较的价值。这就是说,无同之异也不具有比较研究的条件。总之,有相同,才能比其异同;有相异,才能比其同异。根据这个道理,可以推断,不同时期的不同国家之间,虽然一般说来不具有可比性,但是,只要从一个相同的角度去看,其间仍然是可以比较的。

2. 一与多——世界历史的内在结构之二

如果把历史看作是世界历史,那么,它的比较研究还与它所具有的一与多的关系有关。这是因为,首先,世界历史是由多而一的历史。所谓世界历史,就不是地区史、国别史,但却是包含着许多的地区史国别史的历史,没有这许多的地区史国别史,也就不会有世界历史。不过,世界历史也不是各个地区史国别史的简单相加,那样加起来的仍然只不过是地区史国别史的总集或汇纂。用算术的方法加在一起,所得到的只能是某一个多数,而不可能是一。可是,世界历史作为全世界的历史,它必须是一个整体,也就是说,必须是一。如果把各个地区史国别史名之为小一,那么世界历史就是大一,大一由诸多小一集合而成。

3. 一多与同异的关系——否定的、抽象的世界历史

要把小一变为大一,就不能是简单的加法,那样只能是量变,结

果只能是多，而不会成为大一。要形成大一，就必须有质变，必须对小一有一个否定或扬弃的过程。这个否定或扬弃就是抽象的过程。所谓抽象，就是从许多现象中舍弃了它们的特殊性而抽取其一般性，从而在舍取并行的过程中达到了由特殊而一般、由多而一的境地。如上所说，诸事物各自的特殊性即是其相互之间的异，而诸事物的一般性亦即其相互之间的同。所以，不辨异同就无从进行抽象，而无比较研究，就无从明辨异同。可见，比较研究的明异同，恰好在方法上构成了世界历史所需的辨一多的必要条件。

世界历史又是一中涵多的历史。世界历史必须首先视为一个整体，进一步就必须了解这个整体是怎样构成的。因为，如果满足于由抽象达到的一，那么这个世界历史的一也就成为抽象的无差别的一或者纯粹的一，这个一必然像黑格尔的逻辑起点的纯粹的有（Sein）一样，一方面是无所不包，同时在另一方面又是一无所有的。所以它必然会直接地转化为无。也就是说，它的内涵接近于零了。内涵接近于零的世界历史就不成其为历史，它不可能作为实际的历史存在，也不具有存在的价值。

总之，没有对各个地区、国别的历史中抽象出同而加以概括，我们就只能看到世界各地区各国别的杂乱无章的一大堆事情，就没有世界历史；同样，如果把世界历史看作是抽象的一，其内涵等于零的一，那么整个世界上的事情又变成了一大口袋马铃薯。从外表看，这个口袋（抽象）是一，而从其内容来看，它们仍然是一堆杂乱无章的多。

4. 一多与同异的关系——否定之否定的、回复具体的世界历史

如果要把世界历史看成有机的一，那么势必要把认识再深入一个层次，由抽象再上升到具体，从同再看出异来，看出那些各异的部分是怎样既互相拒斥又互相渗透地构成为有机的一体的。

怎样才能使认识深入一个层次，从而由同中再看出异来？这就需要比较研究再深入一个层次。只要有了比较研究的同中见异，也就有了世界历史的多样统一的活生生的一。可见，历史的比较研究在方法上又可

以成为世界历史所需的明一多的充分条件。

在实际的世界历史研究中，时常可以看到这种认识上的三个阶段：开始时看到的都是异，经过比较又发现了不同国家之间原来在甲方面有相同之处，在乙方面又有相同之处，以至有多方面的相同之处。于是认识就达到了由异而同、由多而一的阶段。再进一步，人们不能满足于抽象的一，就又经过比较而认识到世界正是一个多样统一的有机整体，这样就完成了对世界历史的一次完整的认识过程，当然这样的认识过程实际是需要不断深入进行的。而全部这样的认识过程都必须也必然是在比较的研究中实现的。

5.关于比较研究的限度问题

刘先生指出，历史比较研究也是有其局限性的，它的局限性就在于其自身离不开有意识的角度选择。既有角度的选择，就必然有视阈的规定性，而规定即否定，在选定视阈以外的，自然就是被忽略了的。因此，如果不是清醒地认识这种局限性的存在，就必然会把自己一时比较研究所得视为绝对真理，从而陷于一种盲目自信的状态。世界历史可以选择的比较研究的角度是难以限定的。随着条件的变化和发展，人们会不断发现新的比较视角，所以，历史的比较研究不是可以一次完成的，世界历史也不是可以一次写定的。

（二）新世纪的新进展

2005年，刘先生与陈新博士合写了《历史比较初论：比较研究的一般逻辑》一文，再次对历史比较研究的理论根据进行了讨论，再次回答了历史比较研究何以可能的问题。

刘先生认为，现在我们可以看到许多历史比较研究的作品，这些研究主要是期待揭示比较对象之间的异同与本质特征，人们把比较看作是一种现代意义上的专业历史研究法。但是，历史比较研究作为人文学科内比较研究的一种，它也应该遵循一般比较研究的逻辑。或者说，历史的比较研究在逻辑上是如何成为可能的？过去，人们有一种乐观的信念，认为比较研究自然就是可能的，所以对此没有提出问题。20世纪60年代以后，西方科学哲学领域内出现了有关不可公度性的讨论。美国的库恩（T.Kuhn）提出，"范型"（paradigm）之间存在"不可公度性"（incommensurability）。"不可公度性"是否就等同于"不可比较性"？经过长期争论，库恩本人也承认，"不可公度性"并非完全等同于"不可比较性"。此问题争论至今尚未终结。对于这一讨论，刘先生经过审慎的了解和思考，提出了自己的见解：比较是不可公度性与可公度性的统一。这个说法可能理解起来比较抽象，刘先生用这样一个通俗的比方来加以说明：比如比较的对象完全相同，例如数字3、3、3、……，它们之间有同无异，这样，比较就失去了意义；再如比较字母A、B、C、……，它们之间有异无同，比较同样失去了意义。假若是3A、6A、9A……等一系列比较项中，3是公约数，A也是公约数，以3A公约以后，1、2、3、……就不可公约了。这当然是最简单的比喻，如果以法国年鉴学派学者布洛赫的比较研究经典之作《封建社会》中对于"封建主义"的讨论为例，也可以有助于问题的理解。在布洛赫看来，欧洲不同地域的"封建社会"所以能够比较的原因，就在于它们有一些共同的特征，即依附农民，附有役务的佃领地也就是采邑等，这些似乎就是欧洲封建主义的基本特征。但是，欧洲封建化的程度并不是全部一致的，节奏也不完全相同；最重要的是，任何地方都不是完全封建化的。由此可以看出，研究中世纪欧洲范围的封建主义，必须同时揭示其中的异与同，而研究本身是从现象之异中抽象出同，没有对异的感知，就不可能有对同的抽象。所以，比较研究中，如果可公度性意味着"相同"的话，不能由比较对象之间局部要素的可公度性推导出整体的可公度性。同时，比较研究中，比较对象的可公度性与不可公度性会随着比较者设定的比较范围或概念层次而发生变化。可见，历史的比较研究正是在可公度性与不可公度性之间的结构张力关系中进行的。

五、对历史的敬意

刘先生之所以能在历史研究中取得丰厚的成果,之所以能对历史研究做如此深刻的反省,与他在内心深处秉持着对历史的敬意有关,也与他对这份敬意,对它的内在结构及其张力关系,进行了实事求是的深刻的反省有关。

(一)对历史之敬意的内在结构——尊敬与肃敬

刘先生曾不止一次回忆起少年时代在沦陷区的经历:对日本侵略者及其宣传的强烈反感和厌恶,对祖国历史文化的真挚的热爱,英文课上老师讲《最后一课》(The Last Lesson),他和班上的同学们都流下了眼泪,这些都深深印在了他幼小的心灵上。抗战胜利后,他考上江南大学,听钱穆先生讲要对中国的历史持有敬意,深受触动。工作后教外国史,发现对外国史也应怀有同等的敬意,敬意是可以超出国界的,于是对历史就有了一种美好的感情。"文革"中,目睹历史遭到践踏和滥用,对历史应持敬意更有了强烈的愿望,并由此对敬意的"敬"字有了新的理解。所有这一切,使他对历史的敬意从一种美好的感情,上升为理性的理解。

1993年,刘先生发表了一篇访谈文章①,系统地表达了关于对历史的敬意的理解。

在刘先生看来,敬意也是有着结构、张力和发展阶段的。敬,《说文解字》解释:"肃也",肃又是"持事振敬也"、"战战兢兢也";《释名·释言语》:"敬,警也。恒自肃警也"。据此,刘先生认为,敬既表示尊敬的感情,又表示严肃的态度。由此看来,即使对日本的历史也应怀有敬意,尤其在研究日本历史的时候,敬意是不可缺少

---

① 刘家和:《对历史的敬意》,《史学史研究》1993年第2期。

的。于是，在刘先生那里，敬字就有了两种含义：一种是感情上的尊敬，一种是理性上的肃敬。继而，刘先生又对这两种含义之间的关系进行了思考，并认为敬意及其内在的结构关系与确立史家的人格有着必然联系。

（二）尊敬与肃敬之张力即辩证关系——史家人格建立的三阶段

史家如何建立自己的学术人格？或者说，史家如何才成其为史家？刘先生认为须经过以下三个阶段的发展过程。首先，治史时不可避免地会带有感情，彻底超越感情而达到太上忘情的地步是绝然不可能的。一位严肃的历史学家在从事一项历史研究或撰述之前，必定在精神上处于孔子所说的愤悱状态，并对这种愤悱状态保持敬意。这可以说是事情发展的第一阶段。到了事情发展的第二阶段，前一阶段居于主导地位的感情必须经由理智感的渠道而让位于理性。经过第二阶段的富有客观的、理性精神的研究，历史上的真伪和是否问题弄得更清楚了。于是事情的发展进入了第三阶段。这时候，史家的自信在一个更高的层次上油然而生，作为史家的人格经过否定阶段以后重新达到肯定阶段，达到了确立。史家对于自身的敬意，既包括了对自身成绩的喜悦与自重，又包括了导致这种成果的严肃的、客观的精神，达到了尊敬与肃静、感情与理性的统一。史家对历史的敬意，表现在对历史过程的崇真黜伪上，表现在历史价值的是是非非或善善恶恶上。是非善恶的感情以理性的判断为基础，而理性的判断明确规定了更高一层次的感情。这也是感情与理性的统一。总之，我们的史学研究在开始时难以无情，深入时又不能不重理，而最终则要求情理结合。有了这样一个正—反—合的循环，可以说，史家的人格才可以真正建立起来。

刘家和先生的学术成果一向以冷静、客观、深刻而著称，表现出鲜明的理性色彩，其实，在这鲜明的理性色彩的下面，非同寻常的激情涌动却从未停止过，这就是他对祖国、对人类、对真理的深情之爱和对历史研究的崇高使命感，在他那里，理性和激情相互促进相互制约，形成了很好的张力关系，表现在对历史的敬意上，就是从尊敬到肃敬，再从肃敬上升到更高层次的尊敬，在建立史家人格的实践中树立了典范。

六、结语

  刘先生的学术思想有着一以贯之的精神，那就是努力探索并牢牢把握历史及历史研究的内在结构及其张力关系。在刘先生看来，历史是在内在结构的张力之间发展的，这不但是看到了事物的是（正）的一面，还看到了它的否（反）的另一面，不但看到是（正）与否（反）的两面，还看到了从是（正）到否（反）的变化或发展的第三阶段，所谓张力就是关于这个阶段的一种形象的比喻。

  黑格尔把有和无的统一称作"变易"（Das Werden，英译作 becoming）①，这变易又可指代从正到反到合或否定之否定的过程。其实这种变易是理性的展现和逻辑的推演过程，是脱离时间的运动。不过，对理解事物发展的内在根源和动力，黑格尔的这个三段式（triadic process，又译作"三一式"）却有着深刻的理论意义。刘家和先生的学术思想，尤其是对历史及其研究方法的内在结构和张力的阐释，恰恰表现出对这个三段式的深刻领悟和批判理解。他常说，历史学家是研究历史的，其实，历史学家自己也是历史的，他的研究也是历史的，他应该时刻意识到自己和自己的研究的历史性或局限性，并在克服和突破局限中不断进步。刘先生积累丰厚，思考精深，却从不轻言发表，世之所传，不及其学十分之一；对于他发表的成果，同行赞叹难以企及，而刘先生却总是感到不足。这固然与他追寻以往历

---

  ① 黑格尔：《小逻辑》，贺麟译，商务印书馆1982年版，第177页。

代大师的足迹，充分发掘条件，努力做出不负于时代的创新成就的志向有关，更是他自觉到学术研究的历史性，自觉到个人研究的局限性，并努力克服和突破局限，追求不断进步的精神的自然流露，展现了一位历史学家不断自我反省、自我否定（扬弃）和自我突破的心路历程。

结构——张力——历史，作为否定之否定的辩证法在历史领域的生动表现，反映了刘家和先生学术思想的内在特质，是他确立史家人格的根本途径，也是史学研究应有的真精神。

（原载《高校理论战线》2007年第1期）

史学比较研究如何可能?

——刘家和先生《史学、经学与思想》初读记

刘 超 陈立柱

如何进行中西方史学比较研究以及在新的世界史背景下认识中国史学传统，是当今中国历史学界面临的重要问题，海内外学人倍加关注。刘家和先生长期从事希腊、印度与中国的古史研究，近些年来开始从思想的层面检视中西方史学，因为有着深厚的古史研究基础与通贯中西的理论修为，刘先生总能见人所不能见，于中西史学颇多新识，尤其是在方法上多能予人以启导。当然，由于中西方语文背景与思想进路的迥然不同，双方史学的比较研究，特别是西方的逻辑理性与中国的历史思维如何对接与融通，仍然存在诸多值得进一步深思的问题。

史学上的中西比较研究，国内在19世纪末20世纪初已经开始了。怎样做才能使比较研究切近实际，富有成效，避免牵强附会，从而有利于综合与融通，这怕是百年来史学比较研究中的关键性问题，是以20世纪以来人们进行了大量的尝试与探索。今天这种探索还在进行之中。相对而言，史学思想方面的中西比较就少多了。这可能与这一比较研究自身的特点有关系。史学思想的比较不仅要注意史学的术语、范畴，而且还包括中西方历史精神、学术思想以及如何进行历史比较本身等等方面都要有相当的认识与修养才可以。换一种说法，史学思想的中西比较不仅是史学这一学科的中西对比，而是整个中西方语文背景、学术思想、历史精神与史学思考等等的综合系统的比较工程，既需要有中西方历史事实的比较研究功夫为基础，还要有对于双方学术思想方式、语言

文字、文化特征、史学特点等等的比较研究为前提。这些还是笔者初步所能想到的，实际做起来可能需要有更多方面的准备工作。所以史学上的中西比较无异于整体全面也是"最后"的研究，其困难性可想而知。杜维运先生最近在一次座谈会上说，要进行中西史学比较研究，40年的准备工作是需要的。明白这些，则相关研究成果较少也就不难理解了。尽管如此，这一困难局面今天还是打开了，这就是刘家和先生的论文集《史学、经学与思想——在世界史背景下对于中国古代历史文化的思考》的出版，这是作者最近十年来用比较方法思考中西方史学思想，尤其是在其世界史理念指导下对于中国早期史学、经学与思想的基本观照。它让我们感到新颖而别致，真正的史学思想的中西比较研究在中国历史学家中间展开了。粗读一过我们就在想：刘先生何以能将史学比较研究"进行到底"？

一、将世界史思考严格限定在比较的范围内

今天，任何一个历史问题的思考研究，尤其是较重要一些问题的讨论，如果缺少世界史背景，这种讨论就可能受到局限。这大概是钱穆先生这类较传统的学者研究中国学术思想都不能不注意和西方进行对比的原因所在。[1]但何谓世界史？何种方式的思考与认识才算是具备了世界史的眼光？美国学者斯塔夫里阿诺斯在《全球通史》一开始便说，他是站在月球上看地球人类的历史的，他的世界史观是从整体上对我们所在球体进行考察形成的认识，因此他的看法不同于居住在伦敦、巴黎、北京或德里的任何一位观察者，[2]言下之意他的全球史观才是最为客观公正

---

[1] 钱穆先生曾著有《现代中国学术论衡》（岳麓书社1986年版），认为中学主通，西学主专，影响甚大。

[2] 斯塔夫里阿诺斯：《全球通史：1500年以前的世界》，吴象婴等译，上海社会科学院出版社1988年版，第54页；另：斯书第七版似已有新认识，参见董书慧、王昶、徐正源译《全球通史》，北京大学出版社2005年版。

的。可是我们知道，斯氏并不曾住在月球上而是生活在美国的一所大学里，他对地球上人这一类生物的历史的考察与见解，不要说我们不会完全同意，就是他的西方同行巴勒克拉夫已一再批评他没有摆脱西方中心主义的影响。① 因此到底什么样的视角与思考才算是世界史的，这个问题不仅中国人在探索，全世界的学者都将之视为难题。2000年召开的第十九届世界历史科学大会的第一个主题便是："全球史或世界史如何可能？"② 中外的世界史学者也一再指出，真正的世界史思考还在探索之中。③

刘家和先生于20世纪90年代中期写成《历史的比较研究与世界历史》，也就是本书中的第一篇。刘先生首先从训诂（或曰词源）学角度讨论了什么叫比较研究以及历史比较研究的目的与意义。按着将之与世界历史联系起来，指出世界历史就是通过不断的同与异、异与同的反复比较，达到实际上的多样性统一，即"和一"而不是无差别的"专一"或"同一"。这里刘先生的世界史观就与许多人的区别开来，世界史作为概念的"一"只是对于各种不同历史现象的概说，而实质则在于"和"。如何去"和"？这就是比较研究的任务。这种认识构成刘先生历史思考的出发点，因而列在第一篇，用通常的话说，比较研究构成了全书的方法论与认识论基础。

世界史思考要重视比较研究，中外学者不少人都已认识到了这一点。但是把比较研究作为世界史思考的基础，把世界历史看成一幅写意画，是和一而不是专一，以及中国学者思考世界历史问题要有中国历史文化基础等等，则是刘先生所提倡的。几十年来中国学者思考世界史问题，不少人也注意批判西方中心主义，然而所编写的世界史方面的著作，以及提出的关于世界史的一些看法，很少不是借用西方的，以致有

---

① 巴勒克拉夫：《当代史学主要趋势》，杨豫译，上海译文出版社1987年版，第242—280页。
② 《2000年国际史学界的盛会》，《中国史学会通讯》第7期（2001年3月）。
③ 参见薄洁萍访问国内一些著名世界史学者的谈话：《文明史、世界史与中国世界史研究》，《光明日报》2000年12月14日。

学者认为，直到现在我们还没有自己的真正的世界史理论。[①]1998年一位美国学者研究了中国的世界史著述后撰文在美国的《世界史通讯》上也指出，绝大多数中国学者的世界史思考比西方学者更多欧洲中心论的色彩。[②] 问题何在？我想其中之一至少与我们的世界史思考缺乏中国历史文化精神作底蕴有关系。为什么一些对东方的历史知道一点点，而主要是研究欧洲或美国历史的西方学者往往能提出一套关于世界史的新思想，而中国学者对于西方的了解大大超过西方学者对于中国的认识，为什么我们不能提出一套让世界感到有价值的世界史理论？关键可能就在于西方学者的世界史思考有自己民族与地区的历史文化作根基，而中国的世界史学者常常忽略了其民族历史文化对于其思考世界史问题的根源性要求，以为研究了英国史或美国史不研究中国史照样可以观照、思考世界史问题，以致世界史的教学与研究常常不包括中国史的内容（近些年来稍为有所改变）。这很有可能是一种不正确的认识理路。今天还不存在一种可以称为"世界文化"的东西，绝大多数学者都生活在其母语为背景的民族文化当中，大家的思考不是使用英语、法语，就是日语、西班牙语或汉语等，没有什么大家共通的世界语。这种情况意味着我们的任何一种思考还不可能脱离自己的民族历史文化与其语文背景。所以那种认为自己完全站在人类整体利益与基础上的世界史思考，或者说站在月球上看人类的不偏不倚的观察都只是自欺又欺人之谈，与脱离实际的幻想。因此作为中国学者，站在中国历史文化的角度可能比站在英国史、欧洲史或者美国史的角度思考世界史问题更有意义。因为这是有"根"的思想展示，不是玩"空手道"或"借腹生子"。这里就涉及什么是"中国角度"？一百年来，我们思考中国历史文化大都也是借用西方的方式。所以理解中国自身也有深入与皮相的问题。今天在中国，真

---

① 参见马克垚：《困境与反思："欧洲中心论"的破除与世界史的创立》，《历史研究》2006年第3期。

② 多罗希·马丁：《世界史在中国》，美国《世界史通讯》第14卷第1期（1998年），转引自王宁等主编：《全球化与后殖民主义批评》，中央编译出版社1998年版，第35—36页。

正弄通中国历史文化精神的也不多见。深通外国历史也能在中国史研究上有很深的造诣，真正理解中国，再将自己的世界史思考严格限定在比较研究的范围内，这样得到的世界史的认识以及从事某一方面的历史研究自然会不同凡响。刘家和先生正是这样的。刘先生长期从事希腊、印度与中国的古史研究，并且都有深入独到的见解，在学术界产生过较大影响，近些年来开始从思想的层面检视中西方史学，因为有着深厚的古史研究功底与通贯中西的理论修养，其对中国史学思想的认识就非同寻常。本书中他对中国古代历史理性（思维）特点的揭示，他对中西方两种"通史"的精彩分析，他选择外国学者研究中国的经史著作进行分析评判，他对中国古代民本思想、常与变观念的讨论，天下一家观的研究，等等，都显示作者能站在比较的角度即世界史背景下思考中国历史问题的器识与自觉。

刘先生不仅认识到比较研究作为世界史思考的价值，对比较研究本身所有的限度也有清醒的认识，这就是比较研究总有其视角的选择，不可能是全方位的比较。有意识选择某种视角，同时也意味着放弃或忽视其他的认识角度，先生用斯宾诺莎的名言"规定即否定"来说明。有了这种自觉，才会看到比较研究的局限性，达到真理的相对性，从而永远保持一种自觉自识的认知态度。

刘先生对史学比较研究与世界史思考为什么会有如此的自觉？这是我们特别关注的第二个问题。

二、贯通而后的缜密思考

刘先生小时候读书没有经史分别的观念，广泛阅读不受制限，长大以后才有了经与史的分别。① 史与经比较，一个通其变而求其常，一个

---

① 关于刘先生的经历、志业与自我认识，本文主要参考郭小凌：《对历史的敬意——刘家和先生访谈录》，《史学史研究》1993年第2期；江湄、罗新惠：《"学者亦必志于毂"——访刘家和教授》，《历史教学问题》2002年第4期。

未通其变而以之为常，经者常道也，就是这个意思。在研究方法上，文字音韵训诂之学构成经学的门径，而考证史事与编撰著书则为史学之大要。这是自表面看。古与今有别，做好历史研究首先要能读古书，弄懂前人的说法与意向，因此也有"读书必先识字"问题。所以识字即"小学"功夫，用来治经同时也是治古史的重要法门。刘先生后来以治经的方法研究古史获得巨大成功，与早年经史不分的读书方法只怕不无关系。青年求学时期，先生又迭遇良师，对西方逻辑思考有了较深的领悟，认识到哲学不是用常识来思考，而是用逻辑来思考。虽然只是一个简单的认识，却抓住了西方学术思考的根本。以后的治学过程中刘先生一直不能忘情于逻辑理性，分析问题周密透析，与这一认识以及有意的训练也是相关联的。20世纪五六十年代，先生服从安排从事世界古代史的研究，对希腊、印度古史上的一些重要问题进行了深入的考证研究，提出了一系列创见。据说因为研究印度接触佛教资料甚多，差一点被叫去参加整理大藏经。同时刘先生在中国古史研究中也取得了一系列成就，为古史学者所宝贵。[①] 在中外古史领域探索多年以后，刘先生又转而从事中国史学史、史学思想与中西史学比较研究上来，即从史学自身反观中国、西方与世界。

从早年以来的读书、学习与史学研究实践可以看出，刘先生的学问从未局限于某一时期、某一地区、某一专业，而是史学与经学结合，希腊与印度并进，逻辑思考与历史考察同时进行，每研究一问题总是深入其中，穷究有关资料，提出创见，诸学会通而后又用心于史学自身的反省即史学思想的研究上来。

历史研究与哲学思考不同，它不是在概念之间进行逻辑关联，而更多经验性特点，不尚空谈，重视材料，讲就积累，还要贯注人生经验，需要亲身体验的功夫。自己有了一番史事研究的实践后再去体验从前史家的甘苦历程、思想观念，所获得的认识就会和仅仅从文献本身出发得

---

① 刘先生关于中外古史方面的一些重要论文，收入氏著《古代中国与世界——一个古史研究者的思考》，武汉出版社1995年版。

到的不一样。司马迁史学研究是一个很好的例子。很多人没有对上古中国历史做过具体的研究，只是就《史记》文本从经济、政治、史学、文化、思想等等方面去说司马迁，虽然也写出了很多的论著，但却不一定真正懂得司马迁。而司马迁所研究所关注的历史问题，你如果也能有所关注与研究，即进入历史之中去体会司马迁的用心，以及为什么那样编撰《史记》，再将他放到史学史的层面去比较，则你对司马迁的认识就会多一分理解。郑樵努力用司马迁的方法研究与撰写历史，他对通史精神与司马迁史学的理解与认识就比天分更高的朱熹等人深切而实在，关键可能就在这里。史学史研究需要有历史研究的基础，严格地讲，史学史研究只是对于历史研究的反省与自觉，是历史研究的一部分，没有对于历史本身的深入研究，也就不会有什么深刻的反省与自觉。刘先生的史学思想研究常被人认为很深刻，我想可能就与他历史研究功夫做得细，对历史研究体会得深有关系。历史研究不外乎两个层面，一方面考证求其实，即通过读书思考，就诸历史问题进行考证辨析，以达到对于事实本身的认知，这也是它的基础层面；另一方面是汇通而取大义，即当考证事实的工作有了广度与深度之后，综合而思使其进入更高的层次，即从历史之变中寻绎出穷变通久的道理，用司马迁的话说就是"究天人之际，通古今之变，成一家之言"。① 史学思想研究即在这一层面。两个方面打通了史学研究就有可能做到融会贯通。《史学、经学与思想》一书可以说就是贯通而后缜密思考的结果。

　　刘先生的研究工作主要在古史方面。古史研究有其自身的特点。由于上古史时段长，而遗留下来的材料又比较有限，很多问题说清道明都需要学者很多年的积累与思考，以及对于其他学科研究成果的借鉴。所以古史家对于诸如宗教学、语言文字学、考古学、地理学、民族学、人类学等等都需要深入地了解，这就形成了古史家面广学宽，兼善钩沉索隐、辩证分析与会通反省的功夫。从古史内容上讲，它关涉的是民族历史的早期阶段，即从事的是"起源性"研究。起源揭示本质，抓住源头

---

① 班固：《汉书·司马迁传》，中华书局1962年版。

也就抓住了文化的根本，找到了民族历史文化精神之所在。所以古史研究者又很容易对历史思想与理论问题产生兴趣，尤其是在今天各民族国家不断加强联系与认识的背景中，更容易对不同民族历史思想进行对比性分析。刘先生选择理雅各英译的《尚书》、《春秋》、《左传》等为研究对象，从翻译本身到文献考证，从理氏思想视角到成就得失，刘先生先后撰写了多篇论文（本书收入四篇），反复剖析比观而论。外国人研究中国经典有成就也会有不足与失误，同时也显示了与我们很为不同的思考视角，因此对于理雅各氏的分析研究就更多比较的特点，更容易让比较建立在较高的层面上，富有世界史的意味。选择这样一个著名的翻译与研究中国经史名典的外国学人作为研究对象，可以见出刘先生比较视角的高远与不同一般。

前人言："通儒之学必自实事求是始"。刘先生大半时间从事历史事实的考证之学，汇通而后进于史学思想的反省认识，非通儒而何？刘先生的比较研究与世界史意识正是从自己的学术实践中悟出的真谛，这是具备会通中西历史与学术文化的人才可以做得到的。刘先生的学术经历与史学思想还证验了前人的另一个说法："出乎史，入乎道；欲知道者，必先为史。"[①]

三、关于逻辑理性与历史（训诂）思维相结合的问题

在刘先生大著的字里行间，我们隐隐约约还看到这样一种努力与愿望，这就是将西方的逻辑理性或者说方法与东方中国的训诂方法或历史思维（刘先生名曰"历史理性"，又曰"历史主义"）相结合的努力，运用两种思想方式之所长，在史学思想的认识中达到统一。所以刘先生对史学问题的研究，大量运用逻辑分析方法。在本书中，我们经常可以看到诸如三段论式的表述，悖论的运用与分析，张力观念，必要条

---

① 龚自珍：《尊史》，《龚自珍全集类编》，中国书店1991年版。

件与充分条件的说明，规定即否定的说法，对黑格尔逻辑学著作的经常征引，概念内涵与外延、一般与个别的讨论，以及非常多的"从逻辑上讲"的用语。当然书中运用训诂方法的地方也比比皆是。这是刘先生史学研究的一贯特征，①不为详举。这两种方法如何结合，从大的方面说也是百年来中国学术思考的基本追求。

本书中，刘先生凡使用训诂方法或者说历史方式讨论问题的，总有深刻的见解与独到的认识。如《关于通史》一篇，先生通过训诂学与词源学方式考察了中西方"通史"与"普世史"的不同特点，揭示西方普世史的思考乃其实质主义思想传统的产物，而中国的"通史"观念则是中国历史思维的产物。诚如先生所指出的那样，"通史"与"普世史"（general history or universal history）是不能等同看待的，它们完全基于不同的历史、文化与语文背景。这样的比较研究就是建立在对等性的基础之上，即将西方的史学思考放到西方文化与学术背景中加以分析，中国的史学思考放到中国的学术与文化背景中加以研究，各自的特点就在这种不同的认识理路与学术背景上显现出来。这才是真正的比较研究，这篇文章怕也是近百年间中西史学思想比较研究中最值得关注的一篇，它从语言学（西方学术的本根）讲到形而上学，又从训诂学讲到贯通而后的义理学（历史思想），正是将两种史学放在两种语文背景、文化传统与思考方式中加以讨论，所以能见人所不能见。

在《史学的求真与致用问题》的认识上，几乎全是在逻辑分析的方式中展开的，不仅字里行间有这特点，而且先生也一再申明这一点。本篇一开始便设定求真是史学的基本目标，并对求真与致用的密切关系进行了细致的探讨。我们知道，史学求真是西方逻辑思考的自然体现。古希腊史学追求知识或者说哲学（科学）的目标，所以对历史之真的相信

---

① 关于刘先生史学研究与思想的一些特点，可参见刘北成、郭小凌、蒋重跃：《建设中国的世界史学科》，《北京师范大学学报》2002年第6期；江湄、罗新惠：《"学者亦必志于毂"——访刘家和教授》，《历史教学问题》2002年第4期。

只能局限于"目击者"的证词,①即只把看得到的东西视为真实的。这样一来希腊人写史当然只能写出当代史。因为这样,柯林武德认为希腊精神是反历史的,希腊没有真正意义上的历史学家。②近代西方史家借用科学方法,批判性对待历史材料,认为经过审查的或原始档案的材料具有不可置疑的真实性,强调历史研究过程中的客观态度,所以历史真实是建立在对客观事实的认知与获得上。这就是为什么在求真的史学传统中会存在客观性问题的原因。反观中国史学,人们对于历史所关注的是如何取信的问题,即通过比较性的研究,把论证较好、证据充分、更能自圆其说的观点视为可信可取,反之则不可取。取信即取其可以信、值得信。所以古人讲"信信、疑疑",又说"不知者阙如"。因为这些工作都是史学工作者的作为,和他们的才、学、识、德密切关联,因此史家就成为中国史学的核心,尤其是史家的心术之德,最为人所关注,心术不正而能为人信者渺矣。所以从很早的时候,中国史学对良史、实录、直书、曲笔、秽史、史德等问题就特别关注,即史家之德行构成历史之可信的基础。信与真(true)不同,信即取其可以信,其中包括了比较与考量的成分,是一个内涵着比较的用语,今日所谓的"真理相对性"可以说在信观念中得到了充分的体现,而真或求真则是研究者进行的知识判断,究竟是否达到了真,还要另建标准进行判断。可以看出,信观念中已包含了知识判断、价值判断与比较的成分,而真观念只是知识判断一个层面。信字从人从言(古从口),即信人也。正因为这样,取信不需要像求真一样必备一个客观的标准,即达到对于客观实际的符合,而是要看史家的功夫怎样。从历史研究的实践说,也不可能有什么外在的客观标准横在那儿可以拿来验证什么,过去的人事一去不复返,除非有一天我们能有超越光速的能力把过去了的古人追回来作证。否则历史事实的检验永远只能是对证词(材料)本身的分析,与认识视角的

---

① 希罗多德《历史》一书中对"目击者"之重视,比比皆是,柯林武德也有总结。参见柯林武德:《历史的观念》,何兆武等译,中国社会科学出版社1986年版,第28—29页。

② 柯林武德:《历史的观念》,第30页。

批判，而不是客观历史的符合。俾尔德说，历史研究达到客观真实是一个高贵的梦想，①诚然也。如此，则西方史学没有和中文"史德"相对应的词，而古汉语中也没有和"objectivity"（客观性）相对应的词就好理解了，不同的史学传统，历史事实的认知理路不同使然也。只是到了现代，我们学会了西方的学术理念与求证方式，这一切方才有所改变。明白这些，我们对于中国传统史学不讲求真而强调"无征不信"也能释然了。章太炎写有《征信论》上下篇与《信史》上下篇，对中国史学追求取信之道有较好的论述。②真与假是一个逻辑判断问题，而信与疑则是"取其可以信否"或者"应该如何"的问题，用今天的话说，是知识、价值与比较的统观问题；信在综合考量的功夫中，真则在与事实的符合上。③

虽然如此，从现代学术研究的层面讲，刘先生对求真与致用的分析所达到的高度，仍然代表着这一领域最前沿的认识。如辩证分析方法的运用，缜密细致的逻辑推理，从知识层面与价值层面对真与用的分别观察，以及对于历史致用弹力极限的认识等，都体现这一点。

法国学者韦尔南说："世俗的、实证的性质，对一种建立在严格的平等关系上的自然秩序的抽象构思，以及对一个处在均质对称的空间中的宇宙的几何学看法，这三个特征是密切联系的，它们共同确立了希腊理性思想在形式和内容上所有的创新性和独特性。"④是的，逻辑思考正是古希腊学人对于世界秩序化追求的产物，它发端于希腊学人对于自然世界的惊异与探索，即希腊人认识自然、把握自然的愿望，而后又被用于认识世俗的世界。因此将之运用于自然物理世界的探索也许更合适，也即是说与它的来路更能一致。与逻辑理性相比，历史思维更是澄明与理解的方式，在具体的历史场景中达到理解与认知，它将人放到历史的

---

① 俾尔德:《那个高贵的梦想》，转引自汤普森:《历史著作史》下卷，孙秉莹、谢德风译，商务印书馆1992年版，第253页。
② 《章太炎全集》（四），上海人民出版社1985年版，第55—69页。
③ 详细讨论见笔者《说"求真"与"考信"》（待刊）。
④ 让-皮埃尔·韦尔南:《希腊思想的起源》，秦海鹰译，三联书店1996年版，第3页。

中心，人与自然、人与人、人与自己的认识与关联根本上讲都是为了成全人之为人，从而也成就了人的历史。历史之思来自于对人生世事的认识，自然也是理解人类历史的较恰当的方式。那么，怎样来认识两种思考方式之间的内在关系呢？关于这一方面，目前大家所做的工作主要是用逻辑思考来解释一切旧有的思想与文化，包括中国的史学思考，中国本有的思考方法已经成为学术史研究的内容了。① 这是今天以西方为中心的时代的一般情况。在新式教育培养下的现代中国学者似乎已不太可能回到孔子、司马迁、戴震等人的境界与方式之中了，反而是一些西方的新近思考真正认识到了西方中心的历史意义与局限，而与中国传统的一些思考异曲而同工。如海德格尔言：

  此道（Tao）能够是那为一切开出道路之道域。在它那里，我们才第一次能够思索什么是理性、精神、意义、逻各斯这些词所真正切身地要说出的东西。很可能，在道路即道（Tao）这个词中隐藏着思想着的说（Sagen）的全部秘密之所在，如果我们让这名称回复到它未被说出的状态，而且使此"让其回复"本身可能的话。今天在方法的统治中存在的令人费解的力量可能也是和正是来自这样一个事实，即这些方法，不管其如何有效，也只是一个隐藏着的巨大湍流的分支而已，此湍流驱动和造成一切，并作为此一湍流之道为一切开出它们的道路。一切都是道（Wag 道路）。②

细绎这一段话的意思，海德格尔颇有一些"道析科学"的意味，"逻各斯"之道只是"道域"之道（Tao）或"湍流"之道之一端。似乎以澄明与理解为特征的东方中国的历史思维或道域之"视"更具根本性特点。逻辑理性一如海德格尔所说是"道域"之道也即历史思维之"一端"，"一切都是道"，"道"中隐藏着如何思想即包括"逻各斯"在内

---

 ① 陈立柱：《西方中心主义的初步反省》，《史学理论研究》2005 年第 2 期。
 ② 海德格尔：《语言的本质》，这一段话的中译文有好多个版本，本文转引自张祥龙：《海德格尔思想与中国天道》，三联书店 1996 年版，第 443 页。

的一切思的秘密？海德格尔之思与中国老子和儒家"道"思维①的相似让我们感到不是逻辑理性而是富有历史意味的"道思"，即以弄清本末、源流、先后为特点的历史思维可能是更具根本性的思。这个问题过于复杂，不是本文可以解决的，惟希望它是一个有意义的问题而能得到大家的关注。

以上的想法是初读刘先生的论著引发的，也可以说是先生著述富有启迪的具体表现。误读与否，还请先生及同仁指教。

（原载《史学理论研究》2007年第1期）

---

① 老子言："执古之道，以御今之有，能知古始，是谓道纪"（《老子》第14章，《二十二子》本，上海古籍出版社1986年版）；儒家也认为，"物有本末，事有终始，知所先后，则近道也"（《礼记·大学》，《十三经注疏》本，中华书局1980年版）。

向老前辈学习宝贵的治学精神与方法

——刘家和先生的治学经验与方法述略

李英华

当前,社会上存在一种浅薄浮躁、急功近利的风气,这种风气在研究生身上也有不同程度的表现;另外,随着研究生招生规模的不断扩大,所招研究生水平参差不齐,因而一部分研究生不懂学习、不懂研究。如何提高研究生的科研能力,特别是端正他们的学习态度,提升他们的治学精神,就是一件非常重要而紧迫的事情。基于此,笔者在此向研究生们介绍学术界的一位老前辈刘家和先生。刘先生是一位纯粹的学者,在他身上体现了一种可贵的学术精神,他的治学经验与方法很值得我们学习和借鉴。

一、基础的层次与结构问题

说到基础,大家都知道它很重要。但一般认为,只要年轻时打好基础,以后就不存在打基础的问题了。这种认识未免太简单了。诚然,年轻时打下一些知识基础(如语文工具等),以后永远有用,但绝非永远够用。刘家和先生指出,基础是相对于学术工作而言的。随着工作或研究层次的提高,势必要求相应的基础的加深。这就说明基础是有层次的,它的层次常因学术研究层次的提高而加深;反之也可以说,基础层次的加深也为学术研究层次的提高提供了可能。刘先生还指出,基础不仅是有层次的，也是有结构的。一般学者都有这样的经验，即逐步缩小研究范围、逐渐提高研究层次，是可以取得较快进展的。但这种层次提高是有一定限度的，没有对基础的拓宽及其结构的调整，就不可能有更深更宽的研究层次的进展。因此，刘先生强调说，要注意使整体中的各个部分分别进展到不同的层次，并使它们能够相互呼应、相互配合。这种结构一方面要适应于当前研究的需要，另一方面又具备为适应将来研究不同主题的需要而作出调整的可能。

总之，刘先生认为，不把基础看成是笼统的、凝固的东西，而注意其层次、结构的变化，这会有利于基础质量的改善，从而也会有利于学术研究水平的提高。而学术研究水平的提高，又会使我们更自觉、更有效地把以前积累的知识和经验融铸成新的基础。也就是说，前一阶段的学术成果和学术经验不断转化为下一阶段的基础，这个过程也就是学术研究水平不断提高的过程。由此可见，注重基础不是一句空话，它本身体现了一种真正的学术精神。也只有真正具备学术精神的人，才能如此注重基础问题。

二、精与博的辩证关系

精与博的关系，这是与基础的层次、结构密切相关的一个问题。刘先生指出，在一般情况下，基础层次的较低部分相对于较高部分来说是博，较高部分相对于较低部分来说是精；基础结构的一般部分相对于核心部分来说是博，核心部分相对于一般部分来说是精。精与博是相对的，也是相辅相成的，并且也是相互转化的。一般认为，博是精的外部条件，这固然不错，但实际上，只有当各种有关的外部条件都被集中运用于解决一定问题的时候，精才有可能成为现实。譬如，清儒自顾炎武以下，考据日精，走的都是一条赖博以成精的道路。

对于研究史学的人来说，非博难以成精；反之，非精亦难以成博。当今，不论是多么博学的学者，他的博都必然是有各种各样的限度。刘先生指出，一个人到底怎样确定自己博览的范围和要求，这在某种程度上对其学术研究及发展是至关重要的。没有范围限定的博览，根本不可能实现；范围过大，与自己的时间、精力等条件不相应，结果往往是宽而浅，这样就不具备作为基础的意义；有时范围虽然大致适当，而对范围内的各个部分不分轻重缓急地平均用力，结果往往是多而杂，不能形成一个结构合理的基础。严格说来，这些情况都不能算是博。那么，怎样才算是真正的博呢？孔子与子贡有这样一段对话："子曰：'赐也，汝以予为多学而识者与？'对曰：'然，非与？'曰：'非也，予一以贯之。'"（《论语·卫灵公》）刘先生解释说，所谓"贯"就是通，知识多而贯通，正是孔子的博，这样才是真正的博。所以，真正的博是知识广而通。而要做到真正的博，则非有明确的研究目的或求精方向不可，因此，非精也难以成博。这个观点非常精辟。目前，我们研究生的视野、知识面普遍比较狭窄，其中一个主要原因，就是没有正确理解和把握好精与博的辩证关系。

三、"两极间的张力"：哲学头脑与文字工具

我们自古就有文史哲不分家的优良传统。但自近代学科分立以后，我们渐渐失去了这一传统。现代学者的研究领域大都偏于一隅，因此很难成为学术大师。有鉴于此，刘先生强调，研究史学要贯通文学和哲学，特别是要重视培养哲学头脑与文字训诂的能力。尽管这是从史学角度说的，但对文学、哲学及其他相关学科，可以举一反三、触类旁通，故具有普遍的方法论的意义。

研究古代史，不能不读古代史书；而要读古代史书，就不能不与古人对话。我们不能天真地认为，古人已经用最直接最简单的语言把历史过程叙述得一清二楚了。一般说来，除了某事发生于某时某地之类的最简单的叙述之外，其他诸如事件的前因后果都是由史学家通过自己的理解来表述的，甚至某些最简单的记载，如《春秋》僖公二十八年所记

"天王狩于河阳",也不全是字面上的直接意思。因此,我们必须仔细推究:他为什么这样说呢?究竟是什么意思呢?有没有所谓"微言大义"或弦外之音呢?等等。做不到这一点,就谈不上与古人对话,就不能够真正理解古代史书。所以,只要研读古书,就不能不首先重视文字训诂之训练。其次,我们还必须在思维能力上具有把握和分析古书的水平。这当然需要具备各种专门知识。而最需要的则是哲学头脑。唯有如此,我们才能从世界观、历史观和人生观的高度全面而深刻地理解和把握古人思想,进而形成对话。

刘先生认为,哲学头脑和文字训诂好比"宏观"和"微观",是两个相反的东西,互相构成张力。张力就像拔河一样,既相互排斥又相互吸引,而内部是相通的。我们需要有形成这种张力的自觉。没有这种自觉,读古书时就会徘徊在一种理解古书和分析历史的较低的水平上;有了这种自觉,就可以促进我们对哲学和文字训诂的学习,最终使我们能够在更深层次上理解古书和解释历史。按笔者的理解和体会,所谓"更深层次",实际上是一个没有止境的层次;所谓"与古人对话",实际上也就是"通古今之变"的问题。只有做到"通",才能感受古今之间如同生命有一种内在的联系。这就需要一种内在理解与客观分析。

四、内在理解与客观分析

关于理解古书和解释历史,刘先生强调,要把对于历史的内在理解和对于历史的客观分析统一起来。所谓对于历史的内在理解,第一层意思是,在阅读历史典籍时,要透过典籍理解古人的思想和精神;第二层意思是,在此基础上进一步理解历史的时代精神。如果缺乏这两种理解,那么我们对于历史的认识就只能是皮相的或支离破碎的。历史是现实生活的渊源,和我们的文化生命有着内在的联系,本国的历史文化尤其如此,所以我们必须把她作为一种富有生命的有机体来理解或体验。另一方面,对于历史又要进行客观分析,因为,历史毕竟不能等同于现实生活，它是我们的研究对象，是一种独立于我们的客观存在。作为历史学的研究者，当然应该也必须对自己的研究对象进行认真的分析或解剖。因此，对于历史的内在理解与客观分析，这两者之间实际上也存在一种张力，它们的方法和旨向各不相同，但是又能互相促进。

具体地说，如果没有对一部重要的史书或其他文献做一个通体的理解和把握，而只是凭借索引之类的工具搜集材料，然后就用某种理论或方法加以分析、整合而写成文章或著作，不可能发现材料之间固有的内在联系，只能是片面的断章取义，就好像把历史典籍看成已被宰死的猪狗牛羊，任意从它们的身体上割取这块或那块骨肉，然后用某种方法加以烩炒成一盘菜肴。像这种做法，换一个人来还完全可以做出迥然不同的另外一盘菜肴，这样就很难说是一部严肃的学术论著了。基于此，刘先生十分强调，要对历史有一种内在理解，从而形成对于历史的通识；没有通识，是谈不上什么史学撰述的。不过，对于历史的内在理解，并不是凭借某种直觉而发生的领悟，它要求首先必须弄清有关材料的文字训诂，确切把握文献的涵义；在此基础上进一步作逻辑分析，明确文献的内在理解。这些都是必不可少的对于历史的客观分析。没有这种客观分析，所谓的内在理解就没有了客观可靠的基础。因此，对历史的内在理解与客观分析，这两种方法是相辅相成与相得益彰的。笔者觉得，在肯定这两种方法相辅相成、缺一不可的基础上，也许有必要强调和突出"内在理解"。因为，现代人对历史普遍存在一种隔膜，甚至可以说是傲慢。这种傲慢是一种浅薄、无知的表现；反之，越是对历史了解得全面、深入，就越会对历史怀有一种如钱穆先生所说的"温情"与"敬意"。

五、关注动态　追踪前沿

一般地，导师在给研究生讲授有关学术研究的方法时，都会指出要重视学术发展动态，追踪学术前沿问题。但这无意中可能会存在一种流弊，即可能导致学生忽视了基础的重要性，并形成一种急功近利、肤浅浮躁的心态。笔者认为，进行学术研究，自然需要关注学术动态和追踪前沿问题，但这必须以强调和重视基础为前提，在这个基础上谈关注动态、追踪前沿问题才是比较恰当的。

刘先生指出，对于每一个需要研究的学术问题，都是在对该问题的学术背景进行了深入的了解之后才明确提出来的。这个学术背景既包括古人的研究成果，也包括传统目录学知识，还包括相关的国外汉学研究成果。只有这样才可以肯定，哪些是前人已经研究过的，哪些至今尚待研究。例如，早在20世纪50年代中期，刘先生在撰写《论黑劳士制度》一文时，除了搜集国内的有关资料，还尽可能地阅读当时能够找到的英文和俄文的相关论著，使自己的学术研究处于该课题的前沿系列，并与外国学者的古希腊史研究站在同一起跑线上。从20世纪50年代末到六七十年代，刘先生在研究古印度史的时候，更自觉地认识到，作为一个现代中国学者，首先不能不从现代学者已经取得的研究成果出发，于是尽一切可能去了解国内外的最新学术动态。通过搜寻和阅读英文版《剑桥印度史》（第1卷）和《印度人民的历史和文化》（前3卷）等著作，刘先生对国外学者研究古印度史的成果有了大体的认识，并了解古印度原始文献已有哪些英译本、哪些单行译本或收在哪些丛书之中。此外，刘先生还引用了大量其他有关的英文和俄文论著，其中许多是当时的最新版本。做到了这一点，也就争取到了与国外学者进行对话的资格。

要想关注、参考国外的学术前沿问题及其研究成果，最好是直接阅读国外原版著作。这样，熟练掌握外文就是一个重要的前提和基础。据悉，刘家和先生掌握了数门外语。相形之下，我们大多数非外语专业出来的青年学者和研究生，连一门外语都未能学好，更不用说掌握数门外语了，这一点也使笔者深感惭愧！按理说，我们学外语的环境条件要比我们的父辈、祖辈强多了，应该学得更快更好，但事实好像正相反。当然，其中原因是多方面的，但就从基础角度而言，恐怕也与我们不重视、不愿意在外语这一重要基础上下大功夫不无关系。

六、中外比较　相互贯通

当前，诸如比较文学、比较史学、比较哲学、比较宗教学、比较政治学等等，均为学术研究的重要领域。那么，怎样才能进行卓有成效的比较研究呢？刘先生在这方面所积累的丰富经验与方法很值得我们参考和借鉴。

对刘先生来说，中国史和世界史是相互贯通的。他认为，中外历史的比较研究，其基本功能就是辨同异，它包括纵横两个方向的比较：横向的共时性的比较，旨在说明不同国家、民族、社会集团等之间在同一历史时期的同异；纵向的历时性的比较，旨在说明同一个国家、民族、社会集团等在不同历史时期的同异。前者说明历史的时代特点，后者说明历史的发展趋势。世界史的研究之所以要用比较方法，这是由世界史本身的性质决定的。第一，世界史首先是由"多"到"一"的历史。世界史是由多个具体的地区史（多）到一般的世界史（一）的过程，要使"多"上升到"一"，就需要抽象思维，即从多个具体的地区史中抽取其同的思考过程，这就需要通过比较研究而求其异同。第二，世界史又是"一"中涵"多"的历史。历史是同异的辩证统一体，如果只满足于求同，而忽略了异，那就只剩下干巴巴的几条"定律"，而不会有活生生的历史。了解世界史的同，只是为了更好地理解同中的异，只有在同的基础上再回到异，也就是由"一"返"多"，才会有真实的历史。这个"返"就是从抽象返回或上升到具体的思考过程，这就需要比较研究而求其同异。刘先生还特别指出，必须承认世界史的比较研究是有其局限性的，这个局限性就在于其自身离不开有意识的角度选择。既有角度选择，就必然有视域的规定性，而规定即否定，在选定视域以外的，自然就被忽略了。而世界史可供比较研究的角度是难以限定的。随着时间和条件的变化发展，人们会不断发现新的比较视角。所以，世界史的比较研究不是一次完成的，世界史也不是可以一次写定的。

通过比较研究，刘先生发现，世界史是有结构的，因而是有中心的；世界史又是发展变化的，因而中心也是可以转移的；中心不能孤立存在，它与"边缘"存在一种互动关系；在世界形成一个有机整体以前，不可能只有一个中心；世界近代史可以说是以欧洲为中心的，而古代、中世纪却未必如此，当时，世界尚未成为一个有机整体，几个重要文明之间虽然有一定联系，但仍可以说是各自为中心的。 这是中国学者对世界史的独特而深刻的理解。显然，这一研究成果对于其他各领域的比较研究不无参考或启发的意义。

七、结束语

在结束本文之际，有一点很值得一提，刘先生曾这样寄语青年学者，他说："我很希望在你们这个年龄段的人里能出史学大家。怎样才能成为大家？我没有资格来告诉你们，不过《孟子·告子上》的这样一段话对我们大家都可能有用：'羿之教人射，必志于彀，学者亦必志于彀。大匠诲人必以规矩，学者亦必以规矩。'"刘先生解释说，所谓"必志于彀"，就是把弓挽满之义。箭无论是否能射准，弓却要拉满，弓都拉不满，还学什么射箭？青年学者要想以后成为大家，就要把基本功打扎实了；不重视这一点而拼命地出成果，最终恐怕是欲速则不达的。同样，孔子所谓"先难后获"也是这个道理。这看起来好像是很笨的方法，不过，这种笨方法其实是最有效率的方法。应该说，这一告诫很值得我们认真反省。另一方面，刘先生也指出，要为青年学者提供良好的学术环境。至于什么样的学术环境才是良好的，这是一个见仁见智的问题。笔者觉得，除了保障基本的物质生活和工作条件之外，更重要的一个方面，就是要改进和完善一系列有关学术研究及其成果的评审、评价、评奖等规章制度。良好的学术制度应该有利于促进良好学风的形成和学术精品的产生；反之则助长学术腐败和文化垃圾的产生。这对研究生的培养也具有同等重要的意义。

还值得指出，在谈到古代史比较时，刘家和先生说，中国是世界文明古国之一，可是在外国人写的世界古代史里没有得到应有的地位。要改变祖国历史在世界史上的不合理地位，不能依赖别人，只有依靠我们自己把中国史放进世界史中去研究去阐述。这一点反映了刘先生治学的人文关怀，也正是刘先生治学的精神所在。尽管学术研究无禁区、无国界，但学者个人有自己的精神家园和人文关怀。事实上，只要是一位真正的学者，他肯定视学术如生命，将生命与学术融为一体。他的学术精神、经验与方法，其实就是他的人格、精神及其生活方式的具体体现。也许，只有在这个意义上，所谓"学者"才是名副其实的，才能赢得社会的普遍的认可和敬重。

（原载《学位与研究生教育》2007年第5期）

谈刘家和先生的历史比较研究思想

王大庆

业师刘家和先生，1928年生，江苏六合人，1952年毕业于辅仁大学历史系，毕业后留在北京师范大学任教至今，现为北师大史学研究所教授，博士生导师。先生的主要研究领域为世界上古史、中外古史比较研究、中国先秦史以及中国思想史等。迄今为止出版的两部著作《古代中国与世界——一个古史研究者的思考》（武汉出版社1995年版）和《史学、经学与思想——在世界史背景下对于中国古代历史文化的思考》（北京师范大学出版社2005年版）[①]实际上都是先生几十年来论文的汇编。先生在中国传统学术和西学上皆有深厚的造诣，尤其是在中外古史的比较研究上，由于独特的治学经历，在这方面的心得更加丰富和突出。通过这篇文章，我想就刘先生的历史比较研究思想做一些尝试性的梳理和总结。需要说明的是，本文仅仅是多年以来跟随刘先生学习的一点心得和体会，由于能力有限造成的不足和错误之处还要求得先生和各位读者的谅解，只能留待今后通过进一步的学习逐步补正。

一、刘先生的历史比较研究思想的形成

刘先生在他新近撰写的《我与中外古史比较研究》[②]一文中，以学术

[①] 这两部相隔十年出版的文集是先生几十年治学心得的精华，清楚和系统地展示了他从世界史到中国史，再向中外古史的比较研究拓展的学术道路。

[②] 本文收录于张世林主编：《家学与师承——著名学者谈治学门径》第3卷，广西师范大学出版社2007年版。

自传的形式详细而系统地回忆和记述了他从最初萌生历史比较研究的想法到初步的尝试直至日臻成熟的过程。这一过程可以明显地划分为三个阶段。

（一）早年求学阶段

这个阶段大致是从他四岁时上私塾开始直到1952年辅仁大学毕业为止，该阶段可以认为是刘先生的历史研究比较意识的萌发阶段。

总的说来，这个阶段刘先生最主要的兴趣是在中国史尤其是中国古史上。这一方面得益于刘先生从小受到的中国传统教育，尤其是家乡六合邻近具有浓厚清学传统的扬州，因而"从小就受到清代学术，特别是扬州学派气氛的感染，这对于他后来的学术发展产生了重要影响"；[①] 另一方面，刘先生很早就对文科尤其是中国的传统学问具有浓厚的兴趣，再加上此后在江南大学、南京大学和辅仁大学的系统学习，奠定了刘先生在中国学问尤其是中国古史方面深厚学养的基础。

虽然以"中学"为主体，但由于一些特殊的经历和际遇，刘先生在这一阶段也开始对"西学"发生了兴趣，而后者正是激发刘先生的比较意识产生的前提。这当中包括如下经历。（1）在美国贵格会办的小学就读期间，一方面开始在直接教学法的方式下学习英文（因为老师就是美国人）；另一方面开始接触《圣经》，并且产生了通过进一步学习了解西方文化的愿望。（2）在江南大学史地系学习期间，虽然最爱读的是中国古书，不过兴趣却十分广泛，先生修的必修和选修课程包括：中外两门通史、中外两门近代史、大一国文、英文、地理学、商周史、秦汉史、哲学概论、逻辑学、伦理学、中国文学史、古文字学、政治学、经济学、微积分等。从中既可以看出刘先生日后对"小学"和哲学的"业余"爱好的开端，也可以看出在当时他对中西学问

[①] 邵东方：《海天寥廓立多时——读〈古代中国与世界〉》，冯天瑜主编：《人文论丛》1998年卷，武汉大学出版社1998年版，第432页。

的学习都很重视。（3）大学期间与几位名师的邂逅成为刘先生的比较思想起步阶段最重要的推动力。在中国学问方面，对先生影响最大的首推钱穆先生。① 从他那里，刘先生懂得了"治史必重考证，治先秦史必自清人研究入手"，以至于这成了刘先生"半个世纪以来治古史时所信守的基本原则"。另外一位讲述文字学的冯振先生则帮助刘先生打下了中国传统的文字、音韵、训诂学的基础。在西学方面影响最大的有唐君毅和牟宗三两位先生，唐先生对黑格尔的辩证法和牟先生对逻辑学的讲解，既激发了刘先生"对哲学的终身兴趣"，同时也感到中外学问既有相通之处，又存在思考习惯上的差异，从而"启发了比较思考的习惯"。②

（二）工作需要转到世界史的教学与研究阶段

这个阶段从1952年大学毕业留在北京师范大学历史系工作一直延续到1979年末奉调到史学研究所为止，该阶段可以看作是刘先生的历史比较研究思想的形成阶段。这期间，出于工作上的需要，刘先生在1955到1957年被选派到教育部设在东北师范大学的世界古代史青年教师进修班学习，由苏联专家授课。

刘先生深感学习和研究世界历史尤其是世界古代史，掌握多种古代和现代的外文是十分必要的，因为不懂外国古代文字，阅读史料就"不能从原文入手，怎能算真正的研究呢？"③ 同时，只有精通现代的外文，才能直接吸纳国外最新的研究成果，从而站在该领域研究的前沿。所以，这个阶段刘先生治学的一个显著特征就是对外文的学习。但限于当时的条件，除了俄文，刘先生的外语学习基本上是靠自学，加之世界史教学与科研的重担，其艰难程度可想而知。但刘先生还是凭借较好的语

---

① 刘先生与钱穆先生的师生交往的经历见刘先生为《钱穆纪念文集》（上海人民出版社1992年版）撰写的文章《回忆与纪念》一文。
② 张世林主编：《家学与师承——著名学者谈治学门径》第3卷，第321—324页。
③ 同上书，第327页。

言天赋、英文基础和顽强的毅力，先后学习并初步掌握了俄文、德文、法文等现代语言，还在拉丁文、希腊文和梵文等古代语言上打下了一定基础。不过，每次说起这些学习语言的经历，刘先生总会语重心长地当作"失败的教训"来总结，这其中既含有先生自谦的成分，[①]同时也主要是让我们去体会学习外文对世界史研究的重要性与学好一门语言从而达到具有考证原文的能力之困难。

由于工作重心完全转到了世界史，所以刘先生这一阶段的研究是以世界古代史为主，在众多的古代文明中，刘先生先后选择了古代希腊和古代印度作为研究的重点。与80年代以后偏重于思想史的研究不同，这一时期刘先生世界古代史的研究更加侧重于社会经济史，代表性的作品就是《论黑劳士制度》和《印度早期佛教的种姓制度观》、《古代印度土地关系》等文章。正是在这些文章中，刘先生开始了中外历史比较研究的初步尝试。

《论黑劳士制度》是刘先生在东北师大进修时撰写的结业论文，在这篇文章中，刘先生充分利用了当时的条件下国内最新的英文和俄文的研究成果，对作为斯巴达社会核心特征的黑劳士制度的产生、发展及其对斯巴达城邦的影响进行了全面细致的梳理，这篇奠定了刘先生世界古代史研究地位、被誉为"国内第一篇真正进入实证层次的世界上古史论文"，[②]一开始就站在一个较高的起点上，迄今为止仍然是国内

---

① 在为庆祝林志纯先生90华诞而出版的论文集中，与刘先生一同参加过50年代由苏联专家主讲的世界古代史进修班的涂厚善教授在他的祝寿文章中这样写道："受着林老师执着的敬业精神与不达目的誓不罢休的冲天干劲的激励，我们中的有些人已攻克了多种语言，据我所知，刘家和就是其中的一位，他已懂得英文、俄文、法文、德文，又懂得希腊文、拉丁文，可能还有梵文，成为学识渊博的知名学者，不负林老师对我们的期望。"参见《中西古典文明研究》编写组：《中西古典文明研究——庆祝林志纯教授90华诞论文集》，吉林人民出版社1999年版，第14页。由此可见，刘先生的外语学习并不像他自己说的那么"失败"。这一点从刘先生的文章中经常可以看到，他不但对众多的外文字根、字源及其相互关系极为谙熟，而且往往有着深入而透彻的理解。他的外语学习的成功由此可见一斑。

② 刘北成、郭小凌、蒋重跃：《建设中国的世界史学科》，《北京师范大学学报》2002年第5期。

研究黑劳士问题的最有价值的文章之一。在这篇八万字的长文中，刘先生第一次"涉及了与中国史对比的问题"。①另外两篇关于古代印度社会史的文章也表现出了极深的研究功力，刘先生直接从古印度原始的佛经文献出发，并阅读了大量西文的佛经译本和相关专著，对古代印度社会史当中的一些带有根本性的问题提出了自己独到的看法。与黑劳士制度的研究相似，刘先生也是带着一种历史比较的眼光来研究古印度的，在他心里"有一个不出台的做比较的参照系"，他是想"以首陀罗与希腊之黑劳士及中国古代社会里的某些人身不自由的劳动者相比较，以便把他们各自的特点认识得更为清楚一些"。②这些研究的最终目的还是为了促进中国社会性质问题的解决，不过，以这种方式研究确实使刘先生能够站在与众不同的角度，应该说，在当时有这样的世界眼光的学者是不多的。更为重要的是，这种看似无比较但实际上蕴含了比较的眼光和动机的文章成为刘先生的几十年比较研究的文章中数量最多的一种类型。

在这一阶段，刘先生虽然主要精力转移到世界古代史，但他从未间断中国史的学习。在学习外国文字"连遭败绩"之后，刘先生更加抓紧了中国古文字方面的努力，他说，"因为这是我在可望的将来（现在应该说是终身）能够直接用来研读原始古文献的唯一的语文了。"更加重要的是，在这一过程中，他越发感到，"中国史和世界史并不是两张皮，互相扯着，而是相通的"，他甚至说，"其实，我研究世界史的方法，在一定程度上也是从研究中国史的方法中移植过来的。"③可以说，刘先生这一阶段的世界史研究不论是在点的选择上，还是在面的推进上，都在有意识地为下一个阶段全面展开中外古史的比较研究做准备。

---

① 张世林主编：《家学与师承——著名学者谈治学门径》第3卷，第326页。
② 同上书，第329页。
③ 江湄、罗新慧：《"学者亦必志于毅"——访刘家和教授》，《历史教学问题》2002年第4期。

（三）重新回到中国史的教学与研究和全面展开中外古史比较研究的阶段

这个阶段从1979年奉调到史学研究所从事中国史的教学与研究工作至今。这个时期是刘先生的历史比较研究思想日趋成熟的阶段。

我们注意到，刘先生的两部文集中的大部分文章都是这一阶段的成果。从表面上看，刘先生的学术重心又十分明显地回到了中国古史，同时，从早期的社会经济史转向了先秦两汉的思想文化史。这一时期的大多数文章都是"纯中国史"的，其中对中国传统史学与经学及两者的关系的研究又是重中之重。不过，与刘先生早年所做的"纯世界史"文章的情形相似，这些研究中国古史中的某个具体问题的文章也都"寓有比较研究的含义，文中也不时有一两句指出所资比较之所在"，所以，"都具有某种中外比较的背景"。

的确，刘先生的这两次表面看来有些被动的研究方向的转移都被刘先生化被动为主动，可以说，正是这一"中国—世界"、"世界—中国"的两次战略"转进"为刘先生提供了一个融通中外的机会，使他在中外古史比较的思想和实践上走向成熟。在这一时期写成的数量很少的直接进行或论及历史比较研究的文章中，① 成熟的代表作品是《论古代的人类

---

① 从严格意义上讲，刘先生直接论及两个或两个以上的对象之间的比较的文章至少还包括以下各篇。(1)《关于中国古代文明特点的分析》，刘家和：《古代中国与世界——一个古史研究者的思考》。这篇文章在把中国文明的产生和发展过程与世界其他古代文明的进程进行比较的基础上，得出了中国古代文明具有独一无二的连续性、统一性和与之相应的"四海一家、天人相应"思想的特点。(2)《史学在中国传统学术中的地位——与古代希腊、印度的比较研究》，发表于新加坡。这篇文章从中国传统史学的发展线索、与经学的关系等方面论证了史学在中国传统学术中的重要地位，并与古代印度和希腊的史学进行比较，得出了三种不同的史学观念，并指出，这三种观念深刻地塑造了三种学术传统的形成。(3)《论理雅各与安井衡对于〈春秋〉、〈左传〉的见解的异同——19世纪中后期外国学者对儒学认识之一斑》，《中西古典文明研究》编写组：《中西古典文明研究——庆祝林志纯教授90华诞论文集》。这篇文章比较了东西方的两位颇有成就的汉学家理雅各和安井衡对《春秋》和《左传》的翻译和阐释过程中所表现出的对于中国传统学术的理解深度和态度的异同，用以说明中国传统文化中仍然有可以利用的资源，不能简单地抛弃。(4)《论通史》，《北京师范大学学报》2003年第1期。这篇文章以中西文对"通史"一词的理解

精神觉醒》(《北京师范大学学报》1989年第5期)、《历史的比较研究和世界历史》(《北京师范大学学报》1996年第5期)和《论历史理性在古代中国的发生》(《史学理论研究》2003年第2期)三篇文章。

在《论古代的人类精神觉醒》一文中,刘先生借用德国哲学家雅斯贝斯提出的"轴心时代"的概念,对公元前6世纪左右在中国、印度和希腊同时迎来的人类精神的觉醒,分人与天(神或自然)的关系、人与人的关系和对人的本质的反省三个层次进行了全面的评析。文章气势恢弘,推理严密,层层递进,极富感染力,充分展示了刘先生在历史比较研究中的深厚功力。如果说《论古代的人类精神觉醒》是刘先生比较研究实践的集大成之作的话,那么《历史的比较研究和世界历史》一文则是他在历史比较研究思想和理论上的代表作品。在这篇文章中,他对比较研究本身的历史、概念、功能、条件、类型、层次以及限度进行了全方位的思考,从而以哲学的高度说明了历史比较方法对世界历史研究的重要性。

《论历史理性在古代中国的发生》一文是刘先生近年来对中国史学的研究和思考的一次总结,把中国的传统史学提高到一个"历史理性"的哲学高度,提出"历史理性"是与希腊的以实质主义为特征的"逻辑理性"不同的一种理性结构,后者认为真理只能从永恒、静止的存在中去把握,而前者则相反,认为真理只能从变化、运动的存在中去把握。这两种不同的理性结构的区分既深刻地说明了史学之所以在中国的传统学术中居于核心地位的原因,更为重要的是通过中西的比较极大地丰富了"理性"的内涵。这一高屋建瓴的认识标志着刘先生的历史比较研究又发展到了一个更深的层次。

目前,刘先生正在主持进行教育部基地重大项目"中西古代历史、史学及理论的比较研究",我们期待着这一历史比较研究课题的成果早日问世。

(接上页)上的异同为出发点,站在历史哲学的高度对东西方的史学传统和史学精神进行了深入的比较,指出,西方从希腊开始的普世史传统并非真正意义上的"通史",而中国自先秦就逐步形成了"通古今之变"的"通史"精神和真正意义上的通史传统。

二、刘先生的历史比较研究思想述要

以上结合刘家和先生的学术研究经历和中外古史比较研究的实践,简要地回顾和叙述了刘先生的历史比较思想产生、发展和成熟的过程。那么,刘先生的历史比较研究思想有哪些内容和特色呢?下面就分三个方面来看一看。

(一)对历史比较研究方法本身的思考

在多年中外古史比较研究实践的基础上,刘先生在1996年撰写的《历史的比较研究和世界历史》一文中对历史比较研究方法本身做出了系统而深入的反思。

刘先生指出,"历史的比较研究,不论在国外还是在国内,现在都是一个比较热门的研究取向。"但是,这种方法本身并不是新近才出现的,因为"历史的比较研究作为一种方法,几乎和历史学一样的古老"。那么,这种方法的基本特征是什么呢?接下来,刘先生比较了"比较"一词的中西文字源,发现它们最初都具有把两个或两个以上的事物放在一起进行对照的含义。刘先生进一步指出,这种作法一旦用在历史研究上,"就在原有的共时性比较之外,又加上了历时性比较的方面"。由此,产生了历史比较研究的两种基本的取向,那就是,"横向的共时性的比较说明不同的国家、民族、社会集团等在同一历史时期中的同异,纵向的历时性比较说明一个国家、民族、社会集团等在不同历史时期中的同异。前者说明历史的时代特点,后者说明历史的发展趋势。"

因此,"比较研究的基本功能不外乎明同异"。也就是说,比较研究的原理看似十分简单,就是把两个东西拿来放到一起,看看有什么地方相同,有什么地方不同。但在实际运用上却并非如此简单。是不是所有的事物都可以拿来比较呢?接下来,刘先生指出,比较研究是有条件的，那就是比较的双方必须是有同有异的，两个完全相同和两个完全不同的事物之间的比较是没有任何意义的，也就是说，"无异之同"和"无同之异"都不具备比较研究的条件，因为，"有相同，才能比其异同；有相异，才能比其同异。"上面讲的比较研究的两种取向显然具备这两个条件，所以是有意义的比较。那么，不同时期的不同国家之间就没有可比性了吗？刘先生指出，一般来说是如此，但并不绝对，"只要从一个相同的角度去看，其间仍然是可以比较的。"刘先生以西周时期的中国和中古时代的欧洲为例，指出，虽然时代和地域皆异，但如果注意到二者都存在分封制度，也就找到了比较的接合点。这样，在原有的两种取向的基础上可以加上第三种取向，即"相对共时性的异体比较"，不过，刘先生指出，这种比较"能够给予我们的启发性与危险性都比较大，所以运用时必须十分谨慎"。

接着，刘先生结合真正意义上的世界历史应该体现出"一"（统一性）与"多"（多样性）的、辩证统一的要求，指出历史的比较研究方法正是达到这一目标的阶梯，因为不论是从纷繁复杂、千差万别的不同国家历史发展（"多"）抽象出历史发展的规律性和统一性（"一"），还是再把这种统一性和规律性放回到具体的历史事实中进行检验，"从同再看出异来，看出那些各异的部分是怎样既相互拒斥又互相渗透地构成为有机的一体的"，都离不开比较研究。刘先生指出，这两个方面的内容正是比较研究的两个阶段和层次：

> 在实际的世界历史的研究中，我们时常可以看到人们在认识发展上的三个阶段。开始时我们看到的都是"异"，甲国和乙国不同，乙国又与丙国有异，在整个世界上没有一处完全相同，正如没有两个人完全相同一样。继而经过比较，人们又会发现，不同国家之间原来在甲方面有相同之处、在乙方面又有相同之处，以至有多方面的相同之处。于是人们的认识就达到了由异而同、由多而一的阶段。再进一步，人们不能满足于抽象的"一"，就又经过比较而认识到世界正是一个多样统一的有机整体，这样就

完成了对世界历史的一次完整的认识过程，而且这样的认识过程都必须也必然是在比较的研究中实现的。有时不免会有两种不同的倾向。一种是初步一比，就断言世界的各个地区、国别的不同，从而否认世界历史的发展有其一般的规律；这种情况，如果用荀子的话来说，就是有所"蔽"，蔽于异而不知同。另一种是通过比较而看到了各个地区国家的共同性，继而又忽视了世界的多样统一性；这种情况，如果用荀子的话来说，也是有所"蔽"，蔽于同而不知异。这两种情况在世界历史的研究过程中的出现是难免的，不过这不是比较研究的过错，而毋宁是比较研究半途而废的失误。只有在不断深入的比较研究中，我们才能达到世界历史的不断深入。

在这段话中，刘先生结合世界历史的研究，明晰而深刻地总结出了历史比较研究的三个层次或阶段和比较研究中两种应该避免的倾向，可谓意味深长，是我们在进行历史的比较研究中应时刻警醒的准则。

既然历史的比较研究方法于世界历史的研究如此重要，是不是就可以解决一切问题呢？刘先生最后指出，一定要保持清醒的头脑，因为历史的比较研究也是有局限的：

> 历史的比较研究的局限性就在于其自身离不开有意识的角度选择。因为，既有角度的选择，就必然有视域的规定性。而规定即否定，在选定视域以外的，自然就是被忽略了的。因此我们如果不是清醒地认识这种局限性的存在，那么就必然会把自己一时比较研究所得视为绝对真理，从而陷于一种盲目自信的状态。

可见，作为一种当今重要的研究方法的比较史学既有其他方法所不能替代的优势，又存在自身难以克服的局限性。只有在研究中保持清醒，时刻意识到其限度，才能在更大的程度上发挥其优势。

（二）历史比较研究方法运用中的难与易

从刘先生上面的论述可以看出，作为一种研究方法的历史比较研究并没有什么深奥之处，只不过在选择研究的对象和研究的过程中要符合其本身的规律，遵循其本身的原则。那么，这是否就意味着历史比较研究很容易呢？刘先生的回答是否定的。可以说，历史比较研究在运用中的难易与深浅是刘先生近年来一直在思考的一个问题，因为这直接关系到历史比较研究如何深入和提高的问题。

在1992年的一次中西文化比较研究的讨论会上，刘先生在谈到中西文化的比较研究在近年来很"热"和"突破性进展"却很少的反差时，提出了比较研究的"难"与"易"的问题。他说："中西文化比较研究，就其本质而言，是一个难度很大的课题，而就现象来看，则又入门甚易。如果不加深思，这一个结实在容易误人误事。"接着，刘先生指出，中西文化比较中之"易"表现在以下四个方面：第一，选择题目不难；第二，搜集材料不难；第三，立论不难；第四，取得效益不难。在谈完这四个方面的"易"之后，刘先生话锋一转，指出，中西文化比较研究实在是一个"难题"，"凡是其中存在的真实困难，没有一条是可以通过容易的途径能够予以解决的"，只有认识到其"难"，才"可以使难题相对地变易，因为如实认识困难有利于提高我们克服困难的实际能力"。①

实际上，对于历史比较研究之"难"，我们只要回顾一下刘先生的比较研究历程中的两次"谨慎的后退"，就可以体会到。第一次是刘先生在东北师大进修时完成的关于黑劳士的论文，本来其中涉及了与中国史的对比问题，但在"文革"后发表时，刘先生把他认为的不成熟的与中国对比的部分全部省略了。说到这件事，刘先生至今还十分庆幸，他说，"我算做对了一件事，没有把不成熟的东西随便发出去"，而且，"年纪稍稍大了一些，也就更知道比较研究之不易了"。另一次是发生在

---

① 刘家和：《思考与建设》，《史学理论研究》1993年第1期。

20世纪80年代以后，当时刘先生给研究生开设"中外古史比较"的课，有人劝他写成专著，他没有采纳，因为他认为，没有一系列专题论文为基础的专著是不成其为专著的。后来几家出版社和他商量要出这门课的讲义，也被刘先生婉言谢绝了。因为，刘先生的心里有一个根本性的想法，就是"比较研究是一种看来容易而实际又很难的工作……因为要真正地做比较研究，那还需要先有两种准备。这就是：第一，对于所要比较的领域有一个总体的了解，对中外历史没有一个大体的把握，不能率尔操觚；第二，必须至少对一个国家（能多当然更好）的历史具有直接从原始资料入手做独立的研究的准备，并做出了一定的成果（即积累了一定的成功的研究经验）。"刘先生用这两条衡量自己，认为如果说第一条基本上可以做到的话，那么第二条还欠火候，由于学习外国古代语言的失败，研究希腊和印度已经不可能再具备从原始文献研究的能力，于是只能在中国古史上做出一些积累和研究，才能完成这两种准备。①

总之，刘先生的这一关于历史比较研究的"难与易"的辩证思考和切身体会可以使我们更加谨慎地对待这样一种研究方法或研究领域，戒骄戒躁，稳扎稳打，只有这样，才能不断提高自己的研究水平。

（三）历史比较研究视野下的古代中国与世界

正像刘先生的两部著作的书名《古代中国与世界——一个古史研究者的思考》和《史学、经学与思想——在世界史背景下对于中国古代历史文化的思考》所揭示的，"古代中国与世界"可以说是贯穿在刘先生的中外古史比较研究中的一个主题。可以说，把古代中国放在世界古代文明发展的大背景下去认识，从而给予她一个应有的地位，以及如何从一个中国学者的视角去看待世界，从而在国际学术舞台上取得一席之地，是刘先生近些年在不断探索和思考的问题。

早在刘先生从事世界古代史的教学与研究期间，他就发现，在近代

---

① 张世林主编：《家学与师承——著名学者谈治学门径》第3卷，第326、330页。

以来西方人撰写世界古代史的著作中，关于古代中国的部分都写得十分简略，而且充满了偏见与错误。另外，与西方人的世界史著作大多把本国的历史包容在内而且占据很重要的位置不同，中国人编写的世界史教材则往往根本完全没有中国的部分。刘先生深刻地感觉到，这些情况极大地限制了人们对中国尤其是古代中国在世界中的地位的认识，因为中国文明不仅源远流长，而且是世界历史上唯一没有中断而延续到今天的古代文明，中国文化曾经为人类历史的发展作出了许多杰出的贡献，今天仍然在发挥越来越重要的作用。因此，世界历史的这种撰述方式必须加以改变。那么，如何改变呢？刘先生指出：

> 中国是世界文明古国之一，可是在外国人写的世界古代史里没有得到应有的地位。要改变祖国历史在世界史上的不合理地位，不能依赖别人，只有靠我们自己把中国史放到世界史中去研究。①

在20世纪80年代中期，刘先生先后撰写了《古代中国在世界上的地位》(《文史知识》1986年第1期)和《中国史对世界史的意义》(《史学史研究》1986年第2期)两篇文章，在世界历史的大背景下，全面而深入地阐述了古代中国文明的不可或缺的位置以及重要性。在前文中，刘先生宏观地叙述了包括中国在内的世界各大古代文明产生、发展和衰亡的线索和过程，用历史事实说明了中国文明在世界古代文明当中绝无仅有的连续性和统一趋势，并在促成古代东西方文明的联系方面起了重要的作用。在后文中，刘先生指出，如果忽视了幅员辽阔、历史悠久的中国，那么任何以世界史命名的著作都将不成其为世界史。

如果说这两篇文章是刘先生"把中国史放到世界史中去研究"的理论上的论证的话，那么刘先生在80年代初组织编写的高等学校文科教

---

① 参见刘家和：《古代中国与世界——一个古史研究者的思考》附录《论学术工作的基础》一文。

材《世界上古史》（吉林文史出版社1987年版）则是这一思想在实践上的首次尝试。刘先生亲自撰写了这本教材的"余论"部分，包括两个内容：一是上古诸文明的发展和联系；二是上古世界史上的中国。刘先生用简洁生动的笔触勾勒出了世界古代文明发展的线索和全貌，用画龙点睛的方式向读者呈现出世界历史的发展与联系的图景中的古代中国的地位和作用。这一全新的尝试在国内的世界上古史教材中尚属首次，产生了广泛的影响。

刘先生的努力并未就此结束，十多年以后，在吴于廑和齐世荣两位先生总主编、刘先生和王敦书先生分卷主编高教版教材《世界史·古代史编》（高等教育出版社1994年版）中，在分别叙述处于相同发展阶段各大外国古代文明发展状况的同时，都专门辟有一个小节叙述同时期中国文明的发展，这一部分再次由刘先生亲自撰写。这种新的世界历史的叙述方式初步实现了刘先生多年来的"把中国史放到世界史中去研究"的想法，一方面直观地体现了古代中国在世界中的地位，另一方面也使中国历史成为了世界历史的一个有机组成部分。这一中国史的部分既成为这部教材的一个亮点，也是特色之一。

在这里，还要提到在白寿彝先生总主编的多卷本《中国通史》第一卷（上海人民出版社1989年版）中，刘先生负责撰述其中的第九章"中国与世界"。这部分编排的方式与上面的《世界史·古代史编》很相似，只是方向相反，虽然篇幅不大，但也在中国史的编纂中体现了刘先生的只有在世界历史的大背景下才能凸现中国文明特点的思想，更重要的是，它体现了中国学者的世界眼光。这两次方向相反的尝试显示了刘先生独特的学术经历所铸就的中西兼通的学术造诣。

最后，如何提高中国的世界史研究的水平也是刘先生在多年的中外古史比较研究中形成的有关"中国—世界"思考的重要内容之一。刘先生曾经多次提到中国的世界史研究者"补习"中国史知识的必要性。在一次题为"谈中国人治世界史"的谈话中，刘先生号召治中国史和外国史的学者们要加强相互之间的学习和对话，只有这样，才"有可能写出充分而且适当地反映出中国历史文化的世界史，使世界历史的内容更加丰富，而且，有了中国历史这个重要的参照系，人们对于世界历史的认识无疑会有很大的提高。这样我们中国历史学者也就对于世界历史学界做出了自己应有的贡献。"① 刘先生的这种思想并不是冠冕堂皇的说教，他自身的治学道路和令人景仰的学术成就可以很好地说明这一点。

（原载《史学理论研究》2008 年第 1 期）

---

① 刘家和:《谈中国人治世界史》,《光明日报》2003 年 1 月 14 日。

一封关于历史哲学的学术通信

——读刘家和先生《关于历史发展的连续性与统一性问题——对黑格尔曲解中国历史的驳论》* 随感

王树人

刘公家和先生雅鉴：

下面，是我读刘公大作后在反思中所思所想。现用电脑打出并呈上，以此与刘公沟通和向刘公请教。记得您向我讲过您对逻辑的兴趣和所下功夫。这篇文章一口气读下来，确实感到它的逻辑力量。概念清楚、论理雄辩、分析深刻，很有说服力。我现在写文章，由于想象力放荡，已经不太注意逻辑了。今后，还要向刘公学习。自古至今已经产生多种逻辑。亚里士多德逻辑、莱布尼兹演算逻辑、康德先验逻辑、黑格尔思辨逻辑，以及今天的数理逻辑、模糊逻辑，还有中国当下有的学者从《周易》等经典出发研究的"象数逻辑"等等。① 这似乎都说明，人类只要思维，就不能没有逻辑。我现在比较关注中国原典中的逻辑问题。能不能换个眼光作一发问，在先秦除了《墨经》、"名家"专门谈论过逻辑，其他没有专门谈论逻辑的儒家、道家经典，内中能说就没有逻辑吗？从我上面提到的诸逻辑，可以说，逻辑确实是多元的。因此，能不能说有多少种思维方式，就有多少相应的逻辑？

离题远了，赶紧打住。还是回到刘公文章的正题上吧。对于黑格尔

---

* 刘家和先生是著名历史学家，北京师范大学教授、博士生导师，其文章发表在《北京师范大学学报》2009 年第 1 期上。

① 李曙华：《周易象数算法与象数逻辑》，《杭州师范大学学报》2009 年第 2 期。

《历史哲学》,您的批评很对。他确实太热衷于他所创造的思想框架了。他要把他的《逻辑学》作为一切思想领域都离不开的基本蓝图。这个框架,您指出由唯心论和辩证法组成。所以,对历史不能不歪曲,又在歪曲中含有合理性价值。这种分析很深刻,我赞同。

我在一篇书评文章中提到,历史是消失的过去,不可能复活。[①] 事实上,我们所知道的历史,确实大多都是史家写出的历史。因此,我有限度地赞成克罗齐"一切历史都是当代史"的说法。黑格尔既然要在《历史哲学》中把历史提到哲学高度思考,他就得给历史作出一个经过哲学概括的观念或理念。他所说的精神自由发展,就是这种观念或理念。康德、黑格尔都受到法国启蒙思潮的深刻影响。黑格尔更是处于启蒙运动高潮时期。理性和自由是启蒙运动最重要的两面旗帜,也是康德、黑格尔哲学力图加以包裹的核心内容。因此,我想,黑格尔所说的历史在本质上是精神的自由发展,除了刘公批评之外,似乎对于当时德国,还包括非常革命的意义。所谓"法国革命的德国理论"意义。同时,就进入文明后人类被戴上越来越多的枷锁而言,追求祛枷的自由,是不是也是构成历史的本质内容?在这个意义上,黑格尔之说,是不是也有其合理性?我能这样为黑格尔辩护吗?

刘公大作的主题是批驳对中国历史的歪曲,重点是批驳黑格尔的歪曲,并论证中国历史具有连续性和统一性的发展,而不是像黑格尔歪曲的那样一直停留在少年幼稚阶段。刘公借此在多重比较中,不仅论证了中国历史有其发展,而且显示出明确的连续性与统一性。相反,西方历史经常发生断裂,因其历史主体交替变换。这一点与中国历史确实本质不同。尽管有千变万变,中国历史主体都保持其连续和统一。特别是您在论证中提出世界历史发展中横向与纵向矛盾互动的辩证关系,很深刻也很有启发性。刘公在论说中借用佛教"小千世界"、"中千世界"、"大千世界"来说明世界历史纵横互动的辩证发展,形象生动而又不失深刻。读起来,真是有味道。可知,佛世界与人世界处于可以相互观照

---

① 王树人(老树):《"历史复活"与历史理性》,《文景》2009年第3期。

之中。大乘所谓"缘起兴空",可能就是"大千世界"吧。因为,似乎只有"空"能容纳"大千"之一切,也使人的眼界能超出地球与银河系而能想入非非地进入浩瀚无垠的宇宙。

刘公在批驳黑格尔关于世界历史从中国代表的东方到西方古希腊经古罗马再到近代日耳曼的发展,指出其简单化的单线性,忽略纵横矛盾互动发展的事实,以及忽略与印度、波斯、埃及的关系,都很有说服力。但是,为什么黑格尔要对世界史发展做出这样的描绘呢?刘公指出黑氏虽渊博,仍有其知识局限。但我想,他之所以作这样的描绘,恰恰出于他把世界历史的本质规定为精神的自由实现,或者说出于他把世界历史发展看作精神自由的普遍实现。他借此描绘出自由在世界历史中有一个发展过程。这个自由发展过程由个人(中国皇帝)到少数人(希腊和罗马自由民)再到日耳曼多数人(现代公民社会的公民)。应当说,黑格尔在他歪曲历史的描述中,似乎仍然藏有深刻的历史之真。

自由的提出,是因不自由而逼迫出来的。人类跨入文明大门之后,随着分工生产而剩余越来越多,人们的物欲也随之不断膨胀,以致人们越来越变成物的奴隶。如庄子所指出,人们为物所累,为物所役,以至于不能不戴着这样的枷锁走向殉物的悲惨结局。这种情况,直到现在,还无处不见,几乎成为人的一种宿命。这种不自由之境,人一生下来就入其网而不能自拔,所谓"与物相刃相靡"直到死。与此同时,渴望自由,试图摆脱这种被奴役的思想理论,也随之出现。在不自由状态下,人们想象中的自由显得非常崇高也非常神圣。自由因此成为人类精神最渴望最崇尚的理想,成为照耀人们思想解放的推动力和灯塔。"生命诚可贵,爱情价更高,若为自由故,二者皆可抛"。匈牙利诗人裴多菲这首诗所吟唱的,正是世人普遍的心声。

但是,问题是:何谓自由?应当说,至今这还是一个哲学难题。对自由的理解,众说纷纭。一般认为,所想所作不受限制,就是自由。18世纪法国启蒙主义者中的不少人(包括伏尔泰),都这样认为。黑格尔认为这是任性,谈不上自由。从斯宾诺莎到黑格尔,把自由与必然性认识联系起来思考,受到马克思、恩格斯的重视和相当肯定。后来,认为黑格尔停留在对必然性的认识还不够，还要实践，不仅认识必然性还要改造必然性。但是，人们这样思想和行动之后，就真的获得自由了吗？现今，科学和技术认识和改造的必然性何其多也，人类是否随之越来越自由了呢？我以为没有。甚至相反。例如掌握核技术之后，我们在享用核电同时，也处于核污染甚至核战争的危险，并由此陷入可能导致人类毁灭的危机之中。

那么，认识和改造必然性的自由，为什么带来的却是可能导致人类毁灭的危机？或者说，人类到底需要怎样的自由？为了正视这个问题，我觉得，有必要反思多年来西方思想家们对"现代性"批判的意义。"现代性"主要内涵是祛价值化的科学主义和技术主义。这也是现代西方世界和东方世界的社会现实。科学万能论引出对科学技术的崇拜，已经使得科学技术发展失控，已经异化，已经成为统治人的一种盲目力量，已经把人变成像物一样的东西。西方思想家如海德格尔、舍勒等，早在20世纪初就做出这样的揭示和批判。特别是，揭示出这种"现代性"的思想根源和基础，就是西方形而上学传统，尤其是近代以来从笛卡尔到康德、黑格尔的"主体性"形而上学，一种崇尚以知性混同理性的无休止向外扩张的认识论。所谓认识和改造必然性的自由，也属于这种认识论。就是说，这种认识和改造必然性的自由，属于"现代性"浪潮。而这种"现代性"实质上也是把人当作对象物，完全不顾人的本然生存和生命精神。因此，从根本上说，它不仅没有给人带来真正的自由，而且正在无情地铲除人类得以生存的根基（破坏地球这个人类唯一的生存家园，同时在祛价值化中使人变得丧魂落魄）。

西方思想家从19世纪末的叔本华、尼采开始，一直到今天的后现代主义思想家们，其揭示和批判"现代性"的目的，都是力图从不同角度回归人的生存本身、回归本源的生命精神。要把祛价值化的科学技术重新拉回到价值的阳光下。同时，更要祛除把人对象化的种种知性定义，如"人是理性动物"之类。人不是物，人就是人。人不可定义，而只可描述。人像神一样有其不可测的潜能和神秘性。人有欲望、有意志、有理想、有情感、能行善、能作恶、能创造、能破坏、能承诺、能毁约、能行骗、能耍赖、能残忍、能温柔、能体贴、能冷血、能化腐朽为神奇、能化神奇为腐朽等等。总之，人的本质是人的生存，从而表现出鲜活的生命精神。一旦这些鲜活的生命精神被某种思想模式窒息，人就可能变成物，变成工具，变成失去人性者。在希特勒第三帝国统治下，就是把人变成物的典型，人的鲜活生命精神不见了，人都成了一种思想模式塑造的工具。那么人所需要的自由何在？

我曾经用一位朋友颇具感情色彩的话为题写一篇文章：《上帝死了，道还在！》。[①] 我认为，道家天道"无为而无不为"的思想，或"道法自然"的思想，具有非常重要的现实意义。而以"天道"作为最高价值，来填补当前世界性的价值理想失落，值得考虑。在道家创始者老子和集大成者庄子那里，关于自由的思想，亦很值得重视。首先，他们对自由的思考从不脱离人的生命精神这种本真本然。同时，这种对自由的思考，又与生生不已的大道这种动态整体相通。庄子在《逍遥游》中指出："乘天地之正，而御六气之辨，彼且乎待哉！"就是说，自由必须是"无待"。如何达到"无待"？这里的"天地"、"六气"，乃是描述动态整体之道。而"乘"、"御"则是悟而能通于动态整体之道。在庄子看来，能如此，就能摆脱一切束缚而获得"无待"的自由。人们在批评庄子时认为，庄子这里所说的不过是精神的自由，没有涉及现实的自由。确实如此。但是，由此却不能否定和贬低庄子这一杰出思想的重大意义。我们要问：如果不首先获得精神自由，现实诸多自由还能想象吗？可以毫不夸大地说，获得精神自由，乃是获得其他一切自由的前提。又有人说，庄子的"无待"自由是一种"绝对自由"，虚无缥缈，不现实。此说貌似有理，实则浮浅荒诞。是的，我们经常批评"绝对化"。但是，绝对这个词的用意很不同。一种是错误的绝对，如说真理再多向前迈一步，就变成谬误。这种绝对化当然不可取。此外，还有很多绝对，不仅可取而且非常必要。例如，一切价值理想，都必须是绝对的。如上帝的至善，儒家"圣与仁"的至善，道家"道法自然"的至

[①] 《中国社会科学院研究生院学报》2006年第4期。

善，佛家"涅槃"的至善，等等。可知，庄子"无待"的自由观，正是一种理想的自由。而理想之为理想，必须是绝对的。否则，就不成其为理想。两千多年来，正是庄子这个"无待"的理想自由，对于中国历史上所有追求思想解放和社会进步的人来说，乃是一座照亮他们前进道路的灯塔。中国没有僵化，没有发生历史断裂，虽然磨难重重，但却在世界历史上几乎是独一无二地走到今天。这不能不归功于众多先贤为中国的延续和发展树立起永远不可抛弃的价值理想。庄子的"无待"自由观就是其中一种。

刘公论证了中国事实上的历史连续性和统一性，中国历史没有发生历史的断裂。现在我想问，中国何以能如此呢？有人认为，这与秦始皇统一文字有关。我觉得，有其道理。试作一点论证。以就教于刘公。文字的发明，确乎是人类进入文明的重要标志。从今天进入信息时代来看，正是文字的发明使得信息可以存储、可以加工、可以传播。但是，语言文字的不同，也可能造成人世间的分割。因为语言文字是思维方式的支撑。不同的语言文字因此会造就出不同的文化。当人们处于不同语言文字和不同思维方式所制约的不同文化时，他们由此而分割就是不可避免的。西方虽然语言文字在根源上有联系，但从来没像中国这样形成统一的文字。也许，还有其他原因。但是，这种统一文字所铸就的统一文化，不能不说是使中国历史保持连续和统一的重要条件。

这封信已经写得太长。不过，最后我想回到自由问题再说几句。自由为人们渴望和崇尚，但实现起来却非常之难。不说客观现实方面，就是主观方面如思想自由也不容易。我想说的是，人们在形成或接受一种思维模式后，往往难得再从中出来。换句话说，人们很容易使自己的思想陷入一种思维模式并成为自己的思维定式，成为思维习惯。所谓思想僵化，就表现于此。例如刘公批判的黑格尔。本来他在《逻辑学》中提出的许多创新思想，都很有价值。如否定作为辩证发展动力，逻辑与认识论一致等等。但是，当他把构造体系的框架泛化，所谓泛逻辑主义，这时最强调变化发展的黑格尔也陷入僵化了。就是说，思想自由应当是思想总处于创造性的动态之中。这样看，即使是实现人们自己的思想自由，也不是一件轻松的事情。相反，它首先需要克服自己思维惯性的阻力，需要在自我批判中超越。

读刘公大作能让我产生这么多联想和反思，我想这也是刘公大作的魅力。我把这些不成熟的联想和反思写出来，既是就教于刘公，也是以自己的读、思感谢刘公。请刘公批评和不吝赐教。

老树拜呈
2009 年 6 月 8 日于京西稻香湖畔

（原载《中国社会科学院研究生院学报》2009 年第 5 期）

论古代人类精神觉醒产生的条件

——刘家和先生《论古代人类精神的觉醒》读后

梁 洁

人类精神的觉醒是历史学家关注的一个重要问题，也是国内外历史研究的热点，中学历史教学中也有相关知识点。因此，对人类精神的觉醒的研究是非常有必要和有意义的。本文就结合北京师范大学教授刘家和先生《论古代人类精神的觉醒》，简要论述古代人类精神觉醒的必要条件，以中学历史教学中的思想史部分内容进行进一步阐释，以期对中学教学有些许帮助。

一、雅思贝斯"轴心期"理论内涵探析

刘先生该文理论来源于雅思贝斯的轴心期理论。雅思贝斯在《历史的起源与目标》一书中，将人类的历史分为四个阶段：史前时代、古代文明、轴心期、科技时代。他认为："这个轴心期要位于对于人性的形成最卓有成效的历史特点。自它以后，历史产生了人类所能达到了一切……要在公元前500年左右的时期内和在公元前800年至200年的精神过程中。"之所以特殊是因为，他认为在这一时期，哲学几乎同时在中国，印度和西方这几个互不知晓的地区发展起来了。"这个时代的特点是，世界上所有三个地区的人类开始意识到整体的存在，自身和自身的限度"[①]，一切由反

[①] 卡尔·雅斯贝斯：《历史的起源与目标》，魏楚雄、俞新天译，华夏出版社1989年版，第8页。

思产生,即人类开始对人类自身进行理性的思考。在这个阶段,个人潜力的发挥间接改变了大众,"从而使人性整体进行了一次飞跃"。

雅斯贝斯的轴心期理论对早期人类历史研究具有重要的指导意义,轴心期的三个地区所创造的精神文明对整个人类历史的发展具有重要意义,他们"奠定了人类精神存在的基础,以及所谓的真正的人类历史"[①]。刘家和先生以轴心期理论为据,运用比较史学的方法,对公元前6世纪的中国、希腊、印度历史进行对比,发现了人类精神觉醒的共同原因和各自文明的特点。深入学习刘先生的学术观点和研究成果对于我们进一步理解轴心期理论和中西早期文明的特点具有重要的指导意义。

二、人类精神觉醒产生的背景

刘家和先生认为古代人类精神的觉醒,是"人类经过对自身存在的反省而达到的一种精神上的自觉"。人类对自身的自觉出现较晚,并非伴随着人类的产生而产生。它是在人类产生之后,在人类漫长而复杂的发展过程中逐渐产生并发展的。首先,人类产生之初原始人类群体,并没有认识到人类自身与自然分离,更谈不上对自身的反省。图腾制度的存在表明了人类并未把人类自身和自然区分开,而是结合起来。他们把自然和自己融为一体来崇拜,把他族人类视为异类来屠杀,这是对人类精神觉醒的阻碍。或者说,这是原始人类尚未觉醒的标志。

那么,人类精神觉醒取得重大进步是在哪个阶段呢?根据雅斯贝斯轴心期理论,刘家和先生认为,人类精神的觉醒在以下事物出现以后:文明的出现,国家和城市的出现,以及文字的出现。真正的人类觉醒开

---

① 卡尔·雅斯贝斯:《历史的起源与目标》,魏楚雄、俞新天译,华夏出版社1989年版,第62页。

始于公元前6世纪。"公元前6世纪，希腊的泰利士（鼎盛年约在公元前585年）、印度的释迦牟尼（约公元前566—前496年）和中国的孔子（公元前551—前479年）的出现，可以说是人类系统的哲学思考的开端，也是人类精神觉醒的明显标志。往上推两个世纪可以作为人类精神觉醒的准备阶段"[①]。也就是说，人类精神的觉醒伴随着早期哲学的产生而产生。

三、早期人类精神觉醒的产生条件探析

根据上述论述我们得知：早期人类精神的觉醒，是建立在相当漫长的历史文化积累基础之上的。这种文化积累，不仅包括精神文化，也包括物质文化的积累。从原始社会到国家阶段，那些文明积淀较多的地区开始出现了人类精神觉醒的萌芽，并最终通过长时间的量变引起了质变。而这个质变主要发生在公元前6世纪之后，它通过一些标志性的事件体现出来。刘先生通过对古代印度、古代中国、古代希腊的对比，发现这三者在这个阶段同时发生了重大的变化。因此，他综合三个地区当时的共同具有的一些基本条件做了分析，从中发现了人类精神觉醒的条件。

1.铁器的使用引起了社会经济的新发展。三个地区广泛使用铁器的时代相近，大致都在公元前10世纪之后，中国偏晚，在公元前6世纪，但铸铁与锻铁基本同时出现[②]。铁器的使用，是促使人类精神觉醒的重要条件之一。在农业文明中，铁器一方面加快荒地开垦的速度，提高了劳动生产效率，使人口增多，手工业和商业也随之发展，改变了经济面貌。另一方面，它使人类与自然以及人类之间的交流增多，可见铁器增强了人类改造自然能力的同时，在交流中增强了自我认识的能力。与此相应，生产力和生产关系变化导致的社会巨变带给人们精神方面的冲击同样是巨大的，所以在社会巨变阶段，各种思想空前发展，即出现了百家争鸣的繁荣局面。

[①] 刘家和：《古代中国与世界》，北京师范大学出版社2010年版，第410页。

[②] 同上书，第41页。

总之，追根溯源，社会生产力的进步带来人类精神的觉醒。运用马克思主义唯物主义的观点来讲，所有的社会变革，最终的根源在于生产力的进步。所以说，铁器的出现对于人类精神觉醒具有非常重要的影响，可以作为人类精神觉醒的首要条件。

2. 国家产生，血缘关系被削弱和解体。严格意义上的国家的产生，使血缘关系被地缘关系取代，是促使人类精神觉醒的必要条件。人类社会最早组织形式是部落，而后部落联盟，甚至于早期的国家大都是部落的联合体，但这些部落性质的国家最终走向瓦解，被集权性质的国家代替。

在古中国，夏商周三代都是由政治上占优势的部落统领其他部落，形成一个形式上的国家。三代的更替只是部落此消彼长的结果。从西周到秦朝，部落联盟性质的形式上的国家开始转向中央集权性质的真正意义上的国家。秦国商鞅变法大大推进了这一进程，而秦朝建立之后，血缘关系几乎被完全弱化。

在古印度，公元前6世纪—前4世纪这段时间被称为"列国时代"。十六国中主要分为共和制和君主制，后来君主制逐渐取代带有部落色彩的共和制，经历各种复杂的斗争和演变，印度最终建立了中央集权的庞大孔雀王朝。

早期古希腊也是经历了由部落组成到真正意义上的国家的过程。约公元前506年，克利斯梯尼掌握雅典政权，他"取消了原有的部落，建立了十个实际上是按地区划分而不是基于氏族血缘关系的新部落，这一改革大大削弱了贵族的政治权力……由于克利斯梯尼的改革，到公元前500年时，雅典已出现民主政治"[①]。

综上所述，严格意义上的国家是以地域组织取代血缘组织，当然这其中一个阶段是两者兼有，处于前者向后者的过渡，这个过渡阶段就是在公元前800年代以后的世纪。"在印度，由出身决定人的社会地位的

---

① 斯塔夫里阿诺斯：《全球通史：从史前史到21世纪》（上），吴象婴等译，北京大学出版社2005年版，第91页。

情况发生动摇,在希腊,人的地位从起初的单由出身来决定,发展到由出身加财富来定,以至于在某些城邦里出身和财富都不再特别强调;在中国,由出身决定贵贱的情况也有所变化"①。

万事有弊亦有利。人们在失去以往赖以依托的血缘关系网保护的同时,惊喜地发现自己在获得越来越多的自由,而这种变化使人类深入思考,从而促使了人类精神的觉醒。简言之,自由让人们精神上开始觉醒。

3. 小邦林立的状态下,尖锐的矛盾和斗争的存在。公元8世纪之后的几个世纪中,这三个地区都出现了小邦林立的状态。而在众邦林立中,确实存在尖锐的斗争。在印度,从佛教故事中都可以了解到,列国之间斗争不断;在希腊,伯罗奔尼撒战争持续;在中国,春秋战国烽火不息。在此阶段,邦国之间、邦国内部统治阶级以及不同阶层之间存在尖锐复杂的矛盾和斗争。在复杂的斗争中,我们发现了两个事实。一是因为没有定局,所以没有统一专制的力量去控制人们的思想。相反地,各国政要都在借助一切(包括文化思想)的力量去发挥潜力从而谋取胜利,需要新理论充实争霸的舆论基础。现实的需要使崛起的士阶层更深入地思考人和自然、人与人的关系,我们谓之人类精神的崛起。二是社会巨变,打破了先前精神的稳定平衡状态,使人们不得不思考。这是引发人的潜力的内在条件。只有旧有的陈腐的观念被打破,人们才会去思考新的观念以及更深层的哲学和社会问题,从而引发对人类本身的深度思考。而这即是人类精神的觉醒。

4. 文化的相互交流在这三个地区分别建立了各具特色的人类精神文明形态。众所周知,不同文化之间的相互交流可以促使文明的进步和升华。中国春秋战国时期私学兴起,老子孔子墨子等先哲,游历各地传播他们的思想的同时,还吸收其他学派的思想;希腊的诡辩家和哲学家们同样到处漫游学习,如苏格拉底、柏拉图时代,各个流派相继出现并丰富发展,互相之间辩论,促成了希腊文化的繁荣与昌盛;印度佛陀也是

---

① 刘家和:《古代中国与世界》,第414—413页。

在各地的云游中度过一生。这种传播使人类从更本质、更深层、更全面的角度去反思、考虑更深刻的人与自然之间的关系，人与社会、人与他人之间的应有关系，从而使人类在这些关系上有更进一步的认识，使人类精神进一步觉醒。值得注意的是，这些先哲的思想是时代的产物，是继承了当时以及之前的文明成果，并运用个人的聪明才智将其总结、提升、完善成为一个个系统的理论，发展成为时代文明的精华，而文化交流则为这样的升华提供了必要条件。

四、结语

鉴于早期人类的精神觉醒是一个引人深思的话题，关系到人类对自身的认识，对世界的认识，所以这是人类精神文明发展中不可忽视的问题，研究这一问题对历史学、哲学、社会学等有重要意义。需要注意的是，对人类精神觉醒的认识，择其要者有三：其一，人类的精神觉醒是一个重要的历史现象，正如学者所指出的：人类精神一旦觉醒，就像日出那样。人类的心灵在这种光辉的照耀下提神到一个智慧的高度……但是它和其他的文化成果一样也有自己的问题，起初时更免不了种种不完善的缺陷[①]。其二，对人类的精神觉醒的认识是一个不断深入的发展进程。当先哲发展或是否定先前的文化时，他们取代了原有文化中的精神象征，而成为新的被崇拜的对象，会使人们局限于其中顶礼膜拜，当这些思想不能随着时代发展而发展时，人们会再一次困惑。所以，人类精神的觉醒不止一次，它是需要一直进步和发展的。其三，早期人类精神觉醒的研究具有重要的现实意义，而对它进行研究使用的方法，也是值得我们研究的。

（原载《中学历史教学参考》2018 年第 1 期）

---

① 杨适:《略说考察人的精神觉醒问题所应有的历史文化视野》,《史学史研究》2007 年第 1 期。

刘家和先生治史的理论追求

蒋重跃

熟悉的学者朋友都知道,刘家和先生(以下按习惯称"先生")重视理论思维,在史学理论的研究上作出了突出成绩和贡献。其实,从20世纪50年代起,在通常意义上的历史和史学研究领域里,先生发表的学术成果都包含着深邃的理论运思。近些年来,研究先生治史成就和方法的文章陆续发表,先生的学术思想和治史方法引起学术界和社会的广泛重视。但是,关于先生治史的理论追求,还有进一步探究的必要。

先生学贯中西。史学之外,对其他相关知识领域也有非同寻常的理解,特别是理论思维之精湛,令人叹服。20世纪90年代中期以来,重跃亲炙于先生,享受遨游知识太空的快乐,并因编辑工作的机会,多次担任先生学术论著的责任编辑,见证先生的思考和写作过程,不胜幸运和幸福!因此,自认有责任把个人对先生治史的理论追求的体会奉献于此,希望有兴趣的朋友共同讨论。

当然,我清楚地知道,先生发表的学术论著一向以精深著称,没有相当的理论修养,要想理解到位,殊非易事。我虽然多次担任先生论著的责任编辑,但至今仍在反复研读;对于其中蕴含的精义,仍处在不断加深理解的过程之中。怎样写才能更好地把先生治史的理论追求表现出来?这仍然是我苦心焦思的大问题。2007年,我曾以"结构·张力·历史"为题写过先生的学术思想。现在想来,那种写法是静态的、单向度的、框架式的,有点像黑格尔《历史哲学》中所说的"反省的历史"。它的优点是从文章题目和结构就可了解到先生的学术思想的总体特征,但这些特征之下的具体内容是我选择的，篇幅较小，先生的思考活动，特别是最有创造性的分析过程，不能得到充分的展现。同时，读这样的文章，读者也容易被作者牵着鼻子，受到局限。这是它的不足。[①]2015年，我又以"在挑战与回应中前进"为题目，专门就学术工作的基础的相关内容访谈了先生。那篇访谈录有了动感，张力很强，但仍受主观选择所造成的视角狭窄的局限，不能充分地展现先生思想的大体，也很难让读者真切地体会到先生思想生动的细节。有鉴于上述偏蔽，本次尝试另一种写法，仿效古人连珠之体，全文设3个大的范畴，每个标题之下，把我对先生有代表性的几篇文章的概括性转述缀连起来，[②]重点是展现每篇文章中分析问题的华彩部分，希望有助于读者从大体和细节两个方面感受先生治史的理论追求及其价值和意义。

一、"两个菲罗"：语文学与哲学的结合

所谓"菲罗"，是指构成 philology 和 philosophy 这两个组合词的前半部分那个词的音译。Philosophy 是 philo-（爱）+ sophy（智慧），译为哲学，早已约定俗成，一般情况下不会有什么大问题。Philology 来源于拉丁词 philologia，这个拉丁词来源于希腊词 φιλέω（爱）+λόγος（语言等），指对于语言文字和文献的爱好，多用来指古典文字学和文献学研究。先生的学术研究就体现了这两个菲罗的结合。两者结合有着深厚的学术理论根据，也往往会产生实实在在的效果，简单概括其中的道理就是，要想对某研究对象有所理解，首先要知道怎样找到承载这对象的文献，这就需要掌握目录学知识。而要想读懂这些文献，就一定要了解

[①] 多年前读史学大家柳诒徵的名著《中国文化史》，一看到大段的引文就打怵。现在想来，那是因为当时的自己，作为读者的主体性还不健全，还没有能力体会到史学大家在选取的历史资料中所寄予的独到匠心。

[②] 关于先生在中西理性结构上的比较研究，请参考王大庆教授的文章；关于先生在比较研究上的理论和方法，请参考王成军教授的文章。这两个问题，本文不做专门讨论。

构成这文献的语言文字。语言文字具有基础性的意义，没有语言文字知识，就不会有思想的交流和进步。在这个问题上，哲学不是被动的，它有很大的意义，在某种情况下，甚至有决定性的意义。要想学好语言文字之学，要想读懂读透文献，哲学知识具有极大的理论指导意义，有了这种知识，就会大大提高阅读理解的效率。两个菲罗的结合，外界了解的人还不多，身为弟子，我们知道，先生坚信这种方法的力量，他持之以恒，狠下功夫，从青年时代起，就把这种方法运用到学术研究中，并不断取得重大创获。

（一）《先秦儒家仁礼学说新探》

先秦儒家的仁礼学说是怎样发生和发展的？其中究竟有怎样的内在逻辑？这关系到生活于当今时代的我们能否真正在理论上把握住传统文化核心命脉的大问题，也是一个在理论上极有挑战意义的大问题。《先秦儒家仁礼学说新探》是先生运用语文学和哲学相结合的方法解决这个问题的精彩论文。①

文章共有三节。第一节是关于孔子之前的"仁"和"礼"的观念。文章梳理了甲骨文、金文资料，对传世元典做了考察，同时参考经学和现代学术史，说明甲骨文中已经有"礼"字，《说文》"豊，行礼之器也，从豆，象形"，②殷墟卜辞中有此字的多种写法，皆象二玉在器之形，与《说文》相互印证。但直到西周，仍没有成为抽象的概念。把礼理解为政治制度，那是春秋时期的事，一般指一种使人民有区分和等差的秩序。

甲骨文中未见"仁"字，金文中只在战国时期的中山王罍鼎中出现，意义与孔子的"仁"字无关。《尚书》（今文）仅在《金縢》中一

---

① 此文原载《孔子研究》，1990年第1期，后收入刘家和：《古代中国与世界——一个古史研究者的思考》，武汉出版社1995年版。
② 许慎撰，段玉裁注：《说文解字注》第5篇上，《豊部》，上海古籍出版社1988年版，第208页。

见。故事是这样的：武王病，周公祭祷先王，愿意代武王死，去侍奉祖先。他说"予仁若考，能多材多艺，能事鬼神"。①对于"予仁若考"一句，历代解释分歧较多。先生遵从清儒王念孙、阮元二家的提示，加以分析，并得出结论："予仁若考"义即"予佞而巧"，"仁"、"佞"通假，其义通"才"，"巧"则通"艺"，所以才会"能多材多艺，能事鬼神"。不但解决了"仁"和"考"的训诂问题，重要的是说明了在孔子之前，《尚书》中并无"仁"字。还是经过多方考察，又得出《诗经》也未见真正的"仁"字的结论。虽然在《左传》中出现若干次，但孔子之前出现的"仁"字与孔子的"仁"字相契合的并不多。孔子之前，与孔子的"仁"字含义相近的是"德"字，"德政"和"仁政"相近，但含义有区别。"德政"是把人民当臣民来爱；"仁政"是把人民当人来爱。②

文章的第二节分析孔子的仁礼学说。首先引用大量先秦典籍，证明孔子礼学说的核心理论内容在于："在差别中求和谐，在和谐中存差别。"这与春秋时期流行的"和而不同"的观念相吻合。然后，先生指出："孔子的礼学说，就其自身的逻辑而言，必须有其仁学说才能成立。"《论语·八佾》"子曰：'人而不仁，如礼何？人而不仁，如乐何？'"③可以为证。接下来，引用《论语》中"出门如见大宾，使民如承大祭。己所不欲，勿施于人"和"夫仁者，己欲立而立人，己欲达而达人，能近取譬，可谓仁之方也已"，④说明："仁的途径是从己出发，推己及人。己立立人，己达达人，这是从正面把自己所好推及于人。可是这还不够，因为尚未排除以己所欲强加于人的可能。所以他又从反面规定，'己所不

---

① 孔安国传，孔颖达等正义：《尚书正义》卷13，《金縢第八》，阮元校刻《十三经注释》本，中华书局1980年版，第196页。
② 刘家和：《先秦儒家仁礼学说新探》，载氏著：《古代中国与世界——一个古史研究者的思考》，第382页。
③ 何晏等注，邢昺疏：《论语注疏》卷3，《八佾第三》，阮元校刻《十三经注疏》本，中华书局1980年版，第2466页。
④ 何晏等注，邢昺疏：《论语注疏》卷12，《颜渊第十二》，阮元校刻《十三经注疏》本，第2502页；何晏等注，邢昺疏：《论语注疏》卷6，《雍也第六》，阮元校刻《十三经注疏》本，第2479页。

欲，勿施于人'。这就要求有对人的充分尊重。"①

文章第三节讨论儒家的仁礼学说在战国时期的发展问题。这是语文学和哲学相结合方法的最精彩运用。文章从孔子关于"克己复礼"的思想所包含的内在矛盾开始。《论语》原文是这样的。颜渊问仁。子曰："克己复礼，为仁。一日克己复礼，天下归仁焉。为仁由己，而由人乎哉？"颜渊曰："请问其目？"子曰："非礼勿视，非礼勿听，非礼勿言，非礼勿动。"对于这一段的解释，历代经学家有分歧。朱熹认为，"克"，其义为"胜"，即战胜之义。"己"即"私欲"。"故为仁者必有以胜私欲而复于礼"；程子曰："非礼处便是私意。既是私意，如何得仁？须是克尽己私，皆归于礼，方始是仁。"②

但是，清儒提出反对意见。毛奇龄在《四书改错》中对历代经学家说法做出评判，指出："己"不是"私"，如作"私"解，就与"为仁由己"发生矛盾。"克"做"约"解，"马融以约身为克己，从来说如此。"③惠士奇《礼说》云："孔子曰'克己'，曾子曰'己任'，一也。《说文》：克之象，肩也；其义，任也。《诗》云'佛时仔肩'，毛传曰克，郑笺曰任，《释诂》曰胜，盖能胜其任谓之克。苟非己，焉能克？……若无己，则敬失其基，礼失其干，慎失其籍；堕肢体，黜聪明，离形去智，变为槁木死灰，亦终入于昏昏默默而已矣。"④据此："从训诂的角度说，'克己'的克字确有胜任与克胜正反两义。""一个词中包含正反二义，这表现出汉语自古即具有辩证的特点。"⑤接着引阮元："颜子克己，己字即自己之己，与下'为仁由己'同。言能克己复

---

① 刘家和：《先秦儒家仁礼学说新探》，载氏著：《古代中国与世界——一个古史研究者的思考》，第382—385页。

② 朱熹：《论语集注》卷6，《颜渊第十二》，载氏著：《四书章句集注》，中华书局2011年版，第125页。

③ 毛奇龄：《四书改错》卷18，《大诂小诂错上·克己》，《续修四库全书》第165册，上海古籍出版社2002年版，第172页。

④ 惠士奇：《礼说》卷4，《地官二》，《景印文渊阁四库全书》第101册，台湾商务印书馆1986年版，第462页。

⑤ 刘家和：《先秦儒家仁礼学说新探》，载氏著：《古代中国与世界——一个古史研究者的思考》，第390、391页。

礼,即可并人为仁。一日克己复礼,而天下归仁,此即己欲立而立人己欲达而达人之道。仁虽由人而成,其实当自己始。若但知有己不知有人,即不仁矣。"① 然后,引《论语》:"子曰:'君子求诸己,小人求诸人。'"② "求诸己"就是要把己建立为行仁的出发点:首先有了这个对己的肯定,才有可能推己及人实行恕道。这是第一步。第二步,由对己的肯定推至对人的肯定,这时不约己是不行的,《论语》同篇:"子曰:'志士仁人,无求生以害人,有杀身以成仁。'"③ 这就是要求有对己的否定,甚至不惜牺牲一己之生命。经过对己的否定,第三步达到对己的肯定,即"成仁"。不过,这一次已经不是单纯地对一己的肯定,而是把己肯定在于人和谐的仁礼统一的关系之中。借用阮元的话来说,"即可并人为仁"矣。④

先生运用否定之否定的辩证方法,把孔子开创的仁礼学说做了三段论的解释,认为仁有三步:第一步是对"己"的肯定,即"任己",这是正;第二步是对"人"的否定,即"约己",这是反;第三步是对"己"的重新肯定,即"成仁",这是合。这种理解,可以从哲学的高度上,帮助人们更清楚地认识孔子仁礼学说的本质,的确发前人所未发,具有重要的创新意义。

不过,文章至此还远没有结束。接下来,先生进一步分析孔子后学的发展指出,孟子的仁礼学说溯源于以"克己"为"任己"的一路,而荀子的仁礼学说则溯源于以"克己"为"约己"的一路。⑤

在经过大段论证之后,文章做了一个极为精彩的总结,把讨论推向

---

① 阮元:《揅经室一集》卷8,《论语论仁论》,《续修四库全书》第1478册,上海古籍出版社2002年版,第623—624页。
② 何晏等注,邢昺疏:《论语注疏》卷15,《卫灵公第十五》,阮元校刻《十三经注疏》本,第2518页。
③ 同上书,第2517页。
④ 阮元:《揅经室一集》卷8,《论语论仁论》,《续修四库全书》第1478册,第623页。
⑤ 刘家和:《先秦儒家仁礼学说新探》,载氏著:《古代中国与世界——一个古史研究者的思考》,第392页。

高潮,也让读者真切地感受到"两个菲罗"的力量:

> (以上所述三步)当然这一逻辑只是以尚未展开的形式统摄在《论语》的简单语录里,孔子作为这一学说的开创者的伟大之处正在于其思想的浑然中包孕了发展的可能性。历史地看,孟子对于孔子仁礼学说的发展在于上述逻辑的第一到第二阶段,而荀子的发展则在其第二到第三阶段。当然这也不是孟子或荀子自己能意识到的;荀子只知道自己与孟子的对立,而不知其间的历史发展。因此,上述的阶段只不过是客观的历史逻辑的反映。我以为,先秦儒家仁礼学说的发展,大致如此。①

从这段关于思想发展的逻辑阶段的分析中,分明可以看到亚里士多德"发展就是潜能的实现"的影子,可以看到黑格尔"发展就是否定之否定"的理性过程的影子。我们常说,创新就是综合百家自成一家,就像书法,好的作品往往能从中看到历代大家的影子,但又确确实实是自成一家,成为无可替代的一家。二十几年前,第一次读到这里,我就按捺不住内心的激动,不禁用铅笔在当页文末的空白处写下"拍案"两字,并在后面重重地画上一个惊叹号,以表达并记录我读后的惊奇和畅快!

(二)《论通史》

2002年,先生的《论通史》一文发表。②这篇文章运用两个菲罗的方法,对西方史学传统和中国史学传统做了艰苦的研究和思考,取得了

---

① 刘家和:《先秦儒家仁礼学说新探》,载氏著:《古代中国与世界——一个古史研究者的思考》,第398页。
② 此文原载《史学史研究》,2002年第4期,后分别收入《史学经学与思想:在世界史背景下对于中国古代历史文化的思考》(北京师范大学出版社2005年版)和《史苑学步:史学与理论探研》(北京大学出版社2019年版)。

重大突破。

多年来,中国史学界使用"通史"一词比较随意,不论中西,许多历史书都用"通史"作为标题。对此,人们似乎习以为常,见怪不怪了。先生则指出,其中是有问题的!

据先生研究,西方的所谓 general history,来源于拉丁文的 genus,原意是种、类,同种、同类的集合就可用这个词表达,有"全体的"、"普通的"、"总的"、"一般的"、"概括的"等等意思。Universal history 很少用于历史书,但常用于有关历史学的讨论中。用多种语言加以考察得知,这个词并不是指通常意义上的通史或世界史,而是企图把全人类的历史当作一个整体来进行哲学的考察。根据何兆武先生的解释,康德《世界公民观点之下的普遍历史观念》中所用的"普遍的世界历史"与具体的或特殊的历史相区别。universal 来源于拉丁文 universus(unus+versus),unus 的意思是"一"、"同一",versus(由 verto 变来)的意思是"转动"、"普遍的"、"共同的"等,"因此这种史重在空间之同一,与我们说的'通史'之重在时间之连续,实有不同"。① Global history,汉译"全球史"。global 来自名词 globe(意思为球),来自拉丁文 globus,意思就是球或球形物。"这个词在这里只能指全球的历史,重在空间范畴里的同一性。如果说这也是'通',那么这种'通'就是空间上的横通"。② Ecumenical history,柯林武德在其《历史的观念》中提到"普世的历史"在古典时代并不存在,而是到了希腊化时期才出现。Ecumenical 来自希腊文 οἰκουμένη,其中的 οἰκέω,意思就是"居住",ἡ οἰκουμένη 就是 the whole habitable globe,就是人之所能居住之地,就是"维民所止"(《诗商颂》语)。Total history,法国思想家福柯在《知识考古学》中使用了这个词,以与"综合历史"(general history)相对立。福柯反对"整体历史",其实是要把一个时代的"多"整合为"一"的历史,而他所说的"综合历史"与前面所说的 general history 也

---

① 刘家和:《论通史》,载氏著:《史苑学步:史学与理论探研》,第30页。
② 同上。

是不同的。Total 来自拉丁文 totus，意思是"全部"或"整体"。

中国有"通史"一词，说的是什么呢？

文章首先列举了通史的具体表现：唐代刘知几在《史通》中讲到史书类式有六家，其中有"《史记》家"，以为梁武帝命群臣撰《通史》，其体例与《史记》大体一致。也就是说，他以《史记》为通史家的开山之作。刘知几之后，有杜佑《通典》、司马光《通鉴》、郑樵《通志》、马端临《通考》等各类通史之作。接着，文章引《说文解字》"通，达也"，① 又引《周易·系辞上》"往来不穷谓之通"，② 结合中国历史上以"通"字名史书者，说明真正的"通"主要指时间而言，而且是无穷无尽，无始无终。

在以上的语言学资料的分析和排比之后，文章总结道：

> 这样我们就看到了中国与西方史学传统中的一个有趣的区别：同是通古今的史书，在中国就都称为通史，在西方则必须是带有普世性或区域群体性的才称作 global history、general history、universal history，单一国家的历史虽通古今也不冠以一个表示"通"（中国人心目中的通）的字眼。可见中西之间有着重通史与重普世史的特点之不同。③

到这里似乎可以定论了，但先生不以单纯文字学的证明为满足，他的思考还在继续。接下来，文章运用哲学观点深入到中西两大史学传统中去，说明希腊史学属于黑格尔所说的"原始的历史"，也就是当代史，用中国史学的说法叫做"断代史"。从希腊化时代到罗马时代，普世史出现，用黑格尔的说法叫做"反省的历史"的第一种，这种历史只能是抽象概括的，像李维的《罗马史》虽然时贯古今，但由于没有古今

---

① 许慎撰，段玉裁注：《说文解字注》第2篇下，《辵部》，第71页。
② 王弼、韩康伯注，孔颖达等正义：《周易正义》卷7，《系辞上》，阮元校刻《十三经注疏》本，中华书局1980年版，第82页。
③ 刘家和：《论通史》，载氏著：《史苑学步：史学与理论探研》，第32页。

之变,仍然不能叫做通史。从维柯开始,历史发展的思想在西方得到了某种意义上的进步,黑格尔的《历史哲学》是典型代表。黑格尔把世界历史作为一个整体,认为它从东方开始其第一阶段,中间经过希腊、罗马,最终到达日耳曼,经过四个阶段完成它的历史行程。在他看来,世界有了自己的古今发展的历史,大概像是通史,可是构成这个通史的四个地区或国家的历史却失去了自己的通史。由此可见,这个所谓的"通史",其实仍然是一部普世史。

中国史学与实际政治活动紧密相连,从《尚书》的《周书》中就可看出。周公为了保证周朝政权的长治久安,总是喜欢不断反省历史,把古今的事联系起来,考察它们之间的变中之常和常中之变。夏、商、周三代的嬗迭是历史之变,其间的兴亡之理又是历史之常,"其变是常中之变,其常是变中之常"。① 由此看来,《周书》既是原始的历史,又是反省的历史,更是变常统一的历史。到了春秋战国时期,关于历史变化之理,多有思想家给予思考。到了西汉,司马迁著《史记》,把"通古今之变"作为撰写的原则,中国的变常统一的通史精神才得以形成。

再接下来,先生对西方史学的哲学传统加以说明。用柯林武德的说法,希腊罗马史学有两大特点,一是人文主义,二是实质主义,即用实质来说明历史;这个传统与希腊的形而上学传统相关。柏拉图有"知识"与"意见"的区分,历史不能进入"知识"的领域。因为关于历史只能有"意见",所以希腊人的历史有待于历史事件目击者的作证,只能写当代史、当地史,也就是黑格尔说的"原始的历史"。中国怎样认识历史的本质呢?周公从成汤伐桀的历史中看到周伐殷纣的理由或根据。即从变化的现象里寻找到其背后的本质,"这种本质是变中之常(也是常中有变),不同于希腊人的永恒不变的实质"。《易·系辞上》:"一阴一阳之谓道,继之者善也,成之者性也。"② 清儒李光地解释说:"一阴一阳,兼对立与迭运二义。对立者,天地日月之类是也,即前章

---

① 刘家和:《论通史》,载氏著:《史苑学步:史学与理论探研》,第36页。
② 王弼、韩康伯注,孔颖达等正义:《周易正义》卷7,《系辞上》,阮元校刻《十三经注疏》本,第78页。

所谓刚柔也;迭运者,寒来暑往之类也,即前章所谓变化也。"① 所以,古代中国人所选择的是与希腊人相反的思想路径,即反实质主义或历史主义。

至此,文章得出结论:体例上,看起来通史是时贯古今,至少包括若干个王朝或时间前后的若干个历史阶段,但迄今所见的任何这种意义上的通史,其实都不可能是严格意义上的通史,只能是断代史,真正的贯通古今是不可能的;那么,所谓通史除了大体具备一定的时间长度之外,还必须在本质上,要有通史精神,这个精神就是通古今之变,就是变与常的统一。至此,史学撰述经历了这样3个阶段;即所谓原始的历史,它的特点就是直接性。如果说这是正的话,那么,反省的历史就是它的反,它的特点是间接性,可以写古今连贯的历史,但它的思想却是作者的,历史本身没有变化。于是,就要出现第三个阶段的哲学的历史,或具有哲学精神的历史,那是理性的历史。不过,这理性不是绝对精神的理性,而是人类活动的历史中的变与常的统一。

此文发表前,我们不知道中外历史学界有过这样一个观点,即西方有重视普世史的传统,而中国有重视通史的传统,两者的不同是两个学术传统在史学领域的表现。文章发表后,这个观点已经成为通行的历史知识,这是中国学者在人类知识,特别是历史知识领域中作出的一项意义深远的贡献。这一贡献,是先生运用语言文字之学与哲学相结合的方法所获得的创造性成果。

(三)《关于"以史为鉴"的对话》(前半部分)

2007—2010年,先生对黑格尔的历史观点做了深入的思考,这次思考的结果,形成了《关于"以史为鉴"的对话》一文。② 文章的前半

---

① 李光地等:《御纂周易折中》卷13,《系辞上传》,《景印文渊阁四库全书》第38册,台湾商务印书馆1986年版,第381页。
② 此文原载《北京师范大学学报》,2010年第1期,后收入《史苑学步:史学与理论探研》,第246—270页。

部分，围绕着黑格尔《历史哲学》中的一段话做出分析，集中展现了两个菲罗的理论运思。

先生首先引出黑格尔《历史哲学》通行汉译本（据英译译出）的一段话，这段话比较有名，大意是："人们惯以历史经验的教训，特别介绍给各君主、各政治家、各民族国家。但是经验和历史所昭示我们的，却是各民族和各政府没有从历史方面学到什么，也没有依据历史上演绎出来的法则行事。"① 为了考察原委，先生比照了英译和德文原文，发现了重要差异。先生按德文原文把这段话重新译出，大意是这样的："但是经验和历史给了我们的教训却是，各民族和各政府从来就没有从历史学到任何东西，而且也没有依照那就算是（原文用虚拟式过去完成时，英译、王氏中译皆无显示）从其（指历史）中抽绎出来的教训行事。"② 这段话是由一个主句和两个副句构成的复合句。与英译不同，德文版的第二个副句中所谓的"从历史中抽绎出来的教训"之前的动词，用的是虚拟语气的过去完成时，那就是说，"从历史中抽绎出来的教训"在历史上是不曾存在过的！德文版的主句和第二个副句都特别强调了"教训"这个词，但两句的意义却是完全相反的：如果承认主句中的教训是历史上真实存在的，那么副句中的教训就不应是虚拟的存在；反之，如果承认副句中的教训是虚拟的，那主句中的教训就不应该是真实存在的，于是，就出现了悖论！英译没有译出这层意义，不是语言文字水平不够，大概跟译者的思想和理解本身有关，应该是把德文本想要说的话用英文直接敷陈出来了。

那么，黑格尔的本意是什么呢？先生不满意于单纯的语言文字分析，他要深入到黑格尔历史哲学的深处，去寻找两重印证后的答案。黑格尔把历史分为原始的历史、反省的历史、哲学的历史。原始的历史就是当事人记录当时所见所闻或所亲历其中之事；反省的历史是指史家所

---

① 黑格尔：《历史哲学》，王造时译，生活·读书·新知三联书店1956年版，第44页。
② 刘家和：《关于"以史为鉴"的对话》，载氏著：《史苑学步：史学与理论探研》，第249页。

述的历史时空范围已经超越当代与本地区，史家的精神已经不同于所述历史时代的精神；哲学的历史是指精神或理性所主导的历史。在黑格尔看来，理性本身绝对不会从历史的经验中抽绎出来，而是相反，历史不过是精神或理性展现自身的过程或轨迹罢了。黑格尔的这个思想，其来有自。早在古希腊，柏拉图就因无法表现确定的存在而把历史所能提供的东西归为"意见"，从而排斥在"知识"之外。此后，西方传统中就弥漫着对历史知识的深深的怀疑和轻视。黑格尔本人重视精神，把历史说成是精神自身的发展历程，从而否定社会历史是具有精神或理性的。这就是为什么他要否定历史教训的存在。只不过，以严谨庄重闻名的黑格尔，难得一次为了说话风趣而不慎使自己陷于自我矛盾的尴尬境地。

通过这样的双重分析，先生向我们证实了黑格尔这段俏皮的话绝不是一时心血来潮的调侃，而是对人们所熟悉的经验历史的真理性表达了明确的否定态度，这个态度，在西方哲学历史上有着深远的历史渊源。

这就是先生运用语文学和哲学相结合的方法分析历史现象的又一个成功案例。

以上3个案例，可以让我们对"两个菲罗"方法有一个基本的了解。事实上，在先生更多的学术论文中，随处可见这种方法的应用。

二、矛盾分析：打开历史迷宫的钥匙

我们所读到的历史记载，因为各种原因，总会有不协调、不一致的情况存在。有些是看上去的抵牾，与通常的理解不相吻合；有些却是严格意义上的悖论或矛盾。这些情况在中国古代文化经典中同样有所表现。有的时候，这种情况只是历史上发生的某种意外事件造成的，只要能找到足够的资料相互参校，就可解决。有的时候则不是文献形成过程中的意外造成的，而是作者的思想本来就有的，而且往往是情况越复杂、越严重，其中隐藏着的思想的价值就越是巨大，作为学术课题的价值也就越是巨大。那么，怎样才能拨开迷雾，探寻到历史的真相，探寻到思想的真相，挖掘出埋藏其中的宝藏呢？看来，这既需要探索未知的勇气，更需要行之有效的方法。经过长期的理论学习和实践磨砺，先生在分析矛盾、把握张力的理论思维上达到了相当的高度。先生常说："磨刀不误砍柴工。"刀磨得锋利了，才能真正提高砍柴的效率。同理，理论水平提高了，才能真正提高分析问题解决问题的效率。在这方面，先生为我们做出了表率，以下列举3个典型案例。

（一）《史学的悖论与历史的悖论——试对汉代〈春秋〉公羊学中的矛盾作一种解释》

《春秋公羊传》常被认为有许多"非常异义可怪之论"，第一条是所谓"世愈乱而文愈治"的问题。

关于春秋时期的历史特点，孔子明明认为是"礼乐征伐自诸侯出"，"自大夫出"，"陪臣执国命"，是天下无道，用今天的话说，就是由统一走向分裂。《公羊传》把春秋242年分为3个阶段，第一阶段是"所传闻之世"（隐、桓、庄、闵、僖）；第二阶段是"所闻之世"（文、宣、成、襄），第三阶段是"所见之世"（昭、定、哀）。东汉何休却把"所传闻之世"称作"衰乱"之世，即使是华夏诸国间，犹分别内外；到了"所闻之世"，则称作"升平"之世，但还是夷夏有别；而到了"所见之世"，就被称作"太平"之世了，这个阶段，"夷狄进至于爵，天下远近小大若一"。也就是说，春秋的历史从华夏内乱的衰乱世，经过华夷之别的升平世，到了最后就成了大家都讲究礼义，俨然世界大同了的太平世界。这种说法与孔子所论完全相反。清代公羊学家刘逢禄把公羊家的这种观点概括为"世愈乱而《春秋》之文益治"。① 何休明明知道春秋时期即使到了所谓昭、定、哀三世，也并非

---

① 刘逢禄：《公羊何氏释例张三世例》，阮元编：《清经解》第7册，上海书店出版社1988年版，第371页。

太平，可他却偏偏说是"太平世"。这就出现了一个极大的矛盾，或曰悖论。这样看来，公羊家说不是严重地违背历史实际了么？公羊学的历史哲学不就成了背离历史的哲学了么？后代学者，不分国内国外，许多人不能理解公羊学不就是很自然的事情了么？读到这里，大家一定会想，难道公羊家说真的是这样"非常异义可怪之论"或曰悖论吗？我们知道，所谓悖论（paradox），有似是而非、似非而是的两种可能，还有自相矛盾、无法自圆其说的另一种可能。何休的悖论，究竟属于哪一种呢？看来，要想很好地回答这样的问题，的确需要过硬的理论功夫，尤其是矛盾分析的知识和水平。

1998年，先生发表了《史学的悖论与历史的悖论——试对汉代〈春秋〉公羊学中的矛盾作一种解释》一文，① 提出了自己的理解。先生指出，面对春秋时期的历史变局，孔子是从"礼乐征伐"是否"从天子出"的角度提出问题的，他自然会得出他自己那样的结论。孔子提问题的角度并非没有理由，因为当时天子代表国家（当时称天下）是一统和有秩序的象征。政权由天子而逐级下逮，自然地意味着秩序愈来愈乱。假如对于春秋时期历史的盛衰只有从周王室盛衰这个唯一的角度来考察，那么中国的历史到春秋末就应该完全绝望了。可是，变换角度，多从几个角度看一看，就会另有发现。

正是由于思路的这一一转，先生把论证的笔锋转向历史另外的方面，从而得出了完全不同的结论来：

> 第一，从经济和文化发展的角度看，春秋时期的情况不仅不能说是每下愈况，而且必须说那正是一个大有进展的时期。
> 第二，从周王朝政令不行的角度看，春秋时期的历史是在走向分裂……在层次上无疑是低一级的。在春秋时期……逐渐出现了一种层次较高的统一趋势。

---

① 此文原载《庆祝杨向奎先生教研六十年论文集》，河北教育出版社1998年版，后收入刘家和：《史学经学与思想：在世界史背景下对于中国古代历史文化的思考》，第385—399页。

第三，从族群交往与文化融合的角度看，春秋时期的情况也不是每下愈况，而是有了空前的进展。①

先生对经济文化、王朝政令和族群交往与文化融合3个方面的内在结构展开分析和论证，最后得出结论："综上所述三条，可见汉代公羊家的由衰乱而升平而太平的三世说虽确有夸大之处，但并非完全荒谬绝伦，而是有其相当切实的历史基础的。"②

第二条是所谓"实与名不与"的问题。

"实与名不与"在《公羊传》中有6条，其中3条是说齐桓公攘夷狄而救诸夏的事绩，被认为事实上有利于华夏统一，所以应该表扬（"实与"）。不过，在过程中，齐桓公下令为其他诸侯修筑城池，这叫"专封"，不符合"天子建国"和"礼乐征伐自天子出"的原则，所以又必须给予批评（"文不与"）。其他3条记载了诸侯或大夫做了重礼义而不重武力、讨伐乱臣贼子和逮捕拒绝为周王修城的别国大臣，按维护华夏文化统一的实际效果应该给予褒扬（"实与"），但按传统礼法，这样做叫做"专讨"，即擅自把天子独享的讨伐贼臣的权力据为己有，这是违反礼制的行为，所以又要给予否定（"名不与"）。

对于这个悖论，先生是这样分析的："文不与"是因为他们的问题出在了"专"字上，按照传统礼法，他们应该禀报天子，得到同意后才能执行。不过，到春秋时期，情况不同了，用公羊家的说法，"上无天子，下无方伯"，向谁禀报呢？有鉴于此，公羊家才发明了"实与"的办法；由于传统的"礼乐征伐自天子出"的原则又不能废弃，那就只好再加一个"文不与"。所以，"实与文不与"的矛盾，正是客观历史过程中真实存在的矛盾在思想上的一种反映。③

---

① 刘家和:《史学的悖论与历史的悖论》，载氏著:《史学经学与思想：在世界史背景下对于中国古代历史文化的思考》，第388—389页。
② 同上书，第391页。
③ 同上书，第394页。

以上事例说明,面对文献中出现的悖论,不要贸然加以排斥,而是认真地深入到历史语境中去,考察一下,看看史学悖论的矛盾双方有没有各自的历史根源,然后再给予切实的说明。这样,通过对历史现象的全面研究,从公羊家史学的悖论找到了当时社会发展本身的悖论,两相结合,构成了社会和思想双重矛盾运动的生动景象,从而把历史研究大大地推向纵深发展。这一独具卓识的成果,显然得益于对矛盾分析方法有着深刻的领悟和自如的运用。

(二)《试说〈老子〉之"道"及其中含蕴的历史观》

经过《老子》的倡言,道成为中国文化的一个重要概念。关于这个概念,理解不同,众说纷纭。在《试说〈老子〉之"道"及其中含蕴的历史观》一文中,[①]先生是这样展开论证的。

文章第一节是"说《老子》之道"。其中的第一目叫做"'道'与'道'"。乍一看,颇觉奇怪,待一细读,发现大有深意。

先生指出:《老子》首章里面其实有两个"道"。前一个是事物之"理"的道;后一个是作为言说的道。两者具有内容和形式的关系,密不可分。因此,就可以从言说的角度来看道了。

先生认为,之所以有可道之道和不可道之道,可名之名和不可名之名的区分,是因为,道和名(即作为内容和形式的道)是世间万物的最高概念,世间万物都有正负两个方面。事物,当不考虑其矛盾性时,是可以命名的。可是一旦考虑到它拥有正负两个方面时,就不可命名了。《老子》三十二章有"道常无名"句,河上公注云:"道能阴能阳,能弛能张,能存能亡,故无常名也。"[②]而王弼注云:"道,无形

[①] 此文原载《南京大学学报》,2014年第4期,后收入《史苑学步:史学与理论探研》,第402—428页。
[②] 王卡点校:《老子道德经河上公章句》,《圣德第三十二》,中华书局1993年版,第130页。

不系，常不可名，以无名为常。故曰：道常无名也。"① 王弼说的是道"无形不系"，即道可涉及一切，故难以具体地说，较为外在和笼统；河上公所说的道可以表述正反两个方面。先生判断，河上公优于王弼。常道既包含了不可道之常，又包含了可道之非常，常名既包含了不可名之常与可名之非常，即都包含了正负两个方面，形成了矛盾。如果说道是道又不是道，名是名又不是名，那就违背了逻辑的矛盾律，所以，常道就不可道，常名就不可名。所谓"常道"就是最高的道，没有更高的概念了，所以就无法定义，当然就不可道，不可名了；"非常道"是具体事物之道，也就是理，理有层级，可做种属划分，能下定义，所以就是可道、可名的了。因此先生说，道和理是上位概念和下位概念！

《老子》四十二章："道生一，一生二，二生三，三生万物。万物负阴而抱阳，冲气以为和。"② 历来为注家聚讼纷纭。先生仍然从逻辑的矛盾律上加以分析，提供了解开问题的钥匙。《老子》二十二章，前面说了曲则全、枉则正、洼则盈、敝则新、少则多、多则惑之类许多相反相成的对偶现象，然后总结一句"是以圣人抱一以为天下式"！由此可见这里所谓的"一"是包含着正负两个方面的统一。先生评论道："凡是兼摄正负两个方面统一者皆属于'道'，'一'既兼摄正负两个方面，因此'一'即是'道'。"接下来，先生又用逻辑代数学方法并加图示给予说明：那就是 $A+(-A)=1$。③

据先生看，老子本来可以沿着数的方向继续说明一多关系，可却偏偏从"一生二"就拐到象上面去，做了阴阳学说的发挥，未能把数理逻辑贯彻到底，未能像《巴门尼德篇》那样，把一多关系分析得那样的彻底和清晰。殊为可惜！

---

① 王弼注：《老子道德经》上篇，《诸子集成》第3册，中华书局1954年版，第18页。
② 王弼注：《老子道德经》下篇，《诸子集成》第3册，第26—27页。
③ 刘家和：《试说〈老子〉之"道"及其中含蕴的历史观》，载氏著：《史苑学步：史学与理论探研》，第414—415页。先生早年在江南大学读书，受老师牟宗三先生的影响，培养起对逻辑学的爱好，一直乐此不疲。此篇关于老子道论的研究论文，是把逻辑学知识运用于思想史研究的典范之作，意义非同寻常。

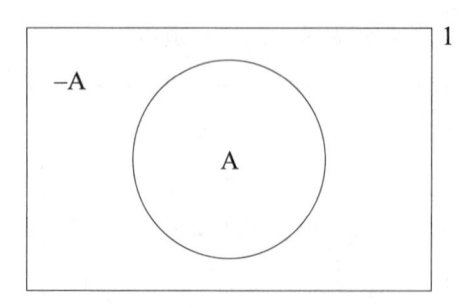

图1：A+(−A)=1 示意图

要知道先生为什么写这篇文章，就必须讲一讲下面这段往事。

1995—1998年，我跟随先生攻读博士学位，论文题目是《韩非子的政治思想》。写到韩非的"道理论"时，感到难度极大，不好把握，便请教先生。先生告诉我，他也正在思考这个问题，但一时还不能得到满意的答案，并鼓励我一同思考。2013年，我发表了一篇论文，对《韩非子·解老篇》中的"稽"字展开讨论，试着运用"两个菲罗"方法解决韩非思想中的道理关系问题。文章发表后，心里没底，一直不敢告诉先生。不料，先生在一次学术会议上读到了这篇文章，随即打电话给予表扬，并详细说明表扬的理由，让我感动不已。不过，我那篇文章只是为理解韩非本人关于道理之间有"怎样的"关系的思考提供了一种解释，远没有深入道和理各自的基本内涵即"是什么"以及两者的内在联系这个理论难题。

我知道，在学术研究中，回答"怎样的"问题，说的是某种样态，还属于描述性的范畴；而回答"是什么"的问题，才可能进入本质的领域，探索到内在的结构。同一个研究对象，若没有很好地回答"是什么"的问题，关于"怎样的"研究就会流于浮泛，甚至飘忽不定。"怎样的"研究做得好的，当然是有价值的，因为它的确也可以表现研究对象的某种状况。但是若没有根本解决"是什么"的问题，那么，还不能说这个研究对象已经得到了根本的说明。我写了"稽"那篇文章，说明韩非怎样看待道和理的关系，回答了一个"怎样的"问题，但关于道和理"是什么"的问题，仍然没有解决。

2014年，我受《南京大学学报》委托，担任该刊"思想史研究"栏目的主持人，专门约请先生惠赐大作，先生慨然应允，拿出的正是这篇文章，让我大喜过望。先生运用矛盾分析法对老子的道做了深入的探索，指出道含常与无常，就像 A+(–A)=1；道是最高概念，所以不可道，不可名；理是具体事物的概念，所以可道可名；道和理有上位概念和下位概念的关系。我还记得，那天到先生府上拷贝文章电子版时，先生微笑着告诉我，关于怎样理解《韩非子》道理论的问题，现在可以说已经得到了解决！

（三）《〈左传〉中的人本思想与民本思想》

矛盾分析，除了帮助我们理解事物所具有的正负关系，还有助于理解事物的对立关系或张力关系。具有矛盾关系的事物或者矛盾着的两个方面的相互之间都有对应、不可分离、相互作用甚至相互转化的属性，这在认识非完全逻辑意义上的矛盾现象，例如对应和对立时，仍然是有意义的。先生有《〈左传〉中的人本思想与民本思想》一文，最能说明这个问题。①"人本思想"和"民本思想"这两个概念有怎样的含义？学者并非都清楚。确定两者含义有什么好办法？学者也并非都很自觉。现实生活中，我们看到的是这两个概念经常混着用。先生从相对关系中寻找到理解问题的出路，指出：所谓"人本"，说的是人神关系中以人为本；所谓"民本"，说的是君民关系中以民为本。说"人本"时并不否认"神"的存在；说"民本"时并不否认"君"的存在。而毋宁说，在神（天）人关系中要以人为根本；在君民关系中要以民为根本。这个基础性的说明极为重要。从中可以很自然地引申出以下思想：在神人关系中，没有神，何谈人和人本？而以人为本，神才能真正得到信仰。君民关系中，没有君，何谈民和民本？而以民为

---

① 此文原载《历史研究》，1995年第6期，后收入《史学经学与思想：在世界史背景下对于中国古代历史文化的思考》，第355—368页。

本，君才能真正坐稳江山。

先生指出，在《左传》中，人本思想表现在以人而非神为目的，例如祭祀不用人牲、祭祀中神要以人为主；面对人事的成败得失，以人事加以说明，占卜祭祀则置于其后，服从人事为先的原则。而民本思想则主要表现在以下几个方面：其一，君权的根本在民。其二，立君的目的在于保民。其三，君不称职，民可以批评以至反抗。不仅如此，先生还通过分析随季梁谏逐楚师的故事，指出人与神的关系和君与民的关系二者是结合在一起的，"忠于民"是"信于神"的不可或缺的前提。"在君民之间的张力关系中，神作为仲裁者也就侧重于民的一面；于是，《左传》中的神竟然也有了民本思想的倾向。"[①]先生在文章中还通过更多的例证，说明神人关系中的神都有重民的思想倾向。"中国古代的人本思想总是以民本思想作为其内容的；如果没有中国的民本思想，那么也就会失去中国古代的独具特色的人本思想。"[②]清儒汪中曾发现了《左传》中有人本思想，梁任公更揭示出《左传》中的民本思想，但两位大家却没有把人本思想与民本思想结合起来加以分析，因而也就未能把问题推向深入的一步。先生指出："一旦我们把《左传》中的人本思想和民本思想结合起来观察，那么就可以发现，这种思想体系的一个重要特点即在于：在君主统治人民这一环节上，其关系是直接的，也是无弹性的；而在民意作用于君主这一环节上，其关系就是间接的，并且因为隔着'天'这一个中介而成为有弹性的了。"[③]于是，以天为中介的民本思想的局限性也就暴露于天下。这种认识，是在清代和民国时期第一流学者的基础上获得的突破，是我们这个时代的标志性的学术发现，它的获得，首先要归功于矛盾分析方法在研究张力关系中的成功运用！

总之，通过人本思想和民本思想的分析，可以加深对于《左传》思

---

① 刘家和：《〈左传〉中的人本思想与民本思想》，载氏著：《史学经学与思想：在世界史背景下对于中国古代历史文化的思考》，第366页。

② 同上书，第367页。

③ 同上。

想价值的理解，也有助于理解一般意义上的神人关系和君民关系的实质。可见，矛盾分析对于理解非逻辑意义矛盾的张力关系也有很好的启发和引导意义。

天人之间和君民之间有一种相对关系，也可以说是某种反对关系，它们包含着一定的矛盾，但不是逻辑学意义上的矛盾关系，所以运用矛盾分析法时要注意把握分寸。先生分析《左传》中的人本思想和民本思想的案例，可以作为我们认识相关问题，避免犯思想错误的榜样。

三、入室操戈：与世界一流学者的对话

有学术研究经验的人知道，与学者讨论问题，应该具有与对方相当的水平，至少在研究的具体问题上不能低于对方的水平，否则，讨论很难进行下去；而要开展学术批评，那就应该高于对方才好。在前面讨论的《先秦儒家仁礼学说新探》一文中，给我们留下深刻印象的是，关于"仁"、"礼"关系的讨论和分析，被研究的思想家，不论是孔子，还是孟子、荀子，他们本人都不可能对自己的思想做出像先生这样深刻而清晰的表述。

此外，在学术批评活动中，要想有力地回应挑战，就一定要把挑战者的思想结构弄清楚，然后，必须以同样的结构回应之。对此，先生有着深刻的理解：回应黑格尔是有难度的，"为什么这样困难呢？因为黑格尔的论述自有其一套理论上的逻辑系统，不深入其中，是很难与他对话的；我们传统的办法摆事实讲道理，对此作用不大。所以我必须先学习他，而学习亦非易事，花几十年时间，不能算多。"[①] 先生用几十年时间系统、深入地研读黑格尔，真可谓"仰之弥高，钻之弥坚"。[②]

---

① 刘家和：《史苑学步：史学与理论探研》，"序"，第11页。
② 此语原出《论语·子罕》，取意参见臧克家：《闻一多先生的说和做》："仰之弥高，越高，攀得越起劲；钻之弥坚，越坚，钻得越锲而不舍。"《人民日报》1980年2月12日。

（一）《关于历史发展的连续性与统一性问题——对黑格尔曲解中国历史特点的驳论》

首先让我们来简要地回顾一下这篇文章，看看先生是怎样分析黑格尔历史哲学的内在本质，为解决正确认识中国历史的连续性和统一性问题开辟道路的。[1]

这篇文章是先生为社科基金重大课题"中西古代历史、史学与理论的比较研究"所做的引论，总的是要回答为什么要从历史、史学和理论3个层次形成的结构上来展开。先生指出，这首先是为了回应以黑格尔为代表的西方中心论的挑战。黑格尔在阐述他的历史哲学的时候，发表了许多关于中国历史的观点。这些观点表明，他对中国历史存在着深深的误解和曲解。在他的文字中，印度是多样化的，而中国则是"永无变动的单一"；中国是统一的，但相较于波斯的"复杂的统一"，中国的统一却是"抽象的"；中国是持久的国家，但却"无从发生任何变化，一种终古如此的固定的东西代替了真正的历史的东西"，中国的历史属于"非历史的历史"。不仅如此，中国虽然拥有层出不穷、继续不断的历史作家，但"在中国人中间，历史仅仅包含纯粹确定的事实，并不对于事实表示任何意见或者见解"；中国的史书或史学"毫不寓有历史的判断和理性"。[2] 据此，先生认为：黑格尔是通过比较研究，从历史、史学和理论这个三维结构的整体上提出挑战的。为了破除西方中心论的偏见，实事求是，还中国历史以应有的地位，我们也一定要通过比较研究，从同样的三维结构上做出彻底的回应。这是一项极其神圣而艰巨的历史重任！

为了在理论上给予有力的回击，先生在多年学习西方哲学的基础上，下大功夫，深入西方哲学传统，对黑格尔的知识背景做了非同寻常

---

[1] 此文原载《北京师范大学学报》2009年第1期，后收入先生的论文集《史苑学步：史学与理论探研》，第342—373页。

[2] 刘家和：《关于历史发展的连续性与统一性问题——对黑格尔曲解中国历史特点的驳论》，载氏著：《史苑学步：史学与理论探研》，第344—345页。

的追本溯源的工作。

首先,把黑格尔的历史分期观点及其实质清晰地展现于读者面前。通过先生的叙述,我们知道,黑格尔把世界历史划分为4个阶段。第一个阶段是包括中国在内的东方世界;第二个阶段是希腊世界;第三个阶段是罗马世界;第四个阶段是日耳曼世界。也就是说,历史从亚洲开始,到欧洲终结。而且,他把第一阶段比作历史的少年时代,第二阶段青年时代,第三阶段壮年时代,第四阶段老年时代。所谓"老年时代"不是说自然禀赋的衰老,而是像学养深厚的老者那样表现出"完满的成熟和力量"。黑格尔之所以会有这样听起来仿佛天马行空的观点,原因在于他所说的历史,不是某个国家、某个民族、某个社会共同体自身发展的过程,而是所谓"世界精神"在人类不同群体间的转移过程,所以看起来就仿佛是"世界精神"在世界各地的巡游。如果换一个角度,就成了某个历史阶段只有某个地区、某些国家、某些民族、某些社会才能较好地表现"世界精神",因而成为历史阶段的代表;而到了下一阶段,另外某个地区,某些国家、某些民族、某些社会才能较好地表现"世界精神",从而成为新的历史阶段的代表。黑格尔的历史四阶段说是唯心主义历史观的典型。当然,从唯心主义角度看,这一学说好像能够自圆其说,可是换个角度,从唯物主义的方面看,问题就严重了,除了担当某个历史阶段主角的某个地区某些国家某些民族某些社会之外,其他地区的国家、民族、社会的历史就被无情地斩断了。从历史的四阶段说来看,西欧中心论在黑格尔这里就成了日耳曼民族中心主义;从历史和非历史的划分标准来看,所谓历史就是希腊、罗马、日耳曼的历史,而包括中国在内的东方历史就成了非历史的历史。可见,对黑格尔历史阶段说的平实叙述就已经让读者得到如此丰厚的理论收获!

接着,先生指出这种观点其来有自,与中世纪习用的四大帝国分期法如出一辙,追溯起来,根源应该在于《但以理书》。而且事实上,这种分期法在地理方位从东到西的顺序也未能贯彻到底;关于东方历史的时间顺序也与事实不符(当然,这与当时历史知识有限相关);而对四阶段内容的分析,可以看到,这个观点实质是两分法,一个是包括中国在内的东方,它的特点是停滞和野蛮,是非历史的历史;另一个是西方,包括希腊、罗马和日耳曼,那则是历史的历史。当然,在黑格尔以后,汤因比、雅斯贝斯已经有了一些突破性的改变。但黑格尔的观点,特别是他的观点中涉及的理论问题,仍然还没有得到认真的批判。

  正因为如此,接下来,先生才会聚精会神,从梳理西方哲学关于"发展"的思想入手,揭露黑格尔曲解中国历史的理论实质。先生从东西方语言文字传统入手,运用"两个菲罗"方法,对"发展"观念做了深入的分析。先生指出,在中国传统文献中,没有"发展",而有意思相近的"敷展"、"开展"之类的词,常指纸卷的展开;而英文的development中,de意为"下脱"、"分解",velop意为"包"、"裹",德文、俄文相近的词,情况差不多,基本的意思都是把包裹着或卷绕着的东西打开或展示出来。在法文、英文和德文中相应的词还用来表示摄影底片的显影和冲洗。这些都具有从潜在到实现的含义。亚里士多德在《物理学》和《形而上学》中所说的"运动"就是"潜能的事物的实现";他的"隐德来希"原义就是"达到了目的"。这些都有似于发展的概念。黑格尔本人也认为,"发展的原则包含一个更广阔的原则,就是有一个内在的决定、一个在本身存在的、自己实现自己的假定,作为一切发展的基础。"① 这个发展观念与亚里士多德的"隐德来希"相近。黑格尔把发展基础的内在决定性归结为"精神"——以世界作为其舞台、财产和实现自身的场地的精神。他认为,发展在自然界是和平而宁静地实现的,而"精神是和它自己斗争着;它自己可以说便是它的最可怕的障碍,它不得不克服它自己。'精神'真正欲望的便是要达到它自己的概念。"② 先生指出:"我们可以看到黑格尔的发展观对于亚里士多德的从'潜能'到'现实'的运动观的出色的发展。"③ 先生指出了黑格尔发展了亚里士多德的发展观念,给从潜能到实现的运动观注入了决定其自身发

---

① 黑格尔:《历史哲学》,王造时译,第95页。
② 同上书,第95—96页。
③ 刘家和:《关于历史发展的连续性与统一性问题——对黑格尔曲解中国历史特点的驳论》,载氏著:《史苑学步:史学与理论探研》,第359页。

展的内在动力——矛盾因素,"而且正是由于事物在矛盾中的自我否定导致发展中的质变,的确显示出了辩证法的精义,对于我们的历史研究给予了极有价值的启示"。①

接下来,话锋一转,直接进入精神领域,指出黑格尔只是把辩证法严格地运用在他所集中注意的精神领域,把自然界的发展看成是缺乏内在矛盾和斗争,只有量的方面的平静的发展。黑格尔把精神的本质与世界历史发展的原则说成是自由,他的历史哲学就是按照自由的发展来划分阶段的,他的历史四阶段说由此而证成:东方从古到今只有"一个"是自由的;希腊和罗马世界知道"有些"是自由的;日耳曼世界知道"全体"是自由的。第一种是专制政体,第二种是民主政体和贵族政体(由希腊罗马构成);第三种是君主政体。

的确,精神在整个巡游过程中没有改变,它保持了自己的独立性和连续性,黑格尔没有犯一点逻辑的错误,完全符合亚里士多德关于连续的定义,一切都"完满地"解决了!可是这种理论在现实的历史中却遭遇到了一个无法解决的矛盾:它无法说明代表每一阶段的各个文明自身的连续性发展问题,按照他的理论,每一个文明只是担任世界精神巡游过程中的一个阶段的任务,之前和之后,却都消失在"世界历史"之外。至此我们就会明白,按照黑格尔的理论,岂止是中国历史,就连希腊、罗马和日耳曼,也都成为没有连续性的,也就是非历史的历史了!如果联想到他的世界精神的历史以东方为起点,日耳曼为终点,远远不能说明人类历史的基本面貌和基本过程,我们就可以断定,他的历史哲学本身倒是真正的非历史的了。按照黑格尔的理解,"'发展'本身就不仅是一种连续性的展现过程,而且是一个具有内在必然性的连续过程。的确,连续性是发展的必要条件,没有连续性就没有发展可言。过程都中断了,还谈什么发展?"②先生运用从亚里士多德到黑格尔关于发展的理论,特别是黑格尔的辩证思维方法,分析了黑格尔的论述,把"世界

---

① 刘家和:《关于历史发展的连续性与统一性问题——对黑格尔曲解中国历史特点的驳论》,载氏著:《史苑学步:史学与理论探研》,第360页。

② 同上书,第361页。

精神"的本质及其在现实历史中如何陷入自相矛盾的泥淖揭露出来，让我们真切地领略到理论思维的力量，领略到逻辑的力量。阅读这篇文章，常有酣畅淋漓之感，原因就在这里！

解决了黑格尔历史哲学的非历史本质的问题，就可以进入真正的历史领域，来寻绎中国历史进程中横向矛盾与纵向发展的关系问题了。至此，先生才充满自信地宣布："黑格尔所提出的从事物横向矛盾中探索其纵向发展的辩证法，对于我们的历史研究仍然具有重要的启示作用，不过我们的立足点则确实需要从他的唯心主义转到唯物主义的方面来。"①

通过以上的回顾，我终于明白了，先生的重大课题之所以要从历史、史学和理论这样的三维整体上展开，目的没有别的，就是要保证自己的研究是有效的和有力的，这样才能真正回应黑格尔的挑战。先生之所以要投入那么大精力分析从亚里士多德到黑格尔的关于发展的思想，目的也没有别的，就是要揭露黑格尔在阐述他的世界历史的发展观时，违背了自己为之作出重大贡献的辩证思维方法，由于他固执地把世界历史限定在精神的范畴内，无视经验世界的真实存在，既斩断了各民族的活生生的历史的辩证发展过程，也阉割了世界精神自己的灵魂，使他所谓的"世界历史"成为真正意义上的"非历史的历史"。这样的"世界精神"，就像是荒野中的孤魂野鬼，飘忽不定，怎能得到人间的认同呢？

（二）《关于"以史为鉴"的对话》（后半部分）

在《关于"以史为鉴"的对话》一文中，先生活用黑格尔逻辑学中本质论的方法，为"以史为鉴"这个千年命题提供了扎扎实实的理论性说明，有力地回应了以黑格尔为代表的西方学者的挑战；让我们再一次看到他是如何刻苦学习西方哲学，开展理论思维的心路历程。

先生的这篇文章可分为两部分，前一部分运用"两个菲罗"方法，

---

① 刘家和：《关于历史发展的连续性与统一性问题——对黑格尔曲解中国历史特点的驳论》，载氏著：《史苑学步：史学与理论探研》，第364页。

揭露黑格尔关于世人能否从历史中得到教训的观点中存在的严重悖论，这个问题已在第一节中给予讨论，此处不赘；后一部分则是从本质论的理论高度上证成"以史为鉴"的可能性，从而成为运用黑格尔逻辑学驳斥黑格尔错误观点的又一个成功案例。

2007年，我和几个师兄弟跟随先生到西安参加一个学术会议，"以史为鉴"是这次会议的主题。在大会发言时，先生提出两个问题，其一，"以史为鉴"的意思就是把历史当作镜子来照见自己。可是，拿镜子来照自己的时候，在镜子里出现的是自己，而以史为鉴时，作为镜子的史书里看到的却没有自己，这就使人怀疑"以史为鉴"这个比喻性的说法的确切性和可能性。其二，古人以铜为鉴，是通过铜盘中的止水来观照自己形象的，而历史却仿佛是一条后浪推前浪的不断奔腾的长江大河，并无平静的水面，怎能为鉴呢？问题提出后，却没有得到参会人员的回应，先生也就不说了。时间很快就过去了，我也很快就把这件事淡忘了。到了2009年末，我向先生约稿时，先生拿出了这篇文稿。

这篇文章的责任编辑由我担任，发表后，我又研读过多遍，直到撰写本文，我才猛然想到问自己：先生为什么要那样提问呢？反复思考后感到，应该从先生是怎样论证并回答上述两个问题来加以理解。

关于第一个问题。先生的提问是这样的：人们从镜子中看到的是自己，而从历史书中看到的却不是自己，那以历史作为镜子还能成立么？据我看来，先生的论证思路大概是这样的：首先，人们从镜子中看到的其实并非自己本人，而只是本人的影子，而且这个影子还是左右相反的；因此，人们从历史书中看不到自己本人，就不能成为否认以史为鉴的理由了。此其一也。镜子中的影像虽然不是自己本人，但毕竟是由本人投射到镜子然后反射回来的，那也就是"自己的异物"，它总可以帮助人们在一定意义上认识自己的形象；同理，如果也有由自己的某个侧面投射到历史书中然后反射回来，成为另一种意义上"自己的异物"且可以帮助人们认识自己的某种情况，那不和像镜子反射形象具有同样的意义了么？从这个意义上说，以史为鉴不就可以成立了么？此其二也。这两种情况在道理上是相同的，因此可以类比。但是还有没有什么理论性或学理化的说明呢？有！那就是黑格尔逻辑学中本质论的思想。按照一般的理解，哲学的任务是要认识事物的本质，而认识事物的本质，就不能满足于只看到它的直接性的存在，更要看到这个直接性的存在以别的事物为中介然后反射回来的形象，用黑格尔的话说，就是"设定起来的自己"，即中介映衬着的自己。以镜子为中介，镜子映衬着的自己，也就是自己在镜子中的影像，虽然是左右相反的，在哈哈镜中有时是上下颠倒的，但那也是自己形象的一个本质。不同的中介，可以映衬出自己不同的本质。以 X 光透视片为中介，其中映衬着的，就是自己健康状况的某一个本质；同理，以历史书为中介，其中应该能够映衬着自己的某种状况，那也是自己的一个本质。这个本质是什么呢？历史以过往的人类社会活动为内容，现实的人要想了解自己在社会活动中的存在状态，就有从历史中寻求自己的历史的本质的需要，目的是通过历史上相同相似的活动状态了解自己的活动状态会有怎样的命运，这不就是把历史当作了中介，并从中看到了反射回来的自己了么？用先生的话说："人在以史为鉴时的意向性是了解自己的历史处境，所选的中介从而也就是史书及其所载的历史。二者都有投射与反映的共同性，所以可以互为隐喻之词。"① 至此，第一个问题就得到了一个交代。关于第二个问题。先生是这样提问的：古人以水（铜）为鉴，铜盘中的水是静止的，可以照见自己；以史为鉴，史书上记载的人类活动却像长江大河，奔腾不息，流水怎么能照见自己呢？先生的回答同样表现出理论的深刻性："如果您的意向是照自己的脸，那就只能选择光滑宁静平面的镜子作中介，反映出来的就是您的面部静态的情况。如果您的意向是要知道自己的历史处境，那么自然不能选取本质是静态的镜子作为中介，而只能选取本质是动态的历史来作中介了。"② 接着，先生讲述了周公以殷为鉴的故事。周公辅佐周武王打败殷纣，夺取天下的统治权。紧接着就在思考发生这样政治变局的原因，于是提出了两个问题：一是为什么"小

---

① 刘家和：《关于"以史为鉴"的对话》，载氏著：《史苑学步：史学与理论探研》，第 267 页。
② 同上书，第 268 页。

邦周"可以取代"大邑商"？二是在天命变动的前提下，怎样才能保证周的统治能够长治久安？为了找到答案，他把这两个意向投向历史，得到了两类反映：一是从他亲身经历的殷纣王败亡的历史中得到残民以逞而失去天下的例证；一是从殷人的典册中发现早先的殷哲王勤政爱民而享国长久的例子。周公从作为镜子的史书提供的两种可能中选择殷哲王作为典范。由此可见，"主体总在变化之中，其意向性也就在变化之中；变化了的意向投向历史的时候，其反映自然也就变化了。"[①]至此，先生提出的第二个问题也就得到了一个交代。

由此我体会到，没有这样两个交代，就不能理解前面那两个问题。西安会议上先生提出这两个问题时，我并没有产生兴趣，原因是我对于以史为鉴这个千年命题中所包含的深刻道理，没有丝毫的觉悟。现在明白了，要想提出有意义的、深刻的学术问题，没有系统、深入而充分的理论准备，是不能做到的。

"以史为鉴"是一个千年命题，在4个字的下面，埋藏着丰富的思想和文化宝藏，要想发掘这些宝藏，没有一双具有理论穿透力的慧眼，是根本做不到的。

2015年我在访谈先生时提出了一个极其幼稚肤浅的问题：为什么要在"以史为鉴"的问题上下那么大功夫与黑格尔辩论？回应黑格尔的这个挑战究竟有多大意义？先生不以我为浅薄，耐心地告诉我："如果不回应，以史为鉴就彻底被颠覆了，我们的四千年文明史就这样被颠覆了。回应这个挑战是我们中国史学工作者应该负起的神圣使命！"[②]此时想起，我才深感触动：先生之所以会有这样的使命感，是因为他对这份宝藏的本质和价值有着深刻的理解，有了这份理解，才会倍加珍惜，才会发愤阐扬。由此我进一步思考，先生之所以会有这份理解，是因为他

[①] 刘家和：《关于"以史为鉴"的对话》，载氏著：《史苑学步：史学与理论探研》，第268页。

[②] 刘家和、蒋重跃：《在挑战与回应中前进——刘家和先生谈学术工作的基础》，原载《北京师范大学学报》2015年第2期，后收入《史苑学步：史学与理论探研》，引自该书第477页。

有着认识这份精神财富的理论思维的能力，这能力，得益于长期研习包括黑格尔在内的西方哲学的艰苦训练。正因为有这样的理论思维能力，所以才会深入把握问题的本质，从而有力地回应黑格尔对于以史为鉴的挑战！想到这里，我因自己的浅陋而感到惭愧，也因此决心学习先生的榜样，在理论思维上加强修养，踏实进取。

"入室操戈"，有学习前人方法以超越前人的意思，是古代中国学人经常使用的一个譬喻说法。先生曾说过，自己一辈子都在学习黑格尔的理论和方法，也一辈子在思考着怎样回应黑格尔的挑战，怎样破除黑格尔对于中国历史特点的曲解。先生在中国历史的连续性和统一性问题和以史为鉴问题上取得了重大创获，突破了黑格尔的成说，揭露了黑格尔的理论错误，指出了他的偏见，对于黑格尔的挑战做出了迄今最有理论性的回应。同时也表明，中国学者完全可以站在理论思维的高度上，与西方学界大师级人物开展平等对话，做出具有世界意义的学术贡献，这是中国历史学界的骄傲！

我在敷陈这篇小文的过程中，常常感到力不从心，无法全面、准确地展现先生的理论方法（比如，先生对逻辑学知识有系统深入的理解，这在他的学术研究中具有重要作用，可惜，我没有能力做出分析和评论，所以只好俟诸未来），尤其跟不上先生的思维节奏，原因很明显，那就是我的知识面的宽度不够，知识结构的合理程度也不高，远远不能很好地理解先生的学术和思想，更何况对我来说，理论思维本来就是一项高不可攀的事业，先生的学问又是那样的崇高，我除了高山仰止，别无所能。承蒙《古代文明》杂志朋友们的盛情相邀，只好把自己的粗浅体会呈现于此。文内谈到的先生的学术思想，只是个人的简略复述，理解定有不确，深度远远不够，这不是客套，而是实情，我知道，做学问不能自欺欺人，敬请先生和读者诸君批评指教。

（原载《古代文明》2020 年第 1 期）

谈刘家和先生对中西理性结构问题的思考

——读《史苑学步：史学与理论探研》札记

王大庆

一、引言

2019年1月，著名历史学家刘家和先生的论文集《史苑学步：史学与理论探研》（以下简称《史苑学步》）由北京大学出版社出版。除了一部自选集之外，这是刘先生的第三部论文集。①《史苑学步》除一篇序言和一篇附录（访谈）外，共收录25篇文章，其中首次入编的文章16篇，是最近十几年发表的新作，另外编入了《古代中国与世界》中的3篇文章和《史学、经学与思想》中的6篇文章。刘先生如此编排的用意，体现在这部文集的4个子目中：（1）中国古代史学与经学；（2）比较研究与史学；（3）史学的体与用；（4）历史理性与逻辑理性。一方面，4个子目概括了刘先生学术研究中前后相继的4个主题，每个子目中收录的文章都是这些主题的代表作；另一方面，这些看似独立的主题之间实际上存在极为密切的关联，每个主题的探究都在为下一个乃至于最后目标的实现做出准备。4个子目的编排清晰展示出刘先生数十年来思考史学问题的演进历程，也体现出这些问题之间的逻辑关系和内部结构。

---

① 自选集为《愚庵论史：刘家和自选集》，首都师范大学出版社2010年版。另外两部论文集分别是《古代中国与世界——一个古史研究者的思考》，武汉出版社1995年版（以下简称《古代中国与世界》）；《史学、经学与思想：在世界史背景下对于中国古代历史文化的思考》，北京师范大学出版社2005年版。

从文集中收录的发表时间最早的一篇文章《史学和经学》(1985年)算起,到时间最近的一篇访谈(2015年),其间整整跨越了30年。在这30年中,刘先生思考的路径是,从对中国史学的研究出发,历经对历史比较研究方法的深入思考和对史学体用关系的理论探讨,最终上升到"历史理性与逻辑理性"这一历史哲学问题。

对于"理性"这一概念,刘先生在发表于2005年的《理性与历史——中西古代思想的一点异同》中做出过词源学的考辨和明确的界定:"理性在英文中即reason,这个字是从拉丁文ratio来的,原本表示的是'计算''考虑''思考'的意思……我们现在讲的英文的reason实际上是经过逻辑论证而得出结论的能力。"[①]可见,"理性"在西文中原来的意思是一种逻辑论证的能力,在那里,逻辑和理性似乎可以划上等号,"逻辑理性"的概念即由此而来。"理性"的概念虽然清楚了,但问题也就来了,刘先生接着追问:"那么理性是不是只有逻辑论证一途,还有没有其他的论证的途径呢?我觉得,做东、西历史文化比较研究,要考虑这个问题。"[②]这一追问触及了一个关键问题,即人类获得理性的认知,是不是只有"逻辑理性"一条途径?是否还存在着其他途径?要回答这个问题,有两种方法,一是对"逻辑理性"概念本身做出深入的辨析和考察;二是从古代世界各个文明获得正确认识的实践活动中进行归纳。

对于第一种方法,刘先生从"逻辑"一词的来源,即古希腊的logos说起,做了更进一步的考察:"希腊人最初讲logos的时候也不是专指逻辑理性而言的,只要看看《希英大字典》就知道了,logos实际上有两个基本的意思,一个是语言,作动词就是言说,另一个就是ratio,即理性。"[③]可见,"逻辑"(或理性)一词,最初从"言说"而来,

---

① 刘家和:《史苑学步:史学与理论探研》,北京大学出版社2019年版,第400页。该文是刘先生在中国人民大学举行的"中西历史比较研究学术论坛"上的发言,由王大庆根据录音整理而成,原载孟广林主编:《历史比较的新视野——"中西历史比较研究学术论坛"论文集》,吉林人民出版社2005年版。

② 刘家和:《史苑学步:史学与理论探研》,第400页。

③ 同上。

是一种日常的和经验的行为，正是从这种行为中发展出"逻辑论证"的能力，"理性"才被用来专门指称这种能力。那么，在中文里，有没有与希腊的 logos 相对应的或者相似的词语呢？刘先生指出：

> "道"也有两种意思，从客观上讲就是道路，引申为规矩、方法、道理、理性；另一个意思就是与 logos 一样的"说道"或言说。所以在"道可道，非常道"这样经典式的语句里，第一个和最后一个"道"都是指道理或理性之道，而中间的"可道"之"道"，就是指言说或"说道"之道。①

值得注意的是，与 logos 相似，中文的"道"也经历了从最初具体的"道路"或经验性的"言说"上升或发展为抽象的和超乎于经验的理性之道的过程。刘先生指出，也许正是由于这种分化的发生，在中文里后来又出现了"理"这一概念：

> 中国的"道"概念中以后又衍生出"理"概念，"理"指在层次上是从属于"道"、并较为接近具体事物的道理，万物都各有其所以然之"理"。"道"统综万物之"理"，"理"是具体的，"道"是抽象的，所以有具体，有抽象，其间有逻辑的关系，自然也是一种理性。②

通过希腊和中国最初用于指称"理性"的这两个词语的辨析，刘先生从概念上对上述追问做出了初步的回答，即理性绝非只有逻辑理性一种，获得理性的认识途径也并非只有逻辑论证，而是从一开始就存在着其他的路径。那么，除了"逻辑理性"之外，还存在哪些获得理性认识的途径呢？接下来，刘先生就以古希腊人认识世界的活动为主要参照，

---

① 刘家和：《史苑学步：史学与理论探研》，第 400 页。
② 同上。

提出了多种理性并存的看法：

> 因此，不能说只有希腊人的逻辑推理才是理性。理性不止是一种，理性用于各个方面，至少可以分成纯粹理性和实践理性；如果说在苏格拉底的"知识即美德"的公式里，道德理性还只是逻辑理性的一部分，那么在亚里士多德那里美德就已经是具有实践性的理性了。到了康德的时候，二者就已经分得很清楚了。我们可以说理性有"历史理性"，有"逻辑理性"，有"自然理性"，有"道德理性"等等。①

接下来的问题是，既然"理性"有这么多种，那么，是不是所有这些理性都是均衡地分布在各个古代文明的理性认识中呢？刘先生认为不是这样的，在不同的文明中，这些理性的发展程度或地位存在明显差异，由此才出现了所谓"理性结构"的问题。同样是以古代希腊和古代中国为例，刘先生指出二者在"理性结构"上的差异："古代中国与希腊两方面都有这些理性，其差别只在于：在希腊，逻辑理性居于主导地位，而在中国则历史理性居于主导地位。"②这一结论的得出来之不易，它是刘先生数十年对这个问题长期思考的结果，是建立在他对古代中国和希腊文明及其他古代文明的历史、史学和哲学的大量具体研究基础之上的。对于这一艰辛的探索历程，我们将在下文中进行详细的回顾和考察。

需要补充的是，在对中西理性结构问题的思考中，"逻辑理性"和"历史理性"无疑是刘先生最重视的两个关键概念，上文中刘先生已经对"逻辑理性"给出了明晰的界定，那么，"历史理性"又该如何定义呢？在《论历史理性在古代中国的发生》一文中，刘先生是这样定义"历史理性"的："现在常说的历史理性（historical reason）实际也就包

---

① 刘家和：《史苑学步：史学与理论探研》，第 400—401 页。
② 同上书，第 401 页。

括历史（作为客观过程）的理性（the reason of history）和史学（作为研究过程）的理性（the reason of historiography），简而言之，就是探究历史过程的所以然或道理和探究历史研究过程的所以然或道理。"①

接下来的问题是，刘先生对中西理性结构问题的思考，是在怎样的背景下萌生，又采用哪些方法做出结论的？

二、对黑格尔挑战进行回应的历程

刘家和先生最初意识到中西理性结构问题的存在，可以追溯到他的学生时代，大约在20世纪40年代。在文集的序言中，当谈到第4子目"历史理性与逻辑理性"时，刘先生回忆道：

> 这样的立题，也与我个人的求学与治史的过程有关。在上大学以前，尤其在抗战时期的沦陷区，我为了不忘中华文化，提高古文的阅读与写作能力，多年都是经、史、子书并读的。对于先秦诸子虽然未能读全，而且也未能深入，可是我对中国传统的思想文化已经有了浓厚的兴趣。又因为在沦陷区里的正式中学里都必须学日文，而我对此十分厌恶，所以大多数时间多在私办的补习馆里学中国古文、数学和英文三门课。学英文时读过《伊索寓言》《泰西五十轶事》，发现西方人所关注的知识内容与我们中国文化颇有不同，觉得有新鲜感。关于数学，我对数字缺乏敏感，学算术时计算常出错；学代数，开始有了一些感觉，觉得有兴趣；到学平面几何时，精神上颇有触电之感，原来还有一种与我所学的中国传统之学大异其趣的学术路数。②

---

① 刘家和：《史苑学步：史学与理论探研》，第278页。此文原刊于《史学理论研究》2003年第2期。

② 刘家和：《史苑学步：史学与理论探研》，"序"，第11—12页。

在这段话中，刘先生讲到从学习中国传统文化到最初接触西方文化时的"新鲜感"，尤其学习几何学时竟"在精神上颇有触电之感"，由此感到中西学术路数的"大异其趣"。进入到大学之后，刘先生开始对这种"惊异"背后的"问题"产生了研究的想法：

> 上了大学，学了一些西方历史与哲学知识以后，我又发现，作为古希腊头等学问的是哲学，其地位堪与中国古代之经学旗鼓相当。可是在西方，与哲学相须而行的是数学（几何学）与逻辑学，那是由抽象而概念、而判断、而推理的演绎的路数构成的，史学却与哲学关系遥远。亚里士多德在其《诗学》中把哲学列为一等学问，以为它能证明永恒的真知；诗为二等，因为它能说明一般情况；历史则为三等，以其变化无常，难以确切把握。由此我又想到，史学与经学的密切关系原来是中国古代学术的一个特点。那么，这个特点有无其价值或存在的理由呢？这个问题又引起我长期的学习与思考。①

从这两段话中不难看出，刘先生对这个问题的思考，最初的动力来自于对西方文化和学术的学习，通过与中国文化和学术的对比，开始由感性上"不同"的认识逐步上升到理性上探究其缘由的愿望。虽然这时候，刘先生还没有明确提出中西理性结构的问题，但问题的萌芽已经破土而出。正是从这时开始，刘先生开始深入研读，通过对传统史学与经学的深入研究，反思和追问中国学术的特点与价值，这成为他后来一直不曾放弃的关注点。所以，我们可以把这个阶段视为刘先生对中西理性结构问题的思考的发轫期。

如果说刘先生在学生时代对这个问题的认识还处于酝酿阶段的话，那么，其正式形成则是在他参加工作之后的20世纪50年代，而最重要的契机来自于他对黑格尔（G. W. F. Hegel）哲学的研读。在读到黑格

---

① 刘家和：《史苑学步：史学与理论探研》，"序"，第2—3页。

尔有关中国历史和史学本身的偏见乃至严重误解的时候，刘先生开始意识到一种巨大的挑战。从此以后，他一方面深感回应这种挑战的必要性和紧迫性；另一方面，他也意识到回应其挑战之任务的艰巨性和难度之大。因为，要对这一挑战做出有力的和有效的回应，就一定要对黑格尔这些看法的思想背景和历史根源做出深层的辨析和考察，同时也要对他误解的对象即中国历史和史学本身进行深入的反思和探究。这些任务的完成绝非一日之功，需要做大量的具体研究作为支撑。

在刘先生对黑格尔的挑战做出回应的长期准备中，有一段十分重要的插曲，那就是与德国哲学家卡尔·雅斯贝斯（Karl Jaspers）的"不期而遇"。雅斯贝斯是20世纪著名的存在主义哲学家之一，其影响最大的著作是1949年出版的《历史的起源与目标》。他在这本书中，对近代以来以黑格尔为代表的带有西方中心主义预设的历史哲学思想进行了较为彻底的反思和批驳，提出早在公元前1000年代中期，包括古代中国、古代印度和古代希腊文明在内的不止一个古代文明实现了思想或精神上的突破，几乎同时迎来了人类精神的觉醒，他把这个时代命名为"轴心时代"。刘先生回忆说他是在1986年在美国访学读到这本书的，"他的'轴心期'学说对我的精神震动很大"。① 为了说明这一"震动"的由来，刘先生回顾了自己刚参加工作之后的一段经历：

> 1952年分配工作以后，我的业务领域是世界古代中世纪史。我很想做思想史的研究，不过，由于想到，如果没有整个古代史的基础，没有对于古代社会经济史的底蕴，那么思想史很可能会做空了。所以，我曾在希腊和印度古代的社会经济史上先后下了一番功夫，在咱们学报发表过相关的研究成果。而中国史则是我从来不敢也没有忘怀的研究领域，自学从未间断。也可以说我在1955年就选定了以希腊、印度与中国作为自己的古史比较研究的三个支点。②

---

① 刘家和：《史苑学步：史学与理论探研》，"附录"，第467页。
② 同上书，第467—468页。

刘先生所说的这段经历就是其历史学研究的第一个阶段，即对中外古代历史的研究。他不仅没有放弃对中国古史的学习，还主动选择了古代希腊和印度作为世界古代史研究的主攻方向，形成了此后一直关注并研究的3个点的格局。不难发现，刘先生不仅在历史的比较研究上与雅氏的方法十分接近，而且他选择的3个点也与雅氏提出的3个主要轴心文明不谋而合。当然，刘先生与雅斯贝斯的契合不仅表现在关注对象上，更表现在他们对黑格尔的历史哲学命题的基本一致的态度上。刘先生敏感地意识到，雅斯贝斯所思考的问题，不仅可以被视为西方学界对黑格尔命题的一个颇具代表性的反思和回应，而且对于刘先生从中国学术的视角去回应这一挑战也具有很大的启发性和参考价值，而这种思想认识上的契合，无疑是刘先生产生"精神震动"的深层原因。对此，刘先生做出了详细说明：

> 白寿彝先生对我的情况有所了解，所以在1979年年底把我调到史学所，让我从事中国通史和中外古史比较的研究工作。这样我就又有了若干年比较系统地研究中国典籍并与外国古史作比较的机会。在此期间，我对于黑格尔在其《历史哲学》中对于中国（以及整个东方）历史文化的误解、曲解甚至歧视，越来越感到应该也必须予以回应，可是我却一时无力实现，内心深自纠结，不断努力寻求突破。在这样的情况下，我看到雅斯贝斯的"轴心期"学说，见到他把中国、印度与希腊并提，认为"世界上所有三个地区的人类全都开始意识到整体的存在、自身和自身的限度"，"意识再次意识到自身，思想成为它自己的对象"，"无论在何种意义上，人类都已迈出了走向普遍性的步伐"。他的这些意思都是对于黑格尔的观点的驳难与否定，使我颇有"先得我心"、"相见恨晚"之感。[①]

可见，刘先生读到雅斯贝斯的这部著作，正处在他想对黑格尔的挑

---

① 刘家和:《史苑学步：史学与理论探研》，"附录"，第468页。

战进行回应但感到"无力实现"之时,而雅斯贝斯提出的轴心期理论正是对黑格尔历史哲学观点的一个有力的"驳难与否定"。接下来的问题是,既然雅斯贝斯已经做了刘先生想要做的事情,那么,问题是不是就完全解决了呢?其实不然,刘先生在认真研读了雅氏的著作之后,一方面深受启发和激励,另一方面却发现了新的问题,他甚至把这些问题视为新的挑战,深感作为一个中国学者,是不能不加以回应的:

> 不过,我也觉得,雅斯贝斯所着眼处主要在于哲学领域,从而对于公元前800—前200年(轴心期)间历史诸方面发展与演变的深层结构,看来并未能充分展开。我作为中国学者,当然有义务给予自己的回应。所以严格说来,是黑格尔的挑战在先,使我不能不对自己的能力进行不断的挑战,是雅斯贝斯的书启发了我,这样我才做出了初步的自己的回应。①

刘先生认为,他一直想予以回应的"挑战"不仅仅来自于外部,更来自于内部,只有不断反思和提高自身的研究能力和水平,才能成功地回应外部的挑战。与雅斯贝斯的"相遇",一方面极大地增强了刘先生对黑格尔的挑战进行回应的信心和决心,另一方面他也敏锐地发现了雅斯贝斯所没有解决或遗留下的问题。对于旧有的和新出现的挑战,刘先生做出了自己的"初步的回应",这就是发表于1989年的文章《论古代的人类精神觉醒》。②

从论题上看,这篇文章的主题来自于雅斯贝斯的轴心期理论,但从内容上看,该文中有很多刘先生自己对轴心期的新的理解和深入阐发。文章围绕雅氏的"人类精神觉醒"的提法,从轴心期的古代中国、印度和希腊的思想上突破的具体史实出发,从人类"关于自身对外界限的自觉"、"关于自身内部结构的自觉"和"自身精神的觉醒"3个层面说明

---

① 刘家和:《史苑学步:史学与理论探研》,"附录",第468页。
② 此文原刊于《北京师范大学学报》1989年第5期。

了古代轴心文明的共同主题，由于中国、印度和希腊的思想家对这些主题做出了各具特色的不同回应，从而形成了3种不同的文化传统。可以看出，这一归纳，试图回答的正是雅斯贝斯提出但并没有加以系统说明的轴心期"整体意识"或"普遍性"的内涵问题，同时，对作为哲学家的雅斯贝斯没有能力"充分展开"的轴心期"历史诸方面发展与演变的深层结构"也做出了颇具说服力的探讨。这篇文章不但从中国学者尤其是历史学的角度对雅斯贝斯及其轴心期学说进行了有力的回应，对其核心观点做出了有价值的补充和发展，而且也成为刘先生对黑格尔的挑战做出最终回应的漫长历程中一个最重要的阶段性成果。

蒋重跃教授在对刘家和先生的一次访谈中，提出了一个问题：有人认为，黑格尔距今已经有两个世纪了，况且在他之后已经有了不少像雅斯贝斯这样的西方学者对中国历史发展的阶段性和完整性给予了充分的肯定，事实上已经克服了黑格尔的偏见，在这种情况下，还能说黑格尔的见解是一种挑战吗？对此，刘先生这样回答：

> 不错，黑格尔之后，在西方的确出现了许多认真研究中国历史和文化的学者，对于中国历史的发展也给予了相当程度的承认。但是，在理论上问题提得最深刻也最尖锐的，仍然要数黑格尔。这些问题本身一直没有从理论上给予认真的回应，也就是说这些问题一直存在着，怎么不是挑战呢？其实，是不是挑战不能只看时间的远近，更关键的，要看这些问题是不是给予了实质性的回答，是不是从根本上给予了解决。如果不是，时间再久远，仍然还是挑战。①

刘先生在这段话中充分论证了回应的必要性。他指出，即便时间久远，且有了很多的修正，但却很少有人能够深入到黑格尔理论的内部做出"实质性"的回应，因而问题一直存在，这与对其反思的不够彻底和回应的不够充分密切相关。此外，刘先生的话还蕴含了另外一层意思，

---

① 刘家和：《史苑学步：史学与理论探研》，"附录"，第472页。

那就是，既然黑格尔的挑战主要针对的是中国的历史和史学，就应该由中国学者来加以回应。在这个问题上，只有用中国的历史和史学发展的事实才能够从根本上消除黑格尔的无知和偏见。

如果说《论古代的人类精神觉醒》是刘先生对黑格尔的挑战做出回应的一段前奏的话，那么，刘先生后来发表的两篇文章《关于历史发展的连续性与统一性问题——对黑格尔曲解中国历史特点的驳论》和《关于"以史为鉴"的对话》，则可以被视为对这一挑战的最终的和正式的回应。刘先生在文集的序言中说到了这两篇文章的写作：

> 我从20世纪50年代末开始读黑格尔的《历史哲学》，最初读的是王造时先生的中译本，觉得有收获，也有疑问。但在60—70年代被迫中断。80年代又找到王氏据以汉译的约翰·西布利（J. Sibree）的英文译本来对读，理解深了一些，可是同时又感到了黑格尔对于中国历史文化的无知与曲解。对于他的无知，可以理解且不论；对他的曲解，那是一种严重的西方中心论的挑战，是不能不予以回应的。于是再找西布利据以英译的德文原本……在所有感到有疑义的地方，我都做了英译与原文的对照。最后写出的就是收在此辑中的《关于历史发展的连续性与统一性问题——对黑格尔曲解中国历史特点的驳论》。①
>
> 至于史学可以致用，这本是中国《尚书》《诗经》以来深信不疑的传统，可是黑格尔在其《历史哲学讲演录》中，却否认历史对人的垂训的作用。很多年前我就意识到这是对于中国文化的一种挑战，经过数十年的学习和思考，写出了《关于"以史为鉴"的对话》，随后又写了一篇补充说明。为什么这样困难呢？因为黑格尔的论述自有其一套理论上的逻辑系统，不深入其中，是很难与他对话的；我们传统的办法摆事实讲道理，对此作用不大。所以我必须

---

① 刘家和：《史苑学步：史学与理论探研》，"序"，第13—14页。此文原刊于《北京师范大学学报》2009年第1期。

先学习他，而学习亦非易事，花几十年时间，不能算多。①

在这两段话中，有几点值得注意：第一，从 20 世纪 50 年代刘先生阅读黑格尔的著作时开始意识到挑战的存在，到这两篇正式的回应文章发表，其间经过了近 60 年时间，由此可见挑战之巨大和回应之艰难。第二，在长达半个多世纪的准备工作中，除了对中外历史和史学的研究，刘先生还把大量时间和精力花在了对黑格尔哲学的学习和研读上，因为他认为，对于挑战对手而言，只有做到读懂和读透，即学会用对方的语言、概念和思维方式来理解其观点，才能够做到真正的对话和击中要害的回应。第三，刘先生对黑格尔的挑战进行回应大体上有两个层面的内容，分别针对的是黑格尔对中国历史的曲解和对历史学的借鉴功能的否认，而对这两个层面的问题的研究正是刘先生整个历史学研究中前后相继的两大主题。

那么，刘先生对中西理性结构问题的思考与对黑格尔的挑战做出回应之间是一种什么样的关系呢？笔者认为，这两个问题密切关联且互为表里。因为，黑格尔之所以会对中国的历史和史学本身产生如此之大的曲解和偏见，其深层的或根本性的原因，即在于中西理性结构上的巨大差异。因此，要回应黑格尔的挑战，就不能不对中西理性结构问题进行深入探究；反之，要回答中西理性结构之异同的问题，对黑格尔的这一挑战做出回应，则不失为一个最佳的突破口。换言之，在刘先生看来，对黑格尔的挑战做出回应，纠正其错误认识固然很重要，但这并不是终极的目标，正确认识中西两种不同的理性结构的价值与意义、优势和局限，通过二者的平等对话达到相互理解和互补共进，才是最终的归宿。

在刘先生的学术研究历程中，"历史""史学"和"理论"构成了 3 个研究阶段的主题词，这一清晰的学术路径在 3 本文集的书名和内容上得到了明确的展现。这种研究路径上的高度自觉和身体力行，既使刘先

---

① 刘家和：《史苑学步：史学与理论探研》，"序"，第 11 页。此文原刊于《北京师范大学学报》2010 年第 1 期。

生的每一个立论能够建立在扎实的前期研究基础上,同时也显示出刘先生对历史研究工作本身的一种深刻的认识,即对"史学"的研究应该以对"历史"的研究为基础,而对"史学理论"问题的探讨也应该建立在"史学"研究的基础之上,如果缺乏前一个阶段的必要的和充分的准备工作,后一个阶段的研究就可能会成为"空中楼阁",很难具有说服力。

因此,在刘先生对中西理性结构问题的思考过程中,"历史""史学"和"理论"这些主题词之间不仅有着一种时间上的或者研究阶段上的纵向关系,而且还存在着一种结构上或者逻辑上的横向联系,这种联系直接关系到刘先生从"历史"经过"史学"最终上升到"理性结构"问题这一研究路径背后的思想依据,或者说论证过程的合理性问题。

三、中西理性结构研究的切入点、路径与结论

在刘家和先生对中西理性结构问题的思考中,如果说回应黑格尔的挑战提供了一个对该问题进行深入探讨的契机的话,那么,就研究的具体内容和路径而言,刘先生则并没有仅仅局限在对黑格尔偏见本身的批驳上,而是把视野扩大到包括古代希腊、印度和中国文明在内的多个文明的历史、史学和理性思维特点的考察上,并通过历史的比较研究,归纳出各自的特点。值得注意的是,对于这些古代文明,刘先生并没有平均用力,而是把研究重点始终放在他认为可以进入到文献考证层面的中国历史和史学的深入分析上,其他古代文明一直作为比较和参照的对象。因此,从问题的结构上看,如果说"历史"、"史学"和"理性结构"构成了3个逐步上升的研究主题和路径的话,那么,对中国的"历史"和"史学"的研究,则无疑是刘先生思考中西理性结构问题的主要切入点。

(一)"历史":中国历史的连续性与统一性问题

黑格尔在《历史哲学》一书中,一方面认为中国文明是世界上最古

老的文明，另一方面则认为中国文明是亘古不变的，只具有"抽象的统一性"，从而把中国文明定钉在了最原始和落后的位置上，中国文明沦为了他的世界历史精神发展之"东方——希腊——罗马——日耳曼"四阶段说的一个注脚和论证其正确性的工具。

刘先生在1989年发表的《论古代的人类精神觉醒》论述的对象是古代希腊、印度和中国三大"轴心文明"，通过比较来凸显古代中国轴心期突破的内容和特点是该文最重要的一个目标。一方面，刘先生肯定并接受了雅斯贝斯把中国纳入到轴心文明的总体看法，以此回应了黑格尔的中国文明虽然十分古老但一直处于僵化落后状态的谬论；另一方面，他对轴心期的中国以儒家为表的思想流派是如何通过原始传统的继承和发展实现了精神上的突破进行了更为具体和细致的阐述，从而对雅斯贝斯的学说也做出了回应、补充和发展。如果说这篇文章从思想史的角度，用古代中国文明轴心突破的事实来批驳和回应黑格尔的中国文明原始落后论的话，那么，刘先生大约在同一时期撰写的《关于中国古代文明特点的分析》，则从中国文明由起源到魏晋时期的历史发展的具体史实，尤其是通过古代中国与其他古代文明发展道路的比较，揭示出中国古代文明的特点，即她不仅具有时间上的连续性，也具有空间上的统一性，同时还拥有"四海一家"和"天人相应"的独特思想观念，从而有力地回应了黑格尔的中国只具有"抽象的统一性"的错误认识。①

2009年，刘先生发表了《关于历史发展的连续性与统一性问题——对黑格尔曲解中国历史特点的驳论》一文。② 这篇文章既是刘先生对黑格尔曲解中国历史的正式回应，也是对这个问题阐发得更为系统的带有纲领性和总结性的著作。原因在于，一方面，刘先生的立论是建立在对中西古代历史、史学与理论的诸多具体问题研究的基础之上的，因而使这一驳论更为厚重；另一方面，刘先生在这篇文章中不仅回顾和总结了

---

① 此文原载钟敬文、何兹全主编：《东西方文化研究》（创刊号），河南人民出版社1986年版。

② 刘家和：《史苑学步：史学与理论探研》，第342—373页。此文原刊于《北京师范大学学报》2009年第1期。

黑格尔之后西方学者对该问题做出的反思及其遗留的问题，而且还通过中西历史发展具体过程的比较研究，对中国历史所具有的连续性与统一性的特点，做出了更为精确的论证和说明。

对于黑格尔把包含中国在内的东方国家看作是"无从发生任何变化"，将其历史看作是"非历史的历史"，刘先生指出：这种"东方不变论"首先受到了汤因比的批评，但他没有说明中国历史的连续性的原因。刘先生认为，真正挑战了黑格尔的是雅斯贝斯的"轴心期理论"，并指出雅氏学说的启示有二："第一，三个轴心期文明皆曾有'突破'，绝非只有西方才有突破性进展。第二，三个轴心期文明是各有自身特色的，不能以古代西方为标尺来衡量古代东方；于是，它们的特色如何，这个问题便有待进一步探讨。"[①]因此，刘先生把这篇文章的讨论重点集中在对中国文明的连续性的说明上。在文章的第三部分，刘先生借用亚里士多德（Aristotle）《物理学》中关于运动中的连续性的界定，以说明如何区分"连续"和"断裂"的问题。如果用这种方法来看待中西方历史的话，那么，中国和西方的历史发展则可以用"A—B—C"和"A—B、C—D"两种模式来表示，二者之间的不同一目了然，即前者连续与断裂兼而有之，而后者则更具有明显的断裂性。接着，为了探究中国历史发展的这种连续性特点产生的原因，刘先生又用中国文明的空间上的统一性来加以说明，指出正是在中国历史发展的纵向矛盾和横向发展的双重力量的作用下，中华民族才形成了多元一体的统一国家的基本格局，而这是包括西方文明在内的其他文明所不具备的。

由此可见，黑格尔的"中国历史不变论"是不符合历史发展的实际情况的，因为他把"断裂"和"变化"混为了一谈，中国历史不但有连续的一面，也有断裂的一面，是连续性与断裂性的统一。因此，中国的历史绝不是不变的，只是发展的模式不同于西方而已。至此，刘先生很好地利用了西方人所擅长的概念辨析和逻辑推理的方法，尤其是对黑格尔的辩证思维的精妙运用，驳斥和纠正了其对中国历史特点的曲解。

---

① 刘家和：《史苑学步：史学与理论探研》，第352—353页。

（二）"史学"问题之一：中国史学与经学的关系

在回顾了刘先生通过中西历史的比较研究回应黑格尔的"中国历史不变论"之后，我们就可进入到第二个主题，即"史学"。应该说，在刘先生对中西理性结构问题的思考中，对这个主题的研究不仅文章数量最多，发掘最深，而且用功最大，分量最重。为什么刘先生如此重视这个主题呢？笔者认为主要有3个原因：第一，从"历史""史学"和"理论"三者的关系来看，"史学"既是一个国家或文明历史发展的记录，也是对其历史本身的理论认识的集中反映，因此，在三者关系中处于承上启下的重要位置上。第二，通过对中外历史的比较研究，刘先生不仅论证了中国历史发展的连续性与统一性并存的特点，同时也认识到，在所有古代文明中，中国的史学在发展程度上也是最高的，这不仅体现在史书的编纂上，更体现在古代中国人对历史学的高度重视和"以史为鉴"的悠久传统上。中国历史的连续性与统一性并存之特点的形成，与中国古人对史学的高度重视和历史编纂的充分发展之间存在着极为密切的关联。第三，刘先生对中国古代史学的高度重视和长期研究，同样是为了回应黑格尔的另外一个重大偏见，即他认为历史是没有借鉴功能可言的，而这种认识恰恰与中国史学"以史为鉴"的大传统相背离。那么，造成这种认识上的对立的原因又是什么？"以史为鉴"的命题能否成立，如何才能够成立？正是在对这些问题的探究中，刘先生认识到，在西方的"逻辑理性"之外，还存着其他能够获得对世界的正确认识的途径，古代中国很早萌生并发展成熟的"历史理性"就是其中之一。

于是，在刘先生对中西理性结构问题的思考中，对中国史学的深入反思成为了一个最关键的环节。其中有两个问题最具引领性，一个是中国史学与经学的关系问题，另一个是以史为鉴如何成为可能的问题。前者涉及中国史学发展的一大特点，后者则关系到史学的功能与价值。

先说前一个问题。1985年刘先生发表了《史学和经学》一文，对处于中国传统学术中心地位的史学和经学的产生和发展的历史及二者之间的关系进行了梳理和归纳。他指出，在先秦时代，与古希腊和古印度不同的是，儒家经典从一开始就不是抽象的理论或说教，而擅长于"即事言理"，因此，是经、史不分的。到了汉代经学产生之后，才出现了经、史分离，但"经学的思想或原则却作为指导思想渗透到史学之中"。①因此，虽然出现了学科的分离，但思想上却是统一的。在简述了经学的发展史并且对其历史价值和弱点进行了评述之后，刘先生把中国的经学与史学的这种密切关系归之于两者所具有的3个共同特点：第一，重视传统。中国经学和史学的连续性不仅体现出文化链条上的环节完整性，而且二者具有既平行发展又相互影响的关系，对中国文化的连续性特点的形成产生了重大影响。第二，中国经学既不同于印度，不是宗教教义，也不同于希腊，不是抽象的哲学，而是兼容多种内容，有论有史，与史接近，而中国的史学亦是如此。因此，经学和史学实际上在很多领域是相互重合的。第三，中国的史学和经学既有相通之处，还有共同倾向，即都是经世致用之学，与史学一样，中国的经学不是出世的，而是入世的。通过这些比较和分析，刘先生归纳出中国史学最重要的特点，就是与经学的紧密结合和互为表里。

从这篇文章开始，中国史学与经学的相互关系及其背后所蕴含的古代中国人对历史发展的"变"与"常"之间的辩证思考，成为刘先生学术研究中不断得到具体展开和细化的主题，接下来的这组文章都可以被视为这篇文章在论题上的自然延续和在观点上的深入论证。

刘先生在发表于1987年的《对于中国古典史学形成过程的思考》中，以中国史学的产生和早期发展为讨论对象，把中国人对历史认识的自觉归纳为3个阶段，即以《尚书》中的《周书》为代表的"以史为鉴"阶段、以《春秋》为代表的"以史为法"阶段和以《史记》为代表的"以史立言"阶段。刘先生指出，虽然3个阶段对史学功能的认识略有不同，但其共同特点是，第一，都认为历史的真，不能从一个固定的东西出发，只有从变化中去把握；第二，都以经世致用为己任，从而开

---

① 刘家和：《史苑学步：史学与理论探研》，第5—6页。此文原刊于《北京师范大学学报》1985年第3期。

创了后世史学沿袭和发展的传统。文中还比较了哲学家和历史学家探究历史精神的不同方法和路径:

> 哲学家往往以逻辑上的概念、判断和推理作为工具来论证自己所理解的历史精神,他们向人们展示的历史精神照例是抽象的。历史学家与此不同,他们要靠陈述最具体的历史事实来展示最生动的历史精神,靠陈述作为一个有机整体的各方面的历史事实来展示某一时代的一般历史精神。①

从中我们可以看到刘先生在两种理性之间展开对话的最初尝试。

如果说上文总结和归纳了古代中国历史意识产生的过程及其特点,那么,刘先生发表于2000年的另外一篇文章《史学在中国传统学术中的地位——与古代印度、古代希腊的比较思考》则把中国史学放在世界古代文明的背景中,尤其通过与古代印度和希腊史学发展状况的比较,论证了史学在中国传统学术中的中心地位,并分析了其背后的原因。刘先生在此文开篇就指出:

> 自先秦以至于清末,中国传统学术的内容是十分丰富的,而史学在其中占有尤其特殊的重要地位。这种情况的直观表现是,中国历史学著作的连绵不断与浩博精详,为世界其他国家所少有;而其原因,则与古代中国人所特有的思考问题的路数与倾向有关。②

接着,刘先生对上述的不同做出了进一步说明,认为世界古代文明中的史学最初都是从宗教神话的母体中分化而来,但在印度,"吠陀"经虽无所不包,颇似中国的经学,但独无史学的部分,后来的佛教学术亦是

---

① 刘家和:《史苑学步:史学与理论探研》,第335页。此文原刊于《史学理论》1987年第2期。
② 刘家和:《史学、经学与思想:在世界史背景下对于中国古代历史文化的思考》,第70页。此文原刊于新加坡国立大学中文系学报《学丛》2000年第5期。

如此;在古代希腊,不仅很早就出现了历史意识的萌芽,而且与中国相似,史学有相当高度的发展,但却始终没有能够发展成一个独立的学科,且被希腊人看作是三等的学问,远低于哲学。同是实现了精神觉醒和突破的轴心文明,三个文明中史学的发展为什么会存在如此之大的差异呢?通过对三个文明学术发展总体倾向的考察,刘先生得出了其中的原因:印度文明形成了以宗教为中心的思想传统,因而追求常驻永恒的彼岸世界,认为变化无常的现实世界是虚幻的和不值得依恋的,在这种前提下,始终寓于此岸世界的史学也就不能成为一种有效的论证手段;在古代希腊,史学虽然成就很高,但由于在希腊人的知识论中,追求变动不居的世界背后的永恒和不变的本体的哲学始终居于最高的位置,以此为标准来衡量记录变化的史学,就是一种不能够获得"知识"的学问,只能产生"意见",就含有普遍性的东西而言,历史还不如诗歌。刘先生指出,正是这种被英国历史哲学家柯林武德(R. G. Collingwood)称为"实质主义"的思想,使古希腊史学的发展受到了严重的阻碍,不可能获得像中国史学那么高的地位。刘先生在此文最后指出,古代中国的史学的地位之所以高于古代印度和希腊,是因为,一方面,中国史学具有人文主义的优良传统,这种传统为印度所无,希腊所有,这可以解释史学为什么能够在希腊和中国得到高度的发展;另一方面,希腊史学的发展却受到实质主义的深刻影响和强大制约,而这种倾向为古代印度的思想家所常有,而为古代中国的思想家所无。如此看来,只有在中国的思想中,不但人文主义得到了充分的发展,而且避免了实质主义思想的制约,这就是中国史学得到充分发展并居于中心地位的根本原因。针对柯林伍德提出的希腊史学所具有的"实质主义"特征,刘先生认为,中国史学中恰恰存在着一种明显的"反实质主义"倾向,"具体说来,古代中国人与希腊人的认识不同之处是:在后者看来,知识或真理只能从永恒的常在中去把握,而在前者看来,知识或真理则必须从永恒的运动变化中去把握。"① 可见,刘先生在中国和希腊史学发展的现象差异

---

① 刘家和:《史学、经学与思想:在世界史背景下对于中国古代历史文化的思考》,第87页。

中看到了两种文明思考问题方式或路径的本质不同，两种不同"理性结构"的问题呼之欲出。

实际上，刘先生对中国史学及其特点的探究并没有仅仅停留在宏观的层面上，还深入到更为具体的史著和史家的个案研究中。就史学与经学的关系问题，刘先生先后撰写了《〈史记〉与汉代经学》（1991 年）、《论汉代春秋公羊学的大一统思想》（1995 年）和《论何休〈公羊解诂〉的历史哲学》（2005 年）等文章，进一步论证了二者之间密不可分的关系，尤其用具体的史料阐发了它们是如何结合在一起的。①

在刘先生对中国史学与经学关系问题的思考中，一项最重要的实证研究就是他发表于 2000 年的《论司马迁史学思想中的变与常》。在这篇文章中，他用中国思想中的"变"与"常"的概念及其相互关系，揭示出中国史学发展成熟时期的代表性著作《史记》中所蕴含的两个贯穿始终的主题或精神，论证了司马迁是如何把"求变"的史学与"求常"的经学有机地结合在一起的。刘先生指出，正是这种"常中有变"和"变中有常"的对历史的认识，使中国史学和经学形成了相互依存和互为根据的一种共生关系。在中国史学力求实现"变"与"常"的有机统一这种根本思想的指导下，一方面提升了史学在中国学术中的地位和价值，另一方面也形成了一些不同于包括古希腊在内的其他古代文明中的史学的特点。②

例如，与希腊史家只注重当代史的写作不同的是，中国史学从一开始就形成了一种明确的"通古今之变"的意识，由此不但出现了"通史"的写作体裁，而且还形成了一种更为持久的"通史精神"，这不仅在希腊史学中没有发展起来，而且在从古到今的其他文明的历史写作中也难觅踪影。在《论通史》（2002 年）和《论断代史〈汉书〉中的通

---

① 这三篇文章皆收入《史苑学步：史学与理论探研》。第一篇原刊于《史学史研究》1991 年第 2 期；第二篇原刊于《史学理论研究》1995 年第 2 期；第三篇是刘家和先生与李景明、蒋重跃合写，原刊于《江海学刊》2005 年第 3 期。

② 刘家和：《史苑学步：史学与理论探研》，第 44—58 页。此文原刊于《北京师范大学学报》2000 年第 2 期。

史精神》（2012年）这两篇文章中，刘先生以《史记》和《汉书》为例，通过对中外史学的比较，对中国史学的这种堪称独步的"通史"撰述传统以及其中贯穿的"通史精神"进行了归纳和阐发，并通过分析指出，这种"通史精神"的形成，正是史学与经学密不可分的关系在中国史学编纂实践中最重要的体现和产物。[①]这两篇文章虽然论述的对象不同，但殊途同归。需要指出的是，在中国，"通史"的概念不仅司空见惯，且古已有之，但刘先生能够从古今中外的历史写作中阐明其独特性及其思想上的依据，并提出了"通史精神"这一重要概念，是颇具开创性的。笔者认为，这种精神既是中国历史的连续性和统一性的特点在史学编纂上的一种反映，同时，对中国文明发展的这种特点的形成也产生了深远的影响，其中，隔代修史传统的形成和"二十四史"的编纂就是这种精神的具体体现。

（三）"史学"问题之二："以史为鉴"如何成为可能？

历史可以成为后人的一种借鉴吗？如果可以的话，其根据是什么？史学可以为鉴的程度如何，有没有其限度？对于这些问题的回答，不仅关系到对中国史学的另外一个特点即经世致用做出论证，更关系到人能否从历史中获得真理性认识这一更具根本性的问题。可以说，对这个问题的肯定回答是直接通向"历史理性"概念的桥梁。总体上看，刘先生对这个问题的关注和思考要晚于对中外历史和中国史学与经学关系问题的研究，而且，与对前两个问题的研究相比，文章数量不多，共有4篇，均收录在文集中的"史学的体与用"之目下。

1997年，刘先生发表了《史学的求真与致用问题》和《关于史学致用的对话》两篇文章，以中国史学为主，参照希腊史学，对史学的功能和价值进行了深入探讨。在前文中，刘先生一开篇就指出，中国

[①] 这两篇文章皆收入《史苑学步：史学与理论探研》。第一篇原刊于《史学史研究》2002年第4期；第二篇原刊于《北京师范大学学报》2012年第3期。

史学的优良传统"概括地说，那就是既讲究史学的经世致用，又重视史学的求真"，并以从《尚书》到《资治通鉴》的史学实践活动为例对这种传统进行了具体说明。接着，刘先生把这种传统与古希腊的学术传统进行了比较，一方面说明古希腊的史学家也重视史学的求真与致用，另一方面又指出，古希腊的哲学家们对史学的求真与致用皆没有太高的估价，因为在他们看来，研究变动不居的具体事物的史学充其量只能产生"意见"，而不能产生"知识"，这样的话，史学的求真和致用就成了问题。那么，为什么会有这两种十分不同的认识呢？刘先生指出，这是两种文明中"把握真理的不同途径"造成的："如果从把握真理的角度来看，古希腊哲学家是以为真理只有从对象的永恒状态中来把握的，而中国古代的学者却以为真理只有在对象的运动状态中才能把握之。"① 在充分肯定了与希腊人相比中国人能够从运动变化中把握真理"更高一等"，而中国人注重史学的求真与致用的优良传统也"有比古希腊人高明的一面"的同时，刘先生也并没有把这种优势绝对化，而是认为这两种把握真理的途径各有所长，但也各有问题。刘先生认为，在中国的史学发展中，对这些问题一直缺乏深度的理论探讨，而这是我们应该向希腊人学习和借鉴的地方，比如，正是由于缺乏对史学致用的限度的思考，所以历史上才会经常发生史学被滥用的情况。

在后一篇文章中，刘先生则以对话的形式，围绕"求真"的方式和路径问题，第一次让两种理性正式出场，展开了直接的对话与交锋。一方面，后文延续了前文的话题和观点，指出古代中国和希腊学术分别对史学价值的"看重"和"低估"，是由于二者对把握真理的不同方式所造成的；另一方面，比前文更进一步的是，后文中的谈话者分别站在中国和希腊的角度，对两种路径的优劣做出了针锋相对的评估。具体来讲，如果从中国的角度看希腊，我们就会发现，希腊人认为只有从永恒的存在中才能获得永恒的知识，所以记录运动变化的史学是不能够获得

---

① 刘家和：《史苑学步：史学与理论探研》，第 213、215 页。此文原刊于《学术月刊》1997 年第 1 期。

永恒的真理的，可问题是，世界上哪里有什么绝对的永恒的存在呢？如果有，那只能是绝对抽象的存在，从逻辑上说就是绝对的不存在了，由此刘先生指出了这种路径的问题所在："颇富辩证思维能力的古希腊人，却忽略了从运动中把握真理。这与他们的看轻史学的价值，看来有互为因果的关系。"反之，古代希腊学术中受到压制的历史学却在中国得到了充分发展，究其原因则是由于在中国学术中被希腊人所质疑乃至否认的在运动变化中可以把握真理得到了明确的肯定。对这种路径的优点和问题，谈话者又从希腊的角度做出了评价，"喜欢从动态中把握真理，重视史学的价值，这肯定是好的方面"，但问题是由于缺乏逻辑学最经常运用的下定义的方法，所以中国人的认识对象往往是界限不明和摇摆不定的，由此造成了"古代中国人过于重视在动态中把握知识，过于强调史学的价值，于是不大注意史学价值的限度"。①

2010年，刘先生发表了《关于"以史为鉴"的对话》，随后又写了一篇没有发表过的《对于〈关于"以史为鉴"的对话〉的补充说明》。②在这两篇文章中，既全面回应和有力批驳了黑格尔对史学垂训功能的否认，又从正面对古代中国的传统命题"以史为鉴"的合理性进行了充分的论证。

在前文中，刘先生首先坦言，"以史为鉴"如何成为可能这一问题的提出，并不是来自于中国学术的内部，而是萌生于外部的挑战，那就是黑格尔在《历史哲学》中所提出的"史学无以为鉴"的命题。为了做出有力的回应与反驳，刘先生对表达这个观点的那句话的原文及其语境做出了认真细致的考察和辨析。通过对照原文，他发现这句话的中英文翻译都不够准确，因为原文中使用的一处"虚拟式过去完成时"没有被翻译出来，刘先生指出，这个翻译上看似简单的语法失误实际上非同小可，因为它直接关系到黑格尔对这个问题的认识，正是由于他使用了

---

① 刘家和：《史苑学步：史学与理论探研》，第241、244页。此文原载萧黎主编：《我的史学观》，广东人民出版社1997年版。

② 这两篇文章皆载于《史苑学步：史学与理论探研》。第一篇原刊于《北京师范大学学报》2010年第1期。

"虚拟式过去完成时"，我们才能说，在黑格尔看来"从历史中抽绎出来的教训"本身就不存在或者至少非常可疑，就算是有，人们也不会按其行事。那么，黑格尔在上述两种可能性中又会选择哪一种呢？通过进一步分析，刘先生认为黑格尔的本意是历史的教训本身就是不存在的。把黑格尔的原意弄清楚之后，问题就十分严重了，那就是黑格尔从根本上完全否认了历史教训的存在。

为什么会有如此极端的看法呢？为了回答这个问题，刘先生把这段话放到原文的语境中进行了分析。黑格尔把历史的写作分为3个从低级到高级的发展阶段，即原始的历史、反省的历史和哲学的历史。刘先生指出，黑格尔的历史根本就无教训可循的看法就出自于其最高阶段的认识。所以，在这种"哲学的历史"中，黑格尔所谓的理性认识并不是来自于对现实生活和史学实践的观察和归纳，而是出自于抽象的精神或理性的推演。因此，黑格尔所说的作为历史学发展最高阶段的历史理性并不是真正的历史理性，从本质上讲只是逻辑理性的一个变种而已。

在弄懂了黑格尔的说法并挖掘出其思想根源之后，接下来，刘先生从两个方面对这种认识做出了回应。一方面，刘先生指出，黑格尔的这句名言，即"历史的经验给予人们的教训就是，从来没有人从中得到过任何教训"，看似机警，实际上，从逻辑上讲，其本身就是一个明显的悖论，这从侧面说明了历史教训的存在是不可否认的。从实际层面来看，历史上接受和不接受历史教训者都大有人在，这个史实也说明了历史教训本身的存在。另一方面，刘先生回到了文章最初的主题，即中国传统的"以史为鉴"的命题，从镜子说起，再到历史可以为鉴的比喻，通过层层递进的对比分析和逻辑论证，得出了这一认识，即不论是镜子中看到的自己，还是史书中映射出来的自身的形象，都是通过别的中介或者说他者获得的一种间接的反映或反思，人正是通过这个中介认识了自己的本质。如果说镜子中的自己还是一个静止的形象的话，那么，人们在史书中则更能在流动的历史中认识到动态的自我。通过这一论证过程，刘先生使"以史为鉴"这个主要来自于经验的传统命题得到了逻辑上的证明。总之，不论从逻辑还是从经验上看，人们不但可以从历史中获得真理性的认识，而且这种认识能够对实践活动发挥指导作用。

如果说这篇对话中的两种理性还是隐含其中的话，那么，在《对于〈关于"以史为鉴"的对话〉的补充说明》中，刘先生则明确指出，黑格尔和古代中国人之所以对"以史为鉴"的可能性有着截然不同的判断，其背后的原因正是由于西方的"逻辑理性"和中国的"历史理性"两种不同传统上的差异。那么，这两种理性有没有沟通或弥合的可能呢？在这篇文章中，刘先生对这个问题做出了更深层次的思考，触及了哲学研究的一个根本问题，即经验与逻辑的关系问题。应该说，这个问题，在西方哲学中一直是一个长期以来不断有人试图解决但仍旧没有解决的问题，是一个带有世界性和前沿性的难题。为了说明这一点，刘先生把逻辑的和历史的不同路径，还原为获得认识的两种基本的推理方法，即"历史的经验和教训当然是从历史经验中归纳出来的，其途径是归纳推理（Inductive Inference），逻辑的法则是从自明的真理或公理（Axiom）演绎出来的，其途径是演绎推理"。[①] 刘先生指出，最早认识到这种差异并且试图沟通两者的是亚里士多德，但并未成功，到了近代，包括培根（Francis Bacon）、洛克（John Locke）、莱布尼茨（G. W. Leibniz）、休谟（David Hume）、康德（Immanuel Kant）、克罗齐（Benedetto Croce）等哲学家都曾经做出阐释的尝试，但迄今还没有能够完全解决，刘先生指出：

> 只要这个问题不能解决，由经验归纳而来的历史教训（作为一种事实真理）便无法与由逻辑或理性演绎而来的理性的真理相互沟通。从而中国的"以史为鉴"史学理论也难以与西方史学理论在基础层次上相互沟通。[②]

刘先生在文章最后，还引用了美国当代分析哲学家蒯因（W. V. O.

---

① 刘家和：《史苑学步：史学与理论探研》，第271—272页。
② 同上书，第272页。

Quine）在他著名的论文《经验论的两个教条》中的一个观点，说明其对于这个问题的解决具有启发性，但同时也表达出对该问题的一种开放的态度，从而再次点出了两种理性之间进行沟通的必要性与可能性，及其面临的巨大挑战和困境。

（四）中西理性结构的异同

经过几十年的思考和准备，中西理性结构问题成为刘先生最近20年最关注的核心问题，这方面的代表性作品都被收录到《史苑学步：史学与理论探研》最后一个子目"历史理性与逻辑理性"中，其中又以2003年发表的《论历史理性在古代中国的发生》和2005年发表的《理性与历史——中西古代思想的一点异同》两篇文章最为重要。在这两篇文章中，刘先生不仅对历史理性和逻辑理性的概念做出了明确的界定，而且还系统地阐述了这两种理性在中西方的产生和发展历程，论证了二者在中西理性结构上的主导地位，从而基本上完成了对这个问题的回答。

在《论历史理性在古代中国的发生》一文中，刘先生第一次明确提出并界定了"历史理性"的概念，并把它放在了古代中国理性发展的中心位置。刘先生指出，所谓"历史理性"，包括了作为客观过程的理性认识即历史的理性和作为研究过程的史学的理性认识即史学的理性两个层面的内容。从中可以看出，首先，就性质而言，"历史理性"无疑也是人们用理性的方式认识自身和外部世界的一种形式，是"理性"的一种形式，与其他形式相并存；第二，就方式和方法而言，这种理性认识的来源和途径主要是通过对过往的人类历史的探究而获得的，所以它又有别于其他的形式，具有自身的特点。

接下来，刘先生结合中国史学的产生和发展的过程，系统阐述了古代中国的"历史理性"是如何产生的，以及它对中国学术产生了哪些影响。刘先生把"历史理性"的萌生追溯到殷周之际和周初，周公通过对天命转移进行反思而发现了背后的人心向背，正是在这种对历史发展自身理路的认识中，"历史理性"诞生了。由于周公认识到民心的向背与统治者的道德直接关联，所以"道德理性"不仅与"历史理性"同时产生，而且还出现了二者合一的观念。这是中国"历史理性"发展的第一个阶段。第二个阶段是从西周晚期到秦，由于西周末出现了天灾和人祸并至的情况，于是人们开始认识到在"道德理性"的天之外，还有一个不被"道德理性"影响的自然之天，因而，在"自然理性"得以产生的同时，尤其是到了春秋战国时代，人们不再相信天命和人心，于是发生了"历史理性"与"道德理性"的背离，其中以道家和法家的思想为代表。在这一时期，以阴阳五行为基础的五德终始说盛行起来，作为"道德理性"的替代品，人们开始用"自然理性"来比附"历史理性"。刘先生把"历史理性"发展的成熟期定位在汉代，随着儒家思想逐渐成为正统学说，一方面"道德理性"重新得到了强调，另一方面，五行相胜和五德终始说也被吸纳进来，从而出现了天人合一的"历史理性"的有情有理化，使"历史理性"、"道德理性"和"自然理性"在更高层次上得到了统一。

从刘先生的阐述中，我们看到，古代中国的"历史理性"不仅从一开始就与"道德理性"和"自然理性"存在着极为密切的关联，而且在三者之中还一直处在统领者的位置上，因为不论是道德人心，还是阴阳五行，都是服务于人们对历史发展规律的理性认识这一根本目的的。文章最后，刘先生还比较了古代中国和古代希腊的理性发展，指出与古代中国的"历史理性"得到了充分发展不同的是，古代希腊的"逻辑理性"得到了充分发展，由此才造成了它们与"道德理性"和"自然理性"之间的不同关系。

由于儒家学说在古代中国"历史理性"的形成过程中发挥了核心作用，刘先生在发表于2007年的《从"三代"反思看历史意识的觉醒》一文中，又专门从儒家学说的角度，对"历史理性"在中国思想中的主导地位的确立再次进行了梳理。刘先生指出，如果说周公把历史决定因素的视点从超自然的转变为人世间的，实现了天人之际层面上的第一次精神觉醒和突破的话，那么，孔子通过重新赋予"仁"以新的内涵，从而在周公的基础上完成了具有历史性（古今之变）的人人之际层面上的第二次精神上的觉醒和突破。笔者认为，这一"两次突破说"的提出，是对雅斯贝斯轴心时代学说的一个重大补充、发展和完善，尤其是凸显出中国轴心期突破的特点，它说明了古代中国"历史理性"的发展成熟不是一次完成的，而是经历了一个长期的过程。刘先生指出："孔子所创立的先秦儒家对于'三代'的反思，为中国文化开拓了自己独特的传统，即历史理性成为中国人一向最倾注关怀与致力思考的问题。"①

如果说这两篇文章都是围绕古代中国"历史理性"的发展史展开论述的话，那么，在《理性与历史》一文中，刘先生则把讨论的对象定位在古代中国和希腊学术思想的整体比较上，第一次全面阐述了"理性结构"问题。这篇文章虽然篇幅不长，但在刘先生对中西理性结构问题的长期思考中却有着十分重大的意义，因为它不仅高度概括和归纳了"历史理性"和"逻辑理性"的差异，而且还揭示出这种差异背后的两种理性结构上的异同。

刘先生在《理性与历史》一文开始，仍旧以古代中国、希腊和印度文明中的史学的发展为切入点，指出：总体而言，与不发达的印度史学相比，中国和希腊的史学都比较发达，但中国和希腊的史学在发展的途径上却存在明显差异，其原因就在于理性结构上的不同。

具体而言，希腊人对世界的理性认识开端于公元前6世纪的哲学产生。以米利都学派为代表的自然哲学家一改从前从神话来解释自然的方式，开始从自然本身来解释万事万物的本源或起源问题。这种开端于"自然理性"的哲学研究到了公元前5世纪经历了从把本源归之于自然界的物质向抽象的共相或者"存在"（being）的转变，并从中产生了只有从永恒不变的存在中才能得到真正意义上的"知识"，而对于运动变化中的事物只能有低级的"意见"这种认识。从此，希腊人就走上了一条从静止的和永恒不变的存在中把握真理的"逻辑理性"的发展道路。

---

① 刘家和：《史苑学步：史学与理论探研》，第312页。此文原刊于《史学史研究》，2007年第1期。

在这种主导性的理性认识的作用下，历史不仅始终被看作是"意见"，而且还深受影响，不但没有得到充分发展，还形成了一种反历史的"实质主义"的思想倾向。当然，同样是在公元前5世纪，从苏格拉底开始，希腊哲学也经历了从研究自然到研究人和社会的转变，尤其是伦理道德开始成为哲学家们关注和讨论的中心问题，但这种"逻辑理性"的主导地位却没有被改变，正如刘先生在文章中所指出的，在苏格拉底的"美德即知识"的公式里，"道德理性"只是"逻辑理性"的一个部分而已。可以说，苏格拉底开启的这种传统，在柏拉图和亚里士多德那里虽然有所改变，但基本上还是延续了下来，在其后的西方哲学中，"逻辑理性"对"自然理性"和"道德理性"的这种主导地位始终如一，直到近代才发生动摇。上述发展过程和路径可以被表示为：自然理性→逻辑理性→道德理性。

再看中国。刘先生指出，与希腊相仿，中国文明也曾经历过一个迷信鬼神的时代，理性的萌芽发端于商周之际周人对天命转移的反思和认识，其中，周公不再把这种转移归之于不可控的天命，而归之于民心的向背，民心的向背则是由统治者是否能够实施德政来决定的，对此，刘先生指出，"这种理性的核心是德，其存在的方式则是历史的"，换句话说，"中国人把迷信转化为理性的时候，其论证的依据就在于历史。"[①]可见，在古代中国，"历史理性"不仅是从"道德理性"中萌生出来的，而且从一开始二者就形成了相互依存的紧密关系。到了战国时代，以儒家为代表的这种"历史理性"与"道德理性"一致的看法，在一定程度上受到了五行说的挑战，但实际上这种"自然理性"只不过是用自然之五行比喻人之五德，因此，虽然"历史理性"和"道德理性"由此发生了背离，但这种"自然理性"仍旧保持了与"历史理性"的关联，其演变也是历史的，因为五德终始说中的"德"的内容会随着时代而发生变化。在汉代，随着儒家逐渐获得了正统地位，在保留和发展了原有的"道德理性"的同时，以五行学说为代表的这种"自然理性"也得到了

---

① 刘家和：《史苑学步：史学与理论探研》，第399页。

接纳，从而使三种理性获得了更高层次的统一。可见，"中国的历史经过了不同的发展过程，但都是'历史理性'占据主导地位。"同样，古代中国理性发展的这种路径可以被表示为：道德理性→历史理性→自然理性。

在分别阐述、分析了古代希腊和古代中国的理性思想产生和发展的历史之后，刘先生又回到了"理性"概念本身，通过对西文和中文里用来表达这个概念的主要用语的词源学分析，进一步说明了"理性"绝对不止于希腊人开创的"逻辑理性"一种形式，而是有很多种形式，至少包括"历史理性""自然理性"和"道德理性"等。刘先生指出："古代中国与希腊两方面都有这些理性，其差别只在于：在希腊，逻辑理性居于主导地位，而在中国则历史理性居于主导地位。"[①] 那么，"逻辑理性"与"历史理性"之间又是一种什么样的关系呢，刘先生做了如下的归纳：

> "历史理性"和"逻辑理性"都是理性，但是，"历史理性"和"逻辑理性"之间有一个最根本的不同点，就是"逻辑理性"要从"变"与"常"（就是运动和不运动）中重视其"常"的方面，以为真理要从"常"的方面去把握……而"历史理性"最根本的是讲真理只能从运动变化中去把握。[②]

从以上的论述中，我们可以看出刘先生对该问题的两个基本认识：首先，中西理性发展道路的差异，主要表现为一种结构上的不同，就其理性思维构成的要素来看，都是由多种理性组成的，这是同的一面；其异的一面就是，二者存在着不同的内部结构或者说不同的偏向性，具体而言，就是"逻辑理性"和"历史理性"不仅分别成为了希腊和中国思想中具有主导性的理性思维方式，而且还对其他的理性思维产生了或大

[①] 刘家和：《史苑学步：史学与理论探研》，第401页。
[②] 同上。

或小的影响。比如，在希腊，是"逻辑理性"对"历史理性"的压制，在中国，情形则完全相反。第二，就希腊和中国占据主导地位的"逻辑理性"和"历史理性"而言，二者同样表现出一种有同有异的"交集"关系。一方面，二者都是一种理性的认知形式；另一方面，二者获得理性认识的出发点、路径与方式存在着巨大差异，甚至形成了一种对立的关系，充满了排异性和张力。这样关系在中西方学术发展中的具体表现就是，虽然"历史理性"主导了中国的理性认识，没有形成像古希腊那样的独立而系统的逻辑学，但仍然会普遍运用逻辑思维去思考问题；反之，就古希腊而言，虽然"逻辑理性"从一开始就获得了主导地位，而"历史理性"一直处于难产的状态，但历史的思维方式和研究方法也还是得到了普遍的运用，因为不能不承认的是，世间万物没有什么东西不是历史的存在，就连逻辑本身也是历史的产物，在后来的历史中也经历了很多的发展和演变。

总之，刘先生认为，不论是中西两种"理性结构"，还是"历史理性"与"逻辑理性"，都存在着一种同中有异、异中有同的交集关系。这种关系既为历史的比较研究，也为相互之间的交流与沟通提供了可能性和必要性。可以说，刘家和先生对中西理性结构问题的思考正是历史比较研究的一个典范之作。

四、结语

以上我们对刘家和先生关于中西理性结构问题的思考与探究的历程进行了一个粗线条的回顾和梳理。从中可以看出，刘先生对这个问题的研究不仅始终保持着高度的关注和热情，而且还经历了长期的准备过程，发表了许多重要的阶段性成果。对其中每一个问题的研究，刘先生都没有"率尔操觚"，而是稳扎稳打，步步为营，并坚守着对自身的能力与限度的高度自觉和对问题本身的开放性，而这也许就是他的这部文集用"学步"二字来命名的深意所在。那么，刘先生在对这个问题的研究过程中，有哪些一以贯之的方法？这个问题的研究，对于今天的中国，有什么学术价值和现实意义？文章的最后，笔者就这两个问题再谈一点个人的粗浅认识。

在刘先生的研究方法上，呈现出3个鲜明的特色：第一，在治史的原则上，他力求做到历史与逻辑的统一。具体而言，其观点的得出，不但有具体的文献和考古资料等史料的支撑，并从对文字和材料的准确解读入手，且都有着严密的逻辑论证过程，这些都使文章的观点更具有说服力。第二，在治史的方法上，比较研究是他最常用也是最重要的方法之一。① 我们看到，不论是理性结构问题的提出，还是论证和回答这个问题的过程，都一直贯穿着比较研究的自觉意识。刘先生在谈及任何一种古代文明的时候，始终都有其他文明作为参照物，也正是这种自觉，使他能够发现仅仅研究某一个文明的学者所不能发现的问题，而且还可以得出更为客观和公正的认识。由此可以引发出刘先生治史的第三个特点，即在需要做出价值判断的时候，辩证的思维方式得到了普遍的运用。比如，对任何一个文明的成就与特点，他在充分肯定其优势和价值的同时，也会指出其弱点和局限性，因为只有这样才能够真正实现文明之间的相互学习和借鉴。

对于刘先生研究中西理性结构问题的价值和意义，主要体现在两个方面。首先，通过中西理性结构问题的研究，刘先生使中国的史学及其蕴含的"历史理性"经历了一次逻辑的洗礼，使其合理性得到了充分的证明，在人类文明发展史的大背景下，使"历史理性"获得了与"逻辑理性"同等重要的普世价值和世界意义，推动了不同文明之间的平等对话和相互理解。② 第二，更为重要的是，通过对这个问题的思考和研究，刘先生有力和有效地回应了以黑格尔为代表的西方学者的巨大挑战，使

---

① 参看王大庆：《谈刘家和先生的历史比较研究思想》，《史学理论研究》2008年第1期。

② 正如蒋重跃教授在谈到《关于"以史为鉴"的对话》时所言："您在这篇文章里的论证让我由衷地感到自豪：中国人完全可以站在理论思维的高度上与西方学术大师进行对话，这种对话是平等的，理性性的，富有启发意义和建设意义。"见刘家和：《史苑学步：史学与理论探研》，"附录"，第477页。

中国学术中的"以史为鉴"的优良传统乃至于历史学本身拥有了更为坚实的理论和实践上的依据，因而重新获得了"生存的权利"，① 并焕发出新的生机与活力，在中华民族正在致力于伟大复兴的今天，有助于实现真正意义上的文化自信。

（原载《古代文明》2020年第1期）

---

① 语出刘先生自己的说法，他在谈及回应黑格尔的挑战的意义时说道："如果不回应，以史为鉴就彻底被颠覆了，我们的四千年文明史就这样被颠覆了。回应这个挑战是我们中国史学工作者应该负起的神圣使命！……我思考这个问题，也是为了在黑格尔面前讨一个公道，给以史为鉴一个生存的权利，给史学一个存在的理由！……我们中华文明曾经在古代历史上成功地回应了挑战，从而取得辉煌成就，可是后来逐渐困倦了，到了近代也曾面临着无力回应西方挑战的悲惨局面。现在中华文明要复兴，我们实在不能再'坐下来休息'了。对于学者个人来说，也是如此啊。"见刘家和：《史苑学步：史学与理论探研》，"附录"，第477—480页。

比较史学何以成为可能

——刘家和先生比较史学理论和方法初探

王成军

我国著名历史学家刘家和先生博古通今、学贯东西,从事史学研究六十余载,在历史学的多个学术领域辛勤耕耘,取得了丰硕的成果,深受学界敬仰。笔者受业于刘先生,尽管已工作多年,但一直在先生的指导下进行比较史学研究,尤其是在中西史学比较研究中收获最大、体悟最深。当前,比较史学的重要作用日益为学界所看重,自觉运用相关理论和方法进行史学研究的学者也不断增加,推进比较史学研究的当务之急,就是寻求系统、有深度的史学比较理论和方法作为指导。刘家和先生的学术实践在该领域有突出成就,并形成了对比较史学理论与方法的深刻见解,深入探讨刘先生的比较史学理论和方法对于该领域的发展无疑具有重要的促进作用。基于此,本文谨由比较史学发展的角度着眼试析刘先生对该领域理论与方法的见解以回应时代对历史比较研究之需。

一、"同"与"异"的辩证关系

比较史学是在史学发展过程中逐步形成的一门新学科。对现代比较史学作出过突出贡献的法国年鉴派史学家马克·布洛赫(Marc Bloch)认为:"比较就是在一个或数个不同的社会环境中选择两种或数种一眼就能看出他们之间的某些类似之处的现象,然后描绘出这些现象发展的曲线，揭示它们的相似点和不同点，并在可能的范围内对这些相似点和不同点做出解释。"[①] 因而，在比较史学理论中，"同与异"、"普遍与特色"的关系问题构成了比较史学的基本矛盾。

刘家和先生的史学比较理论就是围绕这一基本认识范畴展开的。他认为"有相同，才能比其异同，有相异，才能比其同异"；[②]"比较研究的基本功能在于辨同异，从异中见同，从同中见异。"[③] 因而，同异正是历史的比较研究赖以实现的前提。这就是说，无异之同不具有比较研究的条件，无同之异也不具备比较研究的条件。当然，同与异的关系在刘先生的比较史学理论体系中，并不仅仅表现为一种哲学层面的关系，更重要的是体现于历史比较不同层面的实践，进而抽象为一种理论与方法。在这种理论与方法体系中，对"同"与"异"的把握主要体现在以下3个方面。

（一）"同"与"异"的历史性

这方面的表现分为两层。第一层，"同"与"异"是一种真实的历史存在，是史学比较研究的客观前提。刘先生认为，"同"与"异"的对立首先是存在于真实的历史发展进程之中的，是一种真实的"同"、"异"对立。刘先生坚持历史比较的目的是探求历史的真相，这就不仅需要运用比较以求其真，而且要对进行比较的历史材料进行考证以求其真。因此，先生对清代考据学的史料考证功夫颇为欣赏。他总是强调重视史实的真实性，要求学生掌握一些甄别史料的考证方法，并多次现身说法，用陈垣先生对自己的学术教益来说明史料考证在学术研究中的重要性。[④] 得其亲炙的学生对此皆有深刻印象。将刘先生的学

---

① ［法］马克·布洛克：《比较史学之方法》，齐建华译、罗旭校，载项观奇编：《历史比较研究法》，山东教育出版社1986年版，第104页。
② 刘家和：《历史的比较研究与世界历史》，《北京师范大学学报》1996年第5期。
③ 同上。
④ 刘先生回忆早年受教于陈垣先生的往事，强调其对自己的学术研究，特别是在考订史料上有重要影响。刘家和：《忆陈垣》，《光明日报》2014年10月20日第4版。

问之路和其他同辈学者相比明显可以看到，先生既拥有现代优秀学者宽阔的学术视野和坚实的理论功底，又具有传统学者的扎实考据功底，并能将二者有机地融为一体，擅长使用训诂学、考据学、版本学的知识与考古学、人类学等学科的理论和方法来对比较的资料进行深入考辨。① 这既是他探讨"同"与"异"客观真实性的坚实基础，又彰显出其求真的学术高度。

第二层，"同"与"异"在历史发展过程中构成对立统一关系。在刘先生的理论体系中，"同"与"异"的关系并非一成不变，而是随着历史条件的变化而变化的，体现历史的动态特性和统一性。例如，他在《历史的比较研究与世界历史》中提及："西周时期的中国与中古时期的欧洲，主体非一；时代不同，本来不具有可比的条件，可是，只要我们注意到二者皆有分封制度，那么其间的异同就颇有可讲究的了。"他还写道："近代美洲的易洛魁人与古代希腊人、罗马人本来并无相同之处可以构成比较的条件，但是，当人们注意到它们都有氏族、部落制度，那么其间的异同也就大有可研究的了。"先生进而对此总结道："以上所举的两个例证，虽然主体不同，时代也不同，但是其可比性在于其间可能有在历史发展阶段上的相同。这种相同不是绝对意义上的时间相同，而是相对意义上的时间相同。这也是一种横向的比较，一种相对共时性的异体比较，而其作用却有助于我们理解历史的纵向的发展趋势。"② 关于比较史学的根本属性是什么？亦即历史比较与其他比较方式的本质不同何在？先生强调，对历史比较"同"与"异"把握的关键在于历史

---

① 刘家和先生的治史态度与马克·布洛赫说的观点完全相同，表现了强烈的求真精神。马克·布洛赫认为："类似的东西可能半真也可能半假，考证就在真与假两个极端中做文章。因为巧合是有限的，从总体来看，社会统一体的联系也是相当微弱的。换言之，我们以为这个世界、这个社会的统一性极其牢固，不可能有什么严重的偏离行为。但是，想想我们自己的处境就会明白，这种统一性仅仅局限于相当一般的特征，深入研究下去就会发现，在这方面各种组合的可能性几乎是无限的。难以想象会自然产生完全相同的记载。可见，必有一种自发的模仿行为。总而言之，考证就是把同与异、一与多的自觉抽象作为依据。"见［法］马克·布洛赫:《历史学家的技艺》，张和声、程郁译，上海社会科学院出版社1992年版，第80页。

② 刘家和:《历史的比较研究与世界历史》，《北京师范大学学报》1996年第5期。

本身，他将比较的思维和比较的触角牢牢地植根于历史的土壤之中，以历史比较的真实性为基础，使比较的结果体现出了历史的真实性，从而将比较史学与历史哲学及比较语言学区分开来。马克思指出："极为相似的事情，但在不同的历史环境中出现就引起了完全不同的结果。"①历史现象这种相异相同的客观存在，正是比较研究根据之所在。马克思认为，比较研究与一般历史哲学理论不同，前者的特点是蕴含于历史之中，并且成为"理解这种现象的钥匙"，而历史哲学则是"超历史的"。②与比较史学相比，片面的历史哲学解释难免缺少以历史实践来检验与深化历史理解即历史实践缺位的情况。而布洛赫则指出要将历史的比较研究与比较语言学区分开来，强调比较的最可靠解释应该是真正地运用历史而不是其他。布洛赫的比较史学研究践行了这一主张。在《封建社会》、《为历史学辩护》等著作中，这种实践表现得尤为突出，并获得了重大的学术成就。如果以上述观点审视刘先生比较史学中的"同""异"关系，就会对其追求比较史学真实性的主张有更为深刻的理解。

（二）"同"与"异"的逻辑性

在刘家和先生的史学比较中，"同"与"异"是一对将比较思维系统化的概念，因而在逻辑上两者的关系具有系统性和严密性。

其一，"同"与"异"不仅客观地存在于比较的事物之中，同时也反映到人们的主观认识中。比较史学研究必须遵守其内在逻辑和认识程序，在这一过程中，研究者应该展示出创造性的思维能力，努力从以形式逻辑为基础的比较进入到以辩证逻辑为基础的比较新阶段。这体现出比较史学的现代性。在辨明历史比较的功能在于明同异之后，刘家和先生进一步指出，"历史时期相同，不同的国家、民族、社会集

---

① ［德］马克思、恩格斯：《马克思恩格斯全集》第19卷，中共中央马克思恩格斯列宁斯大林著作编译局译，人民出版社1963年版，第131页。

② 同上书，第131页。

团等等之间的比较才是有意义的,而同一个国家、民族、社会集团与其自身没有比较的价值。这就是说,无异之同不具有比较研究的条件。历史时期不同,同一个国家、民族、社会集团的前后比较是有意义的,而不同的国家、民族、社会集团之间就没有比较的价值。这就是说,无同之异也不具备比较研究的条件。总之,有相同才能比其异同;有相异,才能比其同异。所以,不同时期的不同国家之间,一般说来虽然不具有可比性,但是,只要从一个相同的角度去看,其间仍然是可以比较的。"① 上文已经提及,刘先生曾专门以中国西周初年封邦建国与西欧中世纪军事采邑制度之间的比较为例讨论可比性问题。他指出,虽然两者在时空上遥不可及,从整体的社会性质而言也迥然不同,但从分封制这一角度考察的话,仍可找到比较的基础。与此一致,学术界对两者同与异的原因进行了深入探讨,并屡屡获取新的认识,深化了对中西古代分封制异同的理解。由此看来,"由于比较范围的选择、可公度性及语言分类结构是比较者主观预构的结果,因而,事物的本质并非完全外在于比较者的客观存在,它同时也有赖于比较者的理论构想"。② "从观念形态上说,历史是人们对过去发生事实的理解。"③ 当然,这种理论构想或解释的基础仍是客观的实在。这样看,人们对历史比较客观本质性的辩证理解与传统实在论意义上的单纯的历史本然理解,就明显不同了。这无疑加深并丰富了对比较史学中"同"与"异"客观逻辑性的现代理解。

其二,逻辑性还表现在对于比较方法的深入探讨和构建上。刘先生指出过共时性和历时性两种史学比较的方法。"比较研究(comparative study)就是对于不同对象进行的互为参照的研究,在一般情况下多用来说明对同时并列的诸对象的研究";"'比较'这个词

---

① 刘家和:《历史的比较研究与世界历史》,《北京师范大学学报》1996 年第 5 期。
② 刘家和、陈新:《历史比较初论:比较研究的一般逻辑》,《北京师范大学学报》2005 年第 5 期。
③ 韩震、孟鸣歧:《历史·理解·意义——历史诠释学》,上海译文出版社 2002 年版,第 1 页。

虽然产生于同时并列的事物之间，但是它一旦作为一种方法用于历史的研究上，就在原有的同时比较之外，又加上了历时性比较的方面。"①两种比较方法虽然有所不同，但仍然是围绕着"同"与"异"进行的。"比较研究的基本功能不外乎明同异，横向的共时性（synchronic）的比较说明不同的国家、民族、社会集团等等之间在同一历史时期中的同异，纵向的历时性（diachronic）的比较说明同一个国家、民族、社会集团等等在不同历史时期中的同异。前者说明历史的时代特点，后者说明历史的发展趋势。历史的比较研究，从总体来说，就包括这两种取向。"②

其三，逻辑性还表现在对比较过程两个阶段的划分上。刘先生提出，比较可分为两个认识阶段，其一为异中求同，其二为同中求异。他论述道，"开始时我们看到的都是'异'，甲国和乙国不同，乙国又与丙国有异，在整个世界上没有一处完全相同，正如没有两个人完全相同一样。继而经过比较，人们又会发现不同国家之间原来在甲方面有相同之处、在乙方面又有相同之处，以至有多方面的相同之处。于是，人们的认识就达到了由异而同、由多而一的阶段。再进一步，人们不能满足于抽象的'一'，就又经过比较而认识到世界正是一个多样统一的有机整体。"刘家生先生认为，这样就完成了对世界历史的一次完整的认识过程，当然，这样的认识过程实际是需要不断深入进行的，"而全部这样的认识过程都必须也必然是在比较的研究中实现的。"③

---

① 刘家和：《历史的比较研究与世界历史》，《北京师范大学学报》1996年第5期。
② 同上。
③ 刘先生还指出："有时不免会有两种不同的倾向：一种是初步一比，就断言世界的各个地区、国别的不同，从而否认世界历史的发展有其一般的规律；这种情况，如果用荀子的话来说就是有所'蔽'，蔽于异而不知同。另一种是通过比较而看到了各个地区、国家的共同性，继而又忽视了世界的多样同一性；这种情况，如果用荀子的话来说，也是有所'蔽'，蔽于同而不知异。这两种情况在世界历史的研究过程中的出现是难免的，不过这不是比较研究的过错，而毋宁是比较研究半途而废的失误。"见刘家和：《历史的比较研究与世界历史》，《北京师范大学学报》1996年第5期。

（三）辩证的异同观

刘家和先生强调了异与同不仅是一个相互对立的排斥体，而且是一个异中有同、同中有异、相互包容、相互转化的辩证统一体。他指出："比较研究必须以某种认同为基础，同时意在生成新的认同，但这绝不意味着追求一种毫无差异的认同；相反，保持差异是比较研究成为一种创造性活动的源泉。"① 异和同是一个矛盾统一体，历史比较既是一种舍弃的过程，也是一个获得新知的过程，更是一个经过扬弃而展现普遍性的过程。黑格尔讲："凡有限之物都是自相矛盾的，而且由于自相矛盾而自己扬弃自己。"② 历史比较必然建立在双方同与异的基础之上，其中的"同"是集中了双方"异"的有关内容而产生的一种新的认识，因此，这时的"同"既与"异"相关联，又与"异"有明显的不同。此点可以马克·布洛赫关于"封建主义"的讨论为例加以说明。布洛赫认为，欧洲不同地域的"封建社会"有明显的共同特征，"依附农民；附有役务的佃领地（即采邑）而不是薪俸的广泛使用……这些似乎就是欧洲封建主义的基本特征"。③ 他同时又一再指出欧洲"封建主义"在共性之下的差异："欧洲封建化的程度并非全部一致，节奏也不完全相同。而且，最重要的是，任何地方都不是完全封建化的。"④ 显然，欧洲的封建主义，是一种建立在其各个地区个性基础上并相互联系的封建主义，它本身是同与异的辩证统一体。同中求异与异中求同是一个完整比较过程的前后组成部分。如果不从事物的不同性出发，以探讨其所具有的相同点，我们就无法认识历史事物。所以，史学比较的第一步就是要从不同中寻找其相同，而要达到这一目的，我们就必须借助于逻辑，从历史现象中抽象出同而概括其共性。不如此，我们所面对的历史现象就是杂

---

① 刘家和、陈新：《历史比较初论：比较研究的一般逻辑》，《北京师范大学学报》2005年第5期。

② ［德］黑格尔：《小逻辑》，贺麟译，商务印书馆1980年版，第177页。

③ ［法］马克·布洛赫：《封建社会》（下卷），张绪山译，商务印书馆2004年版，第704—705页。

④ ［法］马克·布洛赫：《封建社会》（下卷），张绪山译，第703页。

乱无章的历史表象。同样，如果对历史的比较认识在此结束的话，那我们只会对历史现象有一个简单的抽象的了解，只知其共性，而不知个性和具体性。因此，比较史学的第二阶段的任务，也是最重要的任务就是在共性的基础上进一步研究，以探求历史现象的个性，而要达到这一目的，"那么势必要把认识再深入一个层次，由抽象再上升到具体。那也就是从同中再看出异来，看出那些各异的部分是怎么样既互相拒斥又互相渗透地构成为有机的一体的。"① 可以说，刘先生所阐明的"同"与"异"的内在辩证关系及其历史实践有其独到之处，对于比较史学的研究实践而言具有重要的理论意义。

其一，它深化了对历史比较本质的理解。历史比较固然是一种非常重要且有益的历史研究方法，然而许多人在相关研究中却难以有大的成效，究其根本原因，乃在于对比较方法缺乏深入的了解，没有真正地将历史比较理论与方法落实于对史实的比较中。历史比较的生命力在于它是坚定不移地将历史比较的研究与历史的真实过程结合起来。归根结底，"同"与"异"两方面因素在比较对象中的客观存在，乃是史学比较的前提和基础。亚里士多德（Aristotle）即认为："第一性实体之所以是最得当地被称为实体，乃由于这个事实，即它们乃是其他一切东西的基础，而其他一切东西或者是被用来述说它们，或者说是存在于它们里面。"②

其二，刘先生关于"同"与"异"的史学比较观念表现为一种深刻的、具有抽象特征的理性逻辑认识，更好地反映出了历史比较研究和历史本身的复杂性与矛盾性。在史学比较的实践中，这种理性逻辑有助于研究者避免简单罗列比较对象间的相同点和不同点，直达现象"同"与"异"背后的本质内容。在我国比较史学实践中，一些学者只注重异中求同而忽视同中求异，如在中西比较中往往强调两者历史发展的同一性，忽视其间的特殊性，另一些学者则又过于强调民族历史的特殊性，

---

① 刘家和：《历史的比较研究与世界历史》，《北京师范大学学报》1996年第5期。
② ［古希腊］亚里士多德：《范畴篇》，方书春译，商务印书馆1959年版，第13页。

而排斥世界历史发展的共性和普遍性。在理论层面，造成这种局面的症结主要就是不能很好地处理比较方法中"同"与"异"的内在辩证关系。同样问题也见于西方比较史学研究中。如一些学者在对比东西方文化时，过分强调两者的不同，忽视东西方发展的同一性，另一些学者持单线的历史发展观，只强调历史发展的同一性，无视人类历史发展的多样性和特殊性，把西方文明作为东方文化发展的未来，回到欧洲中心说的老路上。

其三，刘先生所阐释的"同""异"关系是一种建立在历史真实和逻辑判断基础之上的辩证关系，避免了陷入片面研究的误区。黑格尔曾经指出过："我们所要求的，是要看出异中之同和同中之异。但在经验科学领域内对于这两个范畴，时常是注重其一便忘记其他，这样，科学的兴趣总是这一次仅仅在当前的差别中去追溯同一，另一次则又以同样的片面的方式在同一中去寻求新的差别。"① 于是，历史比较表现为无内在联系、相互割裂的状况，无法运用辩证的方法将同一与差别统一起来，其结果对许多问题的研究只是浮在表面上，所得出的往往是一些似是而非、难经反复推敲的结论。凭藉研究的理论旨趣与坚实的理论功底，刘先生摆脱了历史经验主义的局限，而通过长期、坚实的历史研究实践，避免了纯粹的逻辑的跳跃性，能够多层次、多角度地进行历史的比较，从而使其比较研究的"同"与"异"关系成为历史的、逻辑的辩证统一关系。

二、比较史学与建立新型的世界史学科体系

刘家和先生通过其比较历史研究的理论探索和长期实践，为建立新型的世界史学科体系提供了重要的思想、理论意见。

---

① ［德］黑格尔:《小逻辑》，贺麟译，第253—254页。

（一）把民族情怀与理性分析相结合

历史比较研究的基本意义在于认识世界历史的真实演变，而如何处理比较认识者所带有的民族感情是其间的关键所在。刘家和先生曾就此阐述自己的观点，他认为，中西比较史学有两个迫切需要解开的"结"："第一个结是：中西文化的研究，就其本质而言，是一个很大的题目，但就其现象而言，却又容易入门……第二个结是：中西文化比较的研究，作为一个专门的学术领域，需要研究者采取严肃认真冷静的态度，可是它又与人们对于文化的价值观念有关，因而使人们在作研究时难以避免甚至于不能不有某种热情"。① 第一点属于认识论的问题，所以克服的方法"就是要如实地认识到中西文化比较研究是一个难题"，并采取相应的措施。② 第二个结同人们的价值观念相联系，是历史比较研究中一个比较难以解决的问题。

刘先生指出，对于从事中外史学比较的中国学者而言，"应该有感情，应该有一种理性无穷的感情。凭着这一种感情，我们对本国文化中优点的爱与对其中缺点的恶，应该是同样强烈的。所以，这不是感情因素的消灭，而是使它在理性的指导下变得更为全面和深化。同样，对于西方文化也应该是爱其优点而恶其缺点。"③ 事实上，正如刘先生多次说到的，日本侵华战争在其心灵里留下很深的烙印，国家的衰弱、民族的灾难、人民的悲惨生活，这一切都是长久以来先生治史的动机之一。先生从事史学研究目的还是着落在振兴中华这一宏大的目标上。因此，刘先生对治史、对中西史学比较倾注了太深的爱、太重的情。但刘先生基于其谨严的治史态度，深刻地认识到历史学家蕴藏于心的民族特性决不意味着历史家应该采取民族狂热的方式去研究历史，正确的态度应该是既尊重自身作为研究主体所具有的民族热情，又尊重隐藏于域外史学中的民族热情，以一种唯真理是从的态度，心平气和地进行理性的比较，

---
① 刘家和:《思考与建设》,《史学理论研究》1993 年第 1 期。
② 同上。
③ 刘家和:《思考与建设》,《北京师范大学学报》1996 年第 5 期。

探讨中外历史和历史学内在的真实与相互关系。在刘先生的治史理念中，冷静的理性与价值观念和爱国情感是既对立又统一的关系。用刘先生自己的话说："这不是感情因素的消灭，而是使它在理性的指导下变得更为全面和深化。"① 将民族的热情和理性的分析相结合，是刘家和先生倡导的在中外史学比较研究时所应采取的态度。

（二）创新世界史观念的努力和成果

刘家和先生的比较史学理论具有突出的实践性，通过比较史学的研究成果和方法为创建新的世界史体系而努力，始终突出地表现在他从事中西古代史学比较的过程中。刘先生看到，世界史在中国是一个新兴的学科，中国学者如何研究世界史、如何在世界史的背景中去研究中国史，是十分突出的问题。有趣的是，与西方人的世界史著作大多把本国的历史包容在内而且占据很重要的位置不同，中国人编写的世界史教材则往往没有中国史部分，这样编纂的历史著作并不能称之为真正的世界史，只是外国史而已。刘先生指出，中国作为世界公认的文明古国之一，在外国人撰写的世界古代史中却常常没有应有的地位，必须改变这种世界历史的撰述方式。针对怎样改变与如何努力，刘先生提出了3点主张。

其一，中国学者必须从思想上理清什么才是真正的世界史以及世界史应该包括哪些内容。世界历史的内容和撰述方式是由人来界定的，西方没有垄断世界史话语的天赋特权。近代西方的世界史书写是与其殖民历史相适应的，是西方学界对西方殖民统治历史的一种历史记忆，虽然有其社会历史的原因，但却是一种不合理的现实。占人类人口四分之一并具有悠久历史的东方大国在世界史中被边缘化是极其不公平的，也极大地限制了研究者对中国尤其是古代中国在世界史上地位的认识。

其二，真正实现转变还必须付诸行动，要通过中国学者自己的研

---

① 刘家和:《思考与建设》,《北京师范大学学报》1996年第5期。

究获得科学的认识，而不能想当然。刘先生指出，对于中国学者而言，"要改变祖国历史在世界史上不合理的地位，不能依赖别人，只有靠我们自己把中国史放到世界史中去研究。"①因而，在中西史学比较中鲜明地突出我们自身的民族特性成为史学比较的客观要求。当然，突出民族特性决不意味着采取民族狂热的立场看待世界，或者谋求建立中国中心主义的历史观。要改变世界史著作中中国缺位的现象，离不开中国综合国力的持续壮大，更需要中国广大历史工作者以高水平的研究成果来展现中国的历史地位，以积极的心态去建构符合世界历史发展进程的框架。

其三，在上述努力的基础上，要在世界背景中重新审视中国，即把中国历史放在世界文明发展的大背景中去认识，从而给予中国史学和文化应有的地位。这一过程也就是从局部看全部，再从全部看局部。经过这样的辩证认识过程，我们就会不仅掌握世界史的模样，也弄清中国史在世界历史中的地位。由中国看世界、再由世界看中国，反复探究中国与世界的关系，贯穿于刘先生中外古史比较研究的整个过程中，始终是他进行中外古史研究的主题。②他自身的治学道路和令人景仰的学术成可以很好地说明了这一点。应当说，20世纪80年代中期是刘先生中外史学比较思想的形成时期。此时，他先后撰写了《古代中国在世界上的地位》和《中国历史对世界史的意义》两篇文章，③全面深入地阐述了古代中国文明在世界历史上不可或缺的位置及重要性。由刘先生组织编写并于1987年出版的高等学校文科教材《世界上古史》也是上述主张的实践成果。④他亲自撰写了这部教材的"余论"部

---

① 刘家和：《古代中国与世界——一个古史研究者的思考》，武汉出版社1995年版，第603页。
② 这一主题充分体现在刘先生的两部文集的书名中：《古代中国与世界——一个古史研究者的思考》与《史学、经学与思想：在世界史背景下对中国古代历史文化的思考》（北京师范大学出版社2005年版）。
③ 刘家和：《古代中国在世界上的地位》，《文史知识》1986年第1期；刘家和：《中国历史对世界史的意义》，《史学史研究》1986年第2期。
④ 刘家和主编：《世界上古史》，吉林文史出版社1987年版。

分，以简洁生动的笔触勾勒出世界古代文明发展的线索，又以画龙点睛的方式向读者呈现出古代中国在世界历史的发展与联系中的地位及其作用，为世界上古史教程输入了新的史学观念。① 后来，高教版教材《世界史·古代史编》（上），② 在分别叙述处于相同发展阶段主要外国古代文明发展状况的同时，都专门辟有一个小节叙述同期中国文明的发展，这一部分也是由刘先生亲自撰写。论述中国史的部分不仅是这部教材的特色之一，也成为其亮点。这里还要提到，在白寿彝先生总主编的多卷本《中国通史》第一卷中，刘先生负责撰述第九章"中国与世界"。③ 这部分编排的方式与上面的《世界史·古代史编》很相似，只是论述方向相反，虽然篇幅不大，但也在中国史的编纂中体现了刘先生的"只有在世界历史的大背景下才能凸现中国文明特点"的思想，并体现出中国学者的世界眼光。

（三）重要意义

将刘家和先生构建新世界史观念的努力置于中西史学发展的背景中加以考察，会对其学理价值与现实意义有更为清晰的认识。

其一，爱国热情与理性在比较史学研究中相结合，是进行比较史学的客观需要。从比较史学的研究史来看，许多中西学者都把其课题与国家、民族的前途问题联系起来考虑，表现出深厚的历史责任感。传统认识论将民族感情视为妨碍比较客观性和公正的消极因素，主张在史学研究中消灭主体意识，让事实自己说话。普鲁士历史学家兰克（Leopold von Ranke）的治史格言让"事实如实地说明历史"是这种史学观念的传统表述。当代美国历史学家斯塔夫里阿诺斯（L. S. Stavrianos）在其

---

① 王大庆曾有探讨，参看王大庆：《谈刘家和先生的历史比较研究思想》，《史学理论研究》2008 年第 1 期。

② 刘家和、王敦书主编：《世界史·古代史编》（上），高等教育出版社 1994 年版。

③ 白寿彝总主编：《中国通史》（第一卷），上海人民出版社 1989 年版。

名著《全球通史》中也表达出这一倾向。①不言而喻,该书作者尝试建立一种崭新的世界史体系自然是有益的。但他在构建新的世界体系时,却否定了民族的历史价值观存在的必然性与历史合理性,这不仅是消极的,而且也并不真诚。现代史学的重要成果之一在于强调了历史研究的主体与历史进程之间相互作用的必要性和重要性。冷静和理性与价值观念和爱国情感在对立的一面之外,还有其统一的一面。刘先生将民族的热情和理性的分析相结合,不仅有学理上的依据,也为中国学者从事比较史学研究树立了一个榜样。

其二,比较史学的顺利发展,有赖于中国学者主体意识的构建和积极的参与。按照哲学诠释学理论,比较史学按其本质而言属于中外主体间性的问题,是一种文化主体与另一种文化主体之间的对话与相互理解。这种对话与理解只能发生在相互具有独特品质的文化主体之间。在法国哲学家利科(Paul Ricoeur)看来,只有忠实于自己的起源,并且在文化精神性方面有创造性、有生命力的文化系统,才能承受与其他文化的相遇,"而且也能给予这种相遇一种意义","为了面对自我之外的另一个人,首先要有一个自我"。②文化主体性不仅是真正进行对话和理解的基础,更重要的是,它还能使中西比较的结果建立在真正平等的基础上从而获得更广泛的历史意义。因而,对我国博大精深的历史宝库加以挖掘,并对优秀的史学传统加以弘扬,以彰显文化主体性是当务之急,更是当代史学工作者义不容辞的责任。为了不断形成更加平等、合理和客观的历史解释,必须主动参与话语竞争。构建文化的主体性对世界上任何一个民族都是一个重大问题,是关系到民族独立和生存的根本

---

① 斯塔夫里阿诺斯在第一章即强调"本书是一部世界史,其主要特点就在于:研究的是全球而不是某一国家或地区的历史;关注的是整个人类,而不是局限于西方人或非西方人。本书的观点,就如一位栖身月球的观察者从整体上对我们所在的球体进行考察时形成的观点,因而,与居住在伦敦或巴黎、北京或德里的观察者的观点判然不同。"见[美]斯塔夫里阿诺斯:《全球通史》,吴象婴、梁赤民译,上海社会科学院出版社1988年版,第54页。

② [法]保罗·利科:《历史与真理》,姜志辉译,上海译文出版社2004年版,第286页。

问题，也是保持世界文化共同发展的关键问题。如果以此来认识刘先生的史学方法论，就不仅会为其鞭辟入里的论说所折服，更会为其自觉担当的道义所感动。

其三，比较史学既是世界史研究的重要学术领域，也承载中外历史研究的重要思想方法。现在的世界面临着百年未遇之大变局，其最为突出的要素即为中国的复兴。中国复兴的要义之一就是在文化自信中积极地开展文明互鉴。要达至这一状态，以学理而论，关键在于持续进行中外文化和文明的比较，寻求中外文明之间固有的内在联系。然而，诚如于沛先生一针见血指出的那样，"当前我国的历史研究的重大缺陷之一，就是中国史、世界史之间严重分离，人为地割裂了中国与世界其他国家和地区之间历史矛盾运动之间的内在联系。"[①] 在这样的背景之下，刘先生的比较史学思想及构建新世界史体系的实践，就尤显其学理价值与现实意义。

总之，从辩证唯物哲学的观点来看，历史学的思想方法理应是从局部到整体、再从整体到局部，如此反复，不断地将历史的有限性和历史的无限性结合起来，以日益增进对历史本质的认识。这不只反映出历史认识的基本过程，更是比较史学研究的基本方法。刘先生的中外历史比较正是对这一方法的实践。

三、比较史学理论的内在逻辑

刘家和先生的比较史学理论是一个有系统的学术体系，包含着丰富而深刻的学术内容。对于刘先生而言，"世界历史既是在比较中逻辑地存在的，又是在联系中现实地存在的"。[②] 因而，历史比较研究并不是将比较的对象进行简单对照的技能和方法，而是思维的基本模式，是

---

① 于沛：《史学思潮与社会思潮》，北京师范大学出版社 2007 年版，第 132 页。
② 刘家和：《历史的比较研究与世界历史》，《北京师范大学学报》1996 年第 5 期。

认识中外历史本质的根本方式。刘先生曾将他对于这种思维方式的思考回溯到自己的青年时代。他回顾，在早年学习时，自己就感受到西方人所关注的知识内容与中国文化颇多不同，当时觉得有新鲜感，到学平面几何学时，更是觉得发现了一种与所习中国传统之学大异其趣的学术路数，有了一种精神上触电的感觉。到了大学时代，刘先生系统学习逻辑学和哲学，由此奠定了经久不衰的哲学兴趣，为他此后的史学研究涂上浓重的哲学色彩。[①] 正是基于对历史学、哲学、逻辑学等多学科知识的长期探究，刘先生在其比较史学理论中得以展现出自己独到的特点。

其一，史论结合，彰显比较的史学特性。在史学研究过程中，刘先生一贯从具体的问题出发，以"入地求索"的方式深入探索以求其事实之真，然后再以"上天揽月"的豪情进入到哲学思想的领域中以获得更为普遍性的认识。其实，刘先生的比较史学实践证明了史学比较方法的一个主要价值，即与孤立地看待历史现象、以纯粹叙述方式呈现研究成果相比，它更能深刻地揭示世界历史中的一般和个别。尽管随着现代学科的发展各种新研究方法运用到史学研究中来，但比较方法的这一优势尚未被其他方法超越，这使得比较方法在历史学的方法论工具中始终保持着十分重要的地位。

其二，比较史学的辩证性，彰显比较的现代性。刘先生曾指出，早在希腊罗马时代，西方哲学就认为在世界万事万物的背后存在着一个不变的本质，这个本质就是事物的根本，就是"一"；其方法就是在不同中去寻求无差别的统一，因而寻求本质是古典时代整个科学的使命，也成为了西方史学传统所共有的思维特征，即在异中求同。这种异中求同的思维模式既是西方史学的目的，也是其传统的方法论，并且是其认识过程的结束，当然也就成为影响西方史学比较认识一个重要因素。[②] 由于这一认识过程不能体现复杂多变的历史变化过程，所以历史学在西方

[①] 刘家和：《史苑学步：史学与理论探研》，"序"，北京大学出版社2019年版，第2—3页。

[②] 参看刘家和：《历史的比较研究与世界历史》，《北京师范大学学报》1996年第5期。

长期不能成为科学而登大雅之堂,而只能以准科学的身份依附于哲学而存在。史学比较因而也只能是简单的富有哲学意味的类比,不能成为具有深刻历史意义的比较。与古希腊相比,中国传统文化中的比较观念也包含于异中求同,这是两者共通之处,但不同之处在于,在异中求同的基础上,中国的文化又进一步同中求异,并将求异与求同在历史认识过程中结合起来,从而形成一个完整的认识过程。这一思想形象地体现为齐相晏子"和而不同"的思想。① 实际上,这一具有辩证思维色彩的思想可以视为中国传统史学尤其是比较史学的理论基础,而且对于开展现代史学比较研究也具有重要的启发意义。

其三,认识不断深化,彰显比较史学理论的发展过程。在20世纪50年代中期,刘先生的研究已经体现运用比较方法研究中外、中西史学异同的研究旨趣。他提过:"我在1955年就选定了以希腊、印度与中国作为自己的古史比较研究的三个支点。"② 到20世纪80年代末,历经20多年的辛勤耕耘,刘先生已成为国内比较史学的领军人物之一。关于这一过程,王大庆的总结颇为精当。他指出,如果说《论古代的人类精神觉醒》是刘先生比较研究实践的集大成之作,那么《历史的比较研究和世界历史》则是他在历史比较研究思想和理论上的代表作品;在这篇文章中,他对比较史学研究本身的历史、概念、功能、条件、类型、层次以及限度进行了全方位的思考,从而以哲学的高度说明了历史比较方法对世界历史研究的重要性。③ 此后,刘先生仍孜孜不倦地丰富深化这一理论。

由此看来,刘先生的比较史学研究之所以能够形成一个严密体系,在根本上是因为他一直注重用逻辑思维来规范和指导具体的史学比较。

---

① 杨伯峻编著:《春秋左传注》,"昭公二十年",中华书局1981年版,第1419—1420页。

② 刘家和、蒋重跃:《在挑战与回应中前进:刘家和先生谈学术工作的基础》,《北京师范大学学报》2015年第2期。

③ 参见王大庆:《谈刘家和先生的历史比较研究思想》,《史学理论研究》2008年第1期。文中所提到的《论古代的人类精神觉醒》载《北京师范大学学报》1989年第5期。

可以说，比较的逻辑性就是刘先生比较史学理论的内在特征和突出特点。这集中体现在《历史比较初论：历史比较的逻辑思考》中。[①] 文中，刘先生以国际学界热议的可公度性问题为切入点，提出了历史比较理论的新问题，并就此进行了深入而系统的讨论，全面且深刻地展示了他多年对历史比较理论和方法的思考：

其一，"比较是不可公度性与可公度性的统一"。刘先生指出，比较的基本范畴"同"与"异"中，"同"即可公度性，"异"为不可公度性，比较必须以"同"为基础，同时又以"异"为前提，比较的本质就是"同"与"异"的辩证统一，这构成历史比较的基本理论架构。历史比较的一切内容都表现在这一架构不断变化和深化的过程中，比较结果必然表现为多样性和复杂性，从而在比较史学中表现为不同的形式和类型，并在不断的比较中深化，越来越深刻地展示出所比较对象的内在本质。这是对历史比较逻辑起点及其本质的深度概括。

其二，比较研究中如果可公度性意味着"相同"的话，不能由比较对象之间局部要素的可公度性推导出整体的可公度性。在比较中一定要正确处理好整体与局部的矛盾关系，比较都是以相比者的部分相同为前提而进行的，因此，历史比较的结果只能体现出比较的有限性和历史性，必须对历史比较的结果保持清醒认识。

其三，比较研究中，比较对象的可公度性与不可公度性随着比较者设定的比较范围或概念层次而变化。比较是一种有规则的选择关系，比较既有其本质的客观性存在的一面，同时也与主观的认识和意图有着关联。随着比较目标的选择和比较角度不同，比较结果也会相应呈现出多样性和多层次性。

其四，比较研究意在认识事物的本质，比较也是人们认识的基本方式。不管是否意识到这一点，人们都是借助比较来认识所面对的世界和自身。在这个意义上，甚至可以认为，没有比较就没有认识。比较在研

[①] 刘家和、陈新：《历史比较初论：比较研究的一般逻辑》，《北京师范大学学报》2005 年第 5 期。

究中最突出的作用乃在于不断地透过现象越来越深入地揭示出事物的本质之所在。

其五,由于比较范围的选择性、可公度性及语言分类结构是比较者主观构想的结果,因而,事物的本质并非完全外在于比较者的客观存在,它同时也有赖于比较者的理论构想。认识主体同认识客体的对立统一,是历史比较的基本原理,也是比较所探求的最终目标。比较的客观要求就是首先要有科学的比较理论引导,将比较建立在正确的观念基础上,通过不断的比较,最终使主客二者从有差别的统一性走向认识的同一性。

其六,比较研究必须以某种认同为基础,同时意在生成新的认同,但这决不意味着追求一种毫无差异的认同。相反,保持差异是比较研究成为一种创造性活动的源泉。可以说,比较研究体现着新与旧的对立统一。比较本身是一个不断探讨并获取新知的过程,而获得新知又为进一步的比较研究提供了基础,从而使比较得以不断进行。因此,比较必然是一个不断持续的辩证认识过程。任何试图将比较停留在某一层面的意图都是不科学的,比较的真谛在于不断地运用既有成果来进行新的比较,以达到对事物的越来越深刻的认知。比较的过程和结果所表现的是新与旧不断的对立与统一。

上述的六点,鲜明地表现了历史比较的内在知识论要素以及各种要素间的结构关系和逻辑关系,层层深入直逼比较史学的理论核心,回答了历史比较的科学性与合理性何在这一根本问题,突出地显示了刘先生史学理论的系统性和深刻性。

我们应该如何正确认识刘家和先生比较史学理论的内在逻辑性及其意义呢?

其一,亚里士多德已阐明,科学得以建立的最终根据还在于"它研究实是之所以为'实是'"。[①] 在他看来,第一原理(即"实是")包

---

① [古希腊] 亚里士多德:《形而上学》,吴寿彭译,商务印书馆 1979 年版,第 58 页。

含了各门学科并制约了各门科学的发展。在科学史家库恩（Thomas Kuhn）看来，科学史的每一次革命都是"世界观的改变"。[①] 总之，科学研究中认识论的形成及其变化是由本体论限定的。同样现代史学研究也表明，脱离历史本体论、只注重历史认识论根本无法深刻认识历史事物的本质属性。究其原因，缺少本体论层面的认识，历史学就不可能超越对过去的一般性描述。这一点其实也是历史比较与历史哲学的不同点。这种本体论并不是一个假想物，而是要深深地植根于动态的历史进程中，首先建立在真实的历史运动的基础上。这一点在刘家和先生的理论体系中表现得非常突出。

其二，站在哲学的立场上，历史比较的成果不应局限于对现象的经验主义认识上，以求得具体的结论为满足；而从辩证唯物主义认识论来看，历史比较也应当被看成一种从具体到抽象的思维运动，比较研究的成果也要包含着对事物本质的客观认识，即超越感性之上的理性认识和超越个体性之上的普遍性认识。需要强调的是，这些理论成果和方法论的内容都是刘先生在长期大量的具体历史比较研究中抽象出来的，以其为指导可以提升历史比较研究的思想深度。

其三，刘先生的史学比较理论和方法满足了史学比较发展的客观要求。其现实意义在于，以既有理论为指导的比较史学实践不仅可以产生更为深刻的具体成果，而且也能够验证和修正既有的史学比较理论，这样的过程必然不断反复，在整体上推进对相关领域的认识。这种哲学发展的过程正是刘先生比较史学理论内在逻辑性之所系。托波尔斯基在《历史学方法论》中文版序言中写道："一个历史学家同时应该是一位哲学家，他应当在不同的哲学中进行选择，并验证这些哲学对于他的研究的价值。"[②] 这一提法用来概括刘先生比较史学理路的特点可谓毫发不爽。

---

① ［美］托马斯·库恩：《科学的革命》，金吾伦、胡新和译，北京大学出版社2003年版，第101页。

② ［波兰］托波尔斯基：《历史学方法论》，张家哲等译，华夏出版社1990年版，第2页。

毫无疑问，刘家和先生的比较史学理论，尊重了比较对象的本体性，自觉地运用哲学思维和逻辑工具探讨本质性的问题，实现了历史性与理论性的统一。

四、比较史学理论和方法的实践

比较史学是一个较为年轻的学术领域，涉及的诸多学术性和思想性问题尚待探讨，这带来历史比较研究实践方式的许多具体问题。刘家和先生通过自己的中外历史比较研究，展现了比较史学理论和方法的实践路径。

总体而言，刘先生的历史研究素来具有比较研究的特性。他曾撰文讨论的中国史问题几乎都是以世界、外国或西方的历史作为比较对象的，有的是作为隐性的背景，有的是作为显性比较的对象。《论中国古代轴心时期的文明与原始传统的关系》、《论中国古代王权发展中的神化问题》等文章，虽然没有明确提出比较的对象，但在字里行间却可以明显地感受到比较的特色。①这也是刘先生将自己的第一本论文集定名为《古代中国与世界——一个古史研究者的思考》的原因所在。

比较的认识功能首先在于确定研究对象的异同，比较史学研究的过程就是不断揭示历史事实所具有的共性和个性的过程。学界公认，揭露历史现象的特征和个别特点是历史比较研究的优势，建立分别类型则是进行这一研究的重要手段和方法。使用比较类型的方法要以"同"与"异"的辩证关系为基础，以相似性（或称共性）为出发点建立合理的比较类型。作为科学的历史比较的重要步骤，研究对象的初步类型化，不仅能够弄清异类事物的主要区别，而且也有助于把握同类事物的一般特征。这无疑构成进一步深入历史比较的基础。当然，比较史学不能止于

---

① 刘家和：《论中国古代轴心时期的文明与原始传统的关系》，《中国文化》1993年第1期；《论中国古代王权发展中的神化问题》，载氏著：《古代中国与世界——一个古史研究者的思考》，第524—570页。

历史类型的建立,它应当在研究社会历史过程的各个认识阶段发挥作用。只有利用比较的方法才能克服研究中的"局限性",把具体研究的个别对象放到人类发展史中来加以考察,为更抽象的历史概括创造条件。

刘先生的历史比较可按其对象的层次差别加以分类。用比较类型这一概念来表述,其中不仅有就个案进行的对照,也不仅是单纯的类型比较,还包括对中外、中西历史所共有类型比较的探索。这种对最高类型的探讨突出表现为他对比较史学理论和方法的构建,集中体现在他对中外、中西和世界历史本质的把握上。当然,在刘先生的研究中,不同层次的比较不是孤立进行的,往往在一篇论文中层层深入,由个案的比较上升为对历史本质的认识。举刘先生直接将两个或两个以上的对象加以比较的论文《关于中国古代文明特点的分析》为例,[1]这篇文章对中国文明产生和发展的过程与世界其他古代文明的历史进程进行了全局式的比较,深入揭示出中国古代文明发展进程中独有的连续性、统一性和与之相应的思想的特点,让人耳目一新。此外,《史学在中国传统学术中的地位》亦属此类。[2]这篇文章从中国传统史学的发展线索及其与经学的关系等方面论证了史学在中国传统学术史上的重要地位,并与古代印度和希腊的史学进行比较,得出了3种不同的史学观念,并阐明这3种观念深刻地影响了3种学术传统的形成。《论理雅各与安井衡对于〈春秋〉〈左传〉的见解的异同》则比较了东西方的两位颇有成就的汉学家理雅各和安井衡在《春秋》和《左传》的翻译和阐释过程中所表现出的对于中国传统学术理解深度和态度的异同,用以说明中国传统文化中仍然有可以利用的资源,不能简单地抛弃。[3]显然,这3篇论文所得出的认识令人有耳目一新之感,体现出刘先生比较史学研究及其中所蕴含的思想观念的力度、厚度和高度,也充分展现出比较史学的优势和魅力,堪

---

[1] 刘家和:《关于中国古代文明特点的分析》,载氏著:《古代中国与世界——一个古史研究者的思考》,第473—523页。

[2] 刘家和:《史学在中国传统学术中的地位》,载氏著:《史学、经学与思想:在世界史背景下对中国古代历史文化的思考》,第70—89页。

[3] 刘家和:《论理雅各与安井衡对于〈春秋〉〈左传〉的见解的异同》,载氏著:《史学、经学与思想:在世界史背景下对中国古代历史文化的思考》,第228—240页。

为治学的范本。因此，笔者认为，对刘先生比较史学实践做进一步的分析，充分领会其中的理念与方法是在当下继续推动比较史学研究的法门之一。基于此，下文以《论古代人类的精神觉醒》、《论历史理性在古代中国的发生》和《论通史》3篇文章为例，对刘先生比较史学的理论与方法进行较为详细的分析。

雅斯贝斯（Karl Jaspers）发现公元前8至公元前3世纪在包括中国、印度和希腊等在内的许多地方不约而同地出现了人类早期文明在思想文化方面空前繁荣的现象，遂将这个时段命名为"轴心时代"。尽管雅氏的轴心时代理论并非无懈可击，但学界并不否认其价值。论文《论古代人类的精神觉醒》即以此理论为切入点，建立起人类精神觉醒这一比较类型，在轴心时代共相的基础上，对中国春秋战国时期的"百家争鸣"以及印度与希腊在同一时期的文化空前繁荣进行了具体历史进程的比较。该文提出，人类精神觉醒应该包括3个方面：即经过对人与自然或天的关系的反省达到关于自身对外界限的自觉、经过对人与人之间关系的反省达到关于自身内部结构的自觉、经过对以上两方面反省的概括及对人的本质或人性的反省达到关于自身的精神自觉。此后，该文分别就印度、希腊和中国三地文明与精神觉醒的产生、进程和重要成果进行了历时性的梳理与分析，以对真实的历史进行研究为基础，揭示出三地精神觉醒产生的历史原因。最终，该文对三地精神觉醒的内容进行具体比较，提出三者的不同点：在天人关系方面，古代印度形成宗教研究的传统，古代希腊形成科学研究的传统，中国形成了人文研究的传统；在人与人的关系上，印度佛教主张无差别的平等，古希腊学者则揭示人类平等中的内在矛盾，而中国儒家则以具有礼的形式的仁使现实的有差别的人同一起来；在对人自身的反思上，印度把人理解为宗教的动物，希腊将人理解为政治的动物或城邦的动物，而中国则把人理解为伦理的动物。显然，经过对三者早期人类精神觉醒的比较，文章揭示出它们各自精神觉醒的不同特点，最终将共性和个性统一于早期世界文明发展的真实进程中，从而深化了学界对人类早期精神觉醒共性与不同性的认识。正如刘先生所提出的，"这对于了解世界和中国的历史，对于了解当前的世界文化,都是有意义的。"① 就比较方法来看,此文为标准模式,其最精彩之处在于对中、西、印三地历史和文化精深而独到的分析,由文化结构、文化特点和历史原因3个方面比较其同与异,而非表明的异同点,从而形成了新的知识成果。这篇文章充分显示了刘先生宽博厚重的知识功力。

《论历史理性在古代中国的发生》是刘先生比较史学的另一代表性论文,是他多年来对中国史学研究和思考的一次总结。② 该文独出心裁,赋予了历史理性以新的内容,提出了"历史理性"是与希腊的以实质主义为特征的"逻辑理性"不同的一种深层次的历史思维结构,从而把中国传统史学提高到"历史理性"的哲学高度。显然,该文的风格与《论古代人类的精神觉醒》颇为不同。

站在历史哲学的高度对中西史学的思维方式进行解析,是难度极大的事情。"理性"是否可以作为中西文化或者说中西史学的共同性来建立比较类型,是必须首先解决的问题。理性传统上被认为只与西方哲学的发展关联紧密,是西方文化长期发展的成果,其典型形态即理论理性或逻辑理性,而与历史本身的关系并不紧密。历史一直被置于实践理性范畴中,并长期在哲学的观照下进行学术的发展。近代以来,自康德(Immanuel Kant)开始,学界开始探讨历史的理性问题,但进展甚微。随着西方政治和军事的扩张,关于理性的这种观念传播开来,在世界文化界造成了极大影响,也影响到中国学术界。所以,在一般的思想观念中,理性一直被理解为西方的专利品,而中国文化则被长期贴上了表面的、感性的标签。根据这种传统认识,理性自然成为不可比较的孤岛。然而在刘先生看来,不同时期、不同国家间从外部来看差别很大,一时难以进行比较的事物,只要在史学比较理论的指导下,透过现象,精心选择一个相同的角度来探析两者的内部结构,就会发现其相异之外仍有

---

① 刘家和:《论古代人类的精神觉醒》,载氏著:《古代中国与世界——一个古史研究者的思考》,第571—599页。
② 刘家和:《论历史理性在古代中国的发生》,《史学理论研究》2003年第2期。

大量的相同之处，自然可以进行比较以获取新知。[①] 根据这一认识，刘先生别出机杼，对中西理性文化特征进行了深入的探讨。

该文首先从词源学入手探讨了"理性"的原义，正本清源，揭示出理性作为历史发展的突出成果实为中西方所共有，打破了西方理性的文化局限性，搭建起中西理性比较的平台。接着，文章同中求异，切入探讨中西理性的不同学术偏重点。经过分析，论文提出，在古希腊人的文化结构中，人们对理性有一种不懈的追求，但在其占统治地位的形而上学的思维架构的制约下，真理只能从永恒、静止的存在中去把握，用柯林武德的话来说，古希腊的史学是实质主义的，认为历史是不变的，而变的则不是历史，因此古希腊的文化是反历史的，而其发达的是逻辑理性，这成为其文化的底色，而历史理性长期得不到重视，历史的价值和地位也相对较低。相比之下，在中国历史学中，历史理性更具本质性，是中国优秀的文化传统，其与西方迥异的原因在于，中国传统理性思想认为真理只能从变化、运动的存在中去把握，是一种具有朴素辩证法的思想结构。这一理性文化特征适应并促进了中国历史理性的发展，使历史学成为中国文化的核心和基础。对两种不同理性结构的区分，既深刻地说明了史学作为中国传统学术核心地位的成因，也切要地指出了西方逻辑理性对其哲学发达的作用，更为重要的是，对中西理性结构的比较研究极大地丰富了"理性"本身的内涵。

从比较的方法论来看，在这篇文章中，刘先生由分析"理性"概念入手，透过表面的差异选择"理性结构"作为比较的焦点，从而不仅确立了可比性的基础，而且极大增进了比较认识的深度。无独有偶，马克·布洛赫也曾大胆地运用歧义迭出的"封建主义"一词进行比较研究。刘先生认为，"这并非一种懒惰的表现，而是一种对词源、语义及其情境有着精深思考的结果，因为只有直面不同'封建主义'概念使用中的异与同，他才可能在比较之中产生一种创造性的冲动，才能去'追求尚未确定而有发展前途的知识'，而沉迷于谨小慎微的定义将

[①] 刘家和:《历史的比较研究与世界历史》,《北京师范大学学报》1996 年第 5 期。

扼杀智慧的火花。"①而"通过对封建主义的重新表述，布洛赫的研究或许改变、丰富了人们对中世纪欧洲社会本质特征的认知"。②同样，刘先生对历史理性的深入探讨，不仅使人们对历史理性的认识加深了一大步，而且从历史哲学和思想史的角度推进了对中西史学以及中西文化特征的理解，更重要的是从理论上论证了中国史学在世界学术中的重要地位。因此，此文一经刊发，就引起学者热议。正如王大庆所说："这一高屋建瓴的认识标志着刘家和先生的历史比较研究又发展到了一个更深的层次。"③

《论通史》一文以中西学术界对"通史"一词理解的异同为出发点，从历史哲学的高度对东西方的史学传统和史学精神进行了深入的比较，④"意在说明严格意义上的通史，或者体现历史理性的通史，只有中国才有，而为古希腊所无。"⑤该文的理路可以从比较类型学的角度来认识。中西两大史学传统是世界史学中最为光彩的两大系统，都有悠久发达的成果和传统。从一般道理而言，两者有着突出的可比性。这篇文章即选取中国史学中突出的体例"通史"作为切入点建立比较类型，进而在中西史学的比较中阐明了中国通史传统的特点和本质之所在。

笼统地说，通史一般可以理解为对漫长历史的一种论述。就此来看，司马迁的《史记》无疑是一部通史，几种西方历史著作如李维的《罗马史》、波里比阿的《通史》也属通史。通过对中西史学中"通史"的比较，刘先生指出，中国的通史侧重于纵向的历史叙述，而西方的普世史则侧重于空间的横向叙述。这就完成了两者的初步比较。在此基础上，对中西不同特点展开进一步分析就会发现，时间的长短具有相对性，通史的本质并不在于所述内容时间跨度较长。在刘先生看来，中国史著中，不仅叙事年代长久的巨著是通史，而且断代史同样包含着通史

---

① 刘家和、陈新：《历史比较初论：历史比较的一般逻辑》，《北京师范大学学报》2005年第5期。
② 同上。
③ 王大庆：《谈刘家和先生的历史比较研究思想》，《史学理论研究》2008年第1期。
④ 刘家和：《论通史》，《史学史研究》2002年第4期。
⑤ 刘家和：《史学、经学与思想》，"序"，第4页。

精神。中国通史的核心特征在于"通古今之变"的"史学精神";希腊罗马的史学则是建立在实质主义思想基础上的理性史学。显然,"史学精神"就是通过"通史"和"普世史"比较建立起来的位于两者之上的"更高层次的比较类型"。在这一类型下,中西双方的史学各有其侧重点。这是第二阶段比较的成果。

《论通史》貌似围绕一个小知识点进行论述,然而实际研究过程却有很大难度,其间存在大量模糊区域,不经过仔细思考很难得其深意。从比较过程来看,这篇文章在开始比较之初,经过分析找到一个相当的比较对象,建立起比较的类型,经过比较发现中西"通史"有明显的不同,两者史学各有特征;而在"异"的研究成果基础上,进一步抽象求同才找到了更高层次的比较类型,最后分辨出两者异同的根源所在。就比较史学方法论而言,此文在异中求同、同中求异间反复,随着研究的展开和分析的推进,对通史本质的认识也愈来愈深刻,可谓特色鲜明。在论述过程中,刘先生娴熟地运用比较技巧,娓娓道来、以小见大、引人入胜,不知不觉间开出学术的新天地。阅读此文,不仅可以加深对"通史"本身及中西史学特点和精神的认识,而且能够深切地感受到历史比较的学术魅力。

以上只是对刘先生比较史学实践的粗浅分析,但由中仍能看出先生比较史学视域的多维性和成果的深刻性。通过阅读先生的论文,不难发现他的比较史学实践不仅推进了对具体问题的认识,也为比较研究提供了方法上的示范。

五、对比较史学利弊、难易的把握

在刘先生看来,比较作为一种方法"几乎和历史学一样的古老"。[①]希罗多德(Herodotus)的《历史》以希腊波斯战争为主题,却也涉及

---

① 刘家和:《历史的比较研究与世界历史》,《北京师范大学学报》1996年第5期。

当时他所知世界的历史,司马迁的《史记》虽然以当时的中国通史为基本范围,但是也涉及了当时他所知的世界,两者都在不同程度上运用了比较的方法。但是这些都不是现代意义的比较史学,真正用比较的方法叙述历史的作品,在时代上则要晚得多。① 由于兴起较晚,学界对比较史学的性质和作用等看法并不一致。刘先生迎难而上,对比较史学理论进行深刻思考,敏锐地指出了比较史学所固有的一些局限和需要正确面对的具体问题,并有针对性地提出了应对方法。这些思考构成了他比较史学理论和方法的重要内容。

在刘先生看来,比较有着突出的学术优势,同时又有着明显的局限性。正确地运用比较理论和方法指导学术研究,有助于认识历史事物的个性、独特性,最终确定历史研究对象的本质性,从而大大加深对历史研究对象的认识。同时,刘家和先生也深刻地阐述了比较史学的局限性,显示出一位卓越史学家的认知深度。这种辩证的认识,不仅有助于全面而理性地认识比较史学的学术价值,也对完善比较史学理论与方法大有裨益。

关于比较史学局限性,《历史的比较研究与世界历史》中有比较集中和明确的表达:"以上都说了历史的比较研究对于世界历史的重要性,以至说到前者是后者的必要条件,并在一定前提下(就世界范围作比较研究)是后者的充分条件。且不管我说的是否正确,那总容易给人一个印象,以为我是把比较研究看成能解决全部历史问题而无任何局限性的,其实不是这样。我是认为历史的比较也是有其局限性的。关于比较史学的局限性,前人已经从不同角度有所讨论,这里且不去论他们的是非,而只是以最扼要的方式表述一下个人的看法。我认为,历史的比较研究的局限性,就在于其自身离不开有意识的角度选择。因为,既有角度的选择,就必然有视域的规定性。而规定即否定,在选定视域以外的,自然就是被忽略了的。因此,如果我们不是清醒地认识这种局限性的存在,那么就必然会把自己一时比较研究所得视为绝对真理,从而陷

---

① 刘家和:《历史的比较研究与世界历史》,《北京师范大学学报》1996年第5期。

入一种盲目自信的状态。"① 显然,在刘先生看来,历史比较是有条件限制的研究,其成果与历史发展的真实也有差距。由此,他又强调:"应该说明的是,这样的比较研究,能够给予我们的启发性与危险性都比较大,所以运用时必须十分谨慎。"②

为什么说比较研究给人们的启发性大?对此,可以用黑格尔和马克思的观点加以说明。黑格尔讲:"比较在两个不同的对象中发现了同一的东西,于是便有了统一";而且他认为统一较之于同一更能促进人们的自我反思,"它主要被当作关系,是由比较,由外在的反思而发生的。"③ 他还提到,只有能够承认差异并以现存的差异为前提,"比较才有意义。"④ 马克思也曾指出:"要了解一个限定的历史时期,必须跳出它的局限,把它与其他的历史时期相比较。"⑤ 也就是说,比较的目的就是通过和其他外在的相异事物的比较来加深自身的认识。显然,比较研究的成果,对于彰显比较对象的特征,加深对历史比较对象特点的了解具有明显的作用。

为什么又说比较同样给予我们的危险也大呢?对此,列宁有过精辟的说明。他说,所谓比较"只是拿所比较的事物或概念的一个方面或几个方面来相比,而暂时地和有条件地撇开其他方面"。⑥ 换言之,通过比较所得到的结果,只能是根据对比对象得出的结论,有其明确的限定性和有效性,而不能将这一比较结果无限扩展放大。然而,现实的状况却是,比较的结果总是被有意或无意地放大,因此,运用比较的方法和成果一定要慎之又慎。

---

① 刘家和:《历史的比较研究与世界历史》,《北京师范大学学报》1996年第5期。
② 同上。
③ [德]黑格尔:《逻辑学》(上),杨一之译,商务印书馆1966年版,第81页。
④ [德]黑格尔:《小逻辑》,贺麟译,第253页。
⑤ [德]马克思:《十八世纪外交史内幕》,中共中央马克思恩格斯著作编译局编译,人民出版社1979年版,第41页。
⑥ [苏联]列宁:《列宁全集》第八卷,中共中央马克思恩格斯列宁斯大林著作编译局译,人民出版社1959年版,第423页。

关于如何克服历史比较的局限性，刘先生指出："世界历史可以选择的比较研究的角度是难以限定的。随着条件的变化和发展，人们会不断发现新的比较视角。所以，历史的比较研究不是可以一次完成的，世界历史也不是可以一次写定的。这也可以说是一种历史主义的态度吧。"① 在他看来，比较史学研究是一个不断深入发展的过程，必须明确承认历史比较的相对性和历史性，运用不断深入的比较研究来不断克服或减少比较认识的误差则是克服历史比较局限性的唯一方法。毫无疑问，这一思想客观地以动态发展观来看待比较研究的成果，有利于克服实践中比较研究流于表面的弊端，对于在新形势下寻求新的、更为合理的中西比较史学模式则更具现实意义。

关于比较史学的难易程度，刘先生认为，尽管比较史学和中西史学比较本身是难度很高的研究领域，但就现象而言入门却相对容易。

所谓难主要表现在3个方面。其一，比较史学面对的往往是时空跨度很大的问题，中西学界普遍感到"在日益专门化的时代，人们难于掌握超出自己研究领域以外的专门知识，因此对不同时空中的历史现象进行比较非常冒险。"② 由此，许多学者往往认定，比较研究难以得到科学的研究结果，只能作为辅助性的方法。其二，由于比较史学所面对的是具有共性但差异明显的历史现象，相关研究不仅需要扎实的史学功底，而且要求研究者有较高的逻辑与哲学修养，凭借相对坚实的跨学科知识才能完成。其三，同比较语言学、比较法学等学科相比，比较史学显然属于较为年轻的学术领域，其理论的建构和方法的运用尚未形成成熟的体系，在实践相关研究者不得不艰难地摸索。

所谓容易，刘先生指出，主要是选择题目不难、搜集材料不难、立论不难、取得效益不难。③ 中西有着不同的历史和文化传统，又处于不同的历史发展阶段，两者的不同性显而易见，只要选择了一个角度进行资料的搜集、整理，然后加以论证，自然可以获得一个较为新颖的学术

---

① 刘家和:《历史的比较研究与世界历史》,《北京师范大学学报》1996年第5期。
② 何平:《比较史学的理论方法和实践》,《史学理论研究》2004年第4期。
③ 刘家和:《思考与建议》,《史学理论研究》1993年第1期。

观点，所以，这样通过比较获得成果应该不是太难的事。可贵的是，刘先生清醒地指出，这样的比较研究大多都只是停留在同与异的表层，没有回味的余地，容易失去学术生命力。而严格来讲，比较研究要超越同异表面上的局限，进入一个更深的学术层次，阐明同与异产生的社会历史原因，这则具有相当难度。比较史学在我国学术界经历几次大起大落，根本原因就在于此。刘先生认为，要扭转这种局面，就要对比较史学的特性有清晰的认识，凡是其中存在的真实困难，没有一条是可以通过容易的途径克服困难，但只要研究者能够寻找一些有针对性的应对和解决问题的方法，以此为基础针对难题进行有目的有计划的知识储备。"这样，也许可以使得难题相对地变易，因为如实认识困难有利于提高我们克服困难的能力。"① 关于提高克服困难的能力，刘先生指出，要真正地进行比较研究工作，需要两种必要的准备："第一，要对所比较的领域有一个总体的了解，对中外历史没有一个大体的了解，就不能率尔操觚；第二，必须至少对一个国家（能多当然更好）的历史具有直接从原始资料入手做独立研究的准备，并做出一定的成果（即积累了一定的成功的研究经验）"。② 正因为要做好这些准备，刘先生从事比较史学研究过程表现出多次的进与退，进即从事比较史学的实践，退即进行专业知识的储备，特别是对中国史的深入思考。③ 但即使在退的时候，他的比较观念也并没有消退，只是在学术研究中以隐形的或以无形的方式存在着，是为其后的有形的比较研究做准备和知识的积累。

现在的问题就是应该如何理解刘家和先生所阐述的比较史学的局限性的观念。

其一，刘家和先生对比较史学的利弊、难易关系的观念是从揭示比较史学本质的角度来说的，因而是深刻的。从哲学上说，有其利必有其

---

① 刘家和：《思考与建议》，《史学理论研究》1993年第1期。
② 刘家和：《我与中外古史比较研究》，载张世林编：《家学与师承——著名学者谈治学门径》第3卷，广西师范大学出版社2007年版，第330页。
③ 参见王大庆：《谈刘家和先生的历史比较研究思想》，《史学理论研究》2008年第1期。

弊，有其难必有其易，关键是要掌握其中的辩证关系，对比较史学的有限性、对比较史学中的一些误区有一个清晰的认识，善加转化，扬长避短。比较史学不管是在西方，或者我们国家，在现代发展进程中都遇到了许多困难，其共性原因之一，就是许多人认为运用比较研究只是简单的类比，只能从形式上获得一些知识，而不能从本质上获得一些感受，从而容易使历史研究简单化。这种简单化就是不能正确认识比较史学的本质特征，不能正确认识历史有限性的必然结果。比较史学的价值在于细节，亦在于具体的历史比较的基础上进行比较的概括和综合，以体现比较的历史性。随着比较史学的发展，现在学界都认为比较史学应注意与历史的紧密结合。所以，对历史比较局限性的认识不仅没有能够削弱历史比较的作用和地位，反而由于人们充分地认识到其所具有的有限性和作用之边际，从而使史学比较最终具有历史的特性，而成为一种科学的历史研究方法和理论。

其二，较之于以往的学术研究成果，刘家和先生对比较史学观念全面且深刻的揭示，清晰地阐明了比较史学的内容，消除对史学比较的神秘感或片面认识。学界对比较史学有两种态度：一种是冷漠，无视或抵制这一方法的运用；再一种就是不切实际地夸大这一理论和方法的用途。其原因乃在于并没有全面了解这一理论本身，更缺乏在这一理论指导下的科学的历史实践，从而具有盲目性。因而，刘先生对比较史学的利弊和难易看法，实际上是从比较史学的角度指出了历史认识所具有突出的历史性。历史比较不可能是一劳永逸、一蹴即就的，历史也不是不可认识的怪物，所谓历史比较所强调的是它只能是一个相当长的不断接近绝对真理的历史过程。很显然，刘先生对历史比较本身有着清晰而全面的理解和认识，如果将刘先生的认识与其他学者对比较史学局限性的认识相比较的话，可以清楚地看到的不同在于，刘先生不是从比较史学之外去谈比较史学的局限性，而是从比较史学本身去探讨其局限性，因而这种历史比较的局限性和复杂性的探讨就转变成为其学科的特点的探索了。事实上，过去几十年来的若干次文化与历史比较的热潮最终都以让人感到遗憾的结局告终，原因中非常重要的一点，就是什么是真正的历史比较问题没有真正解决。就此而言，刘先生对比较史学的全面而客观的深层认识，重要意义不言而喻。

其三，对史学比较局限性的了解有助于加深学界对整个历史学本质的理解，并进而保证史学研究的正常开展。刘先生关于历史比较局限性的论述其意义不仅表现在比较史学的研究之中，其实，这对于其他学科具有普遍的方法论意义。每一门学科都有其突出的优点，世界历史的复杂性决定了世界历史研究的多样性和多学科领域分工。正是在这种具有多样性的多学科领域分工研究中，各种角度、方式的研究才可能联系、互补，从而获得发展的机会。刘先生认为囊括一切的世界历史是不存在的，同样，能够囊括一切领域的研究方法也是不存在的。史学比较的特点既是优点也带有局限，我们既然已经清楚地知道了它的优点与局限之所在，自然就可以扬其长而避其短，可以最大限度发挥其在史学研究中的积极作用。无所不包的世界史是不可能的，经过思想加工而写出的世界史只能有所侧重，有所选择，有所舍弃，比较史学就是有侧重、选择、舍弃的世界史研究中的一种有效方法。

显然，刘先生对历史比较利弊、难易关系的阐述，一方面是从这一方法的理论本质层面对比较史学合理的学术疆域的阐释，同时也是针对一些学者对比较史学认识的偏差而做出的提醒。因此，刘先生关于历史比较利弊、难易关系的阐述，既具有明显的哲理性，又具有突出的历史性，更显示了比较史学理论的指导性。

六、余论

笔者跟随刘家和先生学习多年，受教甚深，常有人寻问先生的治学之道，因受先生亲炙，于情于理难以推脱，故常即兴作答。历次作答情境不同，曾有一点说法、三点说法和十点说法。

如果用一点来总结刘先生治史的特点，可以用"做一个老实人"来总结。什么是"老实人"？刘先生一再教导弟子，一定要走在史学研究的正道上，认认真真地学习和研究，千万不要有取巧的思想，知识是长在树上的果实，需要的是时间和不间断的积累，不要求快，不要贪多，要精益求精。毕业离京时先生的叮嘱，笔者都记在心头、当作座右铭："你回到工作单位后，工作和其他事务肯定压力大，如果给你规定一些硬性的要求你可能认为你的老师太不近人情了，因为大家都有这样的经历，工作环境中，谁都不可能有太多的时间进行专门的学术研究和写论文。但有一点我必须说一下，每天搞学术研究的时间不一定多，但每天都必须做一点，一定要坚持下去，否则就难以为继，最后有可能就荒废了，那岂不前功尽弃，太可惜了。做学问最可贵的就是坚持，最忌讳的就是断断续续，其实人与人在学问上差别，大多与这有关。不知你能否做到，但一定切记！"先生的耳提面命，每每思之，感动不已，同时又汗颜不已！

所谓三点指的是我对刘先生的治学之法有以下三个突出感受。其一，做学问一定要有一个情怀，做学问乃是做人的学问，要做一个有感情、有理想，有目标的人。做学问的格局一定要大一些，这样做学问的动力和压力就大许多，做学问的意义就大许多。对此，蒋重跃师兄指出："刘家和先生的学术成果一向以冷静、客观、深刻而著称，表现出鲜明的理性色彩，其实，在这鲜明的理性色彩的下面，非同寻常的激情涌动却从未停止过，这就是他对祖国、对人类、对真理的深情之爱和对历史研究的崇高使命感，在他那里，理性和激情相互促进相互制约，形成了很好的张力关系，表现在对历史的敬意上，就是从尊敬到肃敬，再从肃敬上升到更高层次的尊敬，在建立史家人格的实践中树立了典范。"[1]此乃真知灼见。其二，做学问一定要有一个路径。学问无穷，学者初做学问，往往热情洋溢，但却苦不知学门之所在，故很多人虽说是做学问，往往却难得其果，究其原因，乃在于不知做学问和人生一样，必然需要人们从一个角度徐徐进入，建立起自己的立足点、生力点，然

---

[1] 蒋重跃：《结构·张力·历史——刘家和先生学术思想述要》，《高校理论战线》2007年第1期。

后再不断展拓。在这里容易出的问题有两个方面,一方面就是好些人缺乏路径意识,不能形成自己的研究特色,另一方面有些人在寻得路途后,缺乏进取之心,只是固守成法,不能触类旁通,这也终难成大器。因此,致学者宜钻研不懈,日日进步,假以年月,由初时的涓涓细流终汇成大江大河,最终融入学海之中。其三,做学问一个要有一个"通"字,不可局限一隅,坐井观天,自以为是,而应文史哲经,融会贯通。记得刚入刘先生门下,先生就叮嘱要好好体会张之洞的断语:"由小学入经学者,其经学可信;由经学入史学者,其史学可信;由经学、史学入理学者,其理学可信;以经学、史学兼词章者,其词章有用;以经学、小学兼经济者,其经济成就远大。"①先生指示弟子,宜以史学为据,不断进取,但不要急于求成,而是锲而不舍,努力将文史哲三维打通,以求历史学的真谛,司马迁的"藏诸于名山"的史学求真精神虽然很难做到,但应该是一个努力和学习的榜样。

以上三点,旁听者以为要义,但其后笔者对此又不断反思,总觉得此三点并不足以包容刘先生的治学真谛。之后,笔者又提出了十点说,试图从新的角度对刘家和先生的治学思想进行探索,简称为十大关系,自认为这是把握刘家和先生学术思想的入门途径:大学与小学;中学与西学;考据与文献;史学与经学;史学与学术;文献与理论;学术与道义;教学(全国性的多种教材)与科研;教书与育人;兼容并包与成一家之言。其后对此反思,发现这也只是自己所认识的先生治学的十个学术领域。姑且不论十个领域是否能够全面准确地概括先生的学术内容,即便想对这十个领域的研究成果进行全面整理和归纳又谈何容易,这已远远超越了笔者的学术能力。尽管如此,由于自身学术研究的强烈需求和学术界对比较史学的迫切需要,笔者也在不断思考刘先生的学术思想。

本文初衷是为了较深入地探讨刘先生的学术思想,故只选择了其中的一个重要学术领域——比较史学进行尝试。因为刘先生是历史比较研究的大家,在比较史学领域中中外古史并重,理论和实践双修,这是刘

---

① 张之洞撰,范希曾补正:《书目答问补正》,上海古籍出版社2001年版,第258页。

先生在比较史学领域的突出特点。他之所以能在比较研究上取得丰硕成果，除了拥有深厚的中外语文功底及丰富的中外史学知识，更重要的还与他对比较研究有着清醒的理论自觉和深刻的理性思考分不开。想到研究这一课题具有重要的现实意义，笔者全力钻研，但随着研究的不断深入，愈感识力所限，对先生比较史学理论和方法的探讨仍处于表面，对其内涵、要义、作用诸方面的理解仍有局限。唯恐辜负先生的教诲、读者的期盼，内心惶恐不安。

蒋重跃师兄曾指出，先生历史比较最突出的成果或特征在于他用自己的研究成果论证了历史比较何以可能的这一根本性的问题，"历史的比较研究之所以成为可能，不仅是一个经验的问题，更是一个理论问题。经过他的论证，历史的比较研究已经不再是一个单纯经验的实用型的学术门类，而是有着坚实的理论性前提条件和研究自觉的学科"。[①]这一观点非常重要，给笔者以重要启发，只要抓住这一核心问题不断探索，肯定会有大的收获。正是基于此想法，本文沿用康德的思路选定了论题，其目的只是想说明，刘家和先生在比较史学的理论和方法方面突出的学术成就，为实现史学比较的科学化作出了杰出的努力。

（原载《古代文明》2020年第1期）

[①] 蒋重跃：《结构·张力·历史——刘家和先生学术思想述要》，《高校理论战线》2007年第1期。

刘家和先生的经学研究探析

许兆昌

特殊的世界上古史研究视域和20世纪救亡图存的时代洪流，共同铸就了刘家和先生的中国文明史观，其经学研究及经学思想正是这一文明史观的集中体现。概而言之，刘家和先生的经学研究既体现了对中华固有学术传统的充分尊重和吸纳，又折射出20世纪以来中华学人面对全球化浪潮致力于为中华古老传统开发出新气运的不懈努力。刘家和先生深耕细耨于包括中国在内的世界不同地区的上古文明，并在此基础上反观以经学为代表的传统中国学术和文化，由此所达到的"会通"境界，在研究者的学养普遍专门化、史学研究日趋碎片化的当代，无疑具有重要的学术价值。以下试对刘家和先生的经学研究做初步探析，不当之处，敬请学者指正。

一、由小学入经学

《四库全书总目》经部总序将汉代以来经学的发展划分为6个阶段，而"要其归宿"，又"不过汉学、宋学两家互为胜负"而已。简而言之，汉学胜于"根柢"，宋学胜在"精微"。[①] 所谓"精微"，在于发挥儒学义理；所谓"根柢"，在于考据事实精核。考据和义理，是二千年来经学发展之两翼。虽两家常常互相攻驳，实际却是相得益彰，缺一不可。

---

① 永瑢等：《四库全书总目》卷1，中华书局1965年版，第1页。

无根柢之"精微",不免流于浮浅,或可炫世一时,然经大浪淘沙,终究会在历史长河中消失得无影无踪。经学历二千余年之发展,其根柢之学——小学也随之取得巨大的发展。《汉书·艺文志》首先在六艺类中设"小学"一门,收学者著述仅12家、47篇而已,由此可以概见西汉时期小学发展的基本规模。至清编纂《四库全书》,已分小学为训诂、字书、韵书3类,共收历代学者著述81部、915卷。存目未收著述则有137部、1207卷。两者相加共有著述218部、2122卷。这是迄清前期为止历代小学发展的基本规模。有清一代,考据之学更是取得巨大发展,阮元、王先谦先后刻《清经解》、《续清经解》,共收清人各类经解著述392种、2830卷,虽其中未必尽是专门的小学著述,但清代经学的发展主要在考据领域,因此这些著述也可基本反映清代小学发展的总体规模以及深度和广度。小学是经学研究的基础。清人张之洞曾云:"由小学入经学者,其经学可信。"[1] 今人研究经学,如果没有相应的小学功底,没有对前人学术的继承,就很难做出成绩。当然,仅《四库全书总目》所列训诂、字书、韵书3类,并不能将研究经学的根柢之学全数囊括在内。例如,由于经学文献多为先秦旧籍,时代久远,其时留下来的文字记录很少,因此,欲通经学,往往又需取地下出土文献与之参证。王国维提出的二重证据法不唯可以用于考证先秦古史,其相互参证的方法亦可用于考证包括经学典籍在内的各类先秦古文献。是故金石之学,早在《隋书·经籍志》中就曾被编者属之经部小学一类。除文字、训诂、音韵、金石之学外,传统目录学更是所有学术领域的入门之径,是基础中的基础。王鸣盛在《十七史商榷》一书中开篇即谓:"目录之学,学中第一紧要事。必从此问涂,方能得其门而入。"[2] 故张之洞在四川学政任上,特编《书目答问》一书,择经、史、子、集四部共二千余种善本、精本图书以示诸生,并谆谆告诫云:"读书不知要领,劳而无

---

[1] 张之洞著,范希曾编:《书目答问补正》,"附二:国朝著述诸家姓名略",上海古籍出版社1983年版,第344页。

[2] 王鸣盛:《十七史商榷》卷1,《续修四库全书》史部第452册,上海古籍出版社2002年版,第192页。

功。"① 这些都是有关文献目录学之于治学者的重要性的论述。总之，对今天的研究者而言，二千年来的经学研究，无论是在知识体系上还是在研究方法和研究理念上，都积累了极其丰厚的学术遗产。显然，要推动当代经学研究的进一步发展，必须具有继承这份学术遗产的能力，尽管这份遗产对很多研究者而言已经厚重到近乎难以承受的程度。刘家和先生的经学研究，正是在继承传统经学研究之厚重遗产的基础上展开的。他充分利用传统学术研究中的小学方法，将经学研究进一步推向深入。

在《〈书·梓材〉人历、人宥试释》一文中，刘家和先生就利用古音通假对"人宥"做了令人信服的考证。② 按"人宥"一词出现在《尚书·梓材》所载周公在康叔受封时的一段训诰中，其原文作："汝若恒越曰：我有师师司徒司马司空尹旅，曰予罔厉杀人。亦厥君先敬劳，肆徂厥敬劳；肆往奸宄杀人历人宥，肆亦见厥君事戕败人宥。王启监厥乱为民。"③ 其中"人宥"一辞共出现两次，一次与"杀"字连用，一次与"戕败"一词连用，体味文中用意，都应与用刑、用罚有关。而据《说文·宀部》："宥，宽也，"④ 与"杀"及"戕败"之义正好相反，故伪孔传释义时皆在"宥"前断开，以为文中所说之"宥"是对"杀人历人"及"戕败人"的宽宥。例如，其释"肆往奸宄杀人历人宥"即云："以民当敬劳之，故汝往之国，又当详察奸宄之人及杀人贼过历之人，有所宽宥，亦所以敬劳之。"⑤ 其释"肆亦见厥君事戕败人宥"亦云："听讼折狱，当务从宽恕。故往治民，亦当见其为君之事，察民以过误残败人者，当宽宥之。"⑥ 显然，对奸宄、杀人、戕败人等极度恶劣的犯罪行为，

---

① 张之洞著，范希曾编：《书目答问补正》，"略例"，第1页。
② 原载《中国史研究》，1981年第4期，后收入氏著：《愚庵论史：刘家和自选集》，首都师范大学出版社2010年版。
③ 孔安国传，孔颖达等正义：《尚书正义》卷14，《梓材》，阮元校刻《十三经注疏》本，中华书局1980年版，第208页。
④ 许慎撰，段玉裁注：《说文解字注》卷14，《宀部》，上海古籍出版社1981年版，第151页。
⑤ 孔安国传，孔颖达等正义：《尚书正义》卷14，《梓材》，第208页。
⑥ 同上。

如何能即行宽宥？其间自然需要做进一步的解释。故伪孔传一再强调其中的"过历"或"过误"等原因，即非有意为之，而实是出于失误，就好比今日刑法也规定如果是非蓄意而仅是因为过失致人死伤者，在量刑时应该酌情减轻一样的道理。唐孔颖达也按照同样的思路做进一步的解释："以民须敬劳之，故汝往之国，详察其奸宄及杀人之人，二者所过历之人，原情不知，有所宽宥。以断狱务从宽，故汝往治，亦当见其为君之事，而民有过误残败人者，当宽宥之。此亦为敬劳之也。"①伪孔传和孔疏的解释，在文义上自然是做到了通顺，但都存在一个致命的硬伤，即两者都为迁就"宥"字而不得不增字解经，即毫无根据地给原文中的奸宄之人、杀人之人及戕败人之人增加了"过误"或"原情不知"等主观性理由，以此为宽宥待之来开释。显然，如果按照这种方式去曲解经意，实与贪官污吏枉法断狱之行并无二致。其实细味原文，周公训诰中的"厥君先敬劳，肆徂厥敬劳"与"肆往奸宄杀人历人宥，肆亦见厥君事戕败人宥"实为一组排比句，只不过两句所要讲述的排比内容前后互换了位置。前句的格式是"君怎样，民就怎样"；后句的格式是"看到民怎样，也就知道君是怎样的了"。清孙诒让《尚书骈枝》即云："上二句说敬劳，先云厥君，后云肆徂；下二句说宥罪人，先云肆往，后云厥君。皆谓上行下效，语意并略同，惟文有慎到耳。"②不过，孙诒让虽然看出了此段前后排比文字所表达的"上行下效"之文意，但仍然没有解决为何要对奸宄之人、杀人之人及戕败人之人实行宽宥处理这一具体的句义问题。只不过他将后句理解为"彼诸臣以奸宄杀人，历人之罪，而枉法宥之，亦因见君任戕败人之罪，或宽宥不治，故效之而曲宥有罪也"，③即认定宽宥罪人其实是枉法行为，而非如伪孔传、孔疏所云是推行宽以待民的仁政。但孙说亦不无增字解经之嫌，所谓"枉法"之义，是无法在经文中找到对应字词的。宽宥罪人的行为，固然可以增字

---

① 孔安国传，孔颖达等正义：《尚书正义》卷14，《梓材》，第208页。
② 孙诒让：《大戴礼记斠补》附《尚书骈枝》，《梓材》，齐鲁书社1988年版，第28页。
③ 同上。

理解为枉法，自然也可以增字理解为行仁政，只看注释者主观上愿意增入什么字而已。而且如果周公训诰中告诫康叔执政不要枉法行事，特地举出宽宥奸宄、杀人、戕败人这样具体的罪行未免迂曲，也没有很大的代表性。显然，《梓材》此段文意的理解，实是经学研究的老大难问题，虽经千余年学者的讨论，即使在考据学大兴的清代，也没有得到根本的解决。其中的关键所在，就是对"宥"字的训释问题。只要是从"宥"字的字面意义出发，就难以调和其与奸宄、杀人、戕败人等极端恶劣的罪行之间的关系问题。

事实上，先秦经典文献中有很多通假字，即用字仅取其音，与字面意义往往毫不相干。不明白这个道理，便难免望文生义之误，越解释越不通。戴震为段玉裁《说文解字注》作"序"，就曾阐明过这个道理："夫六经字多假借，音声失而假借之意何以得？训诂音声，相为表里。训诂明，六经乃可明。后儒语言文字未知，而轻凭臆解以诬圣乱经，吾惧焉。"① 按因声以求字是清代学者非常重视的一种重要考据方法，也是清代考据学家们的一项重要发明。由清初顾炎武首奠其基，之后出现了如段玉裁、孔广森、王念孙、王引之、陈奂等一众大家。不过，利用音声以求其本字及字义，首先需要判断是否存在通假。这是因为汉字一般是单音节字，这就必然会产生大量同音字，这与西语主要是多音节字词因而不会出现大量同音字词不同。如果把同音字都视作通假关系，必然给训释古代文献带来更大的混乱。许慎在《说文解字》中释"六书"云："假借者，本无其字，依声讬事"，② 但后代所谓通假，却不是本无其字，依声讬事，而更多的是本有其字，但行文时以同音字相代。这可能与印刷术出现以前古文献流传需要手抄同时还存在口耳相授的文献流传方式有关。这就导致在是否存在通假关系的判断上，迄今也没有人能够提出通适的标准。不过，如果同一种古文献的同一处行文使用了两种甚至两种以上不同的字，那么这些字之间就应该存在着通假关系。针对

---

① 许慎撰，段玉裁注：《说文解字注》卷31，《六书音均表》"戴震序"，第801页。
② 许慎撰，段玉裁注：《说文解字注》卷15，第756页。

"戕败人宥"一辞，刘家和先生根据王充《论衡·效力篇》引作"强人有"，指出"宥"与"有"存在通假关系（另按孙星衍《尚书今古文注疏》注引马融亦云："'戕败人宥'一作'强人有'"①）。此外，他还举出《韩诗外传》卷六第二十二章之"见人不善，惕然掩之，有其过而兼包之"句，其中的"有其过"即"宥其过"，这说明"有""宥"相通，不是偶然现象。而"有"又可与"友"互为通假。刘家和先生举《论语·学而》"有朋自远方来"句，《白虎通·辟雍》即引作"朋友自远方来"，又举《荀子·大略篇》"友者，所以相有也"，以及《释名·释言语》"友，有也，相保有也"等辞例，认为《梓材》中"人宥"的"人"和"宥"不应断开理解，"人宥"即"人有"，"人有"即"人友"，是指某一类人。此外，他又引于省吾先生的观点，指出"人历"即"人鬲"。如此，《梓材》中的"奸宄杀人历人宥"和"戕败人宥"等，实际指的是针对"人鬲"和"人友"这两类人所犯的各种罪行。其中，"人友"包括同姓的"族友"、异姓的"婚友"及众臣僚，是西周时期城邦政治的主体，即城邦的公民共同体。他们拥有公民的各种政治权利，同时也需承担各种政治、军事及经济义务。而"人鬲"则指除族友和婚友之外的黎（鬲）民，这些人没有自己的族或没有被城邦礼法承认的族，因而只能以"夫"为单位出现。他们不是城邦的主体，只是从属于城邦政治的被统治者。②

  如上所述，《尚书·梓材》中此段文字的训诂，关键是"宥"字。自伪孔传望文生义，以宽宥直解"宥"字始，一千多年来，众多经学家们都被引入歧途，即使是以考据擅长的清代学者也没能拨开这团迷雾。刘家和先生利用传统小学中因声求字的训诂方法，一朝解决了这个关键性的问题，致整段文献的理解难题也就随而冰释。依前述孙诒让的说法，《梓材》中"亦厥君先敬劳，肆徂厥敬劳；肆往奸宄杀人历人宥，

---

① 孙星衍：《尚书今古文注疏》卷17，《梓材》，中华书局1986年版，第385页。
② 以上讨论见刘家和《〈书·梓材〉人历、人宥试释》，载氏著：《愚庵论史：刘家和自选集》，第52—64页。

肆亦见厥君事戕败人宥"这段文字，上二句与下二句"皆谓上行下效，语意并略同"。自今观之，此段前后两个用于排比的复合句，前一复合句讲的是"敬劳"，后一复合句讲的是"奸宄"，实意谓无论好事还是坏事，都是君行臣效，或者是君行民效。如此则周公针对康叔训辞中所告诫的"上行下效"之义，便能做到好坏并举，行文显然更加全面。而伪孔传及孔疏只谈统治者的敬劳和仁政，明显不够全面。如此行文，才更加符合西周初年周公这样的政治家的口吻，与其时的社会政治现实更加吻合，伪孔传及孔疏则明显带有儒家理想主义政治理念的色彩，但却严重脱离了当时的政治现实。

据刘家和先生所释"宥"字，我们还可以进一步推断"肆往奸宄"之后其实应该断开，"肆往奸宄"和"杀人历人宥"都应该独立成句。并且，依前句"肆徂厥敬劳"，此句"肆往奸宄"亦应省略了一个代词"厥"，实当做"肆往厥奸宄"。前句"肆徂"即后句之"肆往"，"徂""往"同义。"肆徂厥敬劳"与"肆往厥奸宄"前后相对，指出了臣民的两种不同表现。"徂"或"往"应表示臣民的发展方向，"徂厥敬劳"即往他们的敬劳方向发展，可以意解为变成敬劳之人；"往厥奸宄"即往他们的奸宄方向发展，可以意解为变成奸宄之人。而无论发生怎样的结果，都是受其君之影响所致。"杀人历人宥"单独成句，是对前句"奸宄"内容的具体说明。同样，前一个复合句的第一句中的"亦厥君"与第二个复合句的第二句中的"肆亦见厥君"应该也是基本同义，否则前句"亦厥君"中的"亦"字无从着落。另外，后一句"事戕败人宥"中的"事"，当是"使"字，西周铜器铭文中"事""使"同形，实无分别。《梓材》为西周初年作品，行文自然不辨"事""使"，后人抄录这篇文献时，将"使"字误隶成"事"，是完全可能的。"肆亦见厥君使戕败人宥"，即"也正可见是其君使（他们）戕败人宥"之义。这个"使"不一定是亲自下令指使，而应是影响、致使之义。如此，则"亦厥君先敬劳，肆徂厥敬劳；肆往（厥）奸宄，杀人历人宥，肆亦见厥君使戕败人宥"全句，可以意释为：也正是他们的君主先敬劳，他们才往敬劳的方向发展；而他们往奸宄的方向发展，残杀人鬲、人友，也正可见是他们的君主使他们去戕败人友的。此段文字中的两个复合句，前一句的顺序是先君后臣，后一句的顺序则是先臣后君，正符合钱钟书先生归纳的古人行文之"丫叉句法"的特点，即"先呼后应，有起必承，而应承之次序与起呼之次序适反"，① 运用的是"甲乙——乙甲"的作文次序，"逆接遥应，而不顺次直下。"②

当然，先秦经典的写定距今皆数千年之久，《尚书》佶屈聱牙，尤为难读，因而任何一种考释都不敢称彻底解决问题，这既是治国故之学者应有的严谨态度，也体现了对前代学者学术劳动的充分尊重。③ 刘家和先生依通假释"宥"为"友"说，当然也可以做进一步的讨论，但他的考释无疑能够自圆其说，自成一家，必然会在漫长的经学发展史或《尚书》学史上留下一笔记录。而且相较于前人旧说，他的考释也确实为此段文献提供了更为清晰、更令人信服的理解。

除上举以古音通假对《尚书·梓材》的"人宥"一辞做重新释读外，刘家和先生利用其深厚的小学功底还解决了不少经学文献的解读问题。例如，他结合伪孔传、蔡沈、王引之等人的意见，将《召诰》"面稽天若"之"面"读为"勉"，又将"天若"解为"天之所顺"，并将全句解读为"努力考察天所顺从的民心"，④ 就是在前代学者的研究基础上取得的进一步发展。又其据《太平御览》卷八八〇所引《纪年》

---

① 钱钟书：《管锥篇》，中华书局1981年版，第1册，第66页。
② 钱钟书著，舒展选编：《钱钟书论学文选》，花城出版社1990年版，第4册，第288页。
③ 刘家和先生在《从清儒的臧否中看〈左传〉杜注》一文中指出："杜注对汉人之注既有所舍又有所取，并在取舍中把注释《左传》的水平提高到了一个新阶段。其实清儒对于杜注也既有所舍又有所取，同样在取舍中把注释《左传》的水平提高了一大步。从这一意义上来说，清儒不仅是杜注的批评者，而且是杜注的继承者与发扬者。"（原载《北京师范大学学报》2001年第5期，后收入氏著：《史学、经学与思想：在世界史背景下对于中国古代历史文化的思考》，北京师范大学出版社2005年版；后又收入氏著：《愚庵论史：刘家和自选集》）阐述的正是经学发展需要不同时期的学者前后相继，共同努力的学术精神。
④ 刘家和：《理雅各英译〈书经〉及〈竹书纪年〉》，载氏著：《史学、经学与思想：在世界史背景下对于中国古代历史文化的思考》，第135页。

之文，力证理雅各所译今本《竹书纪年》周隐王二年"齐地景长，长丈余，高一尺"之"景"，实为"暴"字，即"齐地暴长，长丈余，高一尺"。①一字改正，即致全句意义清楚明朗。虽然《竹书纪年》不在经学文献范围之内，但这种考据的方法也正是传统小学家的看家路数之一。

除释读经学著作的字词、句子之外，刘家和先生还在继承清人考据方法和成就的基础上，对古文《尚书》的真伪问题做过细致的讨论。按古文《尚书》的真伪是经学史上最大的问题之一，自清代学者阎若璩《尚书古文疏证》力证其伪之后，已近乎成为定论。但这并不意味着这个问题就没有进一步研究的空间。晚于阎氏的经学家程廷祚就作《晚书订疑》一书，据许慎《说文解字》所引《尚书》之文，证其所引皆在伏生所传29篇之中，而于古文25篇一字无引，由此证明东汉时期古文25篇已佚，为东晋所出古文《尚书》是伪书提供了新的证据。刘家和先生则在充分肯定程廷祚的考证方法基础上，进一步搜集出《说文》引《书》的相关条目共173条，又辨定其中9条为引自《逸周书》，1条所谓《周书》为《周礼》之误，最终确认实际引《书》共163条。此163条中，引自今文《尚书》28篇者共155条，引自《泰誓》的3条，两者合计158条，都与晚出之古文《尚书》无关。而其余所剩5条的5个字中，"櫅""懠"2字既不见于今文，也不见于晚出古文，不足为许慎尚见今之所存古文《尚书》的证据。"盱"字见于晚出古文《尚书》之《商书·说命下》，但许慎谓其出自《周书》，两者所说不同。"篚"字见于晚出古文《尚书》之《周书·武成》，此二字似可证许慎著《说文》时尚得见今所存古文《尚书》。不过，"盱"字又见《孟子·滕文公上》所引之"《书》曰"，"篚"字则见于《孟子·滕文公下》所引之"《书》曰"，而东汉赵岐《孟子注》皆称为《书》之逸篇，而不出其篇名。这应能说明东汉时期"盱""篚"二字所出之《尚书》的相关篇章已佚，

---

① 刘家和：《理雅各英译〈书经〉及〈竹书纪年〉》，载氏著：《史学、经学与思想：在世界史背景下对于中国古代历史文化的思考》，第140页。

许慎是据《孟子》所引而复转引,实并未见其全篇。"圛"字见于古文《尚书》之《囧命》篇,即囧字的通假字,但亦见于《书序》,故亦不当作许慎得见今存古文《尚书》的证据。凡此种种,都说明许慎著《说文》时,孔氏古文《尚书》之"在今文篇目以外者在当时已经逐渐失传了"。① 刘家和先生利用清人的考据之法,后出更精,其所得结论自然也就更为公允可信。

在《〈春秋三传〉与其底本〈钦定春秋传说汇纂〉》一文中,刘家和先生考证了世界书局所出国学整理社于1936年编印的《春秋三传》一书的版本来源,指出其实际是在清康熙年间所编《钦定春秋传说汇纂》的基础上增删而成。② 对于《钦定春秋传说汇纂》一书的优点,刘家和先生认为共有3个方面:一是引据浩博,足称"清以前的中国研究《春秋》学成果的很好的索引",③ 是研究《春秋》学史的人所不能不看的参考书。二是重视《左传》,对宋元明时期穿凿附会的微言大义多有批评。三是卷首的王朝世表、列国年表、列国爵姓等作为研究《春秋》学的工具还是很有价值的。但此书为清代所编,所以只强调尊王,不谈攘夷,对《春秋》经传的思想是一种扭曲。而据《汇纂》编成的《春秋三传》,刘家和先生亦指出其所做增删既有合理之处,也有不合理之处,但对此书故弄玄虚,不如实标注据以成编的底本,提出了严厉的批评,反映出他对传统学术中版本目录之学的高度重视,这无疑是一种十分严谨的治学态度。

作为中国传统社会的主流意识形态,经学历二千余年之发展,学人辈出,学术著述可谓汗牛充栋。只有深通经学研究的发展历史,才能有效地继承前人的研究成果,从而推动经学研究的进一步发展。在《论汉代春秋公羊学的大一统思想》一文中,刘家和先生系统梳理了"大一

---

① 刘家和:《理雅各英译〈书经〉〈竹书纪年〉的文献考证》,载氏著:《史学、经学与思想:在世界史背景下对于中国古代历史文化的思考》,第184页。
② 载氏著:《史学、经学与思想:在世界史背景下对于中国古代历史文化的思考》。
③ 刘家和:《〈春秋三传〉与其底本〈钦定春秋传说汇纂〉》,载氏著:《史学、经学与思想:在世界史背景下对于中国古代历史文化的思考》,第243页。

统"思想从《公羊传》到董仲舒再到何休的发展过程。① 他指出,《公羊传》的"大一统",就是以"一统"为大,反对春秋时期诸侯"专地"、"专封"、"专讨"等政出多门而不出于周天子的政治乱象,是对《春秋》经本文以及孔子思想的相关内容或思想倾向的进一步阐释。董仲舒则将《公羊传》中的"大一统"思想与其天人合一的学术体系结合起来,从而为"大一统"思想找到了根本层面的依据。同时,董仲舒还据三代之传承及"三正"之法,推衍出黑、白、赤三统循环迭生的"三统论",并通过时间的连续性与空间的一体性之间的对立统一关系,将"三统论"与"大一统"思想有机地结合起来,丰富了《公羊传》的"大一统"思想。刘家和先生充分肯定董仲舒的学术贡献,认为"冶空间中的一体性与时间中的连续性于一炉的大一统思想","正是中国思想传统中的一大特点"。② 这一结论对于中国古代思想史的研究极具启发价值。何休的学术贡献则是将"大一统"说进一步拓展为"三科九旨"的学术体系。其第一科是随着实际的政权更迭而采取绌旧迎新的政治史叙事,即所谓新周、故宋、以《春秋》当新王。其第二科是在时间格局中针对不同的历史现象与叙事者关系的远近而采取不同的叙事态度,即所谓所见异辞,所闻异辞,所传闻异辞,由此形成所见、所闻、所传闻3种不同的时间叙事格局。其第三科是在空间格局中针对不同叙事对象与叙事者关系的远近而采取不同的叙事立场,即内其国而外诸夏,内诸夏而外夷狄,由此形成其国、诸夏、夷狄3种不同的空间叙事格局。三科之中,每科各有3条细目或曰3种处理方式,合起来称为"九旨"。显然,《公羊传》的"大一统"说在何休这里形成了内涵更为丰富的学术体系。刘家和先生还具体分析了何休"张三世"说中所建构的衰乱世(即所传闻之世)、升平世(即所闻之世)和太平世(即所见之世)体系,指出何休这种违背历史常识的见解实际是"在经传文字中看出了时间中的先

---

① 原载《史学理论研究》,1995年第2期,后收入氏著:《史学、经学与思想:在世界史背景下对于中国古代历史文化的思考》与《愚庵论史:刘家和自选集》。

② 刘家和:《愚庵论史:刘家和自选集》,第311页。

后阶段与空间中的内外层次之间的函数关系",是"一种特识"。①显然，何休所谓三世，非指实际历史中的客观存在，而是经传的执笔者（孔子及其弟子们）在书写历史的过程中，通过时、空坐标系体现出来的一种政治观念或政治抱负，时代由远及近——即由所传闻世到所闻世再到所见世，而空间则由近而远——即由其国到诸夏再到夷狄。在此坐标系中的动态之点，并非历史事实，而是"辞"，或者进一步说，是"异辞"之中所体现的书写者的不同政治规划。太平之世是儒家以天下为胸怀的具体表现。《大学》里说："大学之道，在明明德，在亲民，在止于至善，"又说："身修而后家齐，家齐而后国治，国治而后天下平。"②从"外王"的角度讲，"至善"就是"天下平"，而亦唯有"天下平"，才可称之为"大（太）平"。按何休《公羊传》注中的说法，"所见之世，著治大平，夷狄进至于爵，天下远近小大若一。"③即在书写春秋的最后阶段即所见世史事时所用之"辞"，已然混同其国、诸夏和夷狄，一用其褒贬之法。故其注《昭公四年》"夏，楚子、蔡侯、陈侯、郑伯、许男、徐子、滕子、顿子、胡子、沈子、小邾娄子、宋世子佐、淮夷会于申"条即云："不殊淮夷者，楚子主会行义，故君子不殊其类，所以顺楚而病中国。"④此时的书写之"辞"，既是不分内外、华夷，此非太（大）平之世而何？千年而下，刘家和先生可谓何休"张三世"说的真正知音！刘家和先生通过梳理汉代公羊学"大一统"学说的发展，既为进一步研究汉代公羊学的发展提供了清晰的学术脉络，也为再度探寻公羊学"大一统"说的现实意义提供了坚实的考据前提。刘家和先生在此文的最后就指出："（公羊学）把一统的基本原因或前提理解为儒家的仁学的实行及由之而来的不同族群的文化的趋同，这种思想对于中国历史上一

---

① 刘家和:《愚庵论史:刘家和自选集》，第317页。
② 郑玄注，孔颖达等正义:《礼记正义》卷60,《大学第四十二》，阮元校刻《十三经注疏》本，中华书局1980年版，第1673页。
③ 何休注，徐彦疏:《春秋公羊传注疏》卷1，隐公元年冬十有二月，阮元校刻《十三经注疏》本，中华书局1980年版，第2200页。
④ 何休注，徐彦疏:《春秋公羊传注疏》卷22，昭公四年夏，第2200页。

统事业的发展是有其深度影响的。"① 显然，汉代公羊学中所包含的超越不同文化、不同族群之具体差异的兼容立场，对于解决当代日益严重的由区域文化或文明的不同而致的相互误解乃至激烈冲突的现实问题，也极具重大的理论价值。

二、由史学入经学

刘家和先生的经学研究之所以能够取得超越前代学者的成就，除了他充分继承、吸收并发展了传统学者经学研究的方法和成就外，更在于他具有前代学者也包括当代众多学者所不具有的世界上古文明史的广阔视域。作为一位对包括中国在内的世界不同地区上古文明都有深入研究的史家，史学研究的考信方法和上古文明史的广阔视野，都为其解决相关经学问题提供了不同于传统学者的研究路径，从而有效地推动了经学研究的当代发展。其有关宗法制的研究就是运用史学方法从事经学研究的典型例证之一。

宗法制是经学史上的重要课题之一，但有关君统和宗统是否统一的问题却长期得不到解决。引起争论的主要材料分别出自《诗经》和《礼记》。按《诗·大雅·公刘》"食之饮之，君之宗之"毛传云："为之君，为之大宗也"，② 这是将君统与宗统视为一体。《诗·大雅·板》"大宗维翰"毛传又云："王者天下之大宗"，③ 这是明确肯定周王既是天下之君，又是天下最大的宗主。但是在另一部儒家经典《礼记》中，又明确记载区分大宗、小宗的宗法制仅行于卿大夫阶层，而天子与诸侯则仅有君统，不在宗统之内，也就是说，君统与宗统不为一而为二。如《丧服

---

① 刘家和：《愚庵论史：刘家和自选集》，第320页。
② 毛公传，郑玄笺，孔颖达等正义：《毛诗正义》卷第17—3，《大雅·公刘》，阮元校刻《十三经注疏》本，中华书局1980年版，第542页。
③ 毛公传，郑玄笺，孔颖达等正义：《毛诗正义》卷第17—4，《大雅·板》，第550页。

小记》云:"别子为祖,继别为宗,继祢者为小宗。"郑玄注:"诸侯之庶子,别为后世为始祖也。谓之别子者,公子不得祢先君。别子之世长子,为其族人为宗,所谓百世不迁之宗。别子庶子之长子,为其昆弟为宗也。谓之小宗者,以其将迁也。"①《礼记》中的另一篇文献《大传》除有相同表述外,还进一步说:"有百世不迁之宗,有五世则迁之宗。百世不迁者,别子之后也。宗其继别子之所自出者,百世不迁者也。宗其继高祖者,五世则迁者也。"②显然,《诗经》及毛传为君统、宗统统一派,而《礼记》及郑注则为君统、宗统分立派。究其本质,可以简单概括为统一派重视的是"亲亲",在君主身上增加一层血亲的温情一面;而分立派强调的是"尊尊",明确君主的尊严不应受血亲关系的损害。故郑玄《公刘》笺释"宗"字,"尊也",③不以宗法为释,其《板》笺"大宗"亦云:"王之同姓之嫡子也,"④总之是维持了自己君统、宗统分立,不以宗统害君统的立场。但由于君统、宗统分立派的大宗宗统是从继别子者开始的,而小宗的宗统还要到别子庶子的长子那里,即继别子之庶子者才得以开始,这就使得有一小批人既无法进入君统,也没有宗统可进,这就是在可以继承君位的嫡长子之外的群公子们。而《大传》对这一小批人的宗属问题也做了特殊的说明:"公子有宗道。公子之公,为其士大夫之庶者,宗其士大夫之嫡者,公子之宗道也。"郑玄注:"公子不得宗君,君命嫡昆弟为之宗,使之宗之,"⑤即由君的昆弟或君储(嫡长子)的昆弟担任宗子,统属其同辈众公子,形成一小型宗(家)族团体。由于君或君储存在有无(嫡、庶)昆弟的现象,所以公子的宗属是不确定的,《大传》为之归纳出三种情况,即"有小宗而无大宗

---

① 郑玄注,孔颖达等正义:《礼记正义》卷32,《丧服小记第十五》,第1495页。
② 郑玄注,孔颖达等正义:《礼记正义》卷34,《大传第十六》,第1508页。
③ 毛公传,郑玄笺,孔颖达等正义:《毛诗正义》卷第17—3,《大雅·公刘》,第542页。
④ 毛公传,郑玄笺,孔颖达等正义:《毛诗正义》卷第17—4,《大雅·板》,第550页。
⑤ 郑玄注,孔颖达等正义:《礼记正义》卷34,《大传第十六》,第1508页。

者,有大宗而无小宗者,有无宗亦莫之宗者"。① 据唐孔颖达疏,即一,如果有嫡昆弟,则自为公子所从之大宗,而不再另设小宗,即所谓有大宗而无小宗;二,如果没有嫡昆弟,则以庶昆弟为公子所从之宗,即有小宗而无大宗;三,如果公子仅有一人,则其既无所宗,当然同样也无宗之者。依《诗》说,则君、宗二统合一,自然没有《礼记》君、宗二统分立所带来的上述问题。但《礼记》对此言之凿凿,甚至细节考虑也无处不到,显然也非无根之谈。总之,历代经学家们分别据《诗经》或《礼记》、毛传或郑注,或持统一论,或持分立论,纷纭未定。针对这一经学史上的老大难问题,刘家和先生亦作专文予以讨论,即其《宗法辨疑》一文。②

刘家和先生在该文中站在史家的立场对经学研究的方法论问题提出了自己的见解,即考信史实才是解决经学问题的科学手段:"在某种经学见解和历史实际发生矛盾的时候","首先必须综核名实,考信于历史事实。"③ 对于这个经学研究的史学方法,他还具体归纳出3个方面的内容:1.凡是经学争论,皆须考信于历史。经学家们的观点是否是真实的历史存在,是判断其对错的最终标准。2.经学问题,需要放在历史环境中从揭示经学本身的矛盾出发来梳理。3.只有通过分析经学问题产生的历史条件,才能彻底说明经学问题,才能提出最佳的解决方案。相较于传统经学家们仅在经学领域打转,刘家和先生强调考信史事的研究方法无疑是真正能够引导相关经学研究走出困境的唯一办法。

在《宗法辨疑》一文中,刘家和先生列举了众多铜器铭文及传世文献的材料力证君统、宗统合二为一是西周乃至春秋时期存在的历史事实。其中如西周时期的《何尊》(《集成》6014)载"王诰宗小子于京室",《驹形盉尊》(《集成》6011作《盉驹尊》)载"盉拜稽首曰'王弗忘厥旧宗小子'","王佣下不其则万年保我万宗",春秋晚期楚《王子午鼎》(《集成》2811)载"王子午择其吉金,自作骉彝嘉鼎,用享以

---

① 郑玄注,孔颖达等正义:《礼记正义》卷34,《大传第十六》,第1508页。
② 原载《北京师范大学学报》1987年第1期,后收入《愚庵论史:刘家和自选集》。
③ 刘家和:《愚庵论史:刘家和自选集》,第166页。

孝于我皇祖文考"等，皆可证两周时期的臣子或王子能够与其君论宗属关系，并可以对其所自出君主行孝享之礼。刘家和先生还举出不少传世文献中所载可证臣子可以与君王论宗属关系的材料。如《左传·文公二年》称："宋祖帝乙，郑祖厉王。"①《国语·鲁语上》称："天子祀上帝，诸侯会之受命焉。诸侯祀先王、先公，卿大夫佐之受事焉。"②这些史料都说明诸侯可以以其所自出之王为祖，并在国内对其行孝享祭祀之礼。另据《左传·襄公十二年》记载："吴子寿梦卒，临于周庙，礼也。凡诸侯之丧，异姓临于外，同姓临于宗，同宗于祖庙，同族于祢庙。是故鲁为诸姬临于周庙，为邢、凡、蒋、茅、胙、祭临于周公之庙。"杜预注"周庙"云："文王庙"；注"宗"云："所出王之庙"；注"祖庙"云："始封君之庙。"③这是认为周代的诸侯在国内不仅立有始封君之庙，另外还立有文王庙及所自出周王之庙。如果宗法仅自别子为祖，继别为宗始，则诸侯立所自出先王之庙便成无根之谈。而如果依照"公子不得祢先君"的规定，则诸侯在自己的国内立先王之庙就更是一种悖妄之举。刘家和先生从考信史实的角度，确实为君统、宗统合一论提供了更多的可信证据。

结合地下出土铭文资料与传世文献资料考证两周史实，包含对传统金石学研究方法继承的因素，但更是对王国维所阐明的现代历史学科研究方法——"二重证据法"的利用。而利用史学研究方法解决经学问题，也正是王国维相关经学问题研究的重要特征之一。例如，《尚书》的《高宗肜日》篇，经学史上向有两说，一说为高宗（即武丁）祭商汤所作，一说为祖庚肜于高宗之庙所作。王国维举甲骨卜辞之"贞王宾大丁肜日，无尤"、"贞王宾大甲肜日，无尤"、"贞王宾武丁肜日，无尤"等辞例，指出凡云"贞王宾某甲、某乙、某祭者"，"其中某甲、某乙，

---

① 杜预注，孔颖达等正义：《春秋左传正义》卷18，文公二年秋八月丁卯，阮元校刻《十三经注疏》本，中华书局1980年版，第1839页。
② 上海师范大学古籍整理组校点：《国语》卷4，《鲁语上》，上海古籍出版社1978年版，第153页。
③ 杜预注，孔颖达等正义：《春秋左传正义》卷31，襄公十二年秋，第1951页。

皆谓所祭之人，而非主祭之人"，由此力证"高宗肜日，不得释为高宗祭成汤"。①

当然，刘家和先生提出以考信史事作为研究经学的基本方法，并不意味着史学方法一旦引入，就可以解决所有的经学问题。还举上述有关宗法制度的讨论为例，其中所涉及到的历史问题与经学问题一样，也十分复杂。因为从历史学的角度看，一种制度，往往有一个从产生到发展以至最终衰落的过程。其中的制度规定，也很难持续数百年而毫无变化和发展。君统和宗统之间，是不是从先周公刘时期一直到战国时代都保持着合二为一的统一关系，我们应该持变化的立场去看待它，而这正是以往经学家们的视角盲点。据《史记·周本纪》，"不窋末年，夏后氏政衰，去稷不务，不窋以失其官而犇戎狄之间。不窋卒，子鞠立。鞠卒，子公刘立，"②则公刘应该生当夏末商初。自公刘之后，又经庆节、皇仆、差弗、毁隃、公非、高圉、亚圉、公叔祖类共八代，才传到古公亶父。古公亶父受薰育侵凌，不得已率部众去豳迁于岐下。至此才贬戎狄之俗，营筑城郭室屋，方始"作五官有司"。③按《周本纪》述周人世系从后稷到古公亶父，历夏商二代共一千余年，才仅有十余代，前人研究其中肯定有不少脱漏。但古公亶父传季历，季历传文王，文王再传武王，这一世系传承距西周王朝建立已经很近，当为准确。也就是说，周人直到古公亶父时代，即殷商晚期才开始有比较大规模的政治制度建设，而上数至公刘时期，最多只能是处于从原始社会向文明社会过渡的早期阶段，其文明发展程度大约只相当于苏秉琦先生所说的"古国"阶段，所建立的不过是刚刚脱离部落形态的较为稳定的早期政治体而已。④这个时候即使有宗法制度，其目的也只能是联系宗族血亲力量，巩固刚刚建立起来的早期国家统治。显然，这个阶段如果将君统和宗统分开，

---

① 王国维：《观堂集林（外二种）》卷1，《高宗肜日说》，河北教育出版社2001年版，第10页。
② 司马迁：《史记》卷4，《周本纪》，中华书局1959年版，第112页。
③ 同上书，第114页。
④ 刘家和先生在《说〈诗·大雅·公刘〉及其反映的史事》一文中，也认为此时的公刘不过为原始社会晚期的军事首领而已，详后文。

强调君权，抑制族权，甚至出现分立派所描述的君主绝宗的形势，不仅刚刚建立起来的早期国家难以维持，即君主本人的人身安全都可能得不到有效的保障。从这个角度讲，《公刘》篇所说的"食之饮之"，应正是早期国家的统治者还没有完全脱离民众，尚能与民众打成一片的表现。而"君之宗之"，讲的正是公刘既为周人之早期古国的君主，同时也是部族的首领，早期的政治体就是这样借助血缘纽带来维系的。此时的君统与宗统，自然应是合二为一。毛传以为"为之君，为之大宗"，以"大宗"释"宗"，不一定准确，"宗之"就是以之为宗，即视公刘为宗族之长，但整体上应该说能够准确地反映早期政治运作的历史特点。而郑玄一定要将"宗"释作"尊"，并无必要。至西周王朝之初建立，在当时的周人看来，就是一场小邦周对大邦殷的胜利。无论是人口数量还是所控制地区的面积，周人都无法与商人相比。在这种政治局势下，周人为了巩固新兴王朝的统治，开始大量分封周人的同姓和异姓诸侯到各地去建立军事、政治据点，从而将原属殷商王朝的广大区域牢牢地掌控起来。周人分封的原则按照春秋时期周襄王大臣富辰的描述，就是"封建亲戚，以蕃屏周"，具备血亲关系是分封对象的首选。富辰还进一步总结了天子抚民的两个基本原则，首先是"太上以德"，即强调最高统治者自身的德行与能力，第二就是"其次亲亲，以相及也"，[①] 即利用好血亲关系加强统治。显然，周武王刚刚建立西周王朝，就迫不及待地将血缘关系撇开，强调族权不可侵犯君权，制造君统与宗统的分立，也是不现实的。但是，族权之于君权毕竟有着天然的两面性。一方面它确实能够对君权起到维护的作用，另一方面它与君权也会形成相互冲突的态势。恩格斯曾指出国家与氏族社会的差别之一是公共权力的设立，并且"这种公共权力已经不再直接就是自己组织为武装力量的居民"，它是一种"凌驾于社会之上的力量"，[②] 显然，宗族权力不具有这种凌驾于社会之上，且与结成一个政治共同体的普通居民不再直接结合

[①] 杜预注，孔颖达等正义：《春秋左传正义》卷15，僖公二十四年，第1817页。
[②] 中共中央马克思恩格斯列宁斯大林著作编译局编译：《马克思恩格斯选集》第4卷，《家庭、私有制和国家的起源》，人民出版社2012年版，第187页。

的属性,其中所包含的天然长成的血亲关系必然会对权力本身产生一定的危害。春秋时期,曲沃代翼之后,晋国政治竟然向着剿灭公族的方向发展,就是族权与君权剧烈冲突之后晋国国君的政治选择。这是西周以来在强调亲亲原则之外的另一种政治选择。在这种政治现实下,《礼记》强调公子不得祢先君,只能自为别子,另立宗统,以至造成天子、诸侯绝宗的情形是完全有可能出现的。当然,将君统与宗统区分开,应有其实现的历史条件,即西周王朝的统治已经逐步稳定,不再需要特别强调亲亲的原则来维护周王对王朝的统治。刘家和先生所举臣子与周王明确论排宗属关系的《何尊》及《驹形盉尊》(《盉驹尊》),时代皆属西周早期,或者属中期的前段,就很能说明问题。而中期以后的西周铜器铭文中就不再能够见到臣子与周王论宗属关系的资料了。其所举西周中期铜器《善鼎》(《集成》2820)"善……用作宗室宝尊,唯用绥福,号前文人"之"前文人"有时简称为"文人""文神"等,是铭文中常见对于本宗族或本家族祖先的褒扬之辞,并不一定指周文王,例如,西周中期《癫钟》(《集成》0248)即云:"乍文人大宝协龢钟。"癫所出自的微史家族是在武王克商之际才投奔周人的,与周文王并无干系。因而"前文人"一辞并不能用来证明一直到西周中期以后臣子仍可以以文王为自己的宗室之祖。君统、宗统的分立应有西周王朝鼎盛时期国力强大为历史背景,其时的君权有比较好的客观外部环境来实现强势压制宗权。据铜器铭文及传世文献,西周穆王统治时期,其国力达到鼎盛,与此同时,包括王朝廷礼制度在内的各项制度也得以确立,反映在册命铭文上,是行文格式统一且保持稳定,不像西周早期的铭文在行文上往往很有个性特色。因此,推测《礼记》所载的君统与宗统的分立,或当发生于此时。但随着西周王朝的衰落并最终东迁,一方面周天子的君权失去了有效压制宗权的能力,而随着王朝力量的削弱,利用宗权来维护王朝统治又成为政治运作的一个选项,此时再强调君权与宗权的分离并不利于巩固周王的统治;另一方面宗权或是出于天然的血亲关系,或仅是为了宠耀于众,自然也不会再遵守君统、宗统分立的制度。于是诸侯得以天子为祖,并行孝享之礼的现象又再度出现,至此,君统、宗统必然又再度合二为一。刘家和先生所举君统、宗统合一的传世文献及铜器铭文材料,除前述几例属西周早期外,其他各例所反映的又都属东周以来的史事。其中记载王子午享孝其皇祖文考的《王子午鼎》,是春秋晚期楚地之器。而《战国策》所载孟尝君一条已晚至战国后期,而且出于冯谖所谓"狡兔三窟"的计谋,可见当时诸侯之别子立不立先王宗庙并无制度规定,纯粹是个人的行为,请立也可以立,不请则自然也可以不立。另外,《左传·襄公十二年》杜预注鲁之"周庙"为"文王庙"实有问题,考虑并不周到。按杜预分别注"同姓临于宗"之"宗"为"所出王之庙","同宗于祖庙"之"祖庙"为"始封君之庙"。依此注,鲁出于文王,则鲁所立之"宗",当即文王庙,而其始封君为周公,因此祖庙即周公庙。但前注又以为"周庙"即文王庙,如此则"宗"与"周庙"二者为一,同为文王庙。据《左传》本文,"凡诸侯之丧,异姓临于外,同姓临于宗,同宗于祖庙,同族于祢庙。是故鲁为诸姬临于周庙,为邢、蒋、茅、胙、祭临于周公之庙。"但吴实出于太伯,并非出自文王,从血亲关系上讲,文王为太伯之侄孙,吴系周人之从周人大集团中分出,早在文王之前。因此如果将"同姓临于宗"之"宗"解释成"所出王之庙",则鲁为吴子寿梦之卒临于文王庙,显然不妥。因为仅从宗族的角度讲,文王实无统领所有周人的资格。吴人可以奉太伯及太伯之父古公亶父为祖,但绝无奉文王为祖的可能性。因此,经文中的周庙绝不应该是文王庙,也就是说,杜注将"宗"或"周庙"都解为"所出王之庙"即文王庙极可能是错误的。诸姬并不都出自文王,除了吴之姬外,还有燕之姬,出于召公,而召公也并不自文王出。若《左传》所记为同姓诸姬临于宗(周庙)的制度确实存在,则此宗(或称周庙)应与任何一个周王都无关系,它应是对前国家时期诸姬之间纯血亲关系的一种确认,其所享孝的祖先,在时代上应远早于西周王朝的建立。概而言之,文王一系以下,无论君统和宗统是否合一,都找不到与吴系的关联,只能向上追溯,两家才能扯上关系。在文王庙内临吊不相干的吴系或燕系姬姓子孙,无论如何都显得不可思议。或者以此认为这正好说明君统和宗统合二为一,文王一系作为周人之君,同时又是众姬之大宗,因而有对天下众姬合族的资格和义务。但此事恰发生在鲁国，而鲁并不是众姬之大宗。相对于周王而言，鲁与众姬一样，不过是小宗之一支，焉得有立文王庙为众姬合族的资格？因此，鲁之所以为同姓临于宗（或周庙），只能是出于同血亲关系之间的相互助恤，与大宗、小宗之宗法制度无关。又或以文王一系为众姬百世不迁之大宗，吴之姬、燕之姬虽与文王无关，但皆为姬姓之小宗，因此身为大宗的文王一系就有了为众小宗合族的资料。但如果严格从宗法制度所强调的大宗、小宗角度讲，文王又显然并非此系大宗的始祖，又何得独为文王立庙来对众姬行合族、收族之义务，而不为季历、古公亶父或其他更早的周人祖先立庙来合族、收族？我们认为，如果《左传》所载"周庙"或"宗"真的可以合所有姬姓之族，则唯一可当此庙之主的，应该只有周人始祖后稷。据《诗·鲁颂·閟宫》，鲁有先妣姜嫄之庙，[①] 则鲁为姬姓男性始祖后稷立庙，也应当是情理中事，于此庙中临吊诸姬之丧，也就再合理不过了。若上述推证无误，则杜注所谓鲁立文王之庙说并不可靠。据此，《左传》所谓同姓所临之"宗"，同宗所临之"祖庙"及同族所临之"祢庙"的三庙，其庙之主有远祖，有始祖，有父，恰无所出之王，反倒正好可以作为君统、宗统二分说的证据。

总之，宗法制度是经学史上的老大难问题，将讨论局限在经学领域，显然没有办法提出更好的解决方案。刘家和先生力倡从史学考信的角度对这些经学老问题予以重新审视，无疑是最为科学的方法。当然，正如前文所论，早期文明史的史料稀少，来源又十分复杂，不同史料之间未必能够相互支持，这些史料往往是不同时代的记载，在传播过程中又不断被不同时代的后来学者所解读。因此，将经学问题引入史学领域，并不意味着这些问题马上就能够得到解决。刘家和先生在《史学和经学》[②] 一文中对此也明确指出："宗法中君统宗统问题的解决，不能如

---

① 按毛传以为"先妣姜嫄之庙，在周"（毛公传，郑玄笺，孔颖达等正义：《毛诗正义》卷第20—2，《鲁颂·閟宫》，第614页），不在鲁。孔颖达疏申郑笺之义，以为"诗人之作，睹事兴辞。若鲁无姜嫄之庙，不当先述閟宫"（毛公传，郑玄笺，孔颖达等正义：《毛诗正义》卷第20—2，《鲁颂·閟宫》，第615页）。两说相较，当以笺说为长。

② 原载《北京师范大学学报》1985年第3期，后收入氏著《愚庵论史：刘家和自选集》及氏著《史苑学步：史学与理论探研》（北京大学出版社2019年版）。

此简单了事,不过,从这里可以看到金文资料对于解决经学史上的问题具有十分重要的意义,"①所论最为公允平实。显然,以史实考信为解决经学问题的根本方法,这一学科发展方向是值得坚守的。

以上所述刘家和先生利用考信古史的方法对宗法制的核心问题——君统与宗统是否统一问题所做系统讨论,文中所涉古史内容主要发生在早期中国史领域。而他在《说〈诗·大雅·公刘〉及其反映的史事》②一文中,除大量利用传统经学研究方法及早期中国古史的相关记载做系统考释外,还使用了不少世界其他地区早期文明的史事以为参证,为经学这门古老的传统学术注入了全新的血液。据上文,公刘是大约生活在夏、商之际的周人首领,《诗·大雅·公刘》篇记录的是他率领周人从邰迁豳的过程和史事。周人从邰迁豳,是其发展史上的一起重大事件。据《史记·周本纪》,公刘时期,"周道之兴自此始,故诗人歌乐思其德,"唐司马贞索隐谓:"即《诗·大雅》篇'笃公刘'是也。"③有关《诗·大雅·公刘》,毛传和郑笺都做了比较详细的注释,但他们站在后来西周王朝的视角,又将他们所习知的儒家政治理想渗透其中,结果就把公刘描述成为一个"充满圣贤气象的雍雍穆穆的君主",④甚至以为早在公刘居邰之时,周人就已经拥有了三军之制。这些注释都很难在史实的层面上予以考信,也必然会导致毛传和郑笺在很多地方难与《公刘》一诗的本义相符。按早期部族为生存和发展的需要,会经常性地举族迁徙。像商人即使在建立王朝之后,也还曾数次迁都。因此,《公刘》篇所载公刘自邰迁豳一事,只有把它当作一起早期历史上常见的事件,放在其时的历史条件下,才有可能揭开史事的真相,从而对诗中所载内容及其本义给出令人信服的解释。

在《说〈诗·大雅·公刘〉及其反映的史事》一文中,刘家和先生首先指出毛传和郑笺将公刘描述成一位圣贤君主,并且周人在当时

---

① 刘家和:《史苑学步:史学与理论探研》,第23页。
② 原载《北京师范大学学报》1982年第5期,后收入《愚庵论史:刘家和自选集》。
③ 司马迁:《史记》卷4,《周本纪》,第112—113页。
④ 刘家和:《愚庵论史:刘家和自选集》,第126页。

就已有了三军之制，都不符合历史发展的客观实际，这就相当于给该篇诗义的诠释定了一个基本的调子，而这个基调正是建立在对世界各地早期文明发展程度的充分认识基础之上的，无疑也是准确的。《公刘》篇共分6章，刘家和先生逐章做解释并考证其中所反映的史事，认为6章完整记录了公刘自邰迁豳的全过程：第一章写准备粮草与列队启行，第二章讲到达豳地后与当地人的交往，第三章讲公刘考察豳地地形并与周人商讨定居事宜，第四章写公刘与周人宴饮并被推举为宗族长及首领，第五章写定居之后的治理安排，第六章讲建立永久性的居室。而这个逐渐发展的层次与古代部族的一般迁徙是完全吻合的。因为有世界早期文明史的研究背景，在做具体考释时，刘家和先生的不少观点无疑超过了被奉为解诗圭臬的毛传和郑笺。例如，第三章中有"于时庐旅"句，毛传谓"庐，寄也"，①"于时庐旅"，即寄旅于是的意思，对"旅"字并没有做进一步的解释。郑玄则将"旅"释作"宾旅"，因为周人相对豳地之人而言外来为客，故称作"宾旅"。"旅"字确有宾旅之义，因此这种解释字面上看并无问题，但不免有将后世现象置于上古时代之嫌。刘家和先生则引容庚先生有关"旅"字造字本义的考释，认为"旅"字象聚众人于旗下之形，即"众"义，但非乌合之众，而是有组织的众人，是由原始部族的共同体成员组成的兵农合一的旗下之众。从世界早期文明史看，这种共同体往往都是从氏族、部落等原生组织形态发展而来的。而其用于聚集成员的旗帜，也往往绘有熊虎等动物图像，显然应与原始社会的图腾标志有千丝万缕的关系。因此，《公刘》所谓"于时庐旅"中的"旅"字，不能简单地理解为宾旅或者军旅，而应将它理解为血缘与地域合一，兵与农合一的"浑然未分"的早期共同体。②显然，这一考释要比将"旅"字简单解释成宾旅或军旅都更为准确，与《公刘》篇所述史事的历史语境也更加吻合。又如第四章有"君之宗之"句。此句是宗法制研究的重要

---

① 毛公传，郑玄笺，孔颖达等正义：《毛诗正义》卷第17—3，《大雅·公刘》，第542页。

② 相关讨论见刘家和：《愚庵论史：刘家和自选集》，第130页。

材料之一,是宗统与君统合二为一论点的主要证据。从字面上看,"宗之"是以公刘为宗族之长,"君之"是以公刘为君,这都没有什么错误。但公刘时代的"君"是否已经达到了后世所理解的君主的程度,从早期文明发展史的角度,当然又可以做进一步的讨论。刘家和先生引《逸周书·谥法解》"从之成群曰君"、《白虎通·三纲六纪》"君者群也,群下之所归心也"等史料,指出君的古义应当是指这种能够让群众归心的首领,后来才发展出我们现在所理解的君主之义。从世界上古文明史的角度看,同样的语例在古代希腊也是存在的。刘家和先生举古希腊时代的"巴赛勒斯"一词,其义为君或王,但这个词在荷马时代所指正是军事首领。这与汉语中"君"字的演化轨迹完全一致。显然,《公刘》此章中出现的这个"君"字,不应以后世专制时代的君主视之,而应看作是原始社会晚期的军事首领。另外,此章所描述的公刘宴饮周人的场面,有"跄跄济济,俾筵俾几,既登乃依",又有"乃造其曹,执豕于牢,酌之用匏",①表现的正是周人族众共同归心于公刘的情形。因此,《公刘》篇之所谓"君之",其实际的历史内涵只能理解为周人推举公刘为自己的军事首领而已,不能简单地以后世君主来理解其时公刘的社会角色。②这一对"君"字所包含的历史内容的考释,无疑是传统时代的经学家们难以想象的。再如第五章"彻田为粮"句。此句中的"彻",与周人的赋税制度密切相关。《孟子·滕文公上》语三代税制称:"夏后氏五十而贡,殷人七十而助,周人百亩而彻,其实皆什一也。"③故历代经学家们见到"彻"字,往往就向周人税制方面理解,如郑玄解此句即谓"什一而税谓之彻"。④按如《孟子》所言,无论是夏后氏的五十而贡,还是殷人的七十而助,税率都是什

---

① 毛公传,郑玄笺,孔颖达等正义:《毛诗正义》卷第17—3,《大雅·公刘》,第542页。
② 相关讨论见刘家和:《愚庵论史:刘家和自选集》,第132页。
③ 赵岐注,孙奭疏:《孟子注疏》卷5上,《滕文公章句上》,阮元校刻《十三经注疏》本,中华书局1980年版,第2702页。
④ 毛公传,郑玄笺,孔颖达等正义:《毛诗正义》卷第17—3,《大雅·公刘》,第543页。

一。因此郑玄所谓"什一而税谓之彻",其实等于什么都没说,因为针对夏后氏,也可以说"什一而税谓之贡",针对殷人,也可以说"什一而税谓之助",至于什么是"彻",并没有具体的解释。实际上,从《孟子》本文看,彻与贡、助一样,都是交纳赋税的具体方式,而不是指税率。关于"彻"字,《说文》释其为"通",故历代经学家往往以此释周人收取赋税的方式包括贡和助二种,即通于夏商之义。古文字学家商承祚先生则据《说文》所载"彻"字的古文从鬲从又,释其象食毕而"彻去"之。徐中舒先生亦谓"彻"字为"彻取"之义。所谓彻田,就是彻取公社土地的一部分作为公田而已。刘家和先生则举古代希腊有一种田地叫做 Temenos,其原义就是"切割出来的"或"划出来的"土地。这些切割出来的土地,由荷马时代的军事首领、迈锡尼时代的国王及神庙所占有,其产出自然也归这些占有者所有。① 显然,这正是早期文明社会赋税制度得以产生的一种重要方式。这一对"彻"字的考释,无疑提供了更多的历史内涵,使我们对于周人这一税制的本质及时代特征有了更加深入的理解。刘家和先生利用世界早期文明发展史的材料考释《诗·大雅·公刘》的诗义,并参证其中所反映的史事,这一研究方法和研究视野的突破及其所取得的成就,对当代的经学研究而言无疑具有重要的启示价值。

三、由经学入史学

清末张之洞曾云:"由经学入史学者,其史学可信。"② 经学作为传统社会的主流意识形态,是规范包括学术活动在内的一切社会活动的指导思想。史学活动缺少了这个指导思想,甚或违背了这个指导思想,在传统学人看来,都属离经叛道,自然也就不可信据。故传统史学的

---

① 相关讨论见刘家和:《愚庵论史:刘家和自选集》,第135页。
② 张之洞著,范希曾编:《书目答问补正》,"附二:国朝著述诸家姓名略",第344页。

各种评价标准中,"义例雅饬"是首要之义,而"考证详核"却只能居于次席。① 不过,本文所讲的由经学入史学,却不是说刘家和先生生居当代,却还抱着传统经学的那一套,以之为自己史学活动的指导思想。按刘家和先生虽然精于经学和小学,并能有效地使用史学的方法为研究经学老问题提供新思路、新见解,但他的学术本位却是史学,并非经学。本节标题所使用的这个"入"字,讲的是刘家和先生的学术标的和学术旨归。

刘家和先生曾著《史学和经学》一文对中国古代的经学与史学关系做系统、深入的研究。在该文中,他对史学和经学的关系做了4个方面的总结。第一是系统论述了经学与史学二千余年来的发展和互动历史;第二是归纳出经学之于史学研究的3种意义,即:提供资料、提供对古代文献的解释、提供整理古代文献的方法;第三是探讨了经学之于史学研究的价值局限;第四是概括了经学与史学的相近以及相合之处,如都重视传统,都对各学科内容兼容并蓄,都注意经世致用等内容。尽管上节已述他对利用史学的史事考信方法解决经学问题深有心得,并取得了卓越的成就,但该文对于史学之于经学研究的意义却并没有特殊的措意和系统的讨论,这显然与他是以史学研究为标的来谈经学与史学的关系有关,是其史家本位的必然结果。

刘家和先生由经学入史学,以史学为其学术指归,表现在他的经学研究往往是在史学追问的旗帜下进行的。在这个学术追问过程中,经学研究不过是其解决史学问题的一种方式或曰途径。这方面可以举其《三朝制新探》②一文为例。

朝是古代君臣议论政事的场所,据《周礼》,朝又分燕朝、治朝和外朝,也可称内朝、中朝、外朝,合称则为"三朝"。三朝制是经学研

---

① 例如,张之洞在其《书目答问》中即指明其有关史部书籍的选择标准是"义例雅饬,考证详核",其顺序即"义例"居首,而"考证"居次。见张之洞著,范希曾编:《书目答问补正》"略例",第2页。

② 原载唐嘉弘编:《先秦史研究论集》,中州古籍出版社1984年版。后收入《愚庵论史:刘家和自选集》。

究的老问题，刘家和先生所撰《三朝制新探》一文，对这个传统课题做了系统的讨论。但他讨论三朝的切入点却是东西方政治体制的对比问题，回答的是为什么古代西方的政治体制是多种多样的，却唯独没有出现专制君主制；而古代东方却仅出现一种政治体制，即君主专制体制？按古希腊城邦体制中，虽然也存在着王权，但同时又存在贵族（长老）议事会和公民大会，从而对王权形成制约，使之无法发展成为专制君主。刘家和先生指出，国王和两个会议并存，从世界文明史的角度看，是由原始社会的军事民主制向早期文明社会演进过程中的正常现象。其中，国王是军事首领的发展，贵族议事会和公民大会则由部落时代的长老议事会和全体部落成员大会延续而来。那么，中国早期文明的演进会出现完全不同的情况，一下子从原始民主制跨越成为专制君主制吗？刘家和先生之所以选择三朝制这个经学老问题做系统讨论，是因为三朝制的存在能够说明中国早期文明发展阶段同样存在着类似的原始民主制度的残余。中国早期文明的发展既有其特殊内容，又遵守人类文明演进的一般规律。在《三朝制新探》一文中，刘家和先生首先运用经学研究的基本方法，对三朝的名称、方位、功能做了详细的考证。但他的讨论并不止于此，否则就与传统的经学研究并无二致，而是进一步对三朝所体现的社会政治、社会生活的属性做更深入的研究。例如，他引《周礼》郑注考证内朝在路寝之庭，其重要功能之一是"图宗人之嘉事"。①按《周礼·春官·大宗伯》云："以嘉礼亲万民：以饮食之礼亲宗族兄弟，以昏冠之礼亲成男女，以宾射之礼亲故旧朋友，以飨燕之礼亲四方之宾客，以脤膰之礼亲兄弟之国，以贺庆之礼亲异姓之国。"②刘家和先生据此指出，从嘉礼的这6个方面看，内朝是礼仪活动的主要场所，并且这些礼仪活动具有浓厚的血缘关系特征，参加这些礼仪活动的多是与国君同姓的宗人和异姓的婚

---

① 郑玄注，贾公彦疏：《周礼注疏》卷31，《夏官司马第四·太仆》，阮元校刻《十三经注疏》本，中华书局1980年版，第852页。
② 郑玄注，贾公彦疏：《周礼注疏》卷18，《春官宗伯第三·大宗伯》，第760—761页。

姻甥舅，并且在活动中还保持着乡党论齿的伦理规则。显然，内朝在"一定程度上保存原始的、以血缘关系为基准的礼仪"，与早期国家的君主是由原始社会的部落首领转化而来有直接的关系，由部落内部的血缘关系所导致的原始社会的平等伦理残余在内朝中保留了下来。[①]治朝即中朝，在路门之外，相对于内朝在路寝之庭，此治朝在路寝之庭的门外，所以在有的文献中又称之为外朝，但相对于外朝而言，有时又可称之为内朝。治朝是周王与公卿大夫每日议事、决事及办事的地方。《尚书·顾命》篇中记载了康王即位后在治朝和诸侯及公卿大夫相见的全部过程，其中包括新王和诸侯相互重新确认君臣关系，相互勉励对方恪守职事等内容。刘家和先生指出，在这一礼仪过程中，君臣需要互相施礼，说明还保留了一定的原始平等关系。[②]外朝在外门（即库门、皋门）以内，中门（即应门、雉门）之外，是国人可以随便出入的地方。国家有大事公布，官员惩戒有罪过者，以及国人有冤情上达，都可以在这里进行。因此，外朝的面积肯定远大于内朝和中朝，相当于一个大型广场。外朝最重要的政治功能有三种，即召集所有国人，询国危，询国迁，询立君。《周礼》所记的外朝"三询"，在其他传世文献尤其是《左传》中有明确的记载，不应是向壁虚造。在考释三朝制的基础上，刘家和先生进一步分析三朝中所从事的各种政治活动的特征，并与古希腊、罗马的政权体制做比较，指出：内朝是国君的私人之地，但主要进行宗教和礼仪活动，不是国家的权力中心，因而不能仅凭当时存在内朝这一种场所就将中国早期文明视作专制体制。治朝才是国君和公卿大夫议事的场所，但国君在此并不具有专制的权力。国家大事的决断，需要他与公卿大夫讨论之后才能做出。治朝在某种程度上与古希腊、罗马的贵族会议和元老院相似，带有原始社会末期部落贵族体制的性质。外朝是国家处于危急或关键时刻包括国君、公卿大夫等在内的全体国人议事的场所，"三询"所讨论的都是关乎全

[①] 相关讨论见《愚庵论史：刘家和自选集》，第186页。
[②] 同上书，第189页。

体国人存亡命运的重大事件。在这里，议事的倡议者——国君当然具有一定的话语引导权力，但最后的决定权在全体国人。显然，就性质看，中国古代的外朝与古希腊、罗马的公民大会呈现出某种程度的相似性。由此刘家和先生指出，中国的上古时期与世界其他地区一样，都存在着军事民主制时代流传下来的民主制度残余，这一方面是因为军事民主制的权力结构在早期文明的发展过程中必然产生重大的影响，早期国家政权体制的具体形式不可能是在毫无历史传承条件下的全新创造。另一方面与早期国家都还没有发展出较大规模的疆域和人口有关，当全体国人都是构成国家武装力量的基本来源时，专制权力的发展必然要受到严格的限制，而普通国人或曰公民的权利、地位自然能得到更有力的保障。不过，虽然上古时代的中国与世界其他地区的政治形态在其开始阶段具有一定程度的一致性，但后来的发展走向却呈现出很大的不同。刘家和先生对这个问题的追问也是通过解决一个重要的经学问题来回答的。据《周礼》所载，治朝（即中朝）是天子和诸侯议断国家大事的场所，是王朝的政治中心。《太宰》"王视治朝，则赞听治"，郑玄注："治朝在路门外，群臣治事之朝。王视之，则助王平断，"[①] 可见王朝重大事件的决断是在治朝进行的。治朝在路门之外，中门之内，从空间上看居于君主之私（路寝）与国人之公（外朝）之中，这种兼顾内外的空间布局显然也是权力格局的表现形式之一。然据《礼记·玉藻》记诸侯之制云："朝服以日视朝于内朝。朝，辨色始入，君日出而视之，退适路寝听政。"郑玄注："此内朝，路寝门外之正朝也，"[②] 则诸侯虽视于治朝（此文中称内朝，据郑注则当为《周礼》所云之治朝），但听政却在路寝之内，比《周礼》所云内朝在路寝之庭还要私密。《国语·鲁语下》："寝门之内，妇人治其业焉，上下同之。"[③] 这种朝政决断场所的空间差异反映的正是政权体制性质的差异。据《周礼》，

---

① 郑玄注，贾公彦疏：《周礼注疏》卷2，《天官冢宰第一·大宰》，第650页。
② 郑玄注，孔颖达等正义：《礼记正义》卷29，《玉藻第十三》，第1474页。
③ 上海师范大学古籍整理组校点：《国语》卷5，《鲁语下》，上海古籍出版社1978年版，第204页。

则君与普通国人尚处分权状态，国家的政权体制保留了一定的民主制属性。据《礼记》，则国家权力已是君主私囊之物，呈现的是君主专制的政权属性。刘家和先生指出，《周礼》和《礼记》所载朝会制度的不同，正是上古中国政权体制由保留较多原始民主制残余的早期文明体制向君主专制体制发展的真实反映。春秋以上，包括春秋时期，君臣议事于治朝，屡有记录。自战国开始，则不唯国君朝全体国人的外朝不再见于史乘，即君于路门之外与公卿大夫议事的治朝也绝迹于史之所录。因此，讨论中国古代政治体制不同于古希腊、罗马的发展道路，三朝制度的消亡、议事决断场所的空间内移正是破解这一历史谜团的一把钥匙。刘家和先生由史学本位出发，最终也为这一传统经学问题赋予了崭新的学术内涵。由经学而最终入于史学，不唯新的史学问题得以解决，旧的经学研究也由此焕发出新的学术生命，二者可谓相得益彰。

四、世界上古文明视域下的经、史定位

经学研究在传统中国存在数千年之久，不仅具有崇高的学术地位，还具有十分神圣的政治地位和社会地位。因此，如果跳不出中国文化传统的限囿，就很难客观、公允地看待和研究经学。而从世界上古文明史的角度看，经学则又不过是人类在其早期文明发展阶段所培生出来的一种学术文化现象，自有其产生与发展的主客观条件，也必然要遵守学术发展的一般规律。刘家和先生对古希腊、古印度等地区的上古文明都有很深的学术研究，这使他具备了不同于绝大多数学者的宽阔视野。在他看来，各国家、各地区在早期文明发展阶段，都会出现在思想界占据主导地位的学术思想。这些学术思想既引领着知识界和思想家们的思辨、超越与突破，同时，以其为核心所形成的社会观念与社会实践对普通人的社会生活也产生着重大的影响。这些学术思想及培植、发展它的知识活动，与中国的"经学"有着同样的属性，当然也都可借中国"经学"之名而概称之。例如，在《史学、经学与思

想》一书的"序言"中,他就直称印度上古文明社会中的婆罗门教和佛教等宗教为"经学",同时对古希腊的智慧之学——哲学,也冠以"经学"之名。① 刘家和先生对这种称名并没有做系统的论述,但这种"假(借)名"之法无疑对我们自己的经学研究具有重要的研究视角和研究方法等层面的意义。从研究视角看,它实现了自内观之到自外观之的转换。不识庐山真面目,只缘身在此山中。只有自外观之,才能把握认识对象的全部,看清认识对象的整体。不唯如此,自内观之还往往意味着不由自主的仰视,而自外观之才能提供平等的视角,从而实现客观的认知。从研究方法看,它为经学研究提供了发现真相的历史学方法。以古印度、古希腊为参照,我们会发现,经学只是在特殊的中国上古文明背景下产生的一种历史现象,它固然包含了圣贤们的思辨和教诲,需要后人的景仰以及遵从。但同时它也是特定历史条件下的产物,只有把它放回到历史当中,才能得其真相,才能更好地认识它,从而真正地吸取它所包含的种种智慧和营养以为现实服务。显然,这一研究方法和视角的转换是推动经学当代发展的必要条件,也是超越传统经学研究的前提条件。

对于世界不同地区上古文明的深入了解,赋予刘家和先生以特殊的视角来反省中国传统学术的特点,并由此深入把握中国文化的精髓。这不仅表现在经学领域,还表现在其他传统学术领域,以及不同传统学术领域——例如经学与史学之间的相互关系的理解上。古代中国有非常伟大的史学传统,与世界其他地区有很大的不同。这不仅在于中国古代的史家们留下了浩如烟海的各类史籍,是其他任何一个文明都无法比拟的;还在于这一史学传统呈现出不同于其他文明地区的史学,甚至与当代历史学都相异其趣的学术追求和学术特征,这也是有目共睹的。尽管有关中国传统史学的社会价值和学术价值的评估在当代仍有很大的争议,极度推崇者有之,极度贬低者亦有之。但这一学术文化现象的巨大

---

① 刘家和:《史学、经学与思想:在世界史背景下对于中国古代历史文化的思考》,第2页。

繁荣是不争的历史事实，当然也是值得深入讨论的重大学术课题。而要回答这一问题，仅在中国文化的内部打转，不免难识庐山真面目，仍然是公说公有理，婆说婆有理，而多元文化的比较视角则无疑能提供相对完整的思考。在回答《史学、经学与思想》这本论文集的得名由来时，刘家和先生以自问自答的方式，从古印度、古希腊的"经""史"关系出发对这个问题做了系统的讨论，言虽简而意赅，[①] 在收入是书的《史学在中国传统学术中的地位》一文中，又对这个问题做了更为系统的专门论述。[②] 在他看来，中国传统史学在其发生及早期发展阶段，实面对着迥异于古印度、古希腊史学成长和发展的历史背景。在印度，占绝对支配地位的婆罗门教、耆那教和佛教之"经学"，其对终极目标——"彼岸世界"的关注，极大地挤占了致力于关注"此岸世界"的史学的发展空间，从而导致古印度并无真正意义上的"史学"。古印度史学之不发达，是其上古文明发展的必然结果。而在古希腊，尽管也有发达的史学，但史学同样受到古希腊的"经学"——植根于逻辑理性土壤的哲学的挤压。哲学的实质主义本质使其在学科属性上即具有排斥历史的特点。尽管哲学界也有哲学就是哲学史的说法，但这个哲学史，并非哲学本质的变迁、发展历史，只是哲学家们不断接近世界本质的历史，而世界的本质则是恒常的，是绝没有历史的。这与历史学将其认识对象——历史视作是变化、发展的客体，在前提假设上是截然不同的。哲学与史学这一在学科基础层面的鸿沟，决定了哲学不以追求现实世界的"有限"价值为其指归，为智慧而智慧才是古希腊哲人们倘佯于思辨之域的真正乐趣所在。这种追求"无限"的智慧之学，虽然不会像古印度的婆罗门教、耆那教、佛教那样在信仰层面就已经不给史学留下些微余地，但必然在学术层面对史学的发展走向产生根本性的影响。古希腊哲学家德谟克利特（约前460—前357年）就断言，"我们一无所知；我们认识到的一切只是'约定俗成而成真'，即因习惯而成真的"，"全部真理

---

① 刘家和：《史学、经学与思想：在世界史背景下对于中国古代历史文化的思考》，具体讨论见是书"序"部分，第2—3页。

② 具见该文之"史学在古代中国、印度、希腊学术中处于不同地位之原因"节。

唯有'原子和虚空'"。①可以想象，在这种真理观的语境下，历史叙述和历史研究自然失去了知识探寻的意义，其所达至的也永远不会是真理。古希腊的历史学家们当然不能完全同意这种极端性的真理观念，但又不可能不受到一定程度的影响。有着西方历史学之父称号的希罗多德（前480—前430/20年）虽略早于德谟克利特，但在其著《历史》的开篇即声明他的写作目的是"保存人类的功业"，"使希腊人和异邦人的那些值得赞叹的丰功伟绩不致失去它们的光彩"，②其中所体现的对于特殊种群、特殊政治实体及一般性世俗生活的超越充溢于字里行间。虽然古希腊的历史学不可能直接回答哲学所关注的实质主义问题，但其所受哲学的影响呈现出实质主义的学术倾向也是显而易见的。反观中国，史学从一开始就将它的视角投向具体的社会实践，而非超越性的实质主义关注。《汉书·艺文志》记载："古之王者世有史官，君举必书，所以慎言行，昭法式也。左史记言，右史记事，事为《春秋》，言为《尚书》。"③可以说，中国传统史学从其诞生期开始，就把现实的社会政治设定为重点关注的对象，并赋予自身以重大的社会政治责任，包括监察（"慎言行"）和立法（"昭法式"）两个最基本的方面。刘家和先生敏锐地察觉到中国史学传统与古希腊史学传统的这一重大差别，并藉此进一步指出中国传统经学（乃至于子学），都有其赖以成长的共同的历史主义的土壤，坚信"真理只能从变化的动态中去把握"，从而有着与古希腊学术传统大相径庭的"反实质主义"的学术倾向。④这一观点无疑对当代包括经学、史学、子学等在内的整个中国传统学术的研究都具有重要的理论价值。

当然，刘家和先生在指出中西学术传统的这一差异时，限于其解释

---

① ［英］安东尼·肯尼：《牛津西方哲学史（插图本）》，韩东晖译，中国人民大学出版社2008年版，第20页。

② ［古希腊］希罗多德：《历史》第一卷，王以铸译，商务印书馆1959年版，第1页。

③ 班固：《汉书》卷30，《艺文志》，中华书局1962年版，第1715页。

④ 刘家和：《史学、经学与思想：在世界史背景下对于中国古代历史文化的思考》，第2页。

《史学、经学与思想》这一论集的标题，主要是阐明研究中国传统史学离不开经学之义。但如果我们转换角度，这一论述实际上也正阐明了研究传统经学同样离不开传统史学这一根本性问题。清末张之洞所谓"由经学入史学者，其史学可信"，站在今天的立场反观此言，其中应主要包含思想史的意义，即以经学作为评价一位学者史学成就的根本标准；当然同时也包含一定的史料学意义，因为经学研究同时也能发挥为史学研究提供可靠资料保证的作用。不明经学文献何时作、何人作、何所以作等经学基本问题，擅用其中所载史料考史，便难免附会穿凿。故其在《书目答问》"略例"中明确史部书籍的选择标准是"义例雅饬，考证详核"，① 也是从思想性和史实性两个方面来讲的。不过，如果我们站在发生学的角度来看，经学与史学的关系实在有必要重新审视其时间顺序和逻辑顺序。尽管经今、古文学家关于孔子"述而不作"的自谓有不同的解释，但五经的原始文本都出现在孔子之前，是大家都承认的历史事实。五经之中，《书》《春秋》都属史学文献。如果说《书》还具有历史档案的性质，《春秋》则已属成型的史学著述。此外，《诗》中也有不少诗史性质的作品。因此，从文本产生、文献生成的角度看，儒家经学的形成，史学无疑是其最重要的知识来源之一。刘家和先生针对经学植根于历史主义土壤的论述，以及中国古代哲学（包括经学和子学）是"历史智慧之学"的总结，无疑为经学研究的当代发展提供了超越传统学人的史学视角。当然，清章学诚提出的"六经皆史"说，已经在文献归属、论学方式以及学术研究的社会价值等多个层面对经史之学的同质性做过系统的表述。但深刻揭示出传统经学和子学所体现的"历史智慧"属性，从而将经学的学术根本深植于史学之中的认识，恐怕还是"六经皆史"这一传统旧说所无法涵括的。

尽管都具有人文思考的属性，但史学与宗教、哲学反思人文的途径是完全不同的。史学是全方位关注人的世俗生活的学术，致力于从人类以往的实际生活实践中寻找、归纳出普遍的原则，从而为人的现实生

---

① 张之洞著，范希曾编：《书目答问补正》，"略例"，第2页。

活指明方向。宗教是通过创造超越世俗的神来批判性地反观人文，并通过神的权威来确立人文之规，维系人类生活，使社会不至于在人欲的泛滥下走向崩溃。哲学则致力于从世界本质的角度为人类衍生出普遍的原则，从而超越些小世俗的纷扰，达至"澄明"之境，成就大写之"人"。显然，作为一种超越世俗的权威存在，宗教带给史学的必然是挤占甚或是打压。而哲学作为智者的游戏，它虽不脱离人本身，但脱离人的世俗情趣，同样具有突出的超越属性。从它的视角，也只能投给世俗之学——史学略带鄙夷的同情。但如果仅是如宗教之外部的强加，或如哲学之仅仅标出人类生活的超越性，自然不足以反映全部的人类生活，其所规定或所发现的"人文"必然在普适程度上要大打折扣。人毕竟不纯然只具有趋于超越的精神属性，亦同样具有致力于生存的物质属性。尤其在信息技术高度发展的当代以及可以想见的未来，意识形态、社会舆论传播形态的平面化、去中心化已呈不可逆转之势，因此，仅从社会精英所追求的超越层面去回答人类社会的"人文"之问，就提问的层面看，显然不具有全面性；就回答的层面看，必然也难具有普适性。而全方位关注人类一切生活的史学，必将在回答这一追问的过程中日益呈现出越来越大的优势。从这个角度讲，刘家和先生从上古多元文化视角对于中国传统史学发生及发展的历史背景所做的深入探讨，为我们重新评估这一悠久学术文化现象的历史价值和现实价值提供了重要的启示，具有很高的学术价值。

以上是笔者学习刘家和先生相关论著的一点心得体会。先生学深识卓，非余后生小子所能妄拟，因此文中一定有大量未达、误解乃至于唐突的地方，唯望先生一哂置之。

（原载《古代文明》2020年第1期）

中国史学的个性

——刘家和先生史学思想发微

赵轶峰

中国历史学源远流长,至20世纪初,因东西文化社会碰撞交融而与西方历史学汇流,遂发生梁启超等人倡导的"史学革命",形成后来研究者所说的"新史学"或"现代历史学"。中国现代历史学家由中国传统史学与西方现代史学及社会思潮会通而兴起,兼容并蓄,逐渐成为人类历史知识探索中一支庞大力量。新史学百年以迄于今,新史家在文献、目录、版本、考据性研究方面,依然多遵本土传统,而于理论思想方面,则多瞩目西方。中国史学既有悠久历史,其理论思想,自有异于西方而足可为现代史学继承者,中国史学史家相关论著已称丰厚,足资查考。然而其中大多研究,只在中国史学传统内部立意,罕有将中国史学理论思想置于世界史学宏大范围而做比较论述者。近读刘家和先生著作,云翳渐开。家和先生有言:"以史学与经学结合的方法研究中国古史,不仅有助于对中国古代历史与学术思想的理解,而且也有助于对中国史学在世界史学上的特殊个性与中西异同的理解。"[①] 取意此言,兹就研读家和先生相关论述心得,陈说如次。

---

① 刘家和:《史学、经学与思想:在世界史背景下对于中国古代历史文化的思考》,"序",北京师范大学出版社2013年版,第3页。

一、经史会通揭示历史理性

"轴心期"时代发达的各个文明,皆有经典。经典传承,对后来文化社会演变产生重大影响。然而轴心期经典凝聚成为专门学问,在轴心期以后时代持续构成文化精神中流砥柱者,见于中华文明而不见于西方。与此相关,中国史学在轴心期开始发达,在经学形成时代成蔚然大观。仅从现象层面看,中国经学与史学,并行发达,互为表里,绵延垂久,为中华文明制度、价值、思想、精神渊薮。是以中国中古时期开始做文献四部分类,首列经、史。由宋抵清,学者有"五经皆史"、"六经皆史"之说,皆反映经史互为表里的事实。然而中国古人虽对经史表里早有认识,从中国自身学问立场对二者关系的阐释相当充分,但古人处于各文明联系疏阔时代,缺乏世界学术关联意识,经史关系自有剩义,尚待现代学术视角下的分析。而且,原典形成时代并无分科、分类意识,经史惟一,稍后分类,亦不精详。比如四部分类,其实是着眼于图书之别而非学科划分。中古以后讨论"五经"、"六经"皆史,略有学科分类意味。然而如果然欲做学科分类,需通观所有知识方能圆通,非仅讨论经史关系可以实现。所以宋代以降论者之"五经皆史"、"六经皆史",今人用学科分类意识衡量,都不无滞碍。家和先生经学根柢,通晓古今学术差异,以现代学术意识推详考究,故能于前人止步之处,提出通解。如择金毓黻先生嘉言,认为《尚书》、《春秋》可称史学,其余只能视为史料,即是现代学术立场体现。又如先生从国际学术着眼,对19世纪英国汉学家理雅各(James Legge)、日本学者安井衡经学相关研究,详加评析,有弃有取。[①] 在此基点上,乃有研究中国史学之个性这样的话题之提出。复因先生洞悉

---

① 参看刘家和:《理雅各英译〈书经〉及〈竹书记年〉析论》《理雅各英译〈书经〉〈竹书记年〉的文献考证》《理雅各英译〈春秋〉〈左传〉析论》《理雅各与安井衡对于〈春秋〉〈左传〉的见解的异同》,皆载刘家和:《史学、经学与思想:在世界史背景下对于中国古代历史文化的思考》。

经史同源之义,其相关考察既在史学史中,亦在经学史中。前人治经,偏于泥古;今人治学,则经史分殊,经学文献流为先秦史及思想史之资料,于其中义理,每不经意。对于中国经学与史学根本关联的探讨,本不必拘泥于诸如"五经"、"六经"为史书抑或为史料之分剖,而在于探讨经学与史学所共享之思想,包括价值观、方法论、思维方式。家和先生于此,独有洞见。

家和先生认为,中国经学与史学皆关注此岸世界,这与印度古代经典方向构成差异。"那些宗教的经学所关注的终极目标在于彼岸世界,而史学所关注的目标的最大极限仍然不出此岸世界。在古印度的学术史上,既然宗教的经学占据了支配的地位,所以为史学留下的余地自然也就不多了。"[①] 先生对于印度早期佛教思想、古印度土地关系及社会性质,皆曾做深入研究,[②] 他对于印度古代宗教经学占据支配地位因而史学难以发达的看法,虽未专门阐发,却极具透视力和启发性。轴心期各文明皆曾推出极发达精致的思想,然而史学较为发达的中国与欧洲,经典系统总体而言并非宗教性质。古印度宗教经典遮掩世俗思想,对永恒境界的思考超过对因时而变之人间经验的记录和总结,史学之意义因是而不彰,这的确构成古代印度不曾有发达、系统历史学的一种合理解释。同理,中国史学持续发达之因由,也由此而获得一种总体文化精神层面的说明。轴心期时代文化的世俗性其实是中国古代史学发达的基础,儒家等以入世为旨归的思想体系贯穿史学演变历程,中国史学具有强劲"经世"取向的因由,也藉此更易理解。家和先生进而指出:"古代中国有发达的史学与经学,而且二者之间相互关系密切。中国的经学(甚至诸子之学)则一般皆植根于历史主义的土壤之中,坚信真理只能从变化的动态中去把握,具有反实质主义的历史倾向;所以,史学与经学之间相互沟通。而且,中国古代哲学主体为历史智慧之学,以经世

---

① 刘家和:《史学、经学与思想:在世界史背景下对于中国古代历史文化的思考》,"序",第2页。

② 相关多篇论文见于刘家和:《古代中国与世界》,北京师范大学出版社2010年版。

致用为目标,所以与历史学之经世致用的目标恰好互为表里。"①由此看来,家和先生所见中国史学的经世取向,不仅基于史学与经学共享世俗性的基础,并且深入到二者关联的深处,即从"变化的动态"中把握真理的历史主义思维方式。此种见识,不仅在考察中国史学特征的学术著述中前所未见,在关于中国文化特征的更广大范围学术思考中,亦属创见。有关经史关系的考察,由是而被提升到中国文化一般特质的高度。

关于中国史学的个性,家和先生最具独到性的见解体现在他关于中国历史理性的讨论中。他所说的理性包含两重含义,"一是人对于事物的性质与功能的思考与论证,二是事物自身存在的理由与理路(或条理)。如果按照中国固有的名词,那么此词也可以用一个'理'字来表达。"②希腊文中表示理性的是 logos,现代英文中的 reason 指经过逻辑论证而得出结论的能力。中文中与理性对应的词就是"道",道衍生出理,理从属于道。③中国古人亦曾以理、道互训。历史理性既体现在历史客观过程中,也体现在相关的探究过程中,"简而言之,就是探究历史过程的所以然或道理和探究历史研究过程的所以然或道理。"④古希腊人的理性道路则是逻辑理性。⑤司马迁作《史记》,以"绍明世,正《易传》,继《春秋》,本《诗》、《书》、《礼》、《乐》之际"自任,并称孔子语云:"我欲载之空言,不如见之于行事之深切著明也。"⑥可知其编辑史书,志在以事明理。王守仁称:"以事言谓之史,以道言谓之经。事即道,道即事。《春秋》亦经,五经亦史。《易》是庖牺之史,《书》是尧、舜以下史,《礼》、《乐》是三代史。其事同,其道同,安

---

① 刘家和:《史学、经学与思想:在世界史背景下对于中国古代历史文化的思考》,"序",第 2 页。
② 刘家和:《史苑学步:史学与理论探研》,北京大学出版社 2019 年版,第 277 页。
③ 同上书,第 400 页。
④ 同上书,第 278 页。
⑤ 同上书,第 397 页。
⑥ 司马迁:《史记》卷 130,《太史公自序》,中华书局 1959 年版,第 3296、3297 页。

有所谓异？"①在他的理解中，史之根本在于明道。章学诚推展王守仁之说："六经皆史也。古人不著书，古人未尝离事而言理，六经皆先王之政典也。"②可见经史作为中国古代最重要的学问体系，目标统一，皆在言理明道，都是探究历史过程及历史研究过程中的所以然与道理的学问。中国史学传统从往事中求证道理的追求绵延不绝。这种追求，无论实现到何种程度，体现着中国传统求取知识特有的思维方向。如果承认中国历史文化中具有某种理性，其一必为历史理性。

家和先生提到，他的此一关于中国史学个性的见解受柯林武德（R. G. Collingwood）启发。柯林武德《历史的观念》第一编第三节标题为"希腊思想的反历史倾向"。该节指出，古希腊思想整个说来"是基于一种强烈的反历史的形而上学的"。依据这种形而上学，"能够成为真正的知识的对象的任何事物都必须是永恒的；因为它必须具有它自己某些确切的特征……如果它是可以认识的，它就必须是确定的；而如果它是确定的，它就必须是如此之完全而截然地是它自己，以至于没有任何内部的变化或外部的势力能够使得它变成另外的某种东西。"——因为历史学家研究人类过去所做的事情，而这属于一个变化着的世界，对于这类事情人能够达成经验性的"意见"，却不能达成可证明的"真知"。③柯林武德认为，古希腊罗马历史编纂学的突出特点一是人文主义，二是实质主义（substantialism）。人文主义体现于古希腊史学人本而非神本的意味——这一点其实与中国古代史学一致，柯林武德将之视为一种优点。本质主义即前面所说"反历史倾向"的哲学性质，柯林武德将之视为缺点。实质即本质，即事物之不变的属性。欧洲古典时代的知识论倾向于认为，"只有不变的东西才是可知的。但凡属不变的东西都不是历史的。"④历史学既然考察变化的东西，就不是在考察实质，因而历史

---

① 王守仁：《王阳明全集》卷1，《语录一·传习录上》，上海古籍出版社1992年版，第10页。

② 章学诚：《文史通义》卷1，《内篇一·易教上》，上海书店1988年版，第1页。

③ ［英］柯林武德：《历史的观念》，何兆武等译，北京大学出版社2010年版，第21—22页。

④ ［英］柯林武德：《历史的观念》，何兆武等译，第44页。

学不构成真的知识。按照这种逻辑，哲学和科学才能获取真知，诗歌也可能比历史更触及真知。这种思维经修昔底德的强化而在李维和塔西佗那里充分表现出来。李维书写的罗马史把罗马视为一种永恒不变的实质，从叙述开始就是现成、完整的，直到叙述结束，没有经历任何精神上的变化。罗马的起源是一个一跃而完成的奇迹，罗马是一个"永恒之城"。塔西佗笔下的人物性格也是一种实质，无论这些人经历了什么、做出什么，该实质并不改变。接下来柯林武德讲了一段意味深长的话："因此，希腊罗马历史编纂学从来没有能表明任何一件事情是如何产生的；历史舞台上所出现的一切行动因素都必须假定在历史开始以前就是现成的，它们与历史事件的关系就好像是机器与它自己的运动的关系那样。历史学的范围被限制在描述人们和事物都在做什么，而这些人和事物的性质则始终停留在它的视野之外。对这种实质主义的态度的报复就是历史的怀疑主义：即各种事件，作为纯粹瞬息万变的偶然事件，被认为是不可知的；而行动者作为一个实体，则确实是可知的，——但不是对于历史学家来说。"① 此语概括了希腊罗马历史学因实质主义而发生的局限，历史学在这里是描述和感觉性的，历史内容本身的变化被预设为缺乏意义，因而，对人类经验本身的考察即历史学的考察只是一种局限而非自足（self-efficient）的努力，所有根本性的东西都不是历史学所能看到的。如此定位的历史学，虽然仍有其存在的价值，但是却注定是非根本性的学问。这与历史学在中国文化传统中的地位迥然不同。柯林武德在这里提到实质主义招致了历史怀疑主义的报复，如果这种报复背后存在某种逻辑，就不会仅仅发生在古典时代。柯林武德其实在不经意间提示了思考现代历史怀疑主义、相对主义缘由的一个思路。

柯林武德在指出希腊罗马历史编纂学局限的时候丝毫没有考虑中国历史学的经验。中国学术界了解柯林武德思想的学者很多，也没有其他人就此提出关于中国历史学个性的深刻看法。现代学科分类日细，中西

---

① ［英］柯林武德：《历史的观念》，何兆武等译，第46页。

史学分为两途，知西者多不知中，反之亦是。且今日史家以专深为胜，饾饤鱼虫足致显达，而求通中西古今，事倍功半，多所不为。幸有如家和先生者，累数十年清凉冷寂之功，兼融中西今古于胸臆之间，乃于中西史学个性异同独见窾要。

家和先生所见历史理性，即从变化运动中把握真理的精神与求知取径，本身即是变化的。沿着家和先生的启发加以梳理，可知古代中国历史理性发生的大致过程：自小邦周代大邦殷，周人知道"天命"可以移易，复由天命之移易，参得由民视、民听而认识天视、天听的路径，形成德政思想，历史理性与民本的道德理性共同觉醒。春秋战国"争于气力"，儒家坚持历史理性与道德理性统一，道家法家阴阳家皆于此有所质疑，但却在顺势应变方向，多有发明，实际上继续了从变化中求知识的理念，且引入了天行有常不为人德左右的自然理性意识。秦汉大一统，汉人整理古今兴衰之道，将民本的道德理性与五行相胜相生以及春秋三世变异之说交融混合，历史理性于中继续下来而成更复杂的形态。[①] 孔子论三代："殷因于夏礼，所损益，可知也；周因于殷礼，所损益，可知也。其或继周者，虽百世，可知也。"[②] 此语初识文献者必读，多熟视而无睹，然而家和先生从中看到孔子思想的突破：三代有同有异，故其迹有历史性；三代兼有同异而可知，进而虽百世可知，即从变化中可知未来，历史性可以认知。[③] 先生指出，孔子是在周公成就基础上对殷周之际变化进行反思。殷尊鬼神而轻人，周重人心，"郁郁乎文"，孔子从之，故曰"道二，仁与不仁而已矣"。[④] 三代之因循损益，以仁得，以不仁失，故虽百代，可以知之。司马迁以著史求"通古今之变"，提出"承敝易变，使民不倦"的思想，与孔子见识心息相通。[⑤]

---

① 参看刘家和：《史苑学步：史学与理论探研》，第277—305页。
② 程树德：《论语集释》卷4，《为政下》，中华书局1990年版，第127页。
③ 参看刘家和：《史苑学步：史学与理论探研》，第309—310页。
④ 焦循：《孟子正义》卷14，《孟子卷第七·离娄章句上》，中华书局1987年版，第491页。
⑤ 参看刘家和：《史苑学步：史学与理论探研》，第311、316页。

家和先生在世界史学史视野下，梳理中国古典史学形成过程，认为商代当有历史记述，然而文献不足征也，难以具论。其后《尚书·周书》为以史为鉴阶段，展现时人对前人经验教训的冷静反省，建立以现实人心为天命弃取依据的理念。《春秋》为以史为法阶段，以史书《春秋》为礼义之载体，超出具体人、事教训而呈现系统且理论化的为人准则和特定的评价语汇。《史记》达到以史立言阶段，提出自黄帝以迄当时"古今之变"的理解与叙述体系，其要在于通过写具体的人和事以展现各时代一般精神之承继与变迁。[①] 这种历时漫长的推演，与西欧历史学的演变差异巨大，在在折射中国史学的个性。

家和先生由经学而治史学，多所发明，同时深知经学亦有弊端。他赞成《四库全书总目·经部总序》中关于汉代以迄清初历代经学各有"拘、杂、悍、党、肆、琐"之弊的说法，主张把握经书史料价值估价的限度，不可忽视先秦时代经书以外其他文献，对后世考古发现尤当注重，对历代研治经书著作之烦冗，也当扬弃。同时他又指出，古代经学留有许多没有解决的问题，并非自我完备，不可一味固守。[②] 可知家和先生研治经学，根本在于以现代思想学术理念寻绎中国史学精神之要义，并非如旧时代经学家之泥古，也非一味褒扬传统。所以，家和先生不是流连旧学而忘返者，是当代学术进步的引领者。

二、中西纵横论析通史精神

古代中国既然以历史理性为文化精神突出表征，史学作为整个文化精神载体因而必然发达成不刊之论。家和先生对历史理性的探讨并不止于说明此种关系，而是进一步在中西比较中探析历史理性在历史学家工作和中国传统历史学历程中的表现。在这方面，其关于通史精神的论说

[①] 参看刘家和：《史苑学步：史学与理论探研》，第318—341页。
[②] 同上书，第16—23页。

具有很大震撼力。

中国与欧洲皆有发达的历史学,然而古希腊的历史是当代史。柯林武德指出:"他们的方法把他们束缚在一截绳子上,它那长度也就是活的记忆的长度;他们可能加以批评的唯一来源,就是他们与之面对面进行交谈的那个目击者。的确,他们叙述了遥远过去的事件,但是一旦希腊的历史著作企图超越那截绳子,它就变成一种非常软弱的东西。"① 这种特点之主要根由,即在于历史学对于古希腊人并非求得关于实质的真正知识的途径。通贯古今的历史,在这样的思维语境中是缺乏意义的。中国古人则不同,他们在变动中理解常道,认为非通无以见变,非变无以成通,故中国重以历史通古今之变。家和先生指出:"正是由于从古今之变中看到了常,中国古代史学超越了古代希腊史学局限于当代史的局面,而开创出通史的传统。"② 西方史学虽然发达,但是并没有与中文所说"通史"含义完全对应的概念,从西语翻译过来以"通史"称名之书,如严格依照原意,应是"世界史"(world history)、"普遍史"(universal history)、"概括之史"或"全史"(general history)、"全球史"(global history),或者"整体史"(total history)。其间的主要差别,是中国重通达,西方重普遍。家和先生指出:"西方所重是普世史的特色,而中国所重的是通史的特色。普世史古人必须以时间为经,但其重点却在共时性的普世的空间之纬;通史固然必须以空间为纬,但其重点却在历时性的时间之经。"③ 古希腊的历史是希腊世界的当代史,固然不是通史,也不是普世史。李维的《罗马史》贯通古今,但以李维时代精神概括历史,未通古今之变。黑格尔的《历史哲学》有整个世界的即普遍的通观,各个国家、地区的历史却被裁割得首尾不相寻,故毕竟还是普世史。中国《尚书》已含变中有常,常中有变思想,《春秋》、《左传》、《国语》中此意更为明显,至《史记》则"中国史学的通史传

---

① [英]柯林武德:《历史的观念》,何兆武等译,第27页。
② 刘家和:《史苑学步:史学与理论探研》,"序",第3页。
③ 刘家和:《史学、经学与思想:在世界史背景下对于中国古代历史文化的思考》,第95页。

统,已经不仅在时历古今的体例层面而且在通古今之变的思想层面上基本确立了"。① 在这种意义上,《史记》既是中国第一部完备的通史,也是世界上第一部完备的国别通史。家和先生认为,通史体例易于辨识,时贯古今即可,而通史之精神并不由体例完全承载,还须史家一再反思,查得古今有变而又相通的气息。② 司马迁的"通古今之变",实际主张史家在变化中察知、理解历史演变的理路,并在叙述中把古往今来的历史推演融通畅达地展现出来。《周易》有"通其变,使民不倦……穷则变,变则通,通则久"的说法。③ 在那里"通"是古人理解的历史本身演进的方式,司马迁受其启发,将之作为历史家的意识和追求。《史记》言变,记述了政治制度方面从君位禅让制到世袭制、从封建制到郡县制的变化,也记述了决定政权得失直接因素由禅让时期的德,到三代兼含德与暴力的"征诛",再到战国至秦统一时期更完全的战争暴力的变化。常为法则、恒态。《史记》中,"人类求富之常情与人类礼仪之常理是维持社会平衡的两根支柱,也是保证历史运行的两个车轮。"④ 在司马迁的思想中,体现常规诉求的礼仪也是变通的,故曰:"夏之政忠。忠之敝,小人以野,故殷人承之以敬。敬之敝,小人以鬼,故周人承之以文。文之敝,小人以僿,故救僿莫若以忠。三王之道若循环,终而复始。周秦之间,可谓文敝矣。秦政不改,反酷刑法,岂不缪乎?故汉兴,承敝易变,使人不倦,得天统矣。"⑤ 在司马迁的历史叙述中,所有制度、规范都不能适用于一切时代、一切社会环境,某些成分会在行用的过程中日久生弊,后人需根据实际情况做出调整,而调整亦需参酌常理。这个常理就是人心。《史记》书写历代兴亡,都以人心向背作为

---

① 刘家和:《史学、经学与思想:在世界史背景下对于中国古代历史文化的思考》,第 98 页。

② 同上书,第 102—103 页。

③ 王弼、韩伯注,陆德明音义,孔颖达疏:《周易注疏》卷 12,《系辞下疏》,《景印文渊阁四库全书》第 7 册,台湾商务印书馆 1986 年版,第 553 页。

④ 刘家和:《史学、经学与思想:在世界史背景下对于中国古代历史文化的思考》,第 45 页。

⑤ 司马迁:《史记》卷 8,《高祖本纪》,第 393—394 页。

决定性的恒常因素。这种恒常又通过变化的形式发生作用。① 如此可见，司马迁"通古今之变"的旨趣，蕴含深远，为同一时代世界史坛独一无二见识。《史记》为通史，从体裁角度即可判定，然而在体裁之外透视其通史意蕴，至家和先生申论方得了然。

通史精神既为中国历史学突出个性，其根基深植于先秦以降文化传统之中，与经学要旨融合交汇，表征必非仅在一人一时著作中。家和先生别出手眼，推详《汉书》，提出断代史中亦有通史精神的见解。《汉书》本纪编年书写西汉一朝十二帝大事，为帝王活动与国家政治为中心的断代史无疑，但《汉书》表、志并未受西汉一朝时间限制。"概括地说，《汉书》除帝纪论述西汉一代政治史之外，其余表、志皆横则包括多学科学术（天文、历法、地理、水利、食货、刑制、兵制、学术等等），纵则贯通古今（不仅表、志如此，其《货殖列传》亦超越汉代而始自春秋）。"② 家和先生举《汉书·异姓诸侯王表》指出："班氏论事，严格地按照断代的标准，而其论理（封建制［与郡县制对应意义上的］盛衰之理）则是以通史的眼光出发的。正是在后一点上，他与司马迁是一致的。"③ 再举《汉书·百官公卿表（上下）》为例，其下篇严格按编年列出西汉各时期官员任职情况，上篇则前溯自古以来官制演变，相当于"自伏羲至西汉末的一篇官制通史要略"。"在班氏的思想中有一点是很明确的，即不放在通史的背景下，要说明西汉一代的官制是不可能的。"④ 至于《汉书》八表中的《古今人表》，则竟然只有古人而西汉一代不出一人。前人于此，众说纷纭，家和先生有取于钱大昕之见，认为班氏兄妹不能褒贬汉代君臣，遂通过褒贬古人而明人物评判之准则，使人知贵贱止乎一时而贤否著乎万世，宁于体例有失而不放弃通史精神。⑤ 进而，家和先生以《汉书·叙传》与《史记·太史公自序》逐字比对，

---

① 参看刘家和：《史学、经学与思想：在世界史背景下对于中国古代历史文化的思考》，第46—48页。
② 刘家和：《史苑学步：史学与理论探研》，第93页。
③ 同上书，第95—96页。
④ 同上书，第97—98页。
⑤ 同上书，第99页。

以明二者通史精神一脉相承。《汉书》十志多本于《史记》八书而损益之，其《食货志》、《刑法志》、《地理志》、《艺文志》皆起乎前代，通贯于今，堪为专门领域之通史。《史记》八书以《礼》、《乐》、《律》、《历》居首，《汉书》则将《律》、《历》合为《律历志》而使之居于十志之首，这也是基于汉代思想文化对律历重要性的新理解而欲以之将十志联通为一个文化通史有机整体的处置。①在做出前述考察之后，家和先生指出，《汉书》是政治史意义上的断代史，同时又是把西汉政治作为中国古代文明一个有机部分来呈现的，承载西汉历史的文明绵延不断，其视野是纵贯古今，将通史精神与时代精神会融在一起的。

沿着家和先生思路思考，王充有言："夫知古不知今，谓之陆沉……夫知今不知古，谓之盲瞽。"②历史著作是否覆盖从古到今范围，取决于著述者的具体目标，并不直接决定其书境界。无论覆盖时间长短，能将所述人类经验，置于天人之际、古今之变中加以思考，条理原委，透视变迁，即可彰显历史学根本意义。从这一角度看，通史之通体现于体例者，尚为其表，含蕴于其精神者，更为根本。以通史精神为基本线索审视马班以后之史学，可见前后一贯气息。唐杜佑《通典》，起上古以迄唐中叶，将历代典章制度分类叙述，成一古今制度通史。宋郑樵力主会通，所撰《通志》融合纪传、谱、略，综括千古政治、文化乃至科学知识，视野达于马班未及见处。元马端临《文献通考》，体例大抵沿袭《通典》，简严略逊而详赡过之，且于同一事项兼存各家之说，其案语"多能贯穿古今，折衷至当"。③此三书合称"三通"，其后历代续编，竟有"九通"、"十通"之数。其实历代赓续编纂成为系列的其他许多史书，如以王朝政治经历为主之"二十四史"，又如历代"会要"，也是通史精神的重要实践。古人必有一种极深沉的关于古今事务须得通贯才能真正理解的意识，才能深知当下经验作为知识的局限，又需有以

---

① 刘家和：《史苑学步：史学与理论探研》，第103—112页。
② 黄晖：《论衡校释》卷12，《谢短篇》，中华书局1990年版，第555页。
③ 永瑢等撰：《钦定四库全书总目》卷81，《史部三十七·政书类一》，中华书局1965年版，第697页。

未来人之命运为己任的关怀,才会有如前所述那种为通贯古今经验而前赴后继的坚韧。中西史学皆有巨大成就,而若言通史精神之悠远流长,则首在中国史学传统中无疑。中华文明延续性之思维方式与知识体系层面之端倪,由此也可见一斑。①

参酌前义,就历史学作为专门学术而言,现代史家"扬弃"传统,或有未臻止于至善者。现代化过程伴随高度强化的种群、国家、社会竞争,适应者存,在实现种种伟大进步之际,将一切与现代性缺乏直接关联的事物反衬为陈旧之物,其中包括传统史学的大量内容。传统史学重王朝政治,局限显然,现代史学适应现代,自然要克服传统史学局限。但"现代"亦如以往一切时代一样,也是历史之一片段,将来后人书写"现代"经历,也是一部断代史。他们那时会思考这个"现代"的局限,除了沿着"逻辑理性"剖析推论外,也会沿着"历史理性"梳理原委、会通今古。其间可能会发现,"现代"虽在诸多方面远胜其先前时代,却也有些地方未及古人。目前就可看到,现代史学著作体例,以章节体为主,简明扼要,不无优长。然而其纵横交错、精宏并得,不及纪传体;迁移转合、包罗万有,不及典制体;属辞比事,语无重出,并时要事备载无余,复不及编年体。且今人著史,多以某一问题、视角、理论为轴心,书法随意,文献疏稀,雅好论说,虽然对于史家主体作用有比古人更深的认识,其所书写历史之主观横强则未始不过于前人。况且,今人史著,有价值者多,足以传世者少。此间根本在于,中国古代史学是承载整个文化的主体知识,除自然科学、技术、艺术外,所有思考,都集中于经史之学中。古人著史之际,常心怀万世而非仅为目前。现代社会之史学,地位却已在诸多学问中退居次要。历史学在西方现代社会兴起时代曾长期难于被定位为合理有效学问,在中国虽持续保持较高地位,但与前代相比,亦有式微之势。近年间,每每有人以将历史学转变成为其他学为论,或欲自然科学化,或欲社会科学化,或欲人类学

---

① 笔者前曾着眼于核心区与边缘区空间聚合趋势讨论中华文明的延续性特点,未及思考思维方式与知识体系方面的缘由。参看赵毅、赵轶峰主编:《中国古代史》,"导言",高等教育出版社 2002 年版。

化，或向语言学转向，或向文化之学转向，不一而足。此皆知历史学有局限而不知历史学有不可替代之特质之论，而了解历史学之特质，不仅可向西方历史哲学询问，亦当向中国史学传统询问。中国史学传统所承载的历史理性、通史精神，可为当今主张"捍卫历史"者提供资源。①中国史学传统所承载的历史理性、通史精神，又可给与今日编纂通史者重要启发。如今历史专业日分日细，学者平时专精一隅，一旦编纂通史，必聚集多人，见解殊异，文气驳杂，陈百千万言而无一贯气息，无论中外，再无通达神韵接近《史记》者。新史学光芒万丈而通史之编纂不追前代，通史精神消沉为其一大缘由，其间流变，大可深思。

三、求真致用持守史学根本

前文已见，中国文化特重史学，中国史学与经学表里，承载以民本价值为根基的历史理性，此种历史理性凸显为知识求取路径指向在以往经验中明变求通。对于以往经验即历史的态度如是之专注郑重，则此种史学必然重视求真，并以现世存续与改进为目标，故中国史学强调求真致用，势所必然。然而求真之事言说也易，达成至难；致用之道人皆有取，旨归分殊。古今求真致用之论说纷纷纭纭，明见历史理性之义者少，窥通史精神者又少，欲把握其间肯綮，不可不读家和先生之说。

家和先生作《史学的求真与致用问题》，开宗明义："什么是中国史学的优良传统呢？概括地说，那就是既讲究史学的经世致用，又重视史学的求真。"②披览古籍可见，《尚书》多处总结前人经验教训，为史学经世致用滥觞。司马迁著《史记》，刘向、扬雄等人"皆称迁有良史之材，服其善序事理，辨而不华，质而不俚，其文直，其事核，不虚美，不隐

---

① 英国国历史学家理查德·艾文斯有著作以《捍卫历史》为题，见〔英〕理查德·艾文斯：《捍卫历史》，张仲民等译，广西师范大学出版社2009年版。
② 刘家和：《史学、经学与思想：在世界史背景下对于中国古代历史文化的思考》，第11页。

恶，故谓之实录"。① 王充曾言："凡贵通者，贵其能用之也。"② 刘知几作《史通》，设专节讨论"直书"、"曲笔"、"疑古"、"惑经"，主张"清浊必闻"，"爱而知其丑，憎而知其善，善恶必书，斯必实录"。③ 司马光《资治通鉴》明言资治作用，先有长编，再做考异，以求真为致用途径。中国古人珍重史学，以其能使人多识前言往行而蓄其德，疏通知远，鉴往知来。与此相比，古希腊人认为史只提供特殊事实，不及本质，仅仅构成可能有用的意见而不能获得真正知识。中国古人从运动中把握真理，希腊古人从永恒状态中把握真理。家和先生就此指出，中国古人有比希腊古人高明的一面。

求真之难，不一而足。权势握有者常欲青史隐其恶而扬其善，董狐、齐太史兄弟以直书冒犯当世权威，后人有"直如弦，死道边"之叹，此其难一。魏收以一己好恶，任意褒贬，人称其书为秽史，人皆有私而史笔惟公，此其难二。史事推移，渐行渐远，烛影斧声，载籍缺失，考辨难衷一是，此其难三。故人皆推崇直书实录，而存世史书无不有曲。史家求真，需尽量客观公允，然而史学既为有价值、有立场、有知识短长之人对往事的研究与论述，不能完全滤除主观。标榜纯粹客观立场，将史家之主观与客观做完全对立观，近于天真。因史家不能无主观而以为历史内容并无客观、真实可言，因噎废食。家和先生认为，主观既可使人们背离真实，又是史家逼近真实所不可或缺，"正是由于人们的主观能力总是处于一定的历史限度以内，所以我们把握历史之真的能力也总是有限度的。"④ 这种限度既因为证据方面的原因，也因为认识能力方面的原因。古人已知尽信《书》不如无《书》。《礼记》称：

---

① 班固：《汉书》卷62，《司马迁传》，中华书局1962年版，第2737—2738页。
② 黄晖：《论衡校释》卷13，《超奇篇》，第606页。
③ 刘知几：《史通》卷13，《惑经第四》，《景印文渊阁四库全书》第685册，台湾商务印书馆1986年版，第104页。
④ 刘家和：《史学、经学与思想：在世界史背景下对于中国古代历史文化的思考》，第15页。

"《书》之失诬。"① "失",意为不能节制,疏通知远而保持节制,方不至于诬。家和先生指出:"治史之大患在诬,其致用之大患亦在诬",不陷于诬,要在求真。② 史家求真,虽然只能在一定方面和一定层次上实现,但不能以为这种相对的真便与假为等价。历史既为前人经验,今人为前人后裔,今世为古世延续,古虽逝而犹存于传统、后果之中,有关前人往事之知识于后人有用,此理易明。然而以往经验知识需不为假,方能发挥合理作用。一切谎言,只是言说者当下意图之表现,虽可能借用历史为壳,却与历史无关。所以无论主观故意与否,曲解历史,必然误导今人。谎言愈显圆融雄辩,误导愈为严重。近人论史,每每强调所有史著皆为人所建构,此点原为不错,然而若就此进而声言史学之为事,不过建构而已,与文学家、诗人之事无异,无论如何建构,并无客观尺度可以衡量,却不过是自己不知史为何事者诬史之说。当然,历史不仅延续,而且变迁,斗转星移,时局、观念、知识、问题、目标日新月异,复有文化本体与他者之相互竞争影响,所涉空间日渐远大。故历史之为用,既受诸多限制,又需与时俱进,不可胶柱鼓瑟。古为今用,注定是一种批判创新过程。

史学求真固难,但主要局限于史家工作范围,史学致用之难,却扩展至社会范围。同一历史,不同处境、地位、德性之人,读出不同意味,各以己意揣摩,做出种种不同行为而皆可能举历史片段为凭借,误用历史流弊之极,致如家和先生所言,"由致用而变为滥用"。古今滥用历史之迹,比比皆是,"文化大革命"为其切近而显著者。先生由此提出,史学之经世致用应有一定限度,人们在以史学致用时应有所自律。③ 为此需了解求真与致用二者关系。家和先生认为:"无史学之求真,即无史学之致用";"无史学之求真,即无史学之真;无史学之真,则无史

---

① 郑玄注、陆德明音义、孔颖达疏:《礼记注疏》卷50,《经解》,《景印文渊阁四库全书》第116册,台湾商务印书馆1986年版,第309页。
② 刘家和:《史学、经学与思想:在世界史背景下对于中国古代历史文化的思考》,第30页。
③ 同上书,第14页。

学之真之用";"不求真的'史学致用',不是真的史学的致用,而是假史学的致用或史学的滥用。"[1] 古今之间,有客观历史与史学两根链条。"惟其在客观上有这样一条链子的存在,人们就不能不对古有一种回顾与理解的要求。因为不知古便难以确乎知今;不知古之知今,往往是知其然而不知其所以然。人们为了知今,转而上溯以求知古。这样就在古今之间形成了另一条链子,这也就是史学的链子。在这一条链子上,人们要知古就要求真,这是一个方向的努力;可是,人们又非为了古而求知古,知古对于他们不过是知今的一种手段,所以这又是另一个方向的努力。史学的链子就是这样被两种方向的力拉得紧紧的。"[2] 史学为古今两个方向之力作用而方向相反,所以求真与致用二者彼此可以相害。"如果史学致用超过了一定的限度,也就是超过了史学之真的限度,那么这样的致用就成了滥用。"[3] 滥用可能造成破坏性的社会后果,并对史学本身造成创伤。超过真的限度,求真与致用的链条就会断裂;史学求真远离了致用,也会萎缩。"邻猫产子"之类事情,容或不假,书之无用于世,史家如果以此为务,将令史学疏通致远之功用无所依托。求真为史学之体,"即体言用,即用即体,体用不二",求真与致用原是不可分割。[4] 家和先生此论,深得史学要义。

历史学的全部意义,皆托于其求真。史家若无实事求是之心,求真无从谈起,其所著述,名虽为史,已为假托。史家求真之心,故然可得于史书中涵泳熏陶,但并不一定完全来自史书。因而有饱学而以历史学为职业者曲笔诬世。所以章学诚在刘知幾所说史家"才学识"三长之外,增一德字,至关重要。史家求真,需从文献征实入手。征实是依据已有知识对新的信息做出判断,已有知识愈丰厚,已有经验愈充备,掌握的具体方法愈精当,运用的逻辑愈严谨,则判断愈近于可取。因而史

---

[1] 刘家和:《史学、经学与思想:在世界史背景下对于中国古代历史文化的思考》,第20页。
[2] 同上书,第21页。
[3] 同上。
[4] 同上书,第24页。

家求真，既关乎态度，也关乎能力。进而，知识既构成求真致用基础，把握不当，也可能造成壅蔽。家和先生指出："造成人类认识之蔽的不是无知，而是有知；但又不是有全面之知，而是有片面之知，并且误以为此片面之知为全面之知。"① 人有所知而不以之遮蔽新知，是谓虚心。无所知则失自我，有虚心即少成见。诚如家和先生所示，史学求真致用，非仅一种能力、态度、目标，且是史家修养气象之根本。

四、博雅精深立言允执厥中

张之洞有言："由小学入经学者，其经学可信。由经学入史学者，其史学可信。"② 家和先生于训诂、音韵根柢坚实，由小学而入经学，复出入经史，且又精通多种外语，融汇东西语言、文字、哲学、历史于胸臆之间而以史学综统之，博雅精深，凡有所论，立意高远而钩考入微，中正公允而荦荦不群。

前文所示家和先生有关中国史学历史理性、通史精神、求真致用三项论说，相互关联，皆为史学根本问题。中国与西欧，有人类历史学最为强劲两大传统，各有千秋，亦各有所蔽。现代史学在中国兴起以来，史学革命为社会革命之佐助，西方现代史学与诸种崭新社会理论、思潮相伴而来，中国传统史学相形见绌，并其优长亦难彰显。然而西欧史学是以其晚近时代状态即现代史学状态与中国传统史学对接，此为当时史学与社会发展所必需，但却于朦胧中形成西欧史学胜于中国史学的一般印象。到了现代史学已成普遍规范之际，再欲推陈出新，就需要对两大传统结合反思。中国传统史学与西欧传统史学两相对照，各有怎样特点，如何从其发端逐渐推演至于今日状态，前人无暇深论，今日史家不

---

① 刘家和：《史学、经学与思想：在世界史背景下对于中国古代历史文化的思考》，第34页。

② 苑书义等编：《张之洞全集》卷277，《书目答问·姓名略》，河北人民出版社1998年版，第9976页。

可不做究竟。只是现代史学分科日细，史学史著作虽多，大抵中西史学分别理析，不相参酌，故迄今学界对于中西史学个性，宽泛言说，未明精义。家和先生所揭中国史学理性之说，深入中西文化特质与思维方式差异，将对于中国史学的考察，从平常史学史以史家、史著、体裁及一般思想为主的研究，引入哲学与比较文化层面，从而使得中国史学根本特征及中西史学差异，昭然若揭。除对史学本身研究意义重大之外，此义还提示，中国古代历史理性与欧洲近代历史理性之异同，历史理性与逻辑理性、道德理性在两大文化传统中的意涵，应当从哲学、史学理论、比较文化多重角度再加探索。又如通史精神，虽有前贤论及，然而多在中国史学史本身语境中言说，关注体裁、内容范围及表层含义多，关于中国史学变中求通，与历史理性思维取向相互表里，于断代史书写中贯彻通史精神，以及历代赓续修史等侧面，讨论不足。后人通体观之，中国史学沉雄坚韧之文化、文明意味可以看得更加显明。史学求真致用，前人论述最多，然而前代史学史家多在价值取向、工作方法层面着眼，未将此义置于认识论、知识论语境中加以拷问。自史学相对主义、后现代主义、语言学转向之说等批评兴起，传统阐释显露局促，致使史学求真之可能性、必要性也大受质疑。此种情况下，中西既被分为两门专业，史学史家各守门户，持论相去甚远而相互不加辩难。幸家和先生博通经史，学兼中西，于世界史学比较中阐释中国传统史学求真致用之义，条析史学求真之难而申论其何以可能，主史学致用之旨而复陈史学滥用教训。融通新旧，允执厥中，曲径通幽，别开天地，引领学术，此之谓也。

前揭三义，仅为家和先生学术研究之一隅。其他如研究黑格尔历史哲学，精细邃密，至于将中文、英文、德文本参互考较；其研究印度古代社会，详细征引中印佛教经籍，至于考究版本异同；其研究中国经学，非仅详征博引今古文经籍、疏注，甚且对理雅各、安井衡外译经籍文本及其诠释详加审度；其于先秦、汉代、魏晋南北朝、清代思想暨历史变迁大局多出灼见；其于中外历史比较研究，身体力行且指出实践方法。凡此种种，皆为家和先生苦心孤诣而大有贡献于当代历史学发展进步者。

  家和先生之学另一启示,在于史家当具天下情怀而复能珍视文化自我。古人经史之学,皆为天下。当时之天下,不出今日之中国。若仅取章句,则今人但能子曰诗云,可勉强称为有学。然而孔子生当今世,其周游列国,必不至于固守中学;司马迁生当今世,其网罗放失旧闻,必及乎域外。今人参酌古人通变致用之义,读经治史,当不止于画地自守,必于西学有取焉,而弃取之际,亦不至于盲目崇信西学,必兼容而复生发之。经家和先生论列可知,中国史学传统之足供自珍者,亦可被视为在世界史学总体成就中独树一帜者。中西史学,皆当珍视传统,与时俱进。

  中国史学界专家云集,通家罕见。果能中西学术皆入堂奥,各为精深而融会别裁,成一家之言者,家和先生为其健者。怀天下情怀而通经入史,于具体推究中,运形上之思,其文质简,举重若轻,纵横中外,且于专深领域、根本层面,立独到之说而启沃后学,家和先生之事也。余生也晚,仰之弥高,勉力为文,期与同好推详切磋,以求日新。

(原载《古代文明》2020 年第 1 期)

史学园林中的"一只极为珍稀的鸟"

郭小凌

20多年前的一天,我国魏晋南北朝史大家何兹全先生与我同去北师大主楼开会,他边走边说:小凌,你怎样看刘家和的学术位置?我脱口答自然是中西兼通的大学问家。他回我话说:我认为家和是当今"中国古史第一人"。

人的大脑不是录音机,即使事后补录不久前的对话,也不可能纹丝不差。而且这种经过筛选而残缺不全的记忆会随时间变形,像冰雪一般融化,像指甲、头发一样不断生长。20多年后在记忆的脑海里调取我们短暂的交谈,自然不会字字真确。所以为避免误导读者,这里没有把我们的话都标为直接引语。①但出自何先生口中"古史第一人"这一定位却如雷贯耳,牢牢地铭刻在我头脑里不曾变形。

我治世界古代史,对中国古史学界所知不甚了了,因此没有评判刘先生在中国古史学界地位的资格。但以何先生的道德文章,以他对中国古史学界过去与现状的了解,以及对刘先生本人的熟识,我相信他的评定绝不是一时随想,而是深思熟虑的结论。刘先生无疑是我国学林中的擎天巨树。

20世纪卓越的经济学家凯恩斯于1922年曾写过一篇评价英国杰出经济学家阿尔弗雷德·马歇尔的文章,盛赞马歇尔是经济学领域的"一

---

① 古希腊最杰出的史家修昔底德在《伯罗奔尼撒战争史》中承认,占书中篇幅约四分之一的讲演词有些是他听到的,有些是根据可能的情况编造的。实际上,古代史书中的所有直接引语,只要不是在场者的记录与回忆,均是后来史家个人的创作,充满文学的诗意。

只极为珍稀的鸟"(the rarest of birds),直译就是众鸟之中最稀有的一只。凯恩斯在文中提出衡量拔尖学者的基本标准,虽然是对经济学而言,却完全可以借用到历史学和其他人文社会科学的学科当中。他说:"经济学研究似乎并不需要特别高的天赋。从智力上看,与哲学和纯科学的高级分支相比,经济学岂不是一门很容易的学科吗?然而,优秀的、甚至颇有能力的经济学家,却是极为珍稀的鸟。这是一门容易的学科,但出类拔萃者却微乎其微!对这一悖论的解释或许在于,经济学的高手必须具备一种罕见的天赋组合。他必须在几个不同方向都达到高水平,并且必须把非同寻常的才能结合在一起。在某种程度上,他一定是数学家、历史家、政治家、哲学家。他必须理解符号,并用语言加以表达。他必须从一般的角度去思考特殊,并在同一思路下审视抽象与具体。为了将来的目的,他必须根据过去来研究现在。人的本性或人的各种制度,无一不在他的关注之下。他必须目标明确,不在意同步产生的某种情绪;他要像艺术家一样物我两忘与两袖清风,但有时又如政治家一般脚踏实地。马歇尔拥有这种多面性,有很多,却并非全部。但最主要的是,他有多方面的训练和专精的天性,这为他提供了经济学家所必需的天赋中所最重要和最基本的东西,即他是一位引人注目的历史家和数学家,同时也是一位在特殊与一般、暂时与永恒中游刃有余的操盘手。"①

凯恩斯的说法与自然科学讲究学识的频宽、社会科学提倡支援性知识、人文学科强调功夫既在诗内也在外,是一个道理。相对于经济学,历史学研究达到高水平,也一般不要求特别高的天赋。这里省略凯恩斯对经济学所用的虚拟语"似乎"(seem),因为史学史上不乏并非拥有头等智力的史家做出一流成果的例子,特别是在史料学、考据学领域。但杰出的史学大家是例外。阅读修昔底德、波里比乌斯、塔西佗、左丘明、司马迁等人的史作,总是能感觉到他们目光敏锐,聪明过人,拥有丰富的人生经验和多方面的才能,所以识人、识物别具只眼,具备常

---

① J. M. Keynes, *Essays in Biography*, Basingstoke: Palgrave Macmillan, 2012, p. 170.

人所缺的通古今之变的分析与概括能力，亦即凯恩斯所说从一般角度去研究特殊的深邃目光。当近现代史学专业化、研究对象扩大到人类一切历史活动领域之后，对专业史家的这种资质要求更是远远跃出史学单科的范围，扩及人文社科与自然科学的所有领域。没有一定程度的知识频宽，不可能写出实事求是的各种专题史，如经济史、社会史、文化史、自然史或科学技术史，甚至写不好政治史、军事史、传记这类传统题材的历史。换句话说，杰出的史家一定是能够借力自身的多方面支援性学识和技艺，既对细微末节能够进行穷根究底的追究，又是能见微知著，善于比较与归纳、演绎与推理的智者。刘家和先生便是这种专精与博通高度统一、多才多艺的历史思想家。

就史学微观研究的深度与精度而言，刘先生并不是唯一的超群脱俗者。他的老师钱穆、陈垣先生以及中国史领域的刘先生同代人及其晚辈中的一些人，在微观考据方面也能做得和刘先生一样彻底。他们对古代文献的释读，音韵和训诂的把握，版本目录的了解，与刘家和先生难分伯仲。但在凯恩斯所提出的"罕见的天赋组合"方面，在我目力所及的范围内，我国史学界尚无出其右者。

首先一个过人之处是刘先生对中外语言的深刻理解与运用，尤其对专业语言的释读。历史学在专业化之后，大多数分支学科类同于自然科学，对语言有特殊的要求，这就把众多业余人员挡在了学科门外。比如中国古史需古代汉语作为入门条件，其中先秦史还需甲骨文、金文；世界史的国别史则需对应的现代外语，往往一门还不够，因为了解有关课题在国外的研究状况，只会英语远远不敷需要。而世界古代史则需对应一些死语言，象形文、楔形文、梵文、古希腊文、拉丁文、波斯文、粟特文、吐火罗文等等。我们知道，一个人熟练掌握母语通常需要15—20年以上的努力，熟练掌握其他语系的文字，包括已经灭亡的古老文字，则需付出双倍时间甚至更多倍的努力。鉴于此，愚以为，世界古代中世纪史和中国古代史是历史学各分支学科中技艺门槛最高的部门。同时精通多种语言，既懂古今汉语，又懂古今外语，对绝大多数史学从业者而言，都是一种可望不可即的梦想。

然而刘家和先生不仅深谙古汉语和中国古代典籍,精通音韵学、训诂学、文献学、版本目录学,①而且熟练掌握了多门外语。他英文可以做到四会,且不是一般四会,而是深度四会。他小学开始学习英文,对英文语法怀有浓厚的兴趣,尤其喜欢推敲单词与惯用语释义,词根、前缀、后缀以及辞源等构词因素,亦如他喜欢推敲汉字字源、原生义与引申义、构字特点与发音一样。由于刘先生精于语法,处理难句如庖丁解牛,总是能把句子分解为若干语法单位,一一确定各个单位的关系。他是外文的语法家,再难的语句在他面前也会迎刃而解,简言之就是难不住。

英文四会能力的基础是单词量,包括对词组、习语的驾驭。刘先生博闻强记,英文词汇量惊人,一些极为冷僻的哲学、数学、宗教学、人类学词汇,甚至自然科学与工程学的偏冷词汇和习语,他往往信手拈来,脱口而出,并能讲出辞源与构词特点,常令我们后学惊叹不止。他自述曾经刻苦背诵过英文词典,把词典翻烂几本,这是老一代学人苦学外文的有效方法。而且,他的背诵方法同其他人不一样,他把每个英文单词与俄文、法文、德文、梵文的同一个词相互对照,注意共同的词根、不同的词形和发音,这样一来,记住一个词等于记牢了几种语言的词。

改革开放以前,刘先生没有留学或出国访问的经历,这意味他极少与外国人进行口语交流和听力练习。但改革开放后,无论是出国讲学或出席国际学术会议,还是在国内接待外国专家,他都能较为熟练地运用英文授课,发表英文讲演,进行英文对话,发音虽有非母语痕迹,但准确无误,具伦敦音特点。我对先生的英语听说能力钦佩之至,因为对我们这些半路学习英文的人来说,自如听说是较阅读理解要难上许多的两道关卡。刘先生主要依靠自学,能够把英文运用到如此娴熟,除了天赋,必定是长期艰苦磨炼的结果。一次与先生聊天,他说他在读英文的

---

① 《刘家和:史学研究的攀登者》一文述及了刘家和先生的中国古史功底的来源,参见周晓菲、徐畅:《刘家和:史学研究的攀登者》,《光明日报》2015年6月18日第10版。

解释学著作，我才知他每日临睡前都要阅读英文原著，而且往往是难度很大的英文哲学著作，有时还和德文等原著对照着精读，比如读黑格尔的《历史哲学》。他戏称这是他几十年如一日、每天必做的思维体操。刘先生之所以较我们在外文方面有高明之处，乃是长年累月刻苦钻研的结果。

为什么如此刻苦？刘先生有一个非常诚恳的自我解释，就是他认为自己比别人笨，因此勤能补拙，需要比别人多花些气力去弥补不足。这很有些类似苏格拉底认为自己无知的哲学省思，体现认识主体对无限的自然和人类世界、业已积累的庞大知识综合体的高度敬畏。苏格拉底说这是他比那些自以为有知的人的聪明之处，我想这也是刘先生比我们这些人聪明的地方。

新中国成立之初我国仿苏联进行学科调整，刘家和先生定向世界古代史，开始学习一门新的外语——俄文。在学会基本语法之后，他采取俄文本与英文本《共产党宣言》对照阅读的方法，逐词逐句研讨推敲。用同样方法，他进一步研读了《家庭、私有制和国家的起源》，甚至啃过《资本论》的"坚果"。所以他的俄语功夫亦属上乘。随着时间推移，他还自学了德文、法文，同样阅读原著，一直乐此不疲。

上个世纪50年代中期，刘先生因专业方向选择古希腊史，着手学习了古希腊语。后因在50年代晚期学术兴趣转移到古印度史而放弃古希腊语，转攻梵语，竟也当行出色，能够对梵语佛经与汉语佛经进行比较研究，并据此写出几篇高质量的论文。何兹全先生曾说，他的朋友季羡林先生（印度学专家）盛赞刘先生的印度史文章。

在上个世纪20年代以来出生的我国历史学人中，包括有过海外留学经历的史家中，像刘先生这样中西语言兼通且不止两三门的可谓凤毛麟角，这使他能够始终把切到国外史学的脉动，从更宽广的视域去处理具体的历史问题。

凯恩斯把哲学与纯科学视为高难度的学科，刘先生在这两个学科中居然也能登堂入室，达到哲学家和数学家的程度。我想这恐怕是他的最为难能可贵之处。刘先生曾讲他在大学时受老师唐君毅的启蒙，避免用常识思考，而要学习哲学，用逻辑来思考。他为此孜孜以求，终生不渝。与刘先生相识相交、耳提面命近40年，我常受益于先生在哲学命题上的真知灼见。从古希腊哲学到经院哲学、法国哲学、德国古典哲学、马克思主义哲学，再到相对主义哲学与后现代历史哲学；从毕达哥拉斯、巴门尼德、苏格拉底、柏拉图、亚里士多德思想的精华所在，到德里达、福柯的后结构主义，伽达默尔的解释学，海登·怀特的叙述与历史解释，刘先生均能如数家珍，娓娓道来，且往往提纲挈领，一语中的。如果没有对原著的认真研读与透彻理解，这种领会与评判是不可能的。写到这里，刘先生高谈阔论古希腊的逻各斯、柏拉图的理念论、康德与黑格尔道德论、逻辑学与历史哲学的情景，不由得浮现在我脑际。他的专著和论文，乃至散文小品和传统诗作，总是能赋予读者清晰严谨的思路，鞭辟入里的分析，耐人寻味的归纳，高屋建瓴的总结，进一步思考的启示，显然同这种哲学的智慧紧密联系在一起。

柏拉图在雅典办阿凯戴米亚学校，提出不懂几何学的人不得入内的资格要求。刘先生欣赏这个例子，并用它来举证，作为他自己钟情于数学的理由之一。因文革的关系，我的数学认识只达到一元二次方程和平面几何的老初中水平，所以每当刘先生谈数学，我只有洗耳恭听，似听天书。但我知他熟悉解析几何、微积分、高等函数，并具有强烈的问题意识，因此可以和校内外的著名数学家进行平等对话。他还在此基础上研究过数理逻辑，这是他在逻辑学方面胜过许多逻辑学家的地方。

英文中有三个单词指代聪慧超群的人，即 Talent（才能）、Gift（天赋）、Genius（天才）。三个词还可分作三个梯次，天才最高，愚理解既有先天的禀赋，又有后天的才能。我认为刘先生属于天才梯次上的学者。这个梯次上的人，因素质优异，后天勤奋，学什么都能入境，而非浅尝辄止，只摸到表面的一点皮毛。比如刘先生兴趣广泛，喜欢西洋古典音乐和歌剧，熟识巴赫、贝多芬、舒曼、罗西尼等作曲家的作品，兴之所至，放声哼唱，还能吹出气息饱满的口哨。他说他曾攻读过交响曲的总谱，这也是真正爱乐人所必须做的功课。他从小便读写诗词，精通格律，他的上百首传统诗符合严格的平仄规定，可做格律诗教学的案例。他还是理性的军迷,熟知中外武器装备,他曾和晚辈热烈地讨论东风31导弹的射程与精度,核潜艇的静音效果。

综上所述,刘家和先生能在史学领域取得卓越成就也就不难理解了,那是多方面才能与学而不厌的必然产物。譬如,他起初醉心中国古史。50年代初,服从组织安排,转教世界上古史,致力于古希腊史研究。他在东北师范大学研究生班的古希腊史毕业论文《论黑劳士制度》,约8万字,把传下来的相关古代文献史料一网打尽,也参考了当时所能找到的国外研究成果。这篇长文始终是华语世界有关古代斯巴达黑劳士制研究的经典之作。就史料的彻底性与论点的合理性而言,国内史学界至今仍无后来者。

上个世纪50年代末至60年代初,刘先生的学术方向有所调整,改治古印度史,写出三篇深入分析种姓制、土地制度和社会制度的论文,同样沉到史料的底部,依据原始佛经和中英文佛经译本及近现代西人研究成果,史料翔实,结论令人信服,迄今仍是学研古印度史的必备参考读物。

"文革"结束以后,刘先生第三次学术转向,改治中外古史比较研究。这是一个全新领域,因入门条件高,需中外兼通,所以近代以来,除却个别笼统比较的尝试,例如思辨的历史哲学家所作的比较,历史家的一些随想式讨论,并无深入具体的大作。林志纯先生和刘家和先生结合自身有利条件,大约同时敏锐地发现这个缺口,认为这或许是我国学者在世界古代史研究领域可以作出自身贡献的一个方向。经过三十多年的筚路蓝缕、躬亲力行,刘先生在这方面的论文、专著蔚为大观,培养出一批中外古史比较研究的新锐,一个新的富有成果和广阔发展空间的学科方向已经形成,因此引起国内史学界对这一研究方向的注意与效仿。① 刘家和先生的学生蒋重跃教授对先生在古史比较方面的杰出贡献做过精彩的评述,② 这里不再赘述。

---

① 2019年,中国历史研究院挂牌成立"中华文明与世界古文明比较研究中心"可为证。

② 蒋重跃:《结构·张力·历史——刘家和先生学术思想述要》,《高校理论战线》2007年第1期。

常言树高蝉声细，山高语音低，揭示我国传统美德的一种表象，学识渊博的人一般内敛、低调，自制力强，体现一个人内心境界的高度、广度。刘家和先生谦虚谨慎，淡泊名利，与人与世无争。他曾多次自省，反右时作为青年教师，写过一篇批人的文章，因此悔恨终生。经此教训，他淡定悠远，埋头读书著文，不掺和派系斗争，人事纠葛，平生当过最大的"官"是教研室主任，他笑言还没当好。他尊敬自己的先生长辈，关怀自己的学生和青年教师，是学而不厌、诲人不倦的楷模。因他在学界的声誉，不知有多少后学请他写过推荐信、评估表、鉴定书，包括工作介绍。他对人从不轻言拒绝，能助则助，但对自己，他却秉持君子求诸己的原则，凡个人能做之事绝不让他人代劳，免得给别人添麻烦。我曾与他多次一道出差。每次的行李箱包，他一定要自己携带，即使到耄耋之年，依然如此。我倘要伸手相助，他总是说："自己能做的事干嘛让你做。"

我为自己能够在北师大工作期间遇到刘家和先生这样的谦谦君子，鸿儒钜学，智者达人，良师益友，而感到人生的幸运。

（原载《古代文明》2020 年第 1 期）

论学相见恨晚

——记杨联陞先生与刘家和师的一段学术交往

邵东方

1986年3月至5月，刘师家和先生应美中学术交流委员会的邀请，作为高级学者赴美访问。其时正值中美建交和中国大陆改革开放之后不久，国内学者逐渐走出国门，与海外学术界开始接触交流。刘先生先后访问了美国国家科学院、加州大学伯克利分校、匹兹堡大学、哈佛大学、哥伦比亚大学等高等院校和学术机构。刘先生于当年4月下旬抵达哈佛大学访问，受到了哈佛大学一些美籍华裔教授和学者的接待。那段时间我正在北京师范大学拜投刘先生门下攻读硕士学位，但是刘先生回国后，却很少谈及这次赴美访问的具体情况。他只提到已故杨联陞[①]先生（当时已退休在家）曾专程赴哈佛校园与他讨论学术，长达数小时之久。杨先生是美籍华裔学者和西方汉学界公认的第一流学者，著名学者倪德卫（David S. Nivison）、余英时等教授皆为杨先生在哈佛大学的受业弟子。他毕生致力于中国文化在海外的传播，余英时先生称许他是"中国文化的海外媒介"。[②]

几年前，我偶然读到葛兆光先生《重读杨联陞日记》一文，[③]浏览之

[①] 杨联陞（1914—1990年），字莲生，祖籍浙江绍兴，生于河北清苑（保定），曾任美国哈佛大学哈佛燕京中国史讲座教授。

[②] 余英时：《中国文化的海外媒介》，载氏著：《犹记风吹水上鳞——钱穆与现代中国学术》，三民书局股份有限公司1991年版，第169页。

[③] 葛兆光：《重读杨联陞日记》，载氏著：《余音：学术史随笔选1992—2015》，广西师范大学出版社2016年版，第189—199页。

余未见提及刘家和先生在哈佛大学与杨先生的会晤。杨先生是否在日记其他地方记录了他与刘先生的会晤呢？出于好奇，我请哈佛燕京图书馆中文研究馆员马小鹤先生代为查询杨联陞先生日记有关部分。马小鹤兄很快复印了杨先生日记1986年4月部分并扫描传给我。在逐日阅读日记时，我惊喜地发现杨先生曾在4天的日记里言及刘先生，于是产生了把杨先生日记涉及刘先生的段落注释发表的念头。杨先生的日记是记录在他的日历本上，不拘书写格式。我先将每则记录加上日期，再附以手稿释文，做出整理标点，加上杨先生日记的影印图片，并对日记中涉及的人物、事件及著作略作注释，以为读者提供一些背景资料。日记里个别字迹难以辨认，如有误读之处，尚希方家指正。

日记片段一

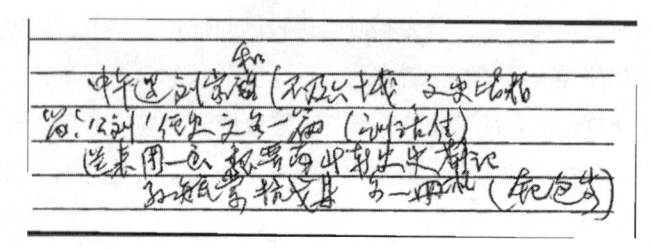

日记片段二

日记片段一：

1986年4月24日，星期四

师大①刘家和，历史教授。

---

① 即北京师范大学。

张光直①来电：今日会师大刘君②（两周史③）。说HJAS④有西岸人⑤投稿，以贞人之贞为命，以《左传》为证。《周易》之贞为正，似无问题。明日可取此稿，帮同评阅（张推测陕西有人想发秦始皇陵，夏鼐⑥已死，未必有人能阻止。张可能正编集死葬专号，新材料确是不少）。

日记片段二：

1986年4月25日，星期五

中午遇刘家和⑦（不及六十岁⑧），文史皆精，留"公刘"⑨、经史⑩文各一篇（训诂佳）。送来周一良《魏晋南北朝史［史］札记》、孙毓棠《抗戈集》，各一册（本已包寄）。⑪

---

① 张光直（1931—2001年），时任美国哈佛大学人类学系教授，曾担任哈佛大学人类学系主任、台湾"中央研究院"副院长。
② 刘家和先生当时正在哈佛大学访问，会见了张光直先生。
③ 刘先生研治中西历史，尤以中国两周史研究见长。
④ *Harvard Journal of Asiatic Studies*（《哈佛亚洲研究学报》），为哈佛燕京学社出版物，创刊于1936年。
⑤ 指美国西海岸的加州大学伯克利分校历史系教授吉德炜（David Keightley，1932—2017年）。
⑥ 夏鼐（1909—1984年），逝世前担任中国社会科学院副院长、考古研究所所长。
⑦ 是日中午，哈佛大学哈佛燕京图书馆馆长吴文津（1922年—）与刘先生餐叙，杨联陞先生作陪。吴文津于1965年就任该职，之前任斯坦福大学胡佛研究所东亚图书馆馆长。
⑧ 刘先生时年57周岁（1928年12月出生）。
⑨ 刘家和：《说〈诗·大雅·公刘〉及其反映的史事》，《北京师范大学学报》1982年第5期。
⑩ 刘家和:《〈书·梓材〉人历、人宥试释》，《中国史研究》1981年第4期。以上两篇文章以研读儒家经典《诗》《书》入手，特别是通过对文献中关键文字的训诂，进而研究相关社会历史。
⑪ 周一良（1913—2001年），时为北京大学历史系教授，为杨联陞在哈佛大学的同学，著有《魏晋南北朝史札记》等。日记所写"《魏晋南北朝史史札记》"，衍一"史"字，系杨先生一时笔误。孙毓棠（1913—1985年），生前为中国社会科学院历史研究所研究员，中国经济史研究专家，著有《抗戈集》等。

丽泽论史集

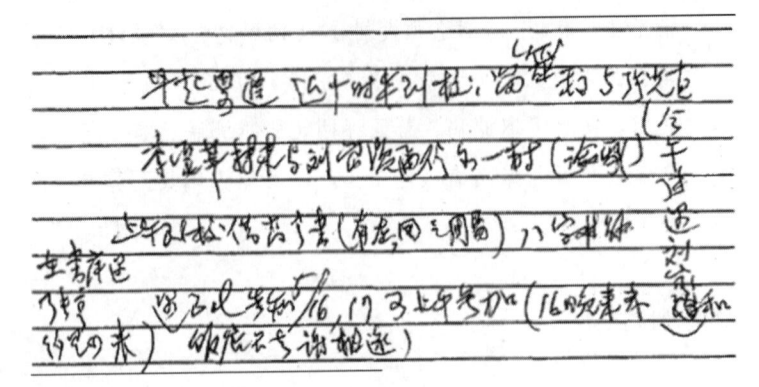

日记片段三

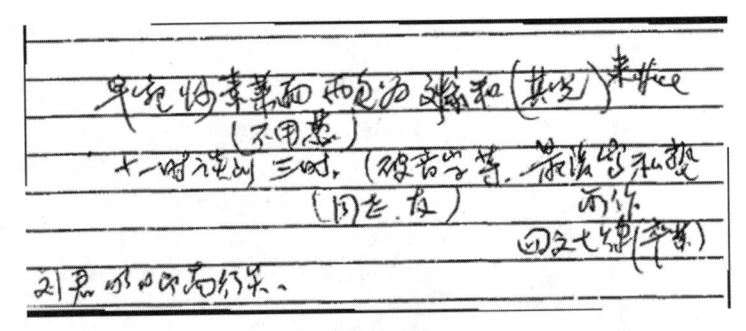

日记片段四

日记片段三：

1986年4月28日，星期一

早起略迟，近十时半到校，留"筮"稿与张光直。（今午张遇刘家和。①）

李丽苹转来与刘曾复②通信各一封（论聚）。

上午到校借高亨③书（有《左》、《国》之《周易》④），八字难解。

---

① 杨先生从张光直处得知他当日中午请刘先生午餐，并与刘先生讨论先秦学术问题。
② 刘曾复（1914—2012年），京剧理论家、生理学家，被誉为"京剧界通天教主"。
③ 高亨（1900—1986年），古文字学家、古籍整理专家，1953年起任山东大学教授，1967年以后不再任教，调至北京，专门从事中国古代学术研究工作。
④ 高亨著有《周易古经今注》《周易古经通说》《周易杂论》《周易大传今注》等书。高亨曾以《左传》《国语》中的《周易》若干条记载与现存《易经》作比较。

在书库遇张亨。

遇□□,① 告知 5/16、17 可上午参加（16 晚来，未约是日来；饭店不去，谢相邀）。

日记片段四：

1986 年 4 月 29 日，星期二

早，宛②炒素菜面（不用葱）③两包，为刘家和（其光④）来 Office⑤。

十一时谈到三时，（破音字等，同志，友），最后写私塾所作⑥回文七律（卒业⑦）。

刘君明日即南行矣。⑧

以上所录杨先生的日记片段，虽寥寥数语，然亦吉光片羽，看似简略，却显现出他对刘先生学术造诣的推崇钦佩。就不受政治干扰的学术成就而言，上世纪五六十年代成学的中国大陆学人与同时期的海外华裔学人是难以比肩的。即使早一代在海外成学归国的中国学人，也难于幸免长期的政治干扰。周一良先生论及 1940 年代哈佛大学中国留学生的"三杰"（杨联陞、吴于廑、任华）时说："回国者因为时移世易，发

---

① 此二字难以辨认，疑似英文字母，暂以方框标示，盼能识读者加以指正。
② 宛指杨联陞先生夫人缪鉁，字宛君（Jean Miao-Chen Yang, 1916—2001 年）。四川大学历史系教授缪钺（1904—1995 年）先生是杨先生的内兄。
③ 杨先生了解到刘先生习惯食素，特地为他准备素菜面，并嘱不加葱，因为葱是佛家五荤之一。
④ 刘家和先生，家为家族排行，名和，字其光（《老子》有"和其光"说）。杨先生特意问刘先生的表字，以称其字以示礼貌。
⑤ 杨联陞先生因是讲座教授，荣休后在哈佛大学仍保留一间办公室。
⑥ 刘先生抄写一首早年的回文诗作送给杨联陞。
⑦ 刘先生告诉杨先生，他因会写回文诗而在私塾完成学业。
⑧ 刘先生于 4 月 30 日南下访问纽约，在哥伦比亚大学会见了 Paul Cohen 和唐德刚等教授。

挥的作用就很不一样……未回国者，'独在异乡为异客'，反而施展才能，作出贡献。"① 其中原因，众所周知。尽管杨先生"是个自负博学的人"，② 但他通过自己的接触交往，体会到刘先生中国传统学问的博雅精深，显然迥出侪辈之上，实属极少数的例外。

由于从杨先生日记所载仅略知梗概，于是我趁 2015 年春节回北京探亲之便，前往刘师家和先生府上拜访，就杨先生 1986 年 4 月间日记，请刘先生回忆当年与杨先生学术交往的细节，以与杨先生的日记互相照应和补足。虽然时隔近三十年，刘先生仍然清楚地记得他和杨先生谈话的内容，可见那次与杨先生的会面在他心中留下的印象之深以及他对杨先生的情谊之重。从刘先生的追忆中，我不仅深感刘先生的博闻强记，而且更景仰刘先生对于前辈学者及其著作观点表现出的敬重态度和温雅风度。

以下我根据刘先生 2015 年 2 月对这次见面的追忆以补充杨先生日记的记录，未尝不可以说是用"考古"的方式发掘出这段往事。日记与回忆两者详略轻重，各有互补，对于刘先生充满感情的回忆，限于篇幅，无法详及。且笔者记录难免有所疏漏，如有不当之处，则应由笔者负责。

刘先生首先谈到在访美前，曾向北京大学周一良先生了解美国的汉学界情况。谈话间，周先生得知刘先生将访问哈佛大学。几天后，周先生又乘公共汽车到刘先生的家里，委托刘先生捎带他本人的《魏晋南北朝史札记》和孙毓棠先生的遗著给在哈佛大学的老同学和挚友杨联陞先生。刘先生到达哈佛大学后，即向接待他的张光直先生打听如何把周先生的书带给杨先生，故有杨先生 4 月 24 日日记所云"张光直来电"。

我又问刘先生有关杨先生 4 月 25 日日记所载："中午遇刘家和。"刘先生说，这天中午哈佛大学哈佛燕京图书馆馆长吴文津设午宴招待

---

① 周一良：《郊叟曝言》，新世界出版社 2001 年版，第 17 页。
② 葛兆光：《重读杨联陞日记》，载氏著：《余音：学术史随笔选 1992—2015》，第 195 页。

他，请杨联陞作陪。这次午餐聚会是杨先生初识刘先生，杨先生严守中国传统诗礼传家的风范，十分讲究礼数。他问刘先生是否有表字，刘先生说他取"其光"为字，源自《老子》"和其光"（《老子》第4章："挫其锐，解其纷，和其光，同其尘。"这一句与《老子》第56章相同："塞其兑，闭其门；挫其锐，解其纷；和其光，同其尘，是谓玄同。"）在其后的交谈中，出于尊重，杨先生皆以表字称呼刘先生。席间，刘先生向杨先生赠送《说〈诗·大雅·公刘〉及其反映的史事》和《〈书·梓材〉人历、人宥试释》两篇文章，二文皆以研读儒家经典《诗》《书》入手，特别是通过对文献中关键文字的训诂，进而研究相关社会历史。杨先生也回赠几篇文章，其中有他写于1959年的《"龙宿郊民"解》一文。他们交谈的话题大致在语言学、史学、古典文学的范围，彼此感到在学术上甚为投契。杨先生在日记中称赞当天识荆的刘刘："文史皆精，训诂佳"。这一评价为周一良先生后来转达杨先生的捎话所证实。周先生于1989年冬天到美国波士顿，看望了病中的杨先生。周先生回国后，有一次在北太平庄远望楼见到刘先生，就说杨先生对刘先生学问的博雅精深极为称道，还特别提到："杨先生很推崇你。"刘先生连忙说："不敢当，哪有前辈推崇晚辈的道理。"杨先生年长刘先生14岁，故刘先生对杨先生始终以师礼尊之。由此亦可见日记中"文史皆精，训诂佳"之语，绝非杨先生的客套话，而是发自内心的真实评价。

杨联陞先生日记1986年4月28日又记："近十时半到校，留'筮'与张光直（今午张遇刘家和）。"刘先生记得是在中午与张光直先生见面的，谈论有关周人占卜"筮"及易卦用蓍问题。张先生跟杨先生通电话，谈及与刘先生讨论先秦史的学术问题。杨先生在前一天阅读了刘先生的文章后，深感其文严密周洽。在上次的午餐聚会中，杨先生不仅发现了刘先生博学多闻、精通小学的一面，还观察到刘先生是一个纯粹而诚恳的读书人。杨先生晚年因身体状况欠佳而极少应酬，即日记里说的"谢邀请"。但是为了与刘先生多谈学问，便主动约与刘先生单独再次见面，讨论学术问题。

4月29日，刘先生应约来到杨先生的办公室。在此之前，为节省时间,杨先生从家里带来午饭,他了解到刘先生食素的饮食习惯,请妻子在家为刘先生准备素食,主随客便,杨先生陪吃素面,故日记上有"炒素菜两包(不用葱)"。杨先生夫妇的细致体贴令刘先生十分感动。虽说是仅仅相识三天,但两人的第二次见面,已经无所拘束,即兴而谈。古人把文字(字形)、音韵(字音)、训诂(字义)视为研究中国传统文献的基础学科。杨联陞曾指出:"要研究中国史的人必须具有起码的训诂学素养。够不上这种要求的研究者,只能算是玩票性质,而不会成为一个全健的汉学家。毕竟中国史的主要资料仍旧是典籍,虽然考古材料与口耳相传的掌故也很重要。训诂学的一大法宝——典籍考证学能够使研究工作者在使用文献的时候,保持高度的谨慎。一旦有了一份典籍,其他训诂学的技巧就能帮助研究者正确地了解它的意思。"①两人的谈话先是从破音字即如何运用谐声、假借谈起。接着刘先生谈到如何运用古音通假解决理解古书词义的疑难处。刘先生还以《〈书·梓材〉人历、人宥试释》文中"同志""友"的训释,引证《诗经》"琴瑟友之",郑玄笺"同志曰友";《书·牧誓》"我友邦冢君",伪孔传"同志为友"。这些例子都说明古人常以"同志"训"友"。杨先生和刘先生在这方面不谋而合,都强调"训诂治史",即把文字音韵训诂之学与史学研究结合起来,这是他们治学路径相近之处。综观当前关于清代学术思想史研究之现况,文字学(广义)研究者与思想史研究者之间,却是泾渭分明、互不相融,两者均有所偏执。在我看来,在现代华人史学家里,杨先生和刘先生乃真正打通这两者、重视音韵训诂学与历史学之间的相互关系及逻辑思考的学者。

接着话题就转移到杨先生送给刘先生的《"龙宿郊民"解》文章上。杨先生谈到他在1957年到北沟故宫博物院看画,那里"藏有一幅相传是南唐董源的山水画,上面有'董北苑《龙宿郊民图》真迹。董其昌鉴定'两行字。还有董的跋语:《龙宿郊民》,不知所取何义,大都箪壶迎

---

① 杨联陞:《从经济角度看帝制中国的公共工程》,载氏著:《国史探微》,联经出版事业公司1983年版,第193—194页。

师之意，盖艺祖下江南时所进御者，名虽诡而画甚奇古。"①"龙宿郊民"典故出处历来释义论者甚众。杨先生在文中指出："龙宿郊民四字，恐怕是笼袖娇民之误。"②这篇文章从文献角度广征博引各类古籍，订正前人的误解，揭示"龙宿郊民"非原画之本义，不能理解为京城天子脚下的居民。经过杨先生的详细考证，此四字应是"笼袖娇民"，本义应为"都人娇惰的闲逸情况"。由于后人逐渐误解本义，传写作"龙宿郊民"。他澄清各说的误解，得出了较圆满的解释。但是杨先生还不满足于此，想从音转为基础的古音学说来诠释"笼袖娇民"如何演变为"龙宿郊民"。所以在《"龙宿郊民"解》发表20多年后，杨先生向刘先生提出音同字类的问题。刘先生说他尚未来得及拜读这篇文章，但从音韵学的双声叠韵分析，"笼袖娇民"转为"龙宿郊民"毫无问题。他从音转用字说起，以韵部分类为例，龙与笼同在东部，双声叠韵。宿在觉部，而读为 xiù 音则变为幽部，幽部和觉部为阴入对转，变成袖的读法。而郊、娇二字的音义亦可通假。刘先生的解说引起了杨先生的共鸣，认为这是从训诂学角度证实了"龙宿郊民乃笼袖娇民之误"的见解。刘先生向杨先生详细地解释谐声假借，尤其是双声叠韵和古音通假的运用，他对音转的复杂语音关系的精准分析，不能不令杨先生叹服。

　　杨先生对音韵学的问题观察非常敏锐。他进一步问道：参考哪一部书籍可以说明这类音转现象？刘先生答道：王国维《补高邮王氏说文谐声谱》非常有用，可以借鉴。杨先生接着问刘先生什么时候开始接触传统小学，刘先生说他是在十几岁时开始注意清代学者的著作，尤其重视运用阮元主持编纂的《经籍纂诂》，认为此书汇集古今训诂之大成，为阅读古书之必备。杨先生也很同意刘先生对《经籍纂诂》学术价值的看法，并讲到他自己是快40岁时才知道利用《经籍纂诂》查找训诂材料。据杨先生的日记记录，他与刘先生从上午十一时谈到下午三时。在长达4个多小时里，两人谭艺甚欢，非常投缘，就像朱熹诗所云"旧学

---

① 杨联陞：《"龙宿郊民"解》，载氏著：《杨联陞论文集》，中国社会科学出版社1992年版，第200页。

② 同上书，第201页。

商量加邃密"。他们有着许多共同的兴趣,比如通晓多种外国语言文字,精于考据而兼义理的训诂创见,学术领域涉猎广泛,对乾嘉汉学拳拳服膺,等等。另外,两人都喜欢写旧体诗。我向刘先生询问杨先生日记所载"最后写私塾所作,回文七律(卒业)"一事。刘先生马上背诵出他抄送杨先生的这首回文七律诗,现谨抄录于下:

  秋夜游玄武湖　回文(甲)
  涟漪起处宿鸥惊
  逸籁清歌短棹横
  弦管寓声风细细
  画图真境夜莹莹
  娟娟月色秋浸树
  滟滟波光冷逼城
  天暮映岚奇巘迭
  烟笼柳岸屿回萦

  秋夜游玄武湖　回文(乙)
  萦回屿岸柳笼烟
  迭巘奇岚映暮天
  城逼冷光波滟滟
  树浸秋色月娟娟
  莹莹夜境真图画
  细细风声寓管弦
  横棹短歌清籁逸
  惊鸥宿处起漪涟

  刘先生说,此诗题为"秋夜游玄武湖",作于1947年秋,并非在他念私塾的时候。这首诗是通体回文,即倒读诗,最难驾驭。他对杨先生说,在私塾学习时,只有学会作回文诗,才能算从私塾卒业。杨先生对刘先生的这篇少作极为称赏，对他旧体诗的功底十分佩服。

这里要补充一笔，给刘先生留下很深印象的是，杨先生虽是一位纯粹学院式的学者，却不失幽默感。在杨先生的办公室里挂着一幅打油诗。刘先生说，打油诗的前三句已忘记了，只有最后一句仍记忆犹新："狗头要砸烂。"刘先生问，砸烂狗头是中国国内"文革"式的大批判语言，杨先生何以知道使用这样的语言。杨先生回答道，其实狗头即指 doctor：dog（借 doc 之音），狗也；tor，头字之音。他以此句诗讽刺批评现行的博士制度。

谈话结束之时，杨先生得知刘先生将于第二天离开波士顿，不无遗憾，他在日记里写道："刘君明日即南行矣！"杨先生感叹今后难以再有机缘与刘先生谈学论艺，诚可谓君今不幸离哈佛，学有疑难可问谁？这体现了杨先生对刘先生的深厚情谊。1986年别后，刘先生便没有再见到杨先生，但使刘先生深受感动的是，杨先生在1990年11月去世后，他的公子杨道申先生1992年8月寄赠《杨联陞论文集》一书，说是为了实现父亲生前的嘱托。他在扉页上恭敬地题识："谨呈先父遗著"。对刘先生来说，这部赠书弥足珍贵，因为其中的《"龙宿郊民"解》一文见证了他和杨先生在哈佛大学的真诚学术的交往。1986年春天的美国之行是刘先生首出国门到海外交流，而与杨先生的这段学术交往是他平生极为珍惜的一段经历，至今不能忘怀。他从杨先生的身上，看到了前辈学者待人平等的谦逊风貌，从与杨先生那种莫逆于心的论学谈诗中受益良多。读到他们这段学术交往的佳话，吾侪晚生之辈不禁为之神往。今年是杨联陞先生105岁诞辰，刘先生特别嘱我通过这篇小文表达他本人对杨先生的深切怀念。

2019年9月27日草于美国华盛顿国会图书馆
附识：本文写作得到哈佛大学马小鹤先生、中央美术学院邱振中教授的襄助，谨此表示感谢。

（原载《古代文明》2020年第1期）

通则透　透则明　明则智　智则用

——刘家和先生治学思想与人文精神探微

于殿利

引　言

毛主席有句诗词：三十八年过去，弹指一挥间。2020年正值我进京38年，在这改变我人生轨迹的38年中，后35年是与刘家和先生的关爱、教育和指导相伴随的。自1982年进入北师大历史系，我就被这所历史名校之革命传统所深深感动，就为自己能够享受着白寿彝、何兹全和赵光贤等一位位仍站在讲坛上的名家、名师的知识熏陶和思想滋养，而感到幸福和幸运。不承想，何兹全先生后来还成为了我博士论文答辩委员会主席，再后来我还有幸成为了何兹全先生生前最后一部学术著作的出版者，也许这就是一种缘分。学生们课余之际总爱谈论系里甚至学校的名家、名师，他们是学生们的骄傲，也是学生们向学、问学的动力。刘家和先生就是其中之一。

我与刘家和先生的缘分始于1985年，当时我是"大三"的学生。当年受教育部委托，东北师范大学到北大、北师大、复旦、南开和武汉大学，从本科三年级的学生中招收"世界古典文明试办班"学生，我报名参加考试，并被录取。刘家和先生作为世界古代史学科的带头人，对此事极为看重和关心，一方面他深深理解由周谷城、吴于廑和林志纯三位老先生发起，并由林志纯先生亲自操办这件事的良苦用心，以及对学科和学术建设可能产生的积极影响，另一方面他也极为关心我们几位即将赴东北学习的学生们的学术志向和未来成长。他找我们谈话，从先生情真意切并充满真知灼见的教导和嘱托中，我感受到了先生对学术与文化的追求和对后生的期待，因而受到了极大的鼓舞和激励。在东北学习的 2 年时间，我不断得到先生的提点和教诲，这对于一个本科生而言，是多大的福分啊！我此后研究生和博士生的求学生涯，更是倾注了先生的心血，先生对我的关爱和指导直到现在仍在继续着。它们已经成为我人生最宝贵的财富之一。

本来作为学生是没有资格，更不敢对老师妄加评论的，先生博大精深的思想更是我们需要不断学习和领悟的，但东北师范大学《古代文明》杂志编辑部要组织向刘家和先生致敬的专刊，我也在受邀作者之列。惶恐与挣扎之间，还是决定写下点滴文字，以不负杂志社之邀，也借机表达自己深埋在心中的对先生的敬意。好在还有诸多先生和师兄弟们的大作作为总体依托，就算我的这篇差强人意，也不至于"损坏全局"，只是敬请谅解。我试从先生为什么做学问的理想信念出发，进入围绕其学术志向所做的方向和方法之选择，最后落脚于对先生作为学者及其所钟爱的学术和教育事业的存在方式与本质分析。不当之处，敬请批评、指正。

一、Why：方针——为什么要做学问

朱熹说，"为学之道"在于"居敬而持志"。志者，志向与意志也。意志决定成败，志向决定高度。关于为什么做学问，以及为谁做学问的问题，本来中国就有很深厚的传统，这种传统实为中华优秀传统文化的重要组成部分，应该在现代社会发扬光大。可现实的情况却是，这样的"大是大非"问题，在我们当今的学术界，却远不是那么清晰的。刘家和先生作为当今最资深的学者之一，以自身的学术经历和文化追求，在这方面不仅为我们树立了时代楷模，也重申了学术和文化发展的方针与方向。

中国自古就有"学术报国"的优良文化传统。"学而优则仕"这句千古名言，在批判封建余毒的年代，自然招致了不少"骂名"，即便是到了政通人和的开明年代，也没有赢得几多赞许。其实，它被忽视的一个思想闪光之点，恰是它指出了学问的用途或为什么以及为谁做学问的方针和方向性问题。"学而优"容易理解，关键在于如何理解"仕"。现代人一般把"仕"理解为"做官"，这本不错，有清代段玉裁《说文解字注》为证，段氏指出："训仕为入官，此今义也。"但他的解释还不满足于此，他进一步追本溯源，引《毛诗传》为据，认为："仕，事也。"很显然，这里的"仕"与"事"，不是一己之私事，而是关乎国运之大事。"学而优"就要做事，用自己的"优学"做事，做事不是为了自己做事，是为社会做事，为国家做事，为人民做事。从这个意义上可以说，孔子时代就为学问和学人明确了方针与方向。到了宋代，思想家和教育家朱熹则对"仕而优则学，学而优则仕"进行了统一的解释："优，有余力也。仕与学理同而事异，故当其事者，必先有以尽其事，而后可及其余。然仕而学，则所以资其仕者益深；学而仕，则验其学者益广。"①朱熹阐释了学习与做事或实践相互促进的辩证关系，也指明了做事为目的的核心要义，而学习则是更好做事的手段。即便是自清代以来，把"仕"理解为"做官"，也无妨。把"仕"解为"做官"也是符合逻辑的，做官就是具有掌控权力和话语权利的，无论是古代社会还是现代社会，掌握知识就是具有掌控权力和话语权利的，所以孔子才会被称为"素王"。再则毕竟做官的目的也是做事，也是为国、为民做事，而且可以使"优学"得到更好、更广泛和更充分的发挥。

近代著名思想家、改革派先锋梁启超援引前人话语："夫学术者，天下之公器也。"他也以实际行动，传播现代先进之思想，以知识的力量推动社会变革。现代著名史学家、北京师范大学老校长陈垣（援庵）先生，堪称践行学术报国思想的楷模。他说，做学问不再只是个人的事，更是为社会、为大众做学问，学问是"公器"。特别是完成于抗战

---

① 【南宋】朱熹：《论语集注》，商务印书馆 2017 年版，第 280 页。

后期的《通鉴胡注表微》,最具代表性。胡三省是南宋史学家,陈垣先生在谈到自己的写作动机时说:"在《通鉴注》里,他充分表现了民族气节和爱国热情","我写胡注表微的时候,正当敌人统治着北京;人民在极端黑暗中过活,汉奸更依阿苟容,助纣为虐。同人同学屡次遭受迫害,我自己更是时时受到威胁,精神异常痛苦,阅读《胡注》,体会了他当日的心情,慨叹彼此的境遇,忍不住流泪,甚至痛苦。因此决心对胡三省的生平、处境,以及他为什么注《通鉴》和用什么方法来表达他自己的意志等,作了全面的研究,用三年时间写成《通鉴胡注表微》二十篇。"[①]这部书也被誉为"学识的记里碑","学术报国之道止于此矣"。

(一)学术报国思想的形成

关于对中国"学术报国"传统的传承,作为当代学人,先生堪称楷模。先生曾不止一次地对我说:"你老师我是个无用之人,我只会迂腐地研究点儿学问,却不能像基辛格那样把自己研究的学问与治理国家结合在一起。我从小就有一颗爱国之心,一腔报国之志,可是我的性格使得我不善于从政,我不能误事又误己。"这显然是先生的谦虚之辞,在先生看来,基辛格是当代以学问和学识帮助美国的成功范例,先生表达的则是用学问报效国家的拳拳赤子之心。先生的童年和学生时代处于中国历史上重大的国难时期,反抗日本法西斯的侵略成为中国社会最主要的矛盾。虽然处在年幼无知、少不更事的成长阶段,他的心中还是具有强烈的民族意识和爱国情怀。正如先生自己在书中所说:"在上大学以前,尤其在抗战时期的沦陷区,我为了不忘中华文化,提高古文的阅读与写作能力,多年都是经、史、子书并读的。对于先秦诸子虽然未能读全,而且也未能深入,可是我对中国传统的思想文化已经有了浓厚的兴趣。又因为在沦陷区里的正式中学里都必须学日文,而我对此十分厌

---

① 陈垣:《通鉴胡注表微》,商务印书馆2011年版,第345—346页。

恶，所以大多数时间多在私办的补习馆里学中国古文、数学和英文三门课。"①先生通晓多门外语，英文自不必说，看黑格尔的书，他是查阅德语原文的，但我却从来未听他说过学日语或读日语书的哪怕只言片语。这只是先生从小就有爱国之志的一个侧面，先生虽然对自己有"自知之明"，成年以后未能跨步涉政，但他的学海生涯却从未离开过"政"，他心中始终装着一个大的"政"，即国家与民族，甚至人类的命运。

作为陈垣老的学生，先生不仅在治学方向和治学方法方面，受到陈垣老很大的影响，在学术理想和抱负方面，也同样受到了老校长"学术报国"思想的熏陶。先生曾亲口对我讲过，他对目录学、文字学和训诂学等对历史学研究重要性的理解和认识，是与陈垣老校长密不可分的。目录学是识书、懂书和读书的敲门砖，识书、懂书和读书是做学问的唯一途径，是"老实人"做学问的唯一途径。陈垣老校长亲自手抄《四库全书》总目录和子目录。先生也效仿陈垣老，抄书目或目录。年轻时候，先生与师母金老师一道去国子监图书馆抄录阮元编辑的经学丛书《皇清经解》目录，该书汇集儒家经学经解之大成，是对乾嘉学术的一次全面总结；还抄录王先谦编辑的《皇清经解续编》，该丛书总计 1430 卷。先生说，他研究《大藏经》，研究佛教，研究印度佛教，都深受陈垣老的影响和启发，陈垣老所倡导的"竭泽而渔"治学方法，先生也是始终不忘，"穷尽材料"不仅是一门功夫，更是一种态度，一种学风。以研究印度佛教为例，先生不仅熟悉印度佛教发展的历史、主要学说、主要文献材料，还熟悉印度佛教的分布状况，把史、书、说与现实的人联系在一起，这不仅是真的学问、通的学问，关乎学问本身，也远超出学问之外。

（二）打破"西方中心论"的文化枷锁

经济与文化是民族国家的两大支柱，经济保证一个国家作为一个

---

① 刘家和:《史苑学步：史学与理论探研·序》，北京大学出版社 2019 年版，第 11—12 页。

组织或实体存在，文化保证国家作为民族整体而存在，即保证自己作为可辨识、与其他国家和民族不同的自己而存在。没有经济作为支撑，国家和民族无疑会面临生存危机，但没有文化根基，国家和民族即便可以生存，也因为不可辨识与区别而找不到存在的踪迹。文化作为民族国家存在的根基，主要体现在以语言文字为核心的知识传播与普及、国民性之涵养与民族精神的塑造，以及对自然世界和人类社会发展的独特认知与理解，即世界观与价值观。知识为人类所共创和共享，人类拥有共同的知识体系，但每个国家也都有自己独特的文化，其中大众文化代表着一国文化之基准或水平，学术文化则代表着一国文化之高度。1949年中华人民共和国成立后，伴随着经济建设而来的，是社会主义新文化建设，两者同样重要，缺一不可。中国特色的社会主义文化，除了包含人类共有的知识体系之外，其独特之处应该包含中国独特的历史文明发展轨迹，中国独特的现代化之路，即中国特色社会主义的伟大实践，以及新时期中国对人类社会发展与人类未来命运的独特见解，即独特的世界观与价值观。

　　早在社会主义的新中国矗立在东方以前很久，人类的知识体系早已注入了西方的"基因"，现代科学无论是自然科学还是人文社会科学，都起源于西方，这是事实，西方人也因此具有了文明优越感甚至种族优越感。以西方为中心的学术阐释充斥着自然科学和人文社会科学的各个学科领域，"西方中心论"成为各个学科的"常识"或普遍的基础底色。中国的社会主义新文化建设，尤其是学术文化建设，只有冲破"西方中心论"的枷锁才有可能实现。打破"西方中心论"，不仅是中国社会主义文化建设的迫切需要，也是中国学人应有的文化自觉。然而这并不是一件容易的事，更不可能一蹴而就。科学是一种世界观、价值观，也是方法论。自然科学体现的是人类对宇宙、自然的认知和理解，现代自然科学由于起源于西方，也只代表着西方的宇宙观和世界观，支撑现代科学的各现代学科都是由西方的字母文字阐释和解说的，以至于离开这些字母文字，现代科学就无法教授和传承。从这个意义上可以说，源自西方的现代科学已经"霸占"了人类的大脑，已经"规定"了人类的思维方式,以至于它已经容不下非西方的思维或所谓的科学存在。例如,前不久就有报道称,中国的中医类院校已经被相关的"国际权威"机构,排斥出了国际医学院校名单。自然科学中的"西方中心论"可谓根深蒂固,世界著名科技史家李约瑟不无担心地说:"让我们以现代科学诞生于欧洲而且只诞生于欧洲这个无可否认的历史事实为荣,但不要藉此而要求一种永久的专利。"①尽管像李约瑟先生这样的西方出身的有识之士,早就向他的西方同胞发出过响亮的提示,现在也仍然有西方学者对西方文化进行反思式的评论,但可以说收效有限。然而我们不能不具备这样的意识,不能停止用中国人的思维方式和思想观念探索宇宙的奥秘和自然的进化之道,因为"科学无国界"的论调仍然在混淆着我们的视线,仍然在麻痹着我们的神经。

令人欣喜的是,在人文社会科学领域,清除"西方中心论"的学术底色在各个学科都取得了显著的进步,中国特色的哲学社会科学体系正在形成中,这凝聚着一代代学人的汗水和心血,刘家和先生以其专业的学术功底和"学术报国"的理想信念,在史学领域始终如一、锲而不舍的耕耘与付出,成为其中杰出的代表之一。

世界观、价值观与历史观是学科建设的灵魂,而教材中的世界观、价值观和历史观则是学科灵魂建设的关键。20世纪50年代初,先生在北京师范大学从事世界古代史教学与研究工作,出于教学和科研需要,不得不参看一些西方的世界古代史书籍,结果发现这些书中根本就没有古代中国和印度的内容。与此情况相类似的是,在苏联的世界古代史教科书中,古代中国和印度也只是象征性的存在而已,而且东方各国还被戴上了"奴隶制不发达""土地私有制不发达""东方专制主义"三顶帽子。先生深刻地认识到,这种典型的西方中心主义思想,表现出来的就是"东方落后而西方先进,东方野蛮而西方民主,自古而然,其将万劫不复!"②因此,先生要努力改变这种状况,"设想以古希腊文

---

① [英]李约瑟:《文明的滴定》,张卜天译,商务印书馆2016年版,第43页。
② 刘家和:《史苑学步:史学与理论探研·序》,北京大学出版社2019年版,第5页。

明、古印度文明与古代中国文明做比较研究,这样来试探思考中国人如何从自己的视角出发认识古代世界并在将来撰写富有中国特色的世界古代史。"①

在世界上古史领域,三部教材的编写出版彻底打破了"西方中心论"的枷锁,清除了世界上古史领域"西方中心论"的底色。而在这三部教材的编写过程中,刘家和先生都是绝对的主导者。第一部是林志纯先生主编的《世界上古史纲》,这是一部在没有教材的情况下当作教材之用的研究性著作。林先生是中国世界上古史的开拓者和奠基人之一,1955年秋至1957年夏,林先生与苏联专家格拉德舍夫斯基在东北师范大学主持"世纪古代史教师进修班",年仅27岁的刘家和先生作为北京师范大学的青年教师参加了进修班。关于西方中心论和《世界上古史纲》,刘家和先生回忆道:"林志纯先生原来是在世界古代史学界引领我们这些年轻人学习苏联的先导,可是他对苏联教材里的西方中心思想也早有疑义。他老人家努力学习马克思主义经典著作,辨明马克思所说的'亚细亚生产方式'的本质是原始公社,而非指古代东方国家的社会制度,从而批判了从黑格尔到魏特夫的'东方专制主义'说。他竭力了解西方考古学与史学研究的新成果,逐渐提出了古代东西方的历史的一个同一性,就是都经历了从城邦到帝国的过程,而城邦阶段并非专制主义的。他没有忘记我们这些早期的学生,从'文革'后期就找我们一同商讨撰写一部中国人自己写的世界上古史。这种努力的结果就是出版了《世界上古史纲》。"②《世界上古史纲》不仅填补了中国世界上古史教材的空白,还成为学科建设的第一块基石。这部学术专著作为教材之用仅仅是权宜之计,编写真正的大学教材仍然迫在眉睫。

因此,"文革"刚一结束,北师大和东北师大的世界上古史、中古史的教师就开始筹划合作编写世界上古史和世界中古史教材,随后也邀请了杭州大学(今浙江大学)、北京大学以及北京师院(今首都师范大

---

① 刘家和:《史苑学步:史学与理论探研·序》,北京大学出版社2019年版,第5—6页。

② 同上书,第6—7页。

学）一些教师参加。先生回忆："分工是上古卷由我主持，中古卷由朱寰先生主持。林先生曾参与过上古史部分的大纲讨论，并发表了指导性的建议。上古史册在1980年首次由吉林人民出版社出版，1983年出了修订版。此书沿袭了林先生的城邦—帝国说，而且在章节安排上也是分地区叙述的。不过，我在此书正文之末写了一篇余论。其中分为：（1）'上古诸文明的发展和联系'，这是为了贯通诸文明之间的横向关系，并在其中也提到了中国；（2）'上古世界史上的中国'，这是为了说明中国在世界上古史上的特色与重要作用。附录的'大事年表'中也以中国与其他地区的古文明同时并列，以便读者比较。"①

  第三部教材，也是现在仍然通用的世界史教材，是由吴于廑和齐世荣主编的《世界史》。20世纪80年代，国家教委决定由吴于廑、齐世荣两位先生作为总主编编写一套6卷本的《世界史》。其中开篇的第一册就是上古史册，指定由刘家和和王敦书两位先生担任主编。先生回忆当时的情形时说："第1次开会时，王先生正在国外访问讲学，所以由我提交了一份上古史册的编写大纲草稿，此稿得到了吴先生的首肯，并在会上原则上通过。"如何在中国人编写的教材中，让中国史占据应有的一席之地，并落实吴于廑先生的一个指导思想，即"写出由分散走向一体的世界史"，"世界史中不可无中国史"，成为了先生破除"西方中心论"魔咒的主要手段。先生刚好利用了他所擅长的中国史研究，将其洞见与成果运用于世界古代史教材的编写中，换作其他对中国史不甚熟悉的世界上古史学者，这个任务还真难完成。正如先生自己所说："我的办法是，将上古史大体分为几个发展阶段来叙述，每个阶段并列叙述诸文明之历史，而每一阶段之末，都撰写一节中外历史的比较论述，既为供读者思考，也希望有助于说明中国在世界历史中的地位与特点。"②

---

① 刘家和：《史苑学步：史学与理论探研·序》，北京大学出版社2019年版，第7页。
② 同上书，第8页。

（三）新时代"文化软实力"和"人类命运共同体"的学理性溯源

学术报国的理想必然要求紧跟时代脉搏，与时俱进地探究时代的需求。在 20 世纪 80 年代，在中国提出建设四个现代化的目标和坚持社会主义物质文明和精神文明一起抓战略的大背景下，先生就明确地提出了"我们应该充分考虑如何以史学为祖国四个现代化和两个文明建设服务的问题，并力求在这方面做出成绩。"[①] 人类社会进入了新的历史时期，资本帝国早已取代传统的殖民帝国而在世界呼风唤雨，伴随资本行走世界的还有文化，因此商业帝国必然促生文化帝国。人类社会正沿着武装殖民—商业殖民—文化殖民的路径前行。文化"软实力"这一概念也顺理成章地被发明出来。非常难能可贵的是，先生作为研究中国古代史和世界古代史的大家，却对世界近现代和现代社会发展有着深刻的思考，对中国社会的现实问题给予极大的关注。实际上，先生岂止是思考和关注，更身体力行地利用自己的专业特长，从中国古文化和古文献中去追寻这些现当代社会现象和需要破解问题的学术渊源。例如，针对近些年来文化竞争和文化软实力建设的问题，先生撰写了"关于中国文化软实力形成发展的两点思考"一文。这篇文章从探寻中国历史上软实力思想的源远流长出发，进而分析了中国文化软实力形成的原因，即统一的多民族传统文化的包容性，最后揭示了近代中国衰落的教训，"鸦片战争之败"，"不仅败在硬实力上，而且也败在软实力上。此后百年，中国在软实力、硬实力两方面都处于弱势，受尽列强欺凌，灾难深重，所以这实在是一个重大的教训。"[②]

从先生根据古文献和具体历史事实所做的论述中，我们可以提炼出中国历史传统中的文化软实力所包含的内容和意义：其一，以德治国，

[①] 刘家和:《史学与经学》，原载《北京师范大学学报》1985 年第 3 期，收入《史苑学步：史学与理论探研》，引自该书第 25 页。

[②] 刘家和:《关于中国文化软实力形成发展的两点思考》，《文化软实力》2016 年第 1 期，第 42 页。

民心是最大的软实力之一。在《尚书·周书》和《诗经》里都有"殷鉴不远,在夏后之世"的记载,所谓的"殷鉴"指的就是商王成汤趁夏朝暴君夏桀王昏庸无道之际,一举消灭夏朝而建立商朝,但商纣王并没有继承祖先的好榜样,相反自恃"有命在天",而"君臣沉湎于酒,残民以逞",最后被实行德政的周朝取而代之。其二,及时反思自省、总结得失,是最大的软实力之一。《荀子》中记载了"水能载舟,亦能覆舟"的道理,唐太宗李世民及其臣下并没有被胜利冲昏头脑,而是认真反省了隋末农民大起义所造成的结果——隋没唐兴。先生对此有一段深刻的总结:"中国历史传统悠久,传统中自然存在着积极和消极的两个方面。周、汉、唐三个王朝经过反省,能够把历史传统的积极方面转化为现实的文化软实力,为实现一统中国奠定了坚实的基础。在唐以后,经历了五代、宋、元、明、清,其间还有少数民族君主统治时期,但中华文明传统、中国一统的大局面始终未变。如果没有周、汉、唐三朝的大反省,那么这一切大概都是难以想象的。"① 其三,包容是最大的软实力之一。中国自古就不是一个单一民族的国度,例如黄帝时便有蚩尤,尧舜时有三苗,春秋时又有华夏与蛮夷戎狄之分,但在地域上却是多民族共处,因此民族的交流与融合构成了中国历史的主线之一,"到清朝一统中国,这时的中国各族已成一家,无复此疆彼界。"② 中国众多民族能够融合,并形成"一统天下"的局面,关键在于包容。"中国的传统文化富有包容精神,所以不同民族容易融合。即使对于外来的宗教,中国也不决然排斥。例如佛教、伊斯兰教,都能在中国生存发展,并与中国传统文化相互交流,从而在中国形成了自己的特点。"③ 其四,虚心学习、吐故纳新,是最大的软实力之一。先生分析了清朝中断了明末徐光启等人学习西方先进科学文化成果,乾隆帝更是拒绝了英国使臣马嘎尔尼来访时提出的通商要求等,自我与先进的世界隔绝,从而文化软实力下

---

① 刘家和:《关于中国文化软实力形成发展的两点思考》,《文化软实力》2016年第1期,第40页。

② 同上书,第42页。

③ 同上。

降，其结果是不出半个世纪，中国便有鸦片战争之败。这是从反思的角度证明，虚心学习、吐故纳新是最重要的文化软实力之一。

先生在文章的最后，点出了撰写本文的初衷："现在中国正在和平崛起之中，软、硬实力皆非昔日所能比拟。不过现在中国还是发展中国家，亟需居安思危，努力前进。要对自己的文化软实力有自信心，我们要批判继承中国历史上的优秀传统，要注意跨文化交流。我们要尊重不同国家的文化，向外学习其所长，但不是盲目地去跟谁走；我们要在交流中自我革新、创新，是为了对人类的总体文化做出自己的贡献。目前，这个世界上有太多的棘手问题，看来并非单靠硬实力就能解决的。问题之所在，就是互相难以包容。但愿中国传统的'君子和而不同'的精神，能够在国际上发挥作用，那么中国文化就能对世界和平做出自己的贡献。"[①]寥寥数语，直抒胸臆，赤子丹心，意味深长。

先生能有这样高度的学术敏感，是与他心中始终装着的责任与使命分不开的，为了这个神圣的责任与使命，先生的学问真正做到与时俱进，对于中国倡导的最新的人类命运共同体的理念，先生高度认同，并从自己喜欢和擅长的中国传统文化领域探寻其根源。先生始终关注现实，注重以古人的智慧观照现实，他每天坚持收看"新闻联播"，《参考消息》成为他日常最重要的"参考资料"之一。新冠肺炎疫情暴发以来，先生也是有着超人的敏感，在春节之前疫情仅局限于武汉、尚未大爆发之时，他就专门给我打电话，一是让我引起高度重视，注意防护，一是告知今年取消聚餐拜年活动，"咱们通电话就算拜年了"。随着中国抗疫取得阶段性胜利，而疫情却完全出乎预料地在西方国家扩散，先生不仅高度关注，更思考一些更深层次的问题。他又专门给我打电话，问我为什么中国能够控制疫情，而西方国家很难控制疫情，不等我回答，先生就滔滔不绝地讲述起来，归结起来就是，我们是社会主义制度，西方是资本主义制度，我们是以人民为中心，西方是以资本为中心，以

---

① 刘家和:《关于中国文化软实力形成发展的两点思考》,《文化软实力》2016年第1期，第42页。

资本家或大财团的经济利益为中心,我们是"救人",他们要"救市"。但是,大家要相互理解,制度和道路问题是各国的历史选择,在新冠肺炎疫情面前,要统一思想和认识,人类命运共同体的理念能够把世界团结起来,人类不能忘本,这个本就是人类乘坐在同一条船上,只有同舟共济才能共渡难关。一个国家抗疫成功,不等于抗疫成功,所以各国必须统一部署,联合行动,疫情是人类共同的敌人,各国必须求同存异,在抗疫大局上达成共识。92岁高龄的先生有一段时间几乎天天给我和蒋重跃师兄打电话,鼓励我们写这方面的文章,并且说:"这是决定人类命运、改变历史格局的大事情,在这样的大变局面前,我们学历史的人必须进行思考,不能置身度外,这是正在发生的历史,是活的历史。"先生还开玩笑地说:"我可以成为你们的资料员。"

古往今来都喜说"文人志士",这里的"士"无疑指的是读书或做学问之人,然而,凡是读书做学问之人都能称为"士"吗?从这句"文人志士"来判断,只有有"志"并为之奋斗之人才有资格被称为"士"。也不是所有有学问之人都可以说是具有人文精神,只有将自己的知识和学识与国家和民族,乃至人类的命运联系在一起,并为之奋斗之人,才配得上说具有人文精神。对宇宙自然的深刻关爱和对人类命运的深切关怀,是学者人文精神的最好体现。宋代大儒张载则为学人树立了这样的榜样:"为天地立心,为生民立命,为往圣继绝学,为万世开太平。"这尽人皆知的"横渠四句",掷地有声,居高声远,明理励志,激励后学。

二、What:方向——做什么学问

先生亲口对我讲过,在他的人生道路中,选择做学问在先,选择从事史学研究在后。先生在书中也明确表示,"至于我个人",则"从少年时期读古书就是经、史、子不分的"。[①]选择做学问是因为先生从小就

---

① 刘家和:《史苑学步:史学与理论探研·序》,第2页。

立下"学术报国"之志,而选择史学作为研究方向则是在上大学之后,史学研究是实现其报国之志的路径。

(一)立足中国,放眼世界,探求渊源

先生进入史学领域,与一般人治中国史而不问世界史,或攻世界史而不顾中国史不同,先生选择的是中国史与世界史兼修的更宽的路,目光则聚焦到了古代史领域。先生之所以选择中国史,除却其深谙"欲灭其国,必先去其史"的道理之外,中国史学讲究求真与致用并重的传统也是让他心仪中国史学的重要原因。从某种意义上可以说,是诸子百家把先生领进了学术的王国,是孔子和孟子把先生引上了治史之路。先生自言道:"少时读'四书',见到孔子对子张说'虽百世可知也',初步感到了历史值得学习。读《孟子》,见其中讲历史的内容更多了,如孟子在回答弟子万章问时所讲尧舜及三代故事。他又曾就三代兴亡做出总结说:'三代之得天下也以仁,其失天下也以不仁。'并引诗经云:'殷鉴不远,在夏后之事。'这些都让我初步意识到历史的变迁是有规则的,也是可以为鉴的,所以是有用的。"孟子又说:"王者之迹息而诗亡,诗亡然后春秋作。"先生明确指出:"我考大学时选定学习历史,就与这一点认识有关。以后在从事历史教学与研究过程中,对于孟子的这一段话有些进一步的理解。"①

既然"选定"了中国史,为什么还要兼修世界史呢?一方面是因为中华民族是独立的存在,但不是孤立的存在,中华民族的历史有其独立的传统,但与世界或人类的历史是不可分割的,世界是一个大舞台,中华民族与其他民族共同谱写了和谐的乐章,只有放眼世界这个大舞台,才能正确认识中国在其中的位置,并让世人了解和理解中国。"在世界史上说明中国的地位、作用与由之而来的义务,本来就是中国历史学家的责任与义务。这是中国治外国史学者的义务,其实也是治中国史学者

---

① 刘家和:《史苑学步:史学与理论探研·序》,第9—10页。

的义务。"① 另外，从纯粹的学术研究方法论出发，"以中国史为背景看他国、看世界，可以看出其他国家的人看不到的东西；同样，我们以世界史为背景看中国，也可以看到仅治中国史的学者所难以发现的东西。"② 正因为有这样不一样的见识，先生才对世界史拥有不同的认识。那么，在先生看来，什么是世界史呢？

其一，世界史不是各国历史简单相加的总和。"'世界历史'首先是由多而一的历史。世界历史，顾名思义，它就不是地区、国别史；不过，它又不能没有地区、国别史的内容作为基础。因为，自从有史以来，这个世界就是由各个地区和国家构成的，所以没有各个地区和国家的历史，也就不会有世界的历史。那么，是否把一切地区、国家的历史加在一起，就成了世界历史呢？不是，那样加起来的只能是地区、国别史的总集或汇纂。若干个'一'用算术的方法加在一起，那所得到的只能是某一个多数，而不可能是'一'。可是，世界历史作为全世界的历史，它必须是一个整体，必须是'一'。我们可以把各个地区、国家的'一'名之为'小一'，而把世界的'一'名之为'大一'。'大一'由诸'小一'集合而来，从这一角度来看，它是'小一'的继续；但是诸'小一'集合的直接结果只能是多，只能是一种量变。要使诸'小一'的集合成为'大一'，那必须是一种质变，必须经过否定或扬弃的过程。"③

其二，世界历史是统一性与多样性的结合体。世界历史是一个有机的整体，这个有机的整体又是"一中涵多"的历史。"我们把世界历史理解为'一'，是从各个地区、国别的历史中抽象出同而加以概括（generalization）的结果。不如此，我们从世界各地、各国看到的就是杂乱无章的一大堆事情，就没有世界历史。同样，如果把世界历史就看

---

① 刘家和：《走出世界史研究的困境》，载《中国社会科学报》2010年3月4日。收入《史苑学步：史学与理论探研》，引自该书第208页。
② 同上。
③ 刘家和：《历史的比较研究与世界历史》，原载《北京师范大学学报》1996年第5期。收入《史苑学步：史学与理论探研》，引自该书第163—164页。

作抽象的同一,那么整个世界上的事情又变成了一大口袋马铃薯。从外表的口袋(抽象)来看,它是'一';而从其内容(具体)来看,它们仍然是一堆杂乱无章的多。如果要想把世界历史看成有机的'一',那么势必要把认识再深入一个层次,由抽象再上升到具体。那也就是从同中再看出异来,看出那些各异的部分是怎么样既相互拒斥又相互渗透地构成有机的一体的。这就是晏子所说的'和',亦即包含了异的同或者包含了多的一。"[1]

其三,不包含中国史的世界史不是世界史。长期以来,无论是在外国学者还是中国学者所撰写的世界史中,都没有或较少有中国历史的内容,这引起了学界有识之士的担忧。西方学者忽视中国史是"西方中心论"在作怪,而中国学者"放弃"中国史则是中国的世界史学者有关中国史知识的不足,以及学科划分的局限所致。先生不仅不停地利用各种机会,在各种场合鼓与呼,更身体力行地为尽快改变这种状况而努力。先生鲜明地指出:"难道我们的中国史不是世界史的一部分,不需要在世界史的总背景下来研究和思考而仍然能够'躲进小楼成一统'?难道我们的世界史也可以像某些持西方中心论的史家所写的'世界史'那样排除掉中国史,从而自我否定中国史在世界史上的地位?"[2]这种掷地有声的质问,又彰显了先生"学术报国"的思想。没有中国史的世界史不能称为世界史,只能称为外国史。

无论是中国史还是世界史,先生的落脚点为什么要选择古代史?其一,古代史是史学之源头,凡事必溯源,溯源方可信。诚如康德所说:"凡吾人所有之知识,非先确定其由来,决不使用,所有之原理,非先知其起源,决不信赖,此固极自然者也。"[3]先生自述:"我从十五六岁起就开始阅读先秦诸子,而且一直很有兴趣;十八九岁以后又开始学习西方哲学,同样一直很有兴趣。在当时还处于朦胧状态中的我,已经强烈

---

[1] 刘家和:《历史的比较研究与世界历史》,原载《北京师范大学学报》1996年第5期。收入《史苑学步:史学与理论探研》,引自该书第166页。
[2] 刘家和:《走出世界史研究的困境》,载《中国社会科学报》2010年3月4日。
[3] [德]康德:《纯粹理性批判》,蓝公武译,商务印书馆2012年版,第33页。

地意识到其中有非常重大的问题值得思考。1952年分配工作以后，我的业务领域是世界古代中世纪史。我很想做思想史的研究，不过，由于想到，如果没有整个古代史的基础，没有对于古代社会经济史的底蕴，那么思想史就很可能会做空了。所以，我曾在希腊和印度古代的社会经济史上先后下了一番功夫。"①其二，从史学的求真与致用角度，溯源是求真的必然方法，唯真才可用，才有用的价值；其三，越往古代追溯，人类的知识越紧密相连，越难以区分，尤其是文史哲越不分家，甚至是很多科学思想和宗教观念都夹杂其中。这种状况深得先生喜欢，可以说是成为先生治学的重要方法。关于这一点，后面专门叙说。

（二）回应世界挑战，发出中国声音

若要实现"学术报国"之理想，不仅要有捕捉"大事"——国之大事、世界之大事的意识，要有洞察"大势"的眼光，还要有回应世界挑战的勇气和智慧。因为来自世界的挑战，关乎我们自身的文化建设，甚至关乎国运之兴衰。先生在选择中国史、世界史和古代史的同时，始终关注世界的学术、思想和文化的大事、大势以及与中国的关联，尤其是与中国相关联甚至直接形成挑战的部分，早已经成为先生学术研究领域的重要方向之一。例如西方中心论、所谓的东方专制主义、黑格尔关于史学价值的论说和对中国历史的歧视，以及雅斯贝斯的轴心期理论等，先生都以扎实的中西学术功底和充满智慧的写作笔法，进行了有力的回应，展现了中国学人应有的学术责任和文化担当。

黑格尔在其《世界史哲学讲演录》中指出："历史与经验教导我们说，各个民族一般都没有从历史方面学到什么。"②先生对这句话念念

---

① 刘家和、蒋重跃：《在挑战与回应中前进——刘家和先生谈学术工作的基础》，原载《北京师范大学学报》，2015年第2期，收入《史苑学步：史学与理论探研》，引自该书第467页。

② [德]黑格尔：《世界史哲学讲演录》（1822—1823），《黑格尔全集》第27卷，第1分册，商务印书馆2014年版，第17页。

不忘，我曾多次听他讲过，黑格尔一二百年前讲的这个话，我们中国应该有人对此作出回应，为什么必须回应？因为"很多年前我就意识到这是对于中国文化的一种挑战"①。为什么这句话就构成了对中国文化的一种挑战呢？众所周知，中国文化是以几千年来的历史作为根基的，而"中国史学的优良传统"，"概括地说，那就是既讲究史学的经世致用，又重视史学的求真"②，从《尚书》到《资治通鉴》都鲜明地表现出了"以史为鉴"的优良传统，它们成为中国优秀传统文化的重要组成部分。与此相对的是，历史学并没有在古希腊占有如此重要的地位，它位于哲学和诗学之下，它们也并不认为历史学是多么可靠和多么可用的学问。在《圣经·旧约》中就有"太阳底下无新事"之说。所以，黑格尔此说实际上是以西方文化来抹杀中国文化，对此的回应是先生孜孜以求的事业："如果不回应，以史为鉴就彻底被颠覆了，我们的四千年文明史就这样被颠覆了。回应这个挑战是我们史学工作者应该负起的神圣使命！"③

黑格尔在其《世界史哲学讲演录》中指出："自从欧洲人知道中国以来，它就是一个曾经让、并且仍将让欧洲人惊叹不已的极为独特的帝国。它依赖自身上升为一种没有和外部发生联系的文明。""它是世界上唯一一个从远古时代保持至今的帝国。""它就是一个没有历史的帝国，只是自身平静地发展着，从来没有从外部被摧毁。其古老的原则没有被任何外来的原则所取代，因此说它是没有历史的。"④黑格尔的文字中充满对中国历史的好奇、偏见甚至歧视，这更是中国学者不能无视的挑

---

① 刘家和：《史苑学步·序言》，北京大学出版社2019年版，第11页。
② 刘家和：《史学的求真与致用问题》，原载《学术月刊》1997年第7期，收入《史苑学步：史学与理论探研》，引自该书第213页。
③ 刘家和、蒋重跃：《在挑战与回应中前进——刘家和先生谈学术工作的基础》，原载《北京师范大学学报》，2015年第2期，收入《史苑学步：史学与理论探研》，引自该书第477页。
④ [德]黑格尔：《世界史哲学讲演录》(1822—1823)，《黑格尔全集》第27卷，第1分册，商务印书馆2014年版，第113—114页。

战。先生早在八十年代的文章《关于中国古代文明特点的分析》[①]中就进行了初步的回应:"黑格尔在其《历史哲学》一书中注意到了中国是世界唯一持久的国家,但是他否认中国文明有在时间中的变化和发展。他的这一见解,既不符合中国历史,也未必符合他自己的辩证法。"[②] 此后,先生对此问题的思考和"挂念"一直未曾中断,也不断地向我们讲述他的思考。2009年先生发表了《关于历史发展的连续性与统一性问题——对黑格尔曲解中国历史特点的驳论》[③],对黑格尔进行了全面、系统和深入的驳斥。文章指出:"黑氏在其《历史哲学》中对中国历史文化的根本性的误解或曲解具有两个特点:第一,他的全部论述与结论都是在历史的比较中进行的;第二,他的错误并非仅仅表现在个别的、零星的问题上,而是涵盖了历史的、史学的和理论的(历史哲学性的)三个层次,其本身就是一个三维结构的整体,因此,我们的回应,首先必须是以比较研究为基础的,同时应该且必须在这三个层次上来依次展开。这就是我们此项研究涵盖着历史、史学和理论三个层面的比较的根本原因。"[④] 可以说,先生没有给黑格尔的观点留有任何余地,以其人之道还治其人之身的方法,对黑格尔进行了一次总清算。因为他的论断是西方中心论的具体表现,在他的"世界精神"中,"中国被永远钉死在他为中国文明特制的最原始、落后的十字架上,而他们的日耳曼世界则注定永恒地高据全世界的最辉煌的巅峰。"[⑤] 此后,先生仍然没有停止对这一问题的思考,没有停止对黑格尔的回击。近两年来,先生主持由我们几名弟子参加的学术沙龙,先生首先确定和主讲的题目是"魏晋南北朝时

[①] 刘家和:《关于中国古代文明特点的分析》,原载《中西文化研究》1986年第1期,后收入《古代中国与世界——一个古史研究者的思考》,武汉出版社1995年版。

[②] 刘家和:《关于中国古代文明特点的分析》,《古代中国与世界——一个古史研究者的思考》,武汉出版社1995年版,第486页。

[③] 刘家和:《关于历史发展的连续性与统一性问题——对黑格尔曲解中国历史特点的驳论》,载《北京师范大学学报》2009年第1期,收入《史苑学步:史学与理论探研》,第342—373页。

[④] 刘家和:《史苑学步:史学与理论探研》,第345—346页。

[⑤] 刘家和:《史苑学步:史学与理论探研·序言》,第14页。

期的史学、文学和宗教文化特征"。先生的意图是针对黑格尔所说的中国历史缺乏运动与变化，因而是"非历史的历史"而进行具体历史事实的回应。在先生看来，至少在魏晋南北朝时期，中国的史学、文学和宗教文化都出现了明显的新元素和新变化，历史和文化全面出现了新气象。2019年先生与刘林海教授合作发表了《3—6世纪中西历史及文明发展比较研究》[①]一文，不仅把研究的重点聚焦在魏晋南北朝时期的内部变化上，还把这一时期的历史特点进行了中西比较研究。3—6世纪中西（罗马帝国）都经历了政治分裂、新民族政权的挑战和新宗教的冲击，但在历史现象层面的相似背后，蕴含着深刻的同中之异，揭示这种同中之异并分析其成因，便把中国历史与西方历史纳入到统一的世界历史整体中考量。如果说先生此前对黑格尔的批驳与清算是史论结合的话，那么这篇就算是通过比较研究的方法，以实证研究给他补上了最后的一刀。

需要指出的是，先生对黑格尔的回应完全是出于中国史学家的责任感和使命感，先生对黑格尔这位"在人类文化史上"享有"崇高地位"的"这样伟大的思想家"，还是充满敬意的。先生的史学思想中充满了逻辑和理性的闪光点，在这方面我们可以明显看到受黑格尔影响的痕迹。先生曾说，"我一辈子都在学习黑格尔的理论与方法，也同样一辈子都在思考回应黑格尔的挑战。"

先生与雅斯贝斯"相遇"是在1986年，先生回忆说："1986年我在美国访学，读到雅斯贝斯的《历史的起源与目标》的英译本。他的'轴心期'学说对我的精神震动很大。"[②] 从此，先生对雅斯贝斯及其轴心期理论也是念念不忘，一方面雅斯贝斯的学说"是对于黑格尔的观点的驳难与否定，使我颇有'先得我心''相见恨晚'之感"，另一方面，"我也觉得，雅斯贝斯所着眼处主要在于哲学领域，从而对于公元前800—

[①] 刘家和、刘林海:《3—6世纪中西历史及文明发展比较研究》，载《北京师范大学学报》（社会科学版）2019年第5期，第73—99页。

[②] 刘家和、蒋重跃:《在挑战与回应中前进——刘家和先生谈学术工作的基础》，原载《北京师范大学学报》，2015年第2期，收入《史苑学步：史学与理论探研》，引自该书第467页。

前200年（轴心期）间历史诸方面发展与演变的深层结构，看来并未展开。我作为中国学者，当然有义务给予自己的回应。"① 在启发与回应的双重动力之下，先生开始了对"轴心期"理论的追随与反思。1989年写出了《论古代的人类精神觉醒》②一文，"人类精神觉醒"就是受雅斯贝斯"人类经过对自身存在的反省而达到的一种精神上的自觉"启发而得出的新提法。此后，先生便顺着"人类精神觉醒"这条路开始了探寻与回应之旅。1993年，先生借鉴轴心期理论撰写了《论中国古代轴心时期的文明与原始传统的关系》③，自觉地把轴心期理论应用于中国古史研究中。1995年，我陪先生到湖南长沙开学术会，正值先生的《古代中国与世界——一个古史研究者的思考》一书刚刚出版，书中便收录了《论古代的人类精神觉醒》和《论中国古代轴心时期的文明与原始传统的关系》，有幸第一时间得到了先生这部新著的同时，先生也兴致勃勃地与我谈论起了"轴心期理论"与古代人类的精神觉醒。他说人家大约半个世纪前提出的新理论，我们的学界不能无动于衷，这个新理论至少提供了新方法和研究的新视角，我们要学习和借鉴，另一方面对他理论学说中仍然存在的缺陷和偏见，我们也应该予以回应。受先生启发，我也开始注意雅斯贝斯的"轴心期"理论。1996年，我又陪先生到苏州开学术年会，他非常关注古代美索不达米亚和埃及的情况。我与先生住一个房间，晚上便乘机向先生汇报我在研习楔形文字原文《汉谟拉比法典》过程中，萌生了研究"巴比伦法的人本观"的想法，先生听我详细地谈论想法之后，非常兴奋地说："我终于找到了古代东方最古老文明中的人类精神觉醒。"先生之所以如此兴奋，是因为他看到外国学者说："在古代埃及和两河流域的历史记录中还缺乏人对自身

---

① 刘家和、蒋重跃：《在挑战与回应中前进——刘家和先生谈学术工作的基础》，原载《北京师范大学学报》，2015年第2期，收入《史苑学步：史学与理论探研》，第468页。

② 刘家和：《论古代的人类精神觉醒》，载《北京师范大学学报》（社会科学版）1989年第5期。

③ 刘家和：《论中国古代轴心时期的文明与原始传统的关系》，原载《中国文化》1993年第7期，后收入《古代中国与世界——一个古史研究者的思考》。

的精神的反省。"① 他鼓励我把这一研究做下去，深挖下去。我的《巴比伦法的人本观初探》这篇文章不仅发表了，而且它还成为我后来博士论文的起点。2014 年，首都师范大学举行"轴心时代与世界历史"学术研讨会，我又陪先生前往。先生又深刻地谈论了自己关于这一话题的看法，同时鼓励后学们继续探索。2015 年，先生在访谈时不无感慨地说："对于雅斯贝斯的挑战，迄今已经二十余年，我还欠着债未能还清。"同时，先生又表示："只要我们能够保持一定程度的清醒与自觉，那么，挑战就会是层出不穷的。个人终究是有限的，回应一切挑战几乎是不可能的，不过这种压力感，能使我们时时自知不足，不至陷于昏昏默默的自满状态，所以也是有意义的。"② 先生是在自我勉励，同时也是在谆谆教导后辈。的确，先生勇于与世界思想大师对话，并回应其挑战的精神与学识，为当代中国学人树立了榜样，这样的学人越来越多不仅会使中国学术越来越强，还会为中国学术赢得更多世界的荣光。

（三）重视理论研究　熔铸学问之魂

关于先生治学的理论追求，大家从不同角度进行了多方探讨，这里就不再赘述。我只想说，先生的理论研究是把对马克思主义理论的学习与研究放在第一位的，他对马克思主义经典著作的研读给人的感觉是，他仿佛是从事哲学研究而非史学研究的。在谈到史学如何能够做到经世致用时，先生也自然地把"在马克思主义理论指导下发展有中国特色的史学"③ 放在了第一位，如今党中央明确提出要建设具有中国特色的哲学

---

① 刘家和：《论古代的人类精神觉醒》，原载《北京师范大学学报》（社会科学版）1989 年第 5 期，收入《古代中国与世界——一个古史研究者的思考》，武汉出版社 1995 年版，第 577 页。

② 刘家和、蒋重跃：《在挑战与回应中前进——刘家和先生谈学术工作的基础》，原载《北京师范大学学报》2015 年第 2 期，收入《史苑学步：史学与理论探研》，引自该书第 469 页。

③ 刘家和：《史学与经学》，原载《北京师范大学学报》1985 年第 3 期，收入《史苑学步：史学与理论探研》，引自该书第 24 页。

社会科学体系,而在20世纪80年代先生在史学领域先行一步,体现了高度的文化自觉。另外我还想强调,对于先生而言,理论研究不是其治学的方法,而是其钻研的学问本身。先生把理论研究作为自己治学的一大方向,也与其学术报国的理想密切相关。因为理论来自实践,并最终指导实践,能够指导实践的学问才能上升为人类的智慧,而具体的历史知识是不具备这方面的功能的。对于历史研究而言,面对杂乱无章的具体事实,是理论把它们串联起来,形成可以理解的知识和知识体系,即使是面对同样的具体事实,不同的理论把它们串联起来呈现出来的形象也是不同的,甚至是截然相反的。从这个意义上可以说,没有理论就难有所谓的科学知识。德国著名古典哲学家康德从哲学家的角度,说得更直接,他说:"人头脑中对世界形成的印象并不是世界在'人脑外'的本来面目。取而代之的是,人的观念是世界给人的表象,是根据人的思维构造力的种种法则形成的"①。所以在先生的治史经历中,关于史学的社会功能问题、史学的客观性问题、史学的求真与求善问题、历史发展的统一性与多样性问题、历史发展的阶段性与周期性问题和人本主义与神本主义问题等,都是其首先和不断思考和解决的重大问题。这些都属于"道"的层面的理论,还有许许多多属于具体事物"理"的层面的理论,例如比较史学是否成为可能、什么是世界历史和史学研究的传承与创新等,也都是先生思考问题的出发点,因为不解决"道"与"理"这两类重大的理论问题,具体的史实研究就会受到极大的限制,研究的成果无论是在可信度还是在指导性方面,都会有重大缺陷。关于理论的价值及其对学问的重要性,我们不妨打个比方,事实好比学问的库房,理论有如学问的心房。事实为学问之骨,理论或思想为学问之魂。理论源自实践,又回归、指导实践,从而产生新的知识、新的学问和新的理论,新的理论又回归、指导实践,科学就是这样在不断地肯定与否定或扬弃中循环前行。先生重视理论研究,把理论研究自作为自己治学的一

---

① [英]彼得·沃森:《德国天才》1,张弢孟、钟捷译,商务印书馆2016年版,第221页。

个重要方向,还与其历史比较研究方法有关,比较研究的目的在于通过本体与他者的比较认识事物的本质,而"事物的本质并非完全外在于比较者的客观存在,它同时也有赖于比较者的理论构想。"[①]

　　理论和学科一样,既有其独到的专攻之力,也不可避免地有其局限之处。霍金关于科学理论的意义,给了我们这样的启示。他说:"理论只不过是宇宙或它的受限制部分的模型,以及一族把这模型中的量和我们做的观测相联系的规则。它只存在于我们的头脑中,不再具有任何其他(不管在任何意义上)的实在性。"[②]人类根据自己的法则构建着对宇宙、世界的认识图景,并不断地增加或调整规则,丰富或调整认识的轨迹。宇宙的无限性和人类认识的局限性,使得人类只能构建一个个有限的模型,编织一个个有限的科学神话。人类正是在自己不断编织的一个个科学神话中,发现了自身存在的价值、存在的依据和存在的方式。因此,一名好的学问家,会不断地丰富自己的理论,在先生的理论武器库中,就藏着十八般兵器,刚刚出版的史学与理论论集《史苑学步:史学与理论探研》只是其中一部分。

三、How:方法——怎样做学问

　　志向决定方向,方向决定方法。方法虽处末端,却成为决定胜败的关键,方法不单纯是工具,还决定知识或科学本身。存在主义哲学大师海德格尔说:"最有价值的洞见最迟被发现:而最有价值的洞见乃是方法。"[③]那么什么是方法,或者说,方法是什么呢?海德格尔说:"科学识

---

　　① 刘家和:《历史比较的逻辑思考》,原载《北京师范大学学报》2005年第5期,收入《史苑学步:史学与理论探研》,引自该书第186页。
　　② [英]史蒂芬·霍金:《时间简史》(插图本),许明贤、吴忠超译,湖南科学技术出版社2009年版,第16—17页。
　　③ [德]海德格尔:《在通向语言的途中》,孙周兴译,商务印书馆2010年版,第168—169页。

得获得知识的道路，并冠之以方法的称号。尤其是在现当代科学中，方法并不是一种为科学服务的单纯工具；而毋宁说，方法倒是使科学为它服务。"他还引用尼采的话来说："我们十九世纪的标志并不是科学的胜利，而是科学的方法对于科学的胜利。"① 方法不仅决定结果，还决定高度。先生的学术志向和治学方向决定了其方法不能仅靠辨"小理"，同时还必须悟"大道"；辨"小理"与悟"大道"的结合反过来又决定着学术成就的高度和实现志向的程度。在英文里，方法和道是同一个词（way）。方法既是工具也是本质，既是手段也是目的，掌握了方法就掌握了门道。对于学者和学问而言，掌握了道，就打通了理想和志向之路。

（一）文史哲三位一体　数逻经诸类旁通

每一门学科都是一种独特的科学方法，都有其独到之处，也因此都伴随着局限。一种方法只能培养专家，有时还是固执己见、以偏概全、刚愎自用的专家。朱熹说："常人之学，多是偏于一理，主于一说，故不见四旁，以起争辨。圣人则中正和平，无所偏倚。"② 跨多种学科，掌握多种方法才能造就通才，通才成就天才——英国学者彼得·沃森在其四卷本著作《德国天才》中，把温克尔曼、赫尔德和康德等称为天才③，他们的共同特点是至少跨三个学科的通才。先生治学过程中所追求的便是通古今、贯中西和跨学科。

先生首先进入的学术领域姑且用国学来指称，他对西学或现代科学同样具有浓烈的兴趣。先生自述：

"学英文时读过《伊索寓言》《泰西五十轶事》，发现西方人所关注

---

① ［德］海德格尔：《在通向语言的途中》，孙周兴译，商务印书馆2010年版，第168页。
② 【宋】黎清德编：《朱子语类》一，中华书局2017年版，130页。
③ ［英］彼得·沃森：《德国天才》1，张弢、孟钟捷译，商务印书馆2016年版，第214页。

的知识内容与我们中国文化颇有不同，觉得有新鲜感。关于数学，我对数字缺乏敏感，学算术时计算常出错；学代数，开始有了一些感觉，觉得有兴趣；到学平面几何时，精神上颇有触电之感，原来还有一种与我所学的中国传统之学大异其趣的学术路数。因此，到上大学的时候，我选修过微积分、逻辑学、哲学概论。由此我对逻辑学、西方哲学形成了历久不衰兴趣，对黑格尔的兴趣也是从这时开始的。可惜的是，迄今我只能是一个史学工作者，对于逻辑和哲学始终只是一个业余爱好者。"①

关于先生如何利用两个"菲罗"即语言学和哲学精妙地破解重大历史难题，探究到常人难以探得的奇妙世界，诸位先生都不同程度地有所论及，这里就不着笔墨了，只补充说明一点。先生所习之文史哲不是简单的一般意义上的三门学科，而是古今中外、四通八达的文史哲。历史是研究本身，自不必说，先生所识之"文"既包含文字学、语言学，也包括语法学；既包括古代文字，也包括现代语言；既包括中国语言文字，也包括外国语言文字。例如希腊语和拉丁语等外国古代文字，英语、德语和俄语等外国现代语言，中国古文字学即小学，以及中国现代语言的诗词歌赋等。至于哲学，先生既习外国古代的柏拉图和亚里士多德等，亦习近现代的康德和黑格尔等，既习中国古代的经学，（在先生看来，中国古代的经学大体相当于古希腊的哲学），也始终不忘中国当代的马克思主义哲学，经常在谈到许多问题时，先生对马克思和恩格斯的相关"语录"不仅能够脱口而出，而且能够指明出处，简直就是活字典。

除了文史哲的"本体"外，先生对数学、逻辑学和经济学等方面也可谓是诸类旁通，这些方面的兴趣绝不仅仅停留在兴趣方面，而是大大地有利于先生的治学方法和学术志向。先生上文中提到平面几何让他在"精神上颇有触电之感"，我还听他谈到解析几何和微积分把他带到了另一个完全不同的思维世界。先生看重的与其说是数学，不如说是数学独特的思维方式，在这里不禁让我想起康德对数学中的几何图形的解释。

---

① 刘家和：《史苑学步：史学与理论探研·序》，北京大学出版社2019年版，第12页。

康德说:"几何形状是人思维中的'理想构造'。几何其实是人类思维的创造物,因为不存在一个不具任何其他属性的'纯然的'三角形"①。听先生讲,他有一些数学家的朋友,他经常向他们请教数学问题,并能够与他们一起探讨数学问题,以获得一名文史学家的启发与灵感。

数学带给人们独特的思维,其中数理逻辑是非常重要的一个方面,这也就不难理解为什么先生对逻辑学感兴趣了。先生对逻辑学也到了几乎"痴迷"的程度,以至于我与先生每次见面逻辑几乎是"逃不掉"的"课程",先生还跟我讲如何跟牟宗三先生学逻辑,并推荐他讲逻辑学的书《理则学》让我看。黑格尔等人的逻辑学就更是先生认真和深入研究的对象了,逻辑学已经成为先生离不开的历史分析独到方法。逻辑学一方面是任何学术研究都离不开的法门,因为没有逻辑就没有分析,没有分析就不能深入事物内部,探究其实质,也无法探究事物之间的内在联系,因此就无法穷其理。事实本身并不直接告诉我们事物的本质,其本质和规律性的东西必须通过分析、判断和归纳等方法才能得到或实现。在先生看来,逻辑是最能提高效率的分析方法。关于先生对逻辑分析方法的妙用,我们不妨举一例予以说明。逻辑分析离不开概念和定义,离开概念和定义分析便无法进行,关于概念与定义,先生阐释说:"按照逻辑的规则,如果你想给一个概念下定义,那么你就要把这个概念放进它所属的上一级概念之中,并指出它与同属这一概念的其他概念之间的区别。简单地说,就是被定义概念=属概念+种差。'人是能制造工具的动物',人=动物+能造工具。'人'属于'动物'这个大概念(属概念),而其不同于其他动物处即在能造工具。给'人'下定义,就必须说明'人'是什么:一是'动物'之属,二是'能造工具'之种。"②

另一方面,逻辑学也是先生探究中西文化差异的路径,先生认为,中西文化的差异主要在于中西理性的差异,而中西理性的差异主要表现在历史理性与逻辑理性方面。更加令人拍案叫绝的是,先生在探寻中西

---

① [英]彼得·沃森:《德国天才》1,张弢、孟钟捷译,第221页。
② 刘家和:《关于史学致用的对话》,原载《我的史学观》,广东人民出版社1997年6月,收入《史苑学步:史学与理论探研》,引自该书第241页。

方理性进而及至文化差异的同时，还能发现它们之间的"异中之同"。先生在不断的探索中发现："历史进程本身虽然是一条'日新又新'的长江大河，时时在变，可是不断变化之流，却是永恒的。所以其变中有常，常中有变。至于经学，经有二义：其一，经，作为名词，常道也；其二，作为动词，即为经世致用之经，例如《庄子·齐物论》所谓'春秋经世，先王之志'。经作为常道又如何能够致用于不断变化中的'世'呢？这就必须把'世'放在既变又常的历史里来考察。所以，经学要致用就离不开史学。就像西方哲学要从永恒中把握真理，那就离不开几何学与逻辑学一样。"① 在这里，先生不仅把学科打通了，而且把中西打通了，把古今打通了，在差异不通中把它们都打通了。

先生懂得经济学，这件事较少有人知道。他愿意跟我谈论经济学，是因为我的主要工作是企业的经营管理，他有意要为我补补经济学这门课。从亚当·斯密等古典经济学家，到斯蒂格利茨等当代诺奖得主，一个个经济学理论和经济分析方法，他烂熟于胸，信手拈来。他最佩服的是马克思和他的《资本论》，他认为《资本论》是有史以来最伟大的经济学著作。他通过《资本论》和其他经济学著作，熟悉资本主义依靠资本积累与积聚的生产方式，熟悉市场经济的运作原理和法则。先生自觉地运用马克思主义生产力决定生产关系，经济基础决定上层建筑的科学理论，在史学研究中很好地运用社会与经济分析方法。先生平时最关注的就是经济形势和国际局势。据先生自己讲，1987年他在美国访学期间正赶上10月7日道琼斯股票指数暴跌的黑色星期五，无论是在办公室还是在图书馆，无论是搞经济的还是不搞经济的，美国教授们都愁眉苦脸地谈论着此事。这件事对先生的触动很大，让他切身地感受到学者不能两耳不闻窗外事，让他更自觉地关注经济和研究经济学，经济学本身就是经世济民，这与先生经世致用的治学目的可以说是不谋而合。先生对经济学的熟稔还与其"家学"有关，先生小的时候，其外公和舅舅是在上海做股票交易工作的，他从很早的时候就懂得股票、股息和股利

---

① 刘家和:《史苑学步:史学与理论探研·序》，北京大学出版社2019年版，第3页。

及其相互之间的关系，还懂得期货，知道股市有泡沫。他还跟我说，做股票是讲究心理的，要想炒股，必须学习股票心理学。

先生的治学方法可谓文史哲三位一体，数逻经诸类旁通，中西学并举，传统学问与现代科学并重，他游走在学科之间，中西之间，传统与现代之间。先生在各学科内部建立起既变化莫测又条分缕析的秩序，又把它们串联起来，形成四通八达的无限思维世界。他探究文史哲和数逻经等具体学科的"小理"，再把它们贯通起来，形成综万物之理的大道。由"小理"抽绎"大道"，由"大道"更明察"小理"，从而达到求真与致用之目的。关于先生治学之通达，赵轶峰教授的评价非常中肯："中国史学界专家云集，通家罕见。果能中西学术皆入堂奥，各为精深而融会别裁，成一家之言者，家和先生为其健者。"①

（二）见微知著　由古知今

任何事物都有其内在的结构和秩序，而任何事物又都处于与外部事物的联系中，事物之间外部的联系构成了它们相互依存和共同生存的场，这个场又依事物之间相互联系和相互依存的程度分为若干层次。大体可分为同类事物和不同类事物，两者的内部又可以大体分为高关联度事物和低关联度事物，以此类推还可以继续细分。探究事物的本质，离不开探究其内在结构和秩序，亦即微观研究；也同样离不开探究事物之间的外部联系，亦即宏观研究，当然还可以继续分出中观研究等。微观研究探究事物内部的结构和秩序，以穷其"小理"；宏观研究归纳事物的外部联系，以抽绎"大道"，两者互为表里，缺一不可。无"小理"则无"大道"；无"大道"亦无"小理"。无理之道则为空道，无道之理则为盲理。我国著名历史学家何兹全先生在其临终前主编的最后一套学术研究丛书《中国上古社会和政治研究丛书》的总序中，颇有深意地

---

① 赵轶峰:《中国史学的个性——刘家和先生史学思想发微》，载《古代文明》2020年第1期，第81页。

指出:"通观中外学术思想的历史,无论哪一门学科,往往走着一时重思想一时重材料,一时重整体一时重局部的发展路程。孔子所说'学而不思则罔,思而不学则殆'(《论语·为政篇》),可以引申来说就是偏颇的为害。"① 对于这样做的害处,何先生做了进一步阐释:"历史经验是值得重视的。任何一门学科都应当理论、材料并重,宏观、微观并重,不能偏重哪一方面……理论和材料的关系是相互为用,要两条腿走路,缺一条腿就成为瘸子……做学问,要宏观、微观结合。要能真实地看到整个社会,才能认识你看到那一部分社会和问题。研究任何一点一面的社会,必须有全面的观点,认识了社会的全面,才能认识你所见的部分。"② 南宋理学家朱熹有过一段精辟的论述,我们从中可以得到很好的教益:"学须先理会大底。理会得大底了,将来那里面小底自然通透。今人却是理会那大底不得,只去搜寻里面小小节目。""若有大底开拓不去,即是于小处便不曾尽心。学者贪高慕远,不肯从近处做去,如何理会得大头项底!"③ 从微观研究出发,可以统出宏观之势;从宏观出发,又可以指导和察验微观之果,两者互为所用,相得益彰。先生在这方面,也堪称当今学界典范。例如,先生的小学和考据之功便可以被看作是微观研究之利器,而通史和理论之识则可以看作是宏观研究之法宝。先生之微观、宏观研究并驾齐驱、相得益彰、成就斐然。对于先生具体学术成就的研究已经很多了,限于篇幅和本文之要旨,恕不赘述。

从由微观到宏观和由理及道的角度来考察先生的研究方法,就不能忽略其另一重要方法即"由今寻古、由古知今"。这同样是与先生经世致用的治史目的和学术报国的治学理想密不可分的。在谈到史学的经世致用时,先生指出:"史学作为学术,是以今人研究过去,其进行的方向是回溯的;而经世致用,究其本质,则是今人为了实现自己的目的(目的本身是要在未来实现的东西),从而其进行的方向是面对未来

---

① 何兹全:《中国古代社会及其向中世社会的过渡》,商务印书馆2013年版,第2页。
② 同上书,第2—3页。
③ 【宋】黎清德编:《朱子语类》一,中华书局2017年版,131页。

的。"① 也就是说，由今寻古是史学研究的固有特征，是不以任何人的意志为转移的，若要通古，就必须博今。对此，黑格尔说："历史反正必须与现实打交道。"② 这是一个方面，即必要性。另一方面，由今寻古还具有可能性。众所周知，史学研究的一个重要，也是不可避免的一个缺陷，就是研究者通常不在场，不在"事发现场"，历史研究正如先生所说，"是以今人研究过去"，但恰恰是今人所处的社会和环境及其所接触的事物，可以成为"在场"的参照，就是以今天的场去帮助我们理解过去的场，一方面是因为今天的所有事物都不是凭空产生的，都可以在一定程度上追寻到其渊源，所追寻到的渊源即是过去的事物；另一方面因为人类的各个民族处于不同的发展阶段上，现今社会上仍然存在着古代的社会现象和生活方式，它们就成为历史学家、人类学家和社会学家由今寻古的活的样板和材料。

如果说由今寻古是手段的话，那么由古知今便是目的了。由古知今也同样具有必要性和可能性。对此，先生给予了鞭辟入里的分析：

"史学以以往历史为研究对象，其内容自然为'古'；而以史学致用的服务对象是当代之人，其要求自然不是为了'古'而是为了'今'。因此就有了大家都熟悉的'古为今用'的问题。'古'为什么可以为'今'用？因为'今'是'古'的延续，'今'不能凭空而起，对于'古'必然有所继承；历史不能割断。'古''今'是相沿而来的。唯其相沿，所以相通，所以可以为用。这一方面的道理大家都很熟悉，不须细说。但是'古'与'今'之间不仅有相沿的关系，而且有相革的关系。'古'不革不足以成'今'。'古'与'今'延续的过程实际是以否定或扬弃的方式实现的。所以，历史的过程中既有其'通'，又有其'变'；非'通'无以见其'变'，非'变'又无以成其'通'。"③

---

① 刘家和：《史学的求真与致用问题》，原载《学术月刊》1997年第1期，收入《史苑学步：史学与理论探研》，引自该书第221页。
② [德]黑格尔：《世界史哲学讲演录》(1822—1823)，《黑格尔全集》第27卷，第1分册，商务印书馆2014年版，第55—56页。
③ 刘家和：《史学的求真与致用问题》，原载《学术月刊》1997年第1期，收入《史苑学步：史学与理论探研》，引自该书第221页。

东汉思想家王充在其名著《论衡》中说:"知古不知今,谓之陆沉;知今而不知古,谓之盲瞽。"先生经常用这句话与我们共勉,并自嘲说:"我就是个陆沉,你们不可学我。"先生此言此语总让我们有惭愧之感,我们自叹不如之际,只有努力向先生学习。

谈古论今就不能不涉及史学的求真,因为正如先生所云:"离开历史之真,就失去了谈古今关系的基础。"① 所谓的求真,离不开探究事实,如何寻找并探究事实,先生经常说的办法是"里应外合"。什么是里应外合? 我理解,若要获取足够多的事实——事实不足便不能判断事物的本质,就必须"里应外合"地寻找事实。只有内部的事实还不够,必须有"外部"的事实作为背景或环境支撑,因为任何事实都不是孤立存在的,甚至有时离开了"外部"事实,内部事实都不能称其为事实。就像黑格尔在其名著《世界史哲学讲演录》中所云,任何事物都是依赖其他事物而存在的。因此,若要充分地揭示事物的本质,必须考察其所依赖的"其他事物"。"外部事实"有时需要跨学科、跨领域去寻找。"其他事物"有可能在专业内部,也有可能在专业外部;有可能在历史学科内部,也有可能在历史学科外部。在这里,历史学便与其他学科相遇。

学历史的人都知道,司马迁著《史记》是为了"究天人之际,通古今之变,成一家之言。"我愿意将之理解为做学问的三重境界。"究天人之际"为治学之本或目标,是为了人;"通古今之变"是做学问的方法,只有通古今之变,才能探究到人在天地间的位置;"成一家之言"是做学问的结果,也是最高成就。可以说,先生都做到了。关于后两者所论已较多,在此仅就"究天人之际"做一概说。何兆武先生曾经讲过:"当代中国哲学的学者们,有些人每好谈天人合一乃是中国思想的特征。其实这是一种无征不信、似是而非之说。因为古今中外一切哲学讲到最后,没有一家不是指向天人合一的,宇宙和人生最后终究是要打成一片的,天道、人道终究不可能不是一以贯之的。"② 先生不仅从中国古代典

---

① 刘家和:《关于史学致用的对话》,原载《我的史学观》,广东人民出版社,1997年6月,收入《史苑学步:史学与理论探研》,引自该书第239页。
② [德]康德:《论优美感和崇高感·译序》,商务印书馆2009年版,第4页。

籍中论证了中国"天人相应"之思想，揭示了天道即人道，天命即人心的思想①，更对作为"天人合一"思想重要表现的古代王权神授问题做了系统考察和比较研究，揭示了不只在古代中国皇帝被称为"天子"，"在古代世界史上，神化王权是一种常见的现象。古代埃及、两河流域、印度、波斯等国的君主、马其顿的亚历山大及其后继者希腊化诸国的君主、罗马帝国的皇帝，都有过神化王权的思想和表现。"②更为难能可贵的是，先生还通过中国古代典籍对"人之性"与"物之性"的关系进行了考察，并对中国古代与欧洲文艺复兴之后人文主义兴起的差异进行了反思，认为"没有对尽物之性本身给以必要的重视，看来这是中国古代文明的一个弱点"③。对此恕不细论，仅以先生的此项研究，权当其在"究天人之际"方面的一个成果展示，希望可以起到窥斑见豹的作用。

（三）在比较中识自我，在比较中知世界

先生史学研究中最重要的方法之一就是比较研究，关于先生的比较研究法本身已经研究得很多了，这里就不赘述。鉴于本文的研究宗旨和思路，我只想强调先生为何钟情于比较研究法，这仍然与史学经世致用的研究目的相关，并最终服务于学术报国的理想。先生反复强调，致用的前提是求真，不求真便无法致用，无致用亦无须求真。"无史学之求真，即无史学之致用"；"无史学之致用，即无史学之求真"。④什么是求真？求真就是探究和把握事物的本质。如何才能把握事物的本质？一

---

① 刘家和：《关于中国古代文明特点的分析》，原载《中西文化研究》，1986年第1期，收入《古代中国与世界——一个古史研究者的思考》，武汉出版社1995年版，第513—515页。

② 刘家和：《论中国古代王权发展中的神化问题》，《古代中国与世界——一个古史研究者的思考》，第524页。

③ 刘家和：《关于中国古代文明特点的分析》，原载《中西文化研究》，1986年第1期，收入《古代中国与世界——一个古史研究者的思考》，武汉出版社1995年版，第523页。

④ 刘家和：《史学的求真与致用问题》，原载《学术月刊》1997年第1期，收入《史苑学步：史学与理论探研》，引自该书第224—225页。

个事物的本质不是只靠挖掘其自身就能得到认识的，它必须在与其他事物的比较中才能显现出来。在这方面，黑格尔给了我们极大的启发，他说："我认识我自己和认识一个对象是不可分割的。任何东西没有他方就都不存在。"① 换句话说，任何事物都是他者的存在物，若要把握其本质，必须与他者一并探究。先生在谈到本质时，恰恰是引用了黑格尔对本质概念所作的大段解释：

"本质的观点一般地讲来即是反思的观点。反映或反思（reflexion）这个词本来是用来讲光的，当光直线式地射出，碰在一个镜面上时，又从这镜面上反射回来，便叫作反映。在这个现象里有两方面，第一方面是一个直接的存在，第二方面同一存在是作为一间接性的或设定起来的东西。当我们反映或（像大家通常说的）反思一个对象时，情形亦复如此。因此这里我们所要认识的对象，不是它的直接性，而是它的间接的反映过来的现象。我们常认为哲学的任务或目的在于认识事物的本质，这意思只是说，不应当让事物停留在它的直接性里，而须指出它是以别的事物为中介或根据的。事物的直接存在，以此说来，就好像是一个表皮或帷幕，在这里面或后面，还蕴藏着本质。"②

因此，先生特别指出："比较研究意在认识事物的本质，在这个意义上，我们甚至可以认为，没有比较就没有认识。""通过他者认识自我，那便是以比较的方式在寻求与它者的差异与同一中阐明自我的本质。"③

在比较史学研究中可以期待，在比较中认识自己；在比较中认知他人；在比较中认知世界；在比较中认知人性。认识了他人、世界和人性，又反过来再认识自己。在谈到学术研究方向及其采取的方法时，先生写道："我在做学生的时代还是以中国史为研读主体的。大学毕业留校工作，系领导却分配我做世界古代中世纪史助教。对此我也欣然接受

---

① ［德］黑格尔：《世界史哲学讲演录》（1822—1823），《黑格尔全集》第27卷，第1分册，商务印书馆2014年版，第30页。
② ［德］黑格尔：《小逻辑》，贺麟译，商务印书馆1995年版，第242页。
③ 刘家和：《历史比较的逻辑思考》，原载《北京师范大学学报》2005年第5期，收入《史苑学步：史学与理论探研》，引自该书第185页。

了。因为原来想研习中国史，也是打算以世界史为背景比较着做的，现在改为以中国史为背景比较着研习世界史了。"① 在这里我们看到的不只是"服从组织安排"的好教师，更是有着不一般见识的，有着方法论自觉意识的青年学者。

四、Who：方式——自我存在的方式

科学为人类开启了现代社会，开启了现代的思维方式和存在方式。自然科学把人类的工具理性特征一步步推向更高点，人文社会科学则在不断地塑造人类的价值理性特征。如果用一句话来概括就是，自然科学为人类创造一代代新工具，人文社会科学则永无休止地变换着方法教导人类正确地应用和使用工具。在一定程度上，科学存在的方式，就是从事科学研究的人——科学家和学者——存在的方式。作为一名人文社会科学学者树立正确的科学观至关重要，可以说它在一定程度上决定了其存在的角色、存在的高度及存在的影响力。

（一）存在即意义

作为一名学者，学问存在的意义，就是自我存在的意义；或者反过来也可以说，自我存在的意义，就是学问存在的意义。就我对先生的了解和自身的体会而言，先生治学过程中所体现出的探索与创新，构成了他学者的角色本色，先生不断地强调，学术创新是学术的生命所在，"是学术能否真正传承和发扬光大的关键所在。"②

先生的探索与创新精神源于其对科学的深刻理解，以及所奉行的严

---

① 刘家和：《史苑学步：史学与理论探研·序》，北京大学出版社2019年版，第4页。
② 刘家和：《在挑战与回应中前进——刘家和先生谈学术工作的基础》，原载《北京师范大学学报》（社会科学版）2015年第2期，收入《史苑学步：史学与理论探研》，引自该书第461页。

谨的科学态度。在这里，不禁让我们再一次拷问科学究竟是什么，科学对人类究竟意味着什么。科学对于人类的意义绝不仅仅在于其转化为生产力部分的实用价值，科学理论及其沿着这条道路不断探索的意义远超出人们所意识到的实际价值。说人类就生活在自己不断建构起来的所谓科学理论之中，一点也不为过。或者说，一个个所谓的科学理论，为人类提供了永远都不会完善，永远都需要不断得到修补的精神寄托。英国哲学家罗素说："科学却总是暂时的，它预期人们一定迟早会发现必须对它的目前的理论作出修正，并且意识到自己的方法是一种在逻辑上不可能得出圆满的、最终的论证的方法。"① 人类所谓的科学研究和探索，在很多领域是永远都不会有终极答案或结果的，人文社会科学尤其如此，但人类永远也不能停止探索的脚步。这是在追寻人类自身，其意义已不在于或已超越了答案，而更在于追寻过程中。霍金说，"自从文明开始以来"，人们"渴望理解世界的根本秩序。今天我们仍然很想知道，我们为何在此？我们从何而来？人类求知的最深切的意愿足以为我们从事的不断探索提供充足的理由"②。探索和追求是人类存在的理由，也是人类存在的标志。

可以说，知识和真理都是相对的，没有永恒不变的真理，也正因为如此，人类才被激发起无穷的探究力量，在认知的道路上乐此不疲地前行，在取得一个个成就的同时，未知的黑洞却越来越敞开大门，像是在向人类宣战和挑战一样，人类也从不畏惧地在应对宣战和挑战中，变得越来越聪明，智慧越来越得到累积。一个个学科、一门门学问、一种种理论越来越多、越来越深地展现出来。一代代学人笔耕不辍，一辈辈学子矢志不忘。科学探索与创新不仅成为人类的精神追求，而且成为人类精神性存在的标志。这种精神追求和存在标志，成为人类永恒的存在方式。先生在学术上的创新成就不仅体现在一个个具体的、有影响的创新

---

① ［英］罗素：《宗教与科学》，徐奕春、林国夫译，商务印书馆2013年版，第5页。
② ［英］史蒂芬·霍金：《时间简史》（插图本），许明贤、吴忠超译，湖南科学技术出版社2009年版，第21页。

成果上，还体现在其理论阐发上。先生在《传承和创新与历史和史学》①一文中，运用文字考古、历史考古和学术考古等方法，有层次地阐发了其深刻的学术创新思想。

其一，创新是人类的天赋，是人类区别于动物的本质特征之一。"在动物界，一切按本能行事，无所谓错误，也无所谓创新。蜜蜂靠本能永远能把每个蜂巢做成准确的六边形。而人类刚刚离开动物界时为自己所做的窝棚，与准确的蜂巢相比简直是犯了大错。但是那毕竟是突破本能的破天荒的创新。这样，每一次的创新中都解决了或改正了以前的一些问题或错误，但不可避免地在更高的程度上出现新的问题或犯了新的错误。需要说明的是，这种创新中的错误，决非仅仅是消极的不可避免的事，而且更重要的是积极的必不可少的事。""如果没有更高一级的问题或错误，那么新的突破又将从何处着手呢？""人类要创新或在文化上要突破，首先就要有问题或突破的对象；只有不断地提出更高级的问题或发生更高级的错误，人类才能不断地有所突破，有所创新。"②从这个意义上可以说，创新是人类进化的阶梯，不断创新是人类不断进化的阶梯，进化无止境，创新就无止境。

其二，创新是人类社会活动或历史、文明发展的一般性进程，创新的过程也是传承的过程，创新与传承是一对辩证与统一的矛盾关系。"在历史上，一个文明传承的过程，就是其创新的过程；其创新的过程，也就是其传承的过程。没有创新，传承的延续就失去了可能的条件；没有传承，创新的产生就失去了必要的根据。所以传承与创新本来就是互为表里的一事之两面。""传承的本质在于创新，而创新的本质在于传承。"③在人们的一般观念里，传承与创新是一对矛盾，甚至是不可调和的矛盾。对此，先生也有所观照："传承（或传统）与创新，在直观的层面上是一对相反的概念，因为前者是从历史上流传下来的、旧的，而后者则是现在刚刚创造的、新的。中国有一些历史悠久的成语，如'除

---

① 原载《北京师范大学学报》2014年第2期。收入《史苑学步：史学与理论探研》。
② 刘家和：《史苑学步：史学与理论探研》，第387—388页。
③ 同上书，第382页。

旧布新''革故鼎新''推陈出新'等等,所说都是新陈二者之间的对峙(横向的)与代谢(纵向的)现象。新的代替旧的而产生,新的又转化为旧的而被更新的所代替,这种不断反复出现的现象,也正是人们直接感知到的历史。"① 可以说,现存的一切事物都是新与旧的混合物,传承与创新是一回事,传承不意味着把旧的一股脑儿地全盘接受;创新也不意味着把旧的全部打翻在地、推倒重来。历史或文化的发展,从其正面来说,无疑是一种传承和积累的过程,而从其反面来说又是一种否定或扬弃的过程。

其三,学术创新是文化沿革、文明演进和历史发展的重要组成部分,学术创新是学者应有的责任与使命。"如果说人类的历史进程是传承与创新的统一的运动过程,那么作为人类历史进程一部分的学术的发展进程同样如此。一切有存在价值的学术都必须在传承之流中不断地创新,也只有不断的创新才能使这门学术的传承得以延续。"② 至于历史学,传承与创新不仅符合其自身的学科特点,也是学科的生命之所在。"史学研究既离不开创新,又不能背离传承,这样就形成了其内在的张力。如果具体地说,这种张力可以说是体现在以下三个方面:首先,谈研究目的方面。我们研究史学,虽然研究的对象是过去的历史或传承,但是研究的目的却绝非为了服务古人(古人已经过去,不可能也无必要成为服务的对象),而是为了服务于今人。历史传承之流总是会为每一个时代的今人准备好活动的舞台和道具,可是这种传承之流本身不可能自动地成为一个时代今人的活动的导演。承当这种导演作用的是基于传承而面向创新的一个时代的史学。这样的史学,既要为当代需要服务,以求达到求善的目的;又要有不因当代的需要而曲解过去历史,以求不失求真的标准。求善不能超越求真所能允许的极限,否则就会失去学科存在的可能性;求真不能超越求善所必有的范围,否则就会失去学科存在的必要性。"③ 在这里,史学的传承与创新

---

① 刘家和:《史苑学步:史学与理论探研》,第374页。
② 同上书,第389页。
③ 同上书,第392页。

关系又与史学的客观性（求真）与功能性（求善）关系相遇在了一起。史学家的责任与使命也就自然地上升为学术和学科的要求，传承与创新是史学家应有的责任和使命，追求求真与求善的和谐的辩证统一，也是史学家应有的责任和使命。

其四，真正的学术创新不止于形式上的花样翻新，而是回应时代提出的新问题。一代有一代的学问，在回答时代问题的过程中，学术实现了突破，同时也留下了新的更高的问题，留待将来去突破。另一方面，这也注定了任何学术创新都只是一种过程，只是一种过渡，具有历史性。史学家的创新贡献不仅体现在"成就"方面，还体现在"错误"方面。"真正的史学创新，必须有其历史的意义或地位，即突破前人所达到的极限，回答了前人遗留下来的有价值的问题，见前人所未见，发前人所未发，承先以启后，这可以说是第一种贡献；再则，真正的史学创新，又不可避免地有其自身历史的局限性，自觉或不自觉地提出但未解决若干艰难而有价值的问题，甚至犯了深刻而具有重大学术启发性的错误，以供后人批判或否定，并从而在此基础上做出更进一步的突破和创新，这也可以说是第二种贡献。这也就是说，真正的史学创新要具有也会具有第一种贡献，同时也要有并且会有第二种贡献。"[①]至此，先生关于学术创新和史学创新的论述，就不仅停留在科学本质、学术原则和史学特征等层面，而进入到了哲学与思辨的辩证逻辑思维中了。尤其是对史学创新的"第二种贡献"的肯定，不仅是体现了对自身学术创新自觉性的阐释，更是对学界及后辈创新的激励，学术创新的这种"过渡性"既要求学者放下包袱、大胆实践、不因畏惧出错而踟蹰不前，又要求其发挥承上启下的作用，对他人尤其是后辈的创新怀有包容之心、鼓励之行，把这种创新精神还有创新方法传之后生，让学术的薪火代代相旺。

可以说在这方面，先生真正做到了知行合一，他自己独具创新价值的一篇篇论文和一部部著作自不必言说，对学生学术创新的努力他不仅

---

① 刘家和：《史苑学步：史学与理论探研》，第394页。

极具宽容之心，还亲自指导思路、提供资料线索甚至亲自动笔修改。我既是最有体会和感触者，也是最大受益者之一。关于这一点，下面将专门举例说明。

（二）存在即价值

人类生来就是有缺陷的动物，人通过不断的学习，一步步地改善自己，海德格尔说，人是万物的继承者和学习者。人除了向宇宙自然和生产实践学习之外，人类之间的相互学习是最主要的学习方式。在德国著名古典哲学家费希特看来，人相互之间的教育与学习，是人的使命，更是学者的使命。他说，人作为自由理性的生物相互之间有两个意向："首先是传授文化的意向，即用我们受到良好的教育的方面来教育某个人的意向，尽可能使任何别人同我们自己、同我们之内更好的自我拉平的意向；其次是接受文化的意向，即从每个人身上用他受到良好教育，而我们却很欠缺修养的方面来教育我们自己的意向。"[①] 如果不借助于他人的智慧，每个所知甚少的心灵都是黑暗多于光明的，人类就是通过相互帮助，共同积累智慧，才点亮自己和他人的心灵之光的。从这个意义上说，费希特不仅揭示了学问存在的价值，以及学者存在的价值，还表明了，占有知识、掌握知识和创造知识的学者，天然就应该是教育家，这是学者的使命和人的使命。中国自古也有这样的思想，《论语》有言：学而不厌，诲人不倦。倡导洋务运动的清人张之洞说："读书何用？曰：成人材。"[②] 接着又说："一人学战，教成十人；万人学战，教成三军。"[③] 一人学还不够，还要教成十人、万人乃至三军。德国著名社会学家马克斯·韦伯1917年在以"科学作为天职"为题，对德国大学生

[①] ［德］费希特：《论学者的使命 人的使命》，梁志学、沈真译，商务印书馆2011年版，第28页。
[②] ［清］张之洞编撰、范希曾补正：《书目答问补正》，中华书局2018年版，第330页。
[③] 同上书，第331页。

的演讲中指出:"每一个自认为以学者为职业的年轻人,都必须明确地认识到,等待他的是双重的重任。他不仅得是一位合格的学者,还必须成为一名合格的教师。而这两方面并不总是一致的。一位杰出的学者可能却是个糟糕透顶的教师。我可以向诸位举像亥姆霍兹或兰克这样的人在讲台上的表现,而他们绝不能说是罕见的例外。"① 所以,遇到一位科学家或思想家,同时他又是一名好教师,实在是作学生的幸运与幸福。马克斯·韦伯本人就既是一位影响深远的大思想家,又是一位让学生多方面受益的好教师。有人这样评论他:"大学不仅是一处研究机构,也是教育机构;(我们当前迫切需要的)培养科学面向事情(Sachlichkeit)的教育,可以与传授精神上的诸多生命价值结合在一起;一位教师,让青年大学生心甘情愿地接受这面向事情的训练,他们对此确信无疑,认定能从中获得其他一些更深的启迪。谁若是有意环顾我们的大学寻找这样的教师,列举其中最令人印象深刻的形象,凭借其强大人格和悲剧式的紧张气质,站出来,想为一种非人格性的专门科学辩护,准会说出他的名字——马克斯·韦伯。"②

刘家和先生就不仅是学贯中西、通古博今、跨越学科的大学问家,而且是当之无愧的好老师和教育家。学生从先生身上学到的不仅是知识和研究方法等学问本身,更是获得远超出学问之外的"其他一些更深的启迪"。以我个人的感受,先生教授还教授人生和社会这门大学问。先生是以身体力行的实践,把"教书育人"的教育宗旨诠释得最好的教师之一,即教的是书,育的是人。

说到教育家,人们不禁会联想到中国最伟大的教育家孔圣人,他的"有教无类"的教育思想更是被人称道至今。先生与孔圣人的教育思想"相反",他是"有教有类",当然这是个玩笑,两个"类"是不

---

① [德]马克斯·韦伯:《科学作为天职》,李康译,引自李猛编,马克斯·韦伯等著《科学作为天职——韦伯与我们时代的命运》,生活·读书·新知三联书店2019年版,第9—10页。

② [德]库尔提乌斯:《韦伯论科学作为天职》,吉砚茹译,引自李猛编、马克斯·韦伯等著《科学作为天职——韦伯与我们时代的命运》,生活·读书·新知三联书店2019年版,第84页。

同的"类"。一方面先生是根据不同的学生施以不同的教育方法，因材施教也可以说是"看人下菜碟"；另一方面根据学生的不同特点提出不同的要求，或者说对不同的学生各有所期，人尽其才，各尽所能。可以说在这方面，我有着切身的感触，也是最大的受益者之一。先生招收博士生的研究方向是中外古文明比较研究，而且先生很看重学生的中国古史功底，而这恰恰是我的弱项，我从本科生时就开始了专门学习楔形文字，选择了亚述学方向，先生不但不嫌弃，而且还温和地对我说："正好，我教你一些中国史方面的东西，你帮我弥补一下亚述学方面的欠缺。"以先生的学养和地位，这样的话对于一个本来对师门望而却步的学生来说，是多大的安慰与鼓励呀！从那时一直到现在，先生都鼓励我多读一点中国古典文献，就在两三年前还要我跟他一起逐字逐句地研读《道德经》，说这里面蕴藏着大智慧，而且常读常新。可惜，我不争气，中国古文献至今也没读几部。

我的"另类"还体现在毕业后的择业方面，先生的弟子们绝大多数都自然地留在了科研院所工作，成为了"职业"学者，而我却选择了"以出版的方式"做学问。由于从小对书有着强烈的"饥饿感"，毕业之后就想到图书馆或出版社工作，幸运的是我获得了进入商务印书馆工作的机会。当我怀着忐忑不安的心情把这一消息告诉先生时，想象中的"一顿痛骂"并没有发生。先生似乎早就看出了我的心思，笑着对我说："你老师没有那么迂腐，商务印书馆的奠基人张元济先生是个很了不起的人，他也是版本目录学和古文献方面的大家，百衲本二十四史就是他的杰作。你有这样一个好前辈和好榜样，要向他学习，做一个好编辑，同时做一个好学者。"接着还跟我讲起了商务印书馆的历史，以及商务如何如何了不起，说在这里我能得到很好的锻炼与成长。值得一提的是，在商务印书馆，我不仅仍然坚持着我的亚述学学问，出于对工作的敬畏，我又开始了对出版和文化的思考，也把它们当作重要的学问来对待。在这方面，先生同样给予了我极大的肯定。让我感到安慰甚至喜出望外的是，我现在通常把两门看似完全不相关的学问，混在了一起来做，它们互为表里，有时也相得益彰。

1996年，商务印书馆新领导实行经营管理"新思维"，具体说就是经营管理干部"知识化、年轻化"，我作为商务的第一批博士进入了领导的视野，被挑选做发行部主任，在当时的观念里，做不好编辑的人才被"下放"到发行部卖书，除此之外，我还有更大的顾虑，如果去发行部卖书，离开了专业与学问，我可怎么向老师们，尤其是先生交代呀？我犹豫不决，挣扎了一年多，最终还是先生帮我下定了决心。他说："不必担心，在这方面，张菊生先生还是你的榜样，他不仅是大学问家，还是大出版家和大企业家，社会同样是一门大学问，只有参透社会，才能做好学问、做大学问，也才能让学问发挥更大的作用。现在我可以对你提出更高的要求了，那就是'出将入相'，就是说在外可以带兵打仗，开疆拓土，在内可以钻研学问，建言咨政。"我惶恐地回答："我哪敢望张元济先生之项背，哪敢有那么大的理想、抱负，如果先生不嫌弃，同意我去发行部卖书，我能做的只是卖好书，不断地努力，不断地提高自己而已。"这次从编辑部到经营管理部门的转型，也成为我人生最重要的一次改变。先生的一句"出将入相"，至今仍是我的座右铭，以及工作、学习的动力，好在还算没让先生失望。先生对我的"包容"，不仅表现出他对学生的关爱，从中还能看出他"学术报国"理想志向的影子，以及教育家的眼界与胸怀。

先生教育家的身份，还体现在鼓励并亲手指导学生的学术创新方面。在这里以我个人的经历，仅举两例。2009年，我在构思和撰写《古代美索不达米亚宗教的人文主义因素》一文的过程中，带着两个疑问去请教先生：一个是由于人本主义与神本主义的对立关系，在宗教中寻找人文主义因素是否因违背常理而不能被接受；一个是在文中论述的古代美索不达米亚宗教"有宗教无信仰"的特征，这种提法是否合适，毕竟这一提法也有违背常理之处，即传统上宗教即意味着信仰。当我把这一想法向先生表达后，先生不无疑虑地对我说："新思想要有充分根据，新观点的措辞要严谨、慎重。"在我详细地阐释了我的思路和材料依据后，先生严肃的神情略有放松地说："先写出来，把完整的文章拿给我看，然后咱们再商量。"待我把文章全文交给先生后一周左右时间，应先生之约到先生家中"听候宣判"。当我怀着忐忑的心情坐下后，先生轻松、愉快的表情告诉我，情况可能没有那么糟糕。果然，先生不无欣喜地对我说："文章我认真地看完了，看来可以自圆其说，可以发表。"当我看到先生用铅笔在文章上面对一些字句的改动后，心中充满感激之情。2010年，当我写完《古巴比伦私人农业经济的资本主义特征》一文后，同样怀着忐忑不安的心情请先生审阅，因为这更是"大逆不道"的观点，自己比上一次还没有把握。令我没有想到的是，先生看到这一题目后竟然有些小激动，然后就跟我讲，你肯定担心这样的观点是否符合马克思的"五种生产方式"学说，其实马克思就曾经讲过，在很早时候地中海地区就出现过资本主义生产方式的萌芽，现在你要认真研读《资本论》和马克思的《经济学手稿》（1861—1863年）及其他相关论述，对照马克思关于资本主义生产方式主要特征的论述，逐条在古巴比伦私人农业经济中对标，这样文章才有说服力。先生跟我说，这里面有一个关键的问题必须把握住，即资本主义生产方式与前资本主义社会的商品经济的主要区别，那就是获取剩余价值的生产目的和劳动力成为商品，尤其是后者。我说在古巴比伦私人经济领域，雇佣劳动在文献资料中很常见，先生说仅仅有雇佣劳动还不够，还要考察雇佣劳动力是否获取报酬以及获取报酬的方式，我说他们获取报酬，并且领有工资，先生继续追问，领取的工资是实物工资还是货币工资，这两者也有很大的区别，并且决定着雇佣劳动的性质，我说既有实物工资，也有货币工资，先生高兴地说，那回去看《资本论》，然后咱们结合文章进行讨论。这一年的暑期，在高温之下，先生辅导我重读《资本论》，至今回想起来令人动容。这篇文章也没有辜负先生的期望，如愿发表了。

（三）存在即本质

人的存在表现为职业的存在和角色的存在，职业和角色的存在又诠释着人的存在。世界上没有空泛、不具备任何称呼的人，人都是一个个职业的人，一个个角色的人，离开一个个职业、一个个角色，就不存在人。所以换句话说，一个个人以职业的方式，扮演着人的角色，履行着人的职责和使命。另一方面，人是所有职业、所有角色的底色，人若要有出色的职业和角色表现，就必须铺好人的底色。19—20世纪德国著名文献学家、罗曼语文学家和文艺评论家恩斯特·R.库尔提乌斯，在回应马克斯·韦伯关于《科学作为天职》的演讲时指出："我们必须首先是人，而后才是学者；科学的意义可以被编排进生命的意义整体；假如我们献身于科学——不论作为老师还是学生——却又在我们的科学生活和作为人的生活之间插入一道隔膜，这是不祥的、恶劣的、荒谬的。"① 个中道理不难理解，但具有这样的意识以及做起来却不容易。

先生就以学者的角色和教师的职业，很好地履行了其人的职责、人的使命；或者也可以说，人的底色成就了先生学者的角色和教师的职业。

人是什么？人是理性的动物，人也是情感的动物。没有理性只有情感，人会沦落为动物；只有理性没有情感，人又会把自己抬高为神灵。人的理性包括工具理性和价值理性两个方面，工具理性直观地表现为知识和技术，它们是人类生存的手段；价值理性则抽象地表现为思想和道德，它们教会人正确地使用知识和技术，并最终成为人的标志。人天生就应该是有思想的人，无论是出于自身的利益，还是出于人类群体的利益，人都有学习、吸收他人思想的需求，同时也具有向他人传播自己思想的需要。笛卡尔的名言"我思故我在"还告诉我们，思想是独立人格存在的标志。

学者必须是思想家，思想家必须是道德家。只有这样，才能履行好自己人的职责和使命。然而，不是所有学者天生或注定就能成为思想家的，知识和技能即思维力的炼成是有难度的，这只是一个方面；更重要的方面，是正确地使用这种思维力，或者说把这种思维力运用到促进社会进步和人类福祉方面。黑格尔说："人所首先直接是的东西，仅仅是

---

① ［德］库尔提乌斯：《韦伯论科学作为天职》，吉砚茹译，引自李猛编、韦伯等著《科学作为天职——韦伯与我们时代的命运》，生活·读书·新知三联书店2019年版，第84页。

他变得有理性和有自由的可能性,仅仅是规定,仅仅是应当;只有通过管教、教育与陶冶,他才会成为他应当是的人,成为有理性的人。人只不过是他出生以后成为人的可能性。"[①] 思维力是思想家存在的必要条件,但不是充分条件。能力和道德是思想家必备的两个素质,两者缺一不可。先生超强的思维能力,他的理论和史实研究成就为之做了很好的注解,先生为学的道德追求,一方面表现为经世致用的治学目的和学术报国的理想信念,另一方面表现为具体的治学态度和学风上。关于前者,上面已经做了很多的阐述,在此仅就治学态度和学风方面补充两个小的细节。一个是这些年来,先生的名望和才学招致了各种极具名利诱惑的"主编"的邀请,对这种挂名主编,先生的态度是一概拒绝,他拒绝的理由很简单:"我不能只挂虚名不干事呀!可真干实事,我怕我的时间和精力无法保证啊!"不慕虚名、不贪名利。另一个是,这些年来我一直恳请先生把自己的著作交由商务印书馆出版,先生始终不答应,不答应的理由也很简单:"我不能给你添麻烦!"尽管对这样难以让我"信服"的理由,我百般与先生"理论",他都不为之所动。直到最近,先生又在其他出版社出了一本专著后,我不顾师道尊严地将了先生一军,我既开玩笑又不无认真地对先生说:"您总在其他出版社出书,就不肯在商务印书馆出书,您让我情何以堪呀,谁知道您是谦虚和体谅学生,人家都以为是我这个学生不招老师待见呢!况且以您的学术地位和著作水准,何谈'体谅'呀,这分明就是惩罚嘛!"这样,先生才答应将他的已经出版过的代表性著作,收入商务的一套丛书中。

另外补充说一下,谦逊本为学者应有的学风和品格,可也不是容易做到的。一方面,知识终归是有限的,人的认识和知识是不断积累的,始终是处于深化中的,而宇宙万物也无时不处于运动和变化中,所以人的认识和知识必定只在一定的时间范围内有效,或者说只反映当下的认知水平。关于人类知识和认识的有限性,看看笛卡尔是怎么说的。他

---

① [德]黑格尔:《世界史哲学讲演录》,(1822—1823),《黑格尔全集》第27卷,第1分册,商务印书馆2014年版,第34—35页。

说:"我深信:任何一个人,包括医务人员在内,都不会不承认,医学上已经知道的东西,与尚待研究的东西相比,可以说几乎等于零。"①另一方面,因为科学和真理是相对的,做学问的最高境界就是"成一家之言",而且也仅仅是"一家之言而已",不代表终极真理。这些都要求科学家和学者要有一颗谦虚甚至谦卑之心,有一颗对科学和真理的敬畏之心。在经常向先生求教的交谈中,每每听到新的思想闪光点,我都会不由自主地"约稿"或提议发表,"不成熟"便成了先生的口头禅。可以说,学风严谨成了先生治学的一大标志。

法国著名启蒙思想家卢梭和德国著名古典哲学家康德等都承认,人类"作为一个道德性物种",文化、道德、修养——"这属于他们的天职"。②可以说,先生以学者的身份和教师的职业,很好地履行了"人类的天职"。做学问就是做人,人们说这句话时,通常指的是道德文章,看来不错。朱熹所谈的为学之道,就很发人深省。他说:"盖人为万物之灵,自是与物异。若迷其灵而昏之,则与禽兽何别?学问是自家合做底。不知学问则是欠阙了自家底;知学问则方无所欠阙。"③学问的存在,就是人的存在。做学问是做人的一种方式,是学者做人的一种方式。

人是情感型动物。对于学者而言,有情感还需有情怀。学者只有满怀情感,满怀对祖国和人民的情感,满怀对人类的情感,满怀对大自然的情感,才可能具有人文思想和人文精神。对于先生的人文思想和人文精神,以上几部分的论述可以算作是在专业领域或从专业角度做出的主要阐发,下面仅从"业余生活"的角度做一点补充。人们习惯于把"专业"和"业余"对立起来,把"职业生活"和"业余生活"分隔开来,其实生活这门大学问在很大程度上,与专业或职业是"难解难分"的。专业或职业兴趣,在某种程度上,就是一种情怀,古往今来的大科学家

---

① [法]笛卡尔:《谈谈方法》,王太庆译,《汉译世界学术名著丛书》(分科本),商务印书馆2011年版,第49—50页。

② 参见[德]康德:《历史理性批判文集》,何兆武译,商务印书馆2010年版,第71—72页。

③ 【宋】黎清德编《朱子语类》一,中华书局2017年版,132页。

和大思想家，很多都是性情中人，甚至是乐玩之人，乐业也自然包含其中。对于先生的情感、情趣和乐玩，我较有感触的包括以下几个方面。

先生是一个幽默的人。幽默是一种智慧，有时还能成为一种力量。幽默可能也是一种天赋，反正不是人人都有幽默感的。先生经常的玩笑话，让我们跟他的交往和交流很放松，很随便，我有时甚至"很放肆"。前文提到，每每听到先生的"新思想"，我就忍不住向他约稿，或提议他尽快写出来发表，先生总说"不成熟"。终于有一次又听到那熟悉的"不成熟"时，我口无遮拦地说："那就是说，您现在已经发表了的文章，您就认为是成熟的了？"然后便"坏笑着"等着先生回答，先生也不含糊："哦，原来你在这儿等着我呢，那我也不上当！"先生自称"很野"，并鼓励我跟他一起"野"。我说您那是思想的狂野，是创新之野，哪是我能学得来的呀，他说："你现在就很野呀！"我只有惭愧。先生的幽默多是自嘲式的。他严谨的学风和谦虚的品格，使得我们平时根本不敢当面称赞他，在先生90岁的生日聚会上，先生用微抖的手夹菜已经有所不便，他一本正经地对众弟子说："我现在才明白什么是'太抖'（泰斗）。"

先生是个乐业之人。敬业是一种要求，乐业则是一种自觉。如果说一个人为了理想和信仰做出奉献甚至牺牲是一种精神，是一种难能可贵的精神的话，那么把获得奉献和牺牲的机会视为幸运，把奉献和牺牲本身视作幸福，则是一种更为可贵的境界。从人本主义的观点出发，我们在提倡奉献和牺牲精神的同时，若要求得苦中作乐、乐在其中的境界，那便达到生命之完美，事业之完美也便少去了悲怆和遗憾，而多了份甜蜜和向往。先生是既敬业又乐业，既奉献又享受奉献，所以他的心胸永远是开阔、豁达的。92岁高龄每天仍然兴致勃勃地研究学问，指导年轻人，帮助规划学科建设，我打电话给他，通常第一次很难接通，总是占线，先生真是不知疲倦、乐此不疲。现在我们的学术文化建设不仅需要先生这样的学识，还需要这种蓬勃向上的忘我精神，以及始终如一的责任感和使命感，正是这种忘我精神和责任感与使命感必定能够激励后学。先生不仅乐自己的业，还乐学生之业，哪怕学生之业与自己之业有所差别，不能完全吻合。古人云："师者，所以传道受业解惑也。"做什么样的人，都是有学问的。先生所传之道、所授之业、所解之惑，从一开始就远远超越了专业范围。人各有志，三百六十行，行行出状元，这是先生乐学生之业之缘由。先生经常教导我成功的五要素——眼界、胸怀、理想、勤奋和效率。他说成大事者，这五样东西缺一不可，我甚至相信，以先生经济学的底子，渊博的知识，开阔的眼界，如果做企业，也是常人无法比拟的。

先生还是一个"好（音四声）玩"的人。2019年教师节，众弟子们相约一起到系里看望先生，先生即兴讲话。讲到最后，自我"检讨"说："我是个好玩的人，什么事都喜欢尝试。"我接过先生的话茬儿开玩笑说："您这是自我表扬。前两年我们整理出版《赵元任全集》，从资料中看到，赵元任先生的人生目标之一，要做一个好（音三声）玩的人。好（音四声）玩之人，玩得有品位，玩得适度，就变成好（音三声）玩之人了。无论是好（音三声）玩，还是好（音四声）玩，那都是一种境界，常人难及的境界。"我的这一番话引得大家哄堂大笑，先生也像个孩子一样跟着大家一起笑。大家都明白，正是这种"好玩"不仅成就了先生的广博，还让先生变成了一个可敬且可爱的人。我对先生自己所说的"好玩"是有亲身体会的，他的"好玩"是极雅的"好玩"。不为一般人所知的是，先生格律严整地写得一手好的古体诗，填得一手好词，作得一手好对（联）。已故著名历史学家戚国淦先生就是先生吟诗作对的好朋友。还记得1996年在苏州开会之时，在吴文化园先生看到一名人写的一句上联求征下联，上联是"山窗静似无声画"，先生信手拈来地对以"竹籁轻如有韵诗"，然后兴致勃勃、不无得意地对我说："怎么样？"弟子们还都知道先生口哨吹得好，先生还亲自教过我，不仅吹口哨，还可以运用吸气法"吹"出同样的旋律，这样就避免了换气带来的旋律中断、不连贯，以及粗重的喘气声。就在先生90岁生日的聚会上，先生做餐前的即兴演讲，仍然不忘展现他的口哨技能，虽然只吹了两句便被我给打断了，先生还是兴致勃勃，弟子们是既佩服又感动。

先生是我人生中，与父亲一样，对我影响最大的人，这是我的幸运。先生对我的影响早已超越所谓的专业范围，其影响是全方位的。我深深地感到，就对我的培养而言，先生的言传身教，丝毫不逊于著作文章。

战战兢兢地写到最后，肯定书难尽意，亦难如人意。我还是愿意用先生自己的话，来结束本文。先生说，自己一生都在努力做一个"老实人"，做一个学问上的"老实人"和生活中的"老实人"，因为只有做"老实人"才能让自己成为一个"明白人"。跟随先生学习几十年，才慢慢地领会和体会到，做一个"老实人"是什么样的境界，是多么的不容易。先生所说的"老实人"，实际上是达到"诚明"和"明诚"之境的人，这是先生一生的追求。《中庸》曰："自诚明，谓之性；自明诚，谓之教。诚则明矣，明则诚矣。"先生说，你们总认为我谦虚，我哪里是谦虚呀，只不过是诚实而已。只有至诚，才有可能明德；也只有明德，才能达到至诚。先生这是在身体力行地教我们如何做学问，如何做人，如何做一个把学问作为自己一生追求的人。

（原载《古代文明》2020年第3期，略有增补）

我所了解的刘家和先生学术研究的实践、特点及品格

刘林海

2019年5月14日，在刘家和先生的《史苑学步——史学与理论探研》首发式暨学术研讨会上，著名学者陈祖武、陈启能、郑师渠等提出，刘先生之所以能够在史学领域作出重大成就，除了个人的先天条件和勤奋外，其治学方法和路径等也非常重要，应该加以研究总结，以嘉惠学林。刘先生思想深邃，学术研究体大精深。他通古今，贯中西，思想穿透力强，是公认的大家，确实值得研究。

笔者有幸聆听刘先生的教诲多年，亦常听他谈论为学之道，多少了解一些情况。虽竭力学习揣摩，但终因水平有限，所得甚少。即便幸有所获，也是一鳞半爪，实在无法窥其全貌。以下所述，结合了笔者这些年积累的受教杂记，仅仅是个人的一些粗浅体会，未必准确。好在学界已经有一些相关的研究，如《古代文明》杂志2020年第1期上的7篇专刊文章等，于殿利先生也有系统的论述①，刘先生本人也有一些总结，可资匡正。不确或不当之处，笔者自负全责，概与先生无关。

一、发乎中而绎乎西，明于西而贯于中

刘先生的学术实践与大多数学者不同，有过几次研究方向的大转

---

① 于殿利：《通则透　透则明　明则智　智则用——刘家和先生治学思想与人文精神探微》，《古代文明》2020年第3期。

变。他的学术研究从古代希腊史开始,后来转到了古代印度,最后又回到了中国史。

刘先生的学术兴趣本来在中国史,最初打算作中国古代史的研究,大学里也是按这个目标学习和打基础的。1952年,院系调整后,辅仁大学合并到北京师范大学,刘先生也毕业留校任教。不过,他教中国史的愿望并没有实现。因为外语好,他被分到了世界史,从事世界上古中古史教学,从助教做起。在此后的三年,他一边教学,一边接受俄语突击学习训练,一边熟悉苏联和西方的基础教材,参与教材写作,还曾经到在和平门的附中去代世界史的课。虽然教学工作比较繁忙,但也打下了坚实的基础,尤其是世界通史的基础,积累了研究问题。在这期间,他一边教授世界史,一边继续研究中国史。他还自己学习陈垣先生的研究方法,研读《日知录》,在1954年写了一篇关于顾炎武的文章。这篇文章受到白寿彝先生的表扬,还印出来供大家讨论过。这篇文章也引起了陈垣先生的关注,他还让刘乃和先生写信,表扬了刘先生,也指出了他在材料引用方面的一个错误。[①] 由于当时世界史及中国史界限划分严格,刘先生的这个举动被视为专业思想不牢固。此后,他就不再写中国史的文章,而是专门研究世界史了。

1955年,东北师范大学举办青年教师培训班,由著名史学家林志纯先生主持,邀请苏联专家格拉德舍夫斯基上课,从全国高校选拔世界上古中古史专业的青年教师参加培训。刘先生考入培训班,到长春学习两年。入学一个月后,林先生要求大家报论文的研究题目。刘先生提出研究斯巴达的黑劳士制度。林先生问刘先生看了哪些书,知道什么,还想看什么书。林先生看过书单后,觉得可以,征询了苏联专家的意见,同意了这个选题。经过两年的努力,他完成了近八万字的论文《论黑劳士制度》。这篇文章结合斯巴达的历史,对黑劳士制度作了深入分析,既有宏观思考,又有微观考辨,也表达了与当时的主流观点不同的看法。文章被全文翻译成俄文,还进行了公开答辩。苏联专家格拉德舍夫

---

① 刘家和:《忆陈垣》,《光明日报》2014年10月20日。

斯基的评价是"基本解决了问题"。在当时的情况下，中国学者能写出这么高质量的外国古代史研究论文，实属罕见。郭小凌先生评价"这篇文章始终是华语世界有关古代斯巴达黑劳士制度研究的经典之作。就史料的彻底性与论点的合理性而言，国内史学界至今仍无后来者。"[1] 这是非常公允的。

《论黑劳士制度》一文虽然直到80年代才正式发表[2]，但这篇文章一完成，就引起了轰动，也奠定了先生在中国世界古代研究领域的地位。按照一般的思路，他应该乘胜追击，在希腊史领域深挖，出更多的成果。但是，他并没有这样做，而是转向了一个新的领域——古代印度史。从东北师大进修返回后，他开始钻研印度史，一边学习语言，一边研读大藏经，结合西文的材料，分别在1962年和1963年发表了《印度早期佛教的种姓制度观》和《古代印度的土地关系》两篇文章。《公元前六至四世纪北印度社会性质和发展趋向蠡测》一文初稿完成于"文革"前，直到1983年才发表。刘先生研究印度的文章一发表，就得到学术界的好评，尤其得到季羡林先生的高度赞扬。季先生说他用佛经研究印度史，是一绝，开辟了新的路子，在可能的范围内，把该用的材料都用上了，是一位成熟的学者了。这两篇文章也是从宏观思考入手，通过微观考辨，对印度历史上的奴隶制、种姓制度及首陀罗等问题进行了深入研究。这几篇文章奠定了他在印度史领域的地位。80年代初，任继愈先生主持整理《中华大藏经》，曾经希望刘先生到编委会工作，做他的助手。

刘先生虽然对印度古史研究下了大功夫，也出手不凡。不过，他仍没有驻足于此，而是再次转换研究领域，重新回归中国史。1979年底，他从历史系调到史学研究所，从事中国通史和中外古史比较研究。刘先生从中国史到世界史，再从世界史转回中国史，都是出于工作需要，是被动选择。不过，他并非一味被动，而是因势利导，细致规划了学术研

---

[1] 郭小凌：《史学园林中的"一只极为珍稀的鸟"》，《古代文明》2020年第1期。

[2] 《论黑劳士制度》一文完成后，曾有老师将它推荐给上海人民出版社。出版社觉得文章里面有质疑苏联专家的一些论断，不宜出版。

究计划，为中国史研究做准备。①他虽然教授研究世界史，但从未放松中国史的学习和思考。在他那里，世界史和中国史相互促进，相得益彰。几十年的世界史教学和研究不但没有成为他中国史研究的累赘，反而为他的中国史研究创造了得天独厚的条件。其实，早在20世纪50年代初，白寿彝先生就发现了他对中国史的良好修养和浓厚兴趣，并一直予以鼓励和关怀。何兹全先生也很欣赏刘先生，对他关爱有加。70年代末，白先生酝酿编纂中国通史，为此专门在史学研究所设立中国通史研究室，为刘先生提供更大的空间。白先生希望他在世界史基础上进一步研究中国史，充分发挥其中外比较的研究专长。在这个意义上，刘先生的回归是有备而来的主动回归，不是被抓壮丁。

重新回到中国史后，刘先生把研究重点放在了先秦。研究先秦也是经过深思熟虑后作出的，是他整个比较研究计划的组成部分。他已经考察了古代希腊和印度，再加上中国，就可以对古代亚欧大陆世界的代表性文明有一个比较全面的认识和把握了。虽然刚进入中国史领域，但由于他有长期的积累及对问题的思考，所以很快就有文章发表。1981年，《〈书·梓材〉人历、人宥试释》一文发表。1982年，他又发表了《说〈诗·大雅·公刘〉及其反映的史事》一文。在随后的几年里，他接连推出一系列重要成果，如《关于蒿掩氒赋》《宗法辨疑》《楚邦的发生与发展》《三朝制新探》等。与此同时，他不断拓宽研究领域，开始思考中国史学和中国文明的特点等问题，前者如《史学与经学》《对于中国古典史学形成过程的思考》《〈史记〉与汉代经学》等，后者如《关于中国古代文明特点的分析》《论古代的人类精神觉醒》《论中国古代轴心时期的文明与原始传统的关系》《论中国古代王权发展中的神化问题》等。从80年代初到90年代初，在短短的十多年时间里，他的中国史研究异军突起，引发了史学界的强烈关注。

与在希腊史、印度史领域一样，他的中国史研究一出手，就是高质

---

① 刘家和：《谈学术工作的基础》，《古代中国与世界——一个古史研究者的思考》，武汉出版社1995年版，第600—609页。（本文所引该书，除非标明，均据此版）

量的。《〈书·梓材〉人历、人宥试释》本是一篇会议论文，中国史的学者看了很惊讶，林甘泉先生当即将稿子要走，决定在《中国史研究》上刊出。刘先生一直是世界史专业的，作的也是世界古代史的文章。系里有老师读到此文后，对他能发表中国史的文章很是惊讶，甚至还专门向他询问证实。林志纯先生也很惊讶刘先生能写出中国史的文章，当然，他也很高兴，对他大为赞赏。林先生请于省吾先生看了文章，于先生让林沄先生代为回信，评价是"用功甚勤，可备一说"。这篇文章与一般研究不同，它是用小学和经学的考证方法解决历史问题。《尚书·梓材》篇的"奸宄杀人历人宥"的解释一直是一个难题，历代经学家理解分歧较大。刘先生在分析各家解释得失的基础上，提出了人历和人宥是两种不同身份的人，从而很有说服力地化解了各种解释上的矛盾。这篇文章虽然不长，但分量很重，一举奠定了刘先生在中国史研究领域的地位。1986 年春，刘先生作为美中学术交流委员会邀请的高级学者访问美国。这次访问期间，刘先生曾到哈佛大学拜访张光直、杨联陞两位先生，并将他关于梓材篇和公刘篇的文章与他们交流。杨联陞先生曾两次与刘先生长谈。刘先生还从训诂学的角度对杨先生的《"龙宿郊民"解》提供了解释支持。杨先生对刘先生的评价是"文史皆精，训诂佳"。后来周一良先生见到刘先生，还说杨先生很推崇他，说他是个语言天才。①

刘先生解决了经学上的一些疑难问题，②也开辟了由小学经经学考证古史问题的新路。但是，他并没有陷在传统的考证之学中（白先生也曾经告诫他不要陷在考证里），而是有更大的宏观理论视野，把中国、印度和希腊放在一起考量，就古代世界的人类文明发展提出了自己的看法，这就是《论古代的人类精神觉醒》一文所阐述的内容。20 世纪 40 年代末，德国哲学家卡尔·雅斯贝斯在《历史的起源与目标》中，分析了公元前 800 年到公元前 200 间希腊、印度、中国在思想领域的变化

---

① 邵东方：《论学相见恨晚——记杨联陞先生与刘家和师的一段学术交往》，《古代文明》2020 年第 1 期。

② 关于刘先生经学研究的成就，可参阅许兆昌：《刘家和先生的经学研究探析》，《古代文明》2020 年第 1 期。

及其对世界文明产生的影响。雅斯贝斯认为，在这个时期，人类的自我意识觉醒在希腊、印度和中国出现，而且是在相互孤立的状态下不约而同地出现的。此次精神觉醒中提出的问题和标准决定了世界文明的发展，其影响一直持续到现代。他将这个具有分水岭意义的时代称为"轴心时代"，称这些文明为轴心文明。刘先生在自己的研究中也发现了这个特点，并进行了思考。受当时环境的影响，他并不知道雅斯贝斯及其著作，直到80年代初到美国看到这本书，才发现双方所想甚同。雅斯贝斯只是粗线条地描述了觉醒的现象，也提及了三个文明后来发展的不同，但没有就觉醒的原因提出系统看法，"轴心时代"也只是他世界历史观念宏大叙事的一部分。刘先生不但分析了人类精神觉醒的内涵和出现的条件，而且比较了觉醒在三个文明中的不同表现特点。他提出，"所谓人类精神的觉醒，乃指人类经过对自身存在的反省而达到的一种精神上的自觉"，主要包括人对自然或天、对人与人关系的反省及自觉，以及在此基础上通过对人的本质或人性的反省而形成的关于自身的自觉。人类精神的觉醒之所以能够不约而同地出现，是生产力发展、血缘组织解体以及国家产生与发展的结果。在天人关系上，"印度形成了宗教研究的传统，希腊形成了科学研究的传统，中国形成了人文研究的传统。"在人与人的关系上，"印度佛教主张无差别的平等，古希腊学者揭示人类平等中的内在矛盾，而中国儒家则以具有礼的形式的仁使现实的有差别的人同一起来。"在对人自身的认识上，三者"则分别把人理解为宗教的动物、政治的（城邦的）动物或伦理的动物。"①

中国古代文明的特点等也是他在这个时期深入思考的问题。1986年，他的《关于中国古代文明特点的分析》一文在由钟敬文、何兹全先生主编的《东西方文化研究》（创刊号）上刊出。这篇长文从比较的角度入手分析古代中国文明的特点，思考为什么其他古老文明都中断了，而只有中国的能够连续发展。刘先生提出，中国的政治史发展具有连续

---

① 刘家和:《论古代的人类觉醒》,《北京师范大学学报》1989年第5期;《论中国古代轴心时期的文明与原始传统的关系》,《中国文化》1993年第1期。

性，这对文明的连续生存至关重要。中国的文化也保持着连续性发展，突出体现在语言和学术方面，这是其他古老文明无法比拟的。政治史的连续性为文化史的连续性提供了保证，文化的连续性又是政治史连续的重要条件。中国古代文明之所以能够连续发展，"是因为它在沿袭中保持了变革，在变革中保持了沿袭。"中国文明在政治上具有统一的趋势，民族上则呈现出不断融合和联合的趋势，是多样性的统一。从精神上看，四海一家、天人合一是最主要的特点。①这些特点是古代世界其他各文明所没有或者不明显的。

刘先生虽然以先秦为研究重点，但并未局限于此，而是仍在不断拓宽思考范围，扩大研究领域。20世纪90年代末前后，他的研究重点也从先秦向下延伸到秦汉乃至魏晋，关注的层面也由经济社会到思想文化，由历史到史学，由史学到理论，由理论到哲学。相关研究成果也先后分两次结集出版，分别是《史学、经学与思想：在世界史背景下对于中国历史文化的思考》（2005）和《史苑学步：史学与理论探研》（2019）。其实，单从文集的标题，就可以看出其研究旨趣的变化，也可以看出他一直在不断攀登学术的高峰。2019年，他发表了《3—6世纪中西历史及文明发展比较研究》（与笔者合作），进一步深化了他在《关于中国古代文明特点的分析》中思考的问题。最近，他又发表了《理性的结构：比较中西思维的根本异同》。这篇文章则是他从哲学层面对中西文明比较认识的总结。②

二、本于中而用于西，中西互用而会通

刘先生的学术研究独具特色，值得总结的很多，也已经有一些精彩的专论，无需再续貂。这里只结合笔者自己的理解做点补充，供大

---

① 《东西方文化研究》（创刊号）1986年第1辑，31—66页。刘家和：《关于古代中国文明特点的分析》，《古代中国与世界——一个古史研究者的思考》，第486页。

② 分别刊载于《北京师范大学学报》（社会科学版）2019年第5期、2020年第3期。

家参考。

第一，中体西用。这一点可以从两个方面来说明。其一，中国为本。刘先生的世界史研究成就斐然，也曾经被抓壮丁，做过中国世界古代史研究会的会长，所以往往被视为世界史圈里的学者。不过，他的世界史研究是醉翁之意不在酒，并非最终的目的。他研究世界史，是为了更好地理解和反思中国历史，并希望从世界史研究中有所借鉴，以补益于中国。在他那里，中国的历史和文化始终是本，他做的是中国的学问。这也是他念兹在兹，始终坚持的。其二，中学西用。具体说来，就是用中国传统的学术方法钻研外国学问。在这方面，主要是小学（文字音韵训诂）和目录考证之学。刘先生学习过英、俄、德、法等现代语言，也曾自学过希腊文、梵文等古代语言。他的外语学习效率很高，诀窍就在于他借用了研习中国古文的方法，也就是清代学术大家王念孙王引之父子的"明故训，审词气"治学理念，从中国语言学迁移到外国语言学，找寻异同。他记单词都是从词源学和构词法入手，抓词根，找本义，看流变，在此基础上把握前后缀、词性变化等规律。这样记住的单词就不是一个，而是一串，也不容易忘。他还通过对照阅读英俄德本的《共产党宣言》《家庭、私有制和国家的起源》等，不但要明故训，分析词性和词义，而且要审文气，一句句扣文法，做图解，用不同颜色的笔标示出句子成分，明晰主副句及不同成分的关系，养成了杰出的阅读能力。[①] 刘先生的语言学习既得益于自己的方法，也得益于良师的指导。他在东北师大进修时，俄语老师是张正元教授，他也是培训班翻译给苏联专家稿子的审定者。他教刘先生等读《共产党宣言》，也是逐字逐句研读，使得刘先生觉得不但俄文有提高，英文能力也有提高。从东北师大回来后，他插班到张天麟教授在图书馆办的德语班学习德语。张先生曾经留德多年，新中国成立后回国，做过教育系教授、图书馆馆长。刘先生除了跟班学习外，还在四年的时间里每周到他家单独学习。张先生也是让刘先生研读《共产党宣言》等经典，通过问答方式教学，分析字词

---

① 郭小凌：《史学园林中的"一只极为珍稀的鸟"》。

和语法等，答疑解惑。德语学习也让刘先生的俄语和英语有所提高。可以说，他这种研读马克思主义经典原著的方式，就是小学经学一起搞的中国传统路子。刘先生研究外国史效率高，还得益于他中国传统的目录学修养，知道看什么书，看到什么程度。他的希腊史研究如此，印度史研究亦如此。他之所以能在不到两年的时间里完成《论黑劳士制度》，除了问题早已经思考外，也与他知道看什么书有关系。（林先生曾要求培训班的学员要像治中国史的学者那样用原始材料来做世界史的研究）他看格罗特（Geroge Grote，1794—1871）和伯里（J. B. Bury，1861—1927）等研究希腊史，发现他们也做目录和考证，也就跟着"照虎画猫"。他用汉文《大藏经》研究印度历史，"按照自己治中国古代文献的经验，在掌握了印度佛教和中国佛教发展的基本线索后，就直接从目录学入手"。"经过对大藏目录做了一番大体上的了解以后，我又根据自己研究的需要把它们分成三个部分，用不同的方式对待。对大乘部分只求了解源流和分部的大体情况，基本上不深入经文；对目录和史传部分则选择其中重要者置于身边，作为不时反复翻检、查核之工具；对小乘，尤其其中经、律，则深入原文，注意比较别本、异译，必要时还与南传经英译本有关部分对读。"①阅读他的几篇印度史文章，可以看到其考辨之细微，所用文献数量和种类之丰富。他讨论四种姓的起源，所引汉语文献就有十几种，有些还是不同译本，还参考了英文和巴利文文本；讨论婆罗门的地位，除辨析英译本与俄译本异同，还对照了四种汉文佛经说法；研究印度土地关系，就用了 8 种法经（论），《摩奴法典》则有两个英译本，一个俄译本。②如果没有良好的目录学训练，不谙搜集材料之法，即便在数字化高度发达的当下，一般学者也很难做到这一点。

第二，西学中用。这一点也可以从两个方面来理解。一是中史西说，即用西方的理论认识解释中国古代的历史。比如，他借鉴城邦理论研究先秦史，在经学和史学等方面实现了新的突破。应该说，用西方

---

① 详见《论学术工作的基础》，第 605 页。
② 刘家和：《古代中国与世界》，第 5 页注释①，第 9 页注释②，第 35 页注释①。

的理论认识中国历史是20世纪中国历史学的根本特点。自从梁启超提出"史学革命"的口号后，中国传统历史编纂体系逐渐式微，西方的各种理论逐渐流行，成为解释和重构中国历史的主角。刘先生在这个环境中长大、接受教育，又对理论有浓厚兴趣，所以并不意外。不过，刘先生又有不同。一方面，他接受新的东西，但并没有抛弃传统史学的优良传统，尤其是工具传统。没有这个工具，要创新很难，因为理论突破的材料支撑恰恰是通过这个工具完成的。另一方面，他对新的东西也不是简单照搬，机械应用，而是采取扬弃的态度。无论从中国看外国，还是用外国释中国，都不是简单地以哪一个为标准，更不是非此即彼，而是把双方视为普遍性中的特殊性，通过异同的分析，以实现认识的升华。二是西器中用，即把西方的逻辑学（哲学）作为研究中国历史的一大工具。刘先生非常喜欢哲学，对逻辑学更是挚爱。他在大学期间曾经从唐君毅、牟宗三先生学习哲学、逻辑学，后来又多年研读黑格尔的哲学和逻辑学著作，因而善于从逻辑的角度思考问题，并自觉用于学术研究。逻辑是刘先生学术研究的两把刀之一。蒋重跃教授对此已有详细论证，即他所谓的两个"菲罗"之一。① 他不但自觉运用这个工具，而且从中发现了中西历史及文化在理性方面的结构性差异。

第三，比较方法。这一点学术界了解的最多，研究的也最多，也无需重复。笔者想补充的是，刘先生思考及写作，都从比较的角度展开，其中有直接比较，也有间接比较。他不但做比较研究的实践，而且思考比较的理论，提出比较可以"辨异同"、"明一多"，也提出比较是可公度性与不可公度性的统一。② 可以说，比较是他的一种思维习惯，是他始终不能忘怀的一件大事。③ 这种习惯与他的逻辑工具密不可分，因为

---

① 蒋重跃：《刘家和先生治史的理论追求》，《古代文明》2020年第1期。
② 刘家和：《历史的比较研究与世界历史》，《北京师范大学学报》（社会科学版）1996年第5期；刘家和、陈新：《历史比较初论：比较研究的一般逻辑》，《北京师范大学学报》（社会科学版）2005年第5期；《试说中外历史比较研究的理论与方法——〈史苑学步——史学与理论探研〉自序》，《淮阴师范学院学报》2018年第5期。
③ 刘家和：《比较研究始终是我心中的一件大事》，《文汇报》2019年3月15日；《40年来中西古史比较研究的进展》，《北京师范大学学报》（社会科学版）2019年第2期。

一旦涉及概念及判断，就会遇到种、属等问题，这些又是取舍的结果，取舍的前提则是比较。所以，他又提出，在这个意义上，比较又具有一般性、普遍性。

第四，融会贯通。"通"是刘先生学术研究的一大特色，也是他的治学追求。他常引用王充的一句话说明通的重要性："夫知古不知今，谓之陆沉……夫知今而不知古，谓之盲瞽"。（《论衡·谢短篇》）刘先生的"通"也可以从几个层面来理解：

首先，研究对象或研究领域的通。表现为古今通、中外通、经史通、文史通、史哲通等。何兹全先生的评价是"古今中外文史哲"。这方面也有不少讨论了，此处不再重复。

其次，学术视野的通。这方面有实例。笔者留校工作的前几年（具体时间记不清了），曾经聆听过先生的一个讲座，对他的一个观点印象深刻。刘先生提出，无论做中国古代史还是做世界古代史，如果不了解18、19世纪的学术，很难真正做好。就中国而言，清代的"乾嘉之学"是中国古代学术成就的最高峰，汇集了历代的研究成果，不但在文献的整理上成就卓著，而且形成了一套严谨的考据方法。清人的这些成就至今仍是学术研究工作的基础，不可代替。就史学领域而言，清初顾炎武开创朴学新风，有《日知录》等硕果。这个考据的学术传统在乾嘉时期大放异彩，出现了钱大昕的《廿二史考异》、王鸣盛的《十七史商榷》及赵翼的《廿二史札记》等名作（"都是赖博以成精的道路"）。刘先生虽然不专门研究清代学术史，但对这个领域的情况非常熟悉，对清代典章制度及学术流派烂熟于心，学林掌故等更是信手拈来。关于这一点，与先生接触较多的学者想必会有同感。笔者认为，这方面最具代表性的例子当属"从柴德赓《王西庄与钱竹汀》看陈援庵学术的传承"。这是他在2018年11月4日召开的"柴德赓诞辰110周年学术研讨会暨《柴德赓全集》学术委员会会议"上的主题报告。这篇发言虽然是谈柴德赓先生的，但是从清代的制度及学术入手，娓娓道来，既揭示了传统考据之学的寓论于史的特点，又打通了历史与现实，不但做到了"尚友古人",而且"尚友今人"。读过柴德赓先生这篇文章的人不计其数,但能从中挖掘出如此丰富内涵的学者,除了刘先生恐怕找不到其他人。如果没有深厚的积累,是不可能从一篇大家熟知的考据文章中发现其不寻常之处的。[①] 清代学术史是先生"一直不能忘情"的,也是他学术的"童子功"之一,也是他通古今的前提。例如他研究《左传》,不但通观历代注疏成果,而且特别注重清儒对杜注的臧否。不仅如此,他还非常重视外国学者的研究,专门就李雅各和安井衡等成果作论。[②] 就西方而言,18、19世纪也是现代学术研究确立的重要时期,19世纪更是被称为历史学的世纪,不但历史学职业化,研究科学化,而且出现了各种理论和范式,古代文献的整理也达到了顶峰,奠定了后来的基础。就古典学领域而言,以德国学者F. A.沃尔夫的《荷马导论》(1795)为标志,学术研究开始走出神话文学时代,转向科学的研究,涌现出格罗特、B. G.尼布尔(1776—1831)、T.蒙森(1817—1903)等大家。这些学者不但整理了古典的文献,而且提出了古代希腊罗马历史研究的基本问题。对于现当代学者而言,不了解这些古典的学术史,自然很难充分理解历史和学术发展的内在逻辑。他在研究黑劳士问题时,也是从格罗特的著作和当代学者的研究入手,一方面了解之前的学术史和学界讨论的重要问题,另一方面则从中梳理出基本的史料信息,并逐一阅读。这种方法既可以一举站到学术研究最前沿,又能"竭泽而渔",大大提高了研究效率。

最后,研究工具的通。笔者认为,这是他前两个通的必要条件,最为重要。晚清名臣张之洞在《书目答问》里面有一段高论:"由小学入

[①] 整理稿全文见:http://www.chaidegeng.cn/index.php?_m=mod_article&_a=article_content&article_id=658。(2020年6月16日下载)亦可参阅:《试谈研究史学的一些基本功——读柴德赓先生〈清代学术史讲义〉等的一些体会》,《史学史研究》2013年第1期。《关于陆贾〈新语〉的几个基本问题》一文则为文献目录学角度通的范例,见《古代中国与世界》,第399—411页。

[②] 刘家和:《史学、经学与思想:在世界史背景下对于中国古代历史文化的思考》,北京师范大学出版社2005年版,详见与《左传》相关诸篇。

经学者，其经学可信，由经学入史学者，其史学可信，由经学、史学入理学者，其理学可信，以经学、史学兼词章者，其词章有用，以经学、小学兼经济者，其经济成就远大。"①它浓缩了中国传统学问的门类及其关系（主要是经世致用），既阐明了读书做学问的正确路数，又暗含了实现这个路数的必备工具。刘先生在谈论为学之道时，经常引用这段话，当然，他的引用仅止于"史学可信"，其他则略而不论。他的学术研究就是遵循了从小学而经学，由经学而史学的路数。

刘先生之所以能打通中国传统学问的这个几个层面，是因为他有精良高效的小学、文献目录学等工具修养，又精于考据。他自幼接受传统教育的启蒙，小学、中学大多数时间在私塾度过，习四声，学《四书》（朱熹注本），读先秦儒家经典及诸子，打下了小学和经学的童子功。他虽不专门搞小学，但于清代小学各家及成就烂熟于心，提出小学是人文学科的基础，也曾就同一个字具有正反两个意思的现象做过系统的专题笔记（受黑格尔的启发。黑格尔说德文中天生具有辩证法，有些词同时有正反两个意思）。他的小学自成一家，受到著名古文字学家王宁先生的高度赞誉。大学期间，受钱穆先生的影响，刘先生开始接触清代学术史，也懂得了做先秦史和诸子学必须考证的道理，而考证则绕不开清代。②工作后，他继续研习目录学，揣摩陈垣校长的学术特点。他发现，陈垣先生之所以之精于考据，并能竭泽而渔，是因为知道研究需要的书在哪里，知道如何用。陈垣校长的学术研究从研习《书目答问》开始，花几年的工夫啃这本书，同时对读《四库全书总目提要》，了解熟悉相关书籍的内容及作者等。陈老先生还非常重视《廿二史札记》，把它作为治史的入手。经过这个训练，做了到既精且博，还能由博返约，做起考证来自然得心应手，游刃有余。③

---

① 范希曾编：《书目答问补正》，上海古籍出版社 1983 年版，第 344 页。
② 刘家和、江湄、罗新慧：《"学者亦必志于毅"——刘家和先生访谈》，《历史教学问题》2002 年第 4 期。
③ 刘家和：《培基固本、精益求精——学习陈援庵先生史学遗产的点滴体会》，《史学史研究》2018 年第 1 期。

笔者认为，如果只到传统的根柢之学，刘先生工具之学的"通"还算不上真正融会贯通的大通，因为还有逻辑，还有理论。上文已经述及逻辑，下面专就理论谈点体会。

第五，理论统领。刘先生重视理论，也是公认的。①刘先生的理论可以从多个角度理解，这里只就哲学层面而言。在这方面，有两个对他的思考和研究产生持续影响的流派。一是西方古典哲学，尤其是黑格尔的哲学——辩证法。这一点是他从大学时期就开始研习的，一直没有间断。这是他思考分析问题的自觉工具，注重矛盾分析，注重认识正反合的辩证过程。另一个马克思主义哲学，尤其是马克思主义经典原著的研读。这是从研读黑格尔的著作延伸出来的，也始于大学时代，而且一直延续着。新中国成立后，史学研究也步入新的阶段，其中"五朵金花"等理论讨论盛极一时。这些问题的具体表现虽各不相同，但都涉及经济基础与上层建筑的关系，在史学上则可以归结为历史发展的普遍性与特殊性以及连续与变化关系等问题。刘先生本来就对理论感兴趣，也一直在读《共产党宣言》《家庭、私有制和国家的起源》《反杜林论》等马克思主义经典著作，所以就把黑劳士作为具体切入点，也计划与印度和中国作比较。之所以选择这个点，一是它是中国历史分期讨论中出现的，与中国的历史问题与一定关联。一是恩格斯在一封信里专门谈到了黑劳士和首陀罗，郭沫若先生也曾经建议汪敬虞先生加以研究。白寿彝先生是著名的马克思主义史学家，注重理论的贯通，又在关键时刻提醒刘先生超越狭隘的考据，重视宏观的理论思考。白先生知道刘先生的兴趣在先秦哲学，又发现他熟悉先秦诸子、研读马克思主义经典，就建议他先从经济基础做起（这是白先生转述的侯外庐先生的说法），逐步深入。②可以说，刘先生的理论自觉很早就形成了，高效地统领着他的研究。这是其学术研究的灵魂和点睛之所在，也是融会贯通的最高境界。

---

① 详见蒋重跃：《刘家和先生治史的理论追求》；赵轶峰：《中国史学的个性——刘家和先生史学思想发微》，《古代文明》2020年第1期。

② 刘家和：《追忆白先生、感念白先生》，《史学史研究》2019年第3期。

三、虚怀若谷善反省，主一无适自砥砺

刘先生治学特色鲜明，成就斐然，不但在古代希腊、印度和中国史领域建树卓著，而且在中国传统的小学、经学、史学、子学领域更是成就非凡。不仅如此，他还喜欢欣赏古典音乐，精于古体诗（有未刊诗集一部），工于书法①，是真正的多才多艺。他是如何做到这一点的？其学术之树长青的奥秘又在哪里呢？其实，他经常给学生传授为学之道，教导大家如何做研究，如何成为合格的学者。2012年9月20日晚上，我奉命去先生家取他给的东西（先生经常赠东西给学生）。在聊天的过程中，他比较集中地谈了做学问的问题，并嘱咐我记下来。他总结了五点。实际上，这五点是他对自己学术实践经验的思考和总结，正可以作为上述提问的答案。（笔者按：以下各点主题引文为刘先生原话，其他则结合笔者体会而成）

第一点是心胸。"要有心胸。心胸像茶杯，大了盛得多，小了盛得少。心胸是做学问的必要条件，没有心胸，做不大，做不高。"刘先生早年读《孟子》，就悟出了做学问先做人的道理。"孟子在为学之前首先注重自己的为人、个人道德人格的修为（养成浩然之气）；据此而发为文章、与人辩论时，必先反思自己的主张是否真正有理（必须'自反而缩【直也】'），这样发出的文章自然理直气壮，沛然莫之能御。"②先生的人品和学品在学界是有口皆碑的。他对学术充满了敬意，视之为天下公器，总是对请教者敞开大门，毫无保留。他深信"君子矜而不争，群

---

① 刘先生早年师法苏米，书法受到柴德赓先生的表扬。他上大学时听过著名金石学家陆和九先生的金石学（考古学）课。陆先生精于魏碑，曾经专门点评过他的字，说他的字看起来不错，架子可以，但其实是花拳绣腿，基本功不扎实，笔法功力不行，要重练，从魏碑开始。此后，刘先生就练了几年魏碑，读了很多名家书帖，所以他的字中也有魏碑的特点。唐至中先生也曾经告诫刘先生写字要注意每笔都送到。刘先生说："柴先生夸我，不如陆先生批我。"他自评写字行笔太快，起笔落笔也太草率，后来就没有专门练习了。1971年，故宫曾经计划办一个展览，选拔书法或绘画好的学者撰写展品说明，刘先生是入选的十位人员之一。

② 刘家和：《古代中国与世界》，商务印书馆2020年版，序言。

而不党"(《论语·卫灵公》),并躬行之。他写东西都是经过深思,不操觚率尔。他总不满足于已有成绩,总觉得自己的学问不够,还需要不断努力,需要不断进步,需要不断否定自己。他常借用一双关语对联自嘲:"行年七十尚称童,堪称寿(受)考;到老五经犹未熟,不愧书生"。[①]他还有一首自嘲的诗:"敢承过誉受虚声,不学岂堪更不诚。执笔人惊呼"泰斗",临文自觉认书生。书生故应呈原色,"泰斗"焉能冒盛名?洗尽铅华真我见,庶乎无愧且心平。"[②]他对新的前沿理论总是持积极的开放态度,并能为我所用,融入自己的研究。何兹全先生曾经有一个为人及治学的心得,也常用它来勉励教导刘先生:既要"择善而固执之"(《中庸》),又要"不以所已藏害所将受"。(《荀子·解蔽》)没有博大的胸怀和自我否定的精神,是很难达到这个境界的。

第二点是理想。"要有理想,崇高的理想,That Noble Dream(笔者按:系美国史学家彼得·诺威克于1988年出版的论史学客观性与美国历史学职业的书名)。"刘先生的理想当然是做学术研究,但内涵丰富,可从以下几个层面来理解:首先是真挚的爱国情怀。刘先生矢志学术的理想是源于他强烈的民族情感。他童年和少年时期经历了日本对中国的侵略,对日本人的残暴深有体会,也因《最后一课》而触景生情。他至今不学日语,也不去日本。他立志从事中国传统文化的研究,选择学术救国,也是因为担心国家和民族文化的灭亡。抗日战争后,他目睹国民党的腐败,又加入了反抗之列,以革命救国为重任。新中国成立后,他又专心学问,以学术兴国、学术强国为己任。学术于他始终是一种生命,不是糊口的职业。这是他学术研究热情不减的原动力,至今没有改

[①] 按照明清代科举制度,读书人在考取秀才之前,都称为童生。考取秀才后,才能考举人。刘先生大学毕业,虽然到东北师大进修过,也没有发学位,所以以童生自谦。"书生"则取书读的不熟之意。

[②] 刘先生从20世纪80年代开始手就抖,进入新世纪后抖得比较厉害。师大图书馆的董乃强老师与刘先生很熟,也经常开玩笑,说大家都称刘先生为泰斗。有一次,他们在专家餐厅吃饭时碰面,刘先生端了一碗米汤,因为手抖得厉害,洒了大半。董老师看到后说,刘先生您可真是泰斗(太抖)!他有感而发,写了这首诗,题名为《惊闻"泰斗"感赋》。

变。到现在，文天祥的《正气歌》也是张口即来。他非常关心时政，每天看《参考消息》和《新闻联播》，关注国际局势。新冠肺炎疫情暴发后，他立刻从现实回溯到历史，推荐大家读挪威著名学者约翰·加尔通的《美帝国的崩溃》一书，督促我们思考研究相关问题。但是，这种感情又不是盲目的。不读中国书不行，要亡国；只读中国书也不行，不能救国、强国。他很早清楚认识到了中国传统文化的弱点，并试图从学术上追根求源，寻找解决的方案。这也是他中外比较的缘起之所在。中国是有缺点的，需要学习西方。学习什么呢？当然是西方所长而中国所短或无的，比如数学和逻辑思维、逻辑理性。这是西方之所长，也是其科学发达之关键。他曾经在有众多院士参加的国家教材会议上发言，指出我们数学教育中的问题和缺陷，并引起共鸣。2019年暑假，他还与著名数学家丘成桐先生有过一次会谈，专门探讨中国古代文化与科学的关系。其次是强烈的使命感。这个高贵的梦还体现在他对北京师范大学历史学科发展的期望上。刘先生一直在呼吁要继承陈垣老校长的根柢之学和白先生的贯通之学，将传统的目录考证与宏观理论结合起来。在他看来，这是师大历史学科的传统和特色。特色是立足的根本，也是培养具有穿透力的中西兼通人才的前提。他常说，没有突破就没有穿透力，没有突破就没有创新。① 正是这种使命感，使他在耄耋之年还亲自参与设计"励耘学堂"的课程计划，亲自上课并指导学生的学习实践。最后是宏大的研究目标和格局。刘先生治学博通精专结合，不断开辟新的领域，寻求理论突破。他经常告诫大家，学术研究要有高远的眼光，不能只满足于做专家，更要做大家，要勇于回应西方学者的挑战，回应时代的挑战。② 学

---

① 刘家和：《也谈一流大学与一流学科的建设问题》，《史学理论与史学史学刊》2017年（上）；《没有突破就没有穿透力》，《北京师范大学学报》（社会科学版）2019年第2期。

② 例如，回应黑格尔关于中国历史特点及以史为鉴的论断，托马斯·库恩"不可通约性"问题等。刘家和：《关于历史发展的连续性与统一性问题——对黑格尔曲解中国历史特点的驳论》，《北京师范大学学报》（社会科学版）2009年第1期；《关于"以史为鉴"的对话》，《北京师范大学学报》（社会科学版）2010年第1期；刘家和、蒋重跃：《在挑战与回应中前进——刘家和先生谈学术工作的基础》，《北京师范大学学报》（社会科学版）2015年第2期。

者要时刻警惕各种学术陷阱,如片警或段警陷阱,一辈子只做一个问题或一本书的专家陷阱,教授中等收入陷阱,低重复陷阱,碎片化陷阱,等等。当然,目标远大离不开脚踏实地的努力和实践。在这方面,他有一个座右铭——"眼高手低"。那就是:思考问题的眼光和境界要高,但解决问题要从小处、具体处入手。不要老是盯着小问题,要反过来,盯着大问题,从具体做起。只有这样,才能做出高质量的东西来。孔子"登东山而小鲁,登泰山而小天下"。高度不同,看到的也不同。在平面上是看不清路的,站在高处路就看得清清楚楚了。

第三点是毅力。"毅力,就是百折不挠的精神。"在这方面,用"主一无适"来形容刘先生是最恰当的。他曾经说过,当年在辅仁大学读书时,漆侠先生给他们上过课,曾经告诫他要"主一无适"。他也经常告诫我们。刘先生的"主一无适"表现在两个方面。一方面,只干一件事,就是做学术,这是他始终不变的理想。他自己说,他也只能干这一件事,其他干不了。无论在解放前还是解放后,无论在顺境还是逆境,他都心无旁骛,坚持不懈做学问,不争名,不夺利,主动靠边站,甚至主动放弃了各种升官发财的机会。另一方面,学术研究"主一无适"。可能有学者会质疑,刘先生在希腊、印度和中国之间来回转换,既搞经学,又搞史学甚至子学,还痴迷小学;既搞历史,又搞史学甚至理论,还写哲学的文章。这种闪转腾挪的架势很难说是主一无适,甚至相反。表面看来,似乎确实如此,事实并非如此。刘先生的"主一无适"并非在一个小领域或方面走到黑,也不是一辈子就搞一个题目。他的目的不是某一领域的专家,而是大家、通才。为了实现这个目标,他在学术生涯一开始,就做了详细规划,通过研究古代希腊、印度和中国的历史来认识人类历史及文明发展的统一性与多样性特点。转换区域也是主动为之,是要做个案研究。他写希腊的文章,心中有中国,想的是印度,用他的话来说,就是"吃一望二眼观三"。这是他的"一",多年坚守,初心不变。无论历史问题还是史学问题,无论历史探讨还是哲学思考,也都围绕这个宏大主题展开。各项研究或者层层递进,或者从不同角度展开,都有内在的逻辑关联,是一个有机整体,绝非一盘散沙,更不是东一榔头西一棒子。

第四点是反省。"反省，也就是方法。要反省自己的方法对不对，一边砍柴一边磨刀。在反省中不断超越自己，不断反省，不断革新。要克服自己的局限性，实现方法上的革新。"刘先生不但善渔，而且长于渔鱼之道，特别重视总结学术研究的方法，特别善于自我反省，不断改进研究方法。他从自己的研究工作中体会到了打基础与搞研究的关系，认识到了基础的层次性，也注意到了基础的结构等问题。此外，他还多次谈到博与通、精与专的关系，对"竭泽而渔"等也有精彩论述。① 这些认识既是他研究经验的总结，又反过来指导改进其研究。他经常说，方法就是磨刀，不要怕耽误时间，磨刀不误砍柴工。只有刀快了，才能砍得快，砍得多。在这方面，刘先生有两把刀（他戏称"二把刀"），一把是文字音韵训诂的小学，一把是逻辑。这是他的独门法器，一中一西，土洋结合，至今还在磨着。

第五点是效率。"方法革新的如何，要看效率。别人看一天的，你一个小时就解决了。这就是效率，关键在效率。这是自觉反省的结果。"刘先生不但方法高明，而且效率高超。他特别会利用时间。上厕所时看说文解字，逛书店看书则有意扩充自己的目录学知识，训练自己的眼力。他经常讲，要学会看书，因为人的时间和精力有限，所以读书是要有选择的。他将阅读对象分为工具书、教材、研究论著、资料汇编、未经整理的原始材料等，类型不同，阅读使用的方法也不同。或检索，或泛览，或精读，则要视具体题目等而定。他读书先看作者、目录、前言、后记等，了解大概情况，然后决定是否继续读、如何读。对于要读的书，则据自己的知识加以判断：哪些是已知的，哪些是未知的，哪些是介于知与未知之间的，也就是知道一点但又不深的。一般说来，已知

---

① 这方面的论述比较多，可参看：《论学术工作的基础》《培基固本、精益求精——学习陈援庵先生史学遗产的点滴体会》《在挑战与回应中前进——刘家和先生谈学术工作的基础》《试谈研究史学的一些基本功——读柴德赓先生〈清代学术史讲义〉等的一些体会》《世界古代文明史研究导论》引论（刘家和、廖学盛主编：《世界古代文明史研究导论》，高等教育出版社2001年版）等。

的可以不管，未知的也可以暂时不管，因为缺乏背景，离得太远，不容易提出有价值的问题。阅读思考的重点应该放在知与未知的部分，因为这部分似懂非懂，也最容易发现问题，最容易取得突破。由于效率非常高，他的转变进程非常快。周一良、吴于廑先生编纂世界通史，编写提纲时他还是希腊史的专家，在欧洲组，但到正式写作时，他却要求到古代东方组，写印度的部分。1983年开国家社会规划会议时，他还是世界史专家，到1987年分科开会时，他就变成中国史的了。

刘先生的效率高，当然得益于他的强记博闻和独特方法，也与他的问题意识密不可分。他总是带着问题思考和阅读，从书中寻找启发和灵感，寻求答案。笔者觉得，这些固然重要，但并非关键。关键在于他的阅读有高度的理论指导，是自觉行为。大多数人读书之所以效率不高，是因为还停留在自发状态，没有形成自觉。在这种状态下，读书漫无目的，无主次之分，最多可以成为"活字典"。即便自觉了，如果理论高度有限，也难提出高水平的问题。实际上，有问题的人很多，提出问题的人也很多，但不是所有人都能提出好问题，也不是所有人都能很好地解决问题，卓然"成一家之言"者更是凤毛麟角。刘先生的问题都是在理论的指导下，从逻辑的角度提出的，经过了一般抽象与个别具体之间的多次往复。这使他居高临下，不但容易看出并提出高水平的问题，而且能够有效解决问题。梓材篇的研究就是很好的例子。问题是老的，研究的人更是多得数不清。但是由于他有了理论的自觉，从古代世界城邦的普遍性与多样性角度进行思考，所以能够有突破，从而判定人历、人宥是社会阶层的范畴。另一个典型例子是《三朝制新探》。公刘篇则同时考虑到了历史的基本时空逻辑，解决了经学上的难题。

四、结语

时至今日，这位"九零后"仍辛勤耕耘在学术前沿，初心未改；仍然目光敏锐，才思敏捷，与人论学两三个小时，不疲倦，不重复，不跑题；仍然记忆超群，文献诗文，张口能背；仍然风趣幽默，妙语迭出；仍然干劲满满，还时时"煽风点火"（这是他给弟子们打气鼓劲的常用语，他自称"疯癫老头"，是学生的"充电器"、"打气筒"）。孔夫子曾经说："吾道一以贯之"；（《论语·里仁》）又曾自嘲："发愤忘食，乐以忘忧，不知老之将至云尔！"（《论语·述而》）这些话用在刘先生身上，真是再贴切不过了。

颜渊曾经感叹："仰之弥高，钻之弥坚，瞻之在前，忽焉在后。夫子循循然善诱人，博我以文，约我以礼，欲罢不能，既竭吾才，如有所立卓尔。虽欲从之，末由也已。"（《论语·子罕》）对此，了解并熟悉先生的学生想必会"于我心有戚戚焉"。（《孟子·梁惠王上》）他鼓励大家学颜回，不要学冉求，理由是："力不足者，中道而废，今女画。"（《论语·雍也》）

（本文将在《学术研究》2021年第1期刊出）

对历史的敬意

——刘家和先生访谈录

郭小凌

一个早春下午,我和吴怀祺同志访问了北师大的刘家和教授,就历史方面的一些问题向他请教。

郭:当前我国史学正处于阵发性的困窘状态,个别学校的历史系被撤销或为了生存而改头换面,大多数院校的历史系生源有难,第一志愿报考历史学的考生为数很少,系领导被创收搞得焦头烂额,挖空心思寻找生财的门路,以稳定教师队伍,改善教师生活。历来被统治者和社会重视的历史学现在受到了冷落,面临着人们常说的危机。不知先生怎样看待这种现象?

刘:这些问题我也感觉到了,并做了一些思考。我想藉着你们的来访,谈谈应该对历史保持敬意的问题,不知是否合适。还是先从我个人对这一点的初次认识谈起。

我的少年时代是国难当头的时代,东北已经沦亡,日本全面侵华在即,国际形势于中国非常不利。那时的孩子差不多都知道中华民族正处于危亡关头,都对历史上的民族英雄,比如岳飞、文天祥有一种特殊的敬重。随后就是七七事变,我的家乡变为沦陷区,我耳闻目睹日本占领者的专横与凶暴,对日本人与膏药旗产生了一种本能的反感。当时的日本占领者喋喋不休地自我宣传,无非是大日本如何伟大光荣,战无不胜。但他们越宣传我的反感越强烈,越感到中国历史文化的可爱和重要。有次英文课,老师讲的课文是《最后一课》(《The Last Lesson》),

班上的同学都流下了眼泪。

高中毕业之后进入大学，先生们有分量的教诲有许多，最令我难以忘怀的就是要求我们应对中国的历史文化持有敬意。这话是怎么说的呢？是在一次中国古史课上讲的。

郭：您还记得是谁讲的吗？

刘：是钱穆先生讲的。当然对他的历史观可以见仁见智，但他讲的有关对中国历史持有敬意的看法我认为非常正确。他说外国人研究中国历史文化是把它们当做死文化来研究的，当作古董、化石来研究的，就像他们研究巴比伦和古埃及历史文化一样。在他们看来，现代的活文化还要数西方文化。他们对我们的文化没有敬意。我们自己也有人对自己的文化缺乏敬意，宣传西化太过。在这种情况下，如果我们自己对本国的历史、本民族的文化毫无敬意，谁还能对我们的历史及我们的现在会怀有敬意呢？对这些话我很容易接受。

大学毕业之后，我最初想搞中国史，结果却阴差阳错，入了外国史的殿堂。搞外国史后，起初是研究希腊史，研究来研究去就逐渐产生了新的认识，即感到对希腊史，对外国史也应怀有同等的敬意。为什么这样讲呢？因为既然我们对中国的英雄怀有敬意，为什么就不能对外国的英雄表示尊重呢？比如对希波战争中为国捐躯的英雄。敬意是可以越出国界的，不能太狭隘。这样我就对历史有了一种美好的感情。

这种感情在"文革"中发生了改变，或者确切地说，发生了质的飞跃。在"文革"中好坏善恶的标准都翻转过来了。比如在《毛泽东选集》中分明写着"从孔夫子到孙中山，我们应当给以总结，继承这一份珍贵的遗产"。（《毛泽东选集》1952年版，第二卷，第496页）但"文革"中把这推翻了。孔夫子非说是孔老二、复辟狂不可。又如宋江在《中国革命和中国共产党》一文中还是作为农民起义领袖被提及的。（见《毛泽东选集》1952年版，第二卷，第595页）可是到"文革"中宋江变成了叛徒。过去不可尊敬的变成可尊敬的了，过去可尊敬的变成了不可尊敬的了。在这种情况下，中国历史上还有哪些东西是好的呢？我感到有些迷惘，茫然若失。我疑问，对中国历史还要不要抱有敬意？后来我认识到"四人帮"的这一套就是对历史毫无敬意，而且他们对历史的不敬和破坏是空前的。

郭：记得有人说过历史是位残酷的继母，她报复起来是不顾一切的。"四人帮"不敬历史，但历史最终报复了他们。

刘：对。你说的历史是历史定义中的客体的历史，而客观历史过程是检验史学真理的唯一标准。在它面前，我们一切人、一场认识都经受着考验。我对敬意的敬字有了新的理解。原先只是一种美好的感情，现在上升到理性的理解。敬字在《说文解字》里的解释是"肃也"。肃字在此书的解释又是"持事振敬也"，"战战兢兢也"。《释名·释言语》："敬，警也。恒自肃警也"。"敬"既表示尊敬的感情，又表示严肃的态度，这就比原来的了解复杂了些。过去我上中学时，大家只对中国史有敬意，对日本史、日语不屑一顾。这使我联想到对曾经欺负、侵略过我国的民族该取什么态度的问题。随之又联想到对我国历史上的那些糟糕的事、阴暗的记载应该怎样看。我感到对日本侵略者憎恶的感情是无可指摘的，但这不应妨碍我们对于日本的历史怀有敬意，尤其在研究日本历史的时候敬意是不可缺少的。懂得这个道理之后，敬在我眼里就有了两种含义：一种是感情上的尊敬，一种是理智上的肃敬。肃敬就是要我们对事物采取实事求是的科学态度。最近我进一步想到带感情色彩的尊敬和带理性色彩的肃敬之间的关系。

我们在治史时不可避免地会带有感情，彻底超越感情而达到太上忘情的地步是绝然不可能的。像刘知几在《史通·惑经》篇中批评孔子作《春秋》时带有感情色彩，未能做到像明镜照物一样"妍媸必露"，像虚空传响一样"清浊必闻"。这种批评便有些过，人非禽兽，孰能无情？司马迁在《太史公自序》中明确地表示，他作《史记》是发愤的结果。"昔西伯拘羑里，演周易；孔子厄陈蔡，作《春秋》；屈原放逐，著《离骚》，左丘失明，厥有《国语》；孙子膑脚，而论兵法；不韦迁蜀，世传《吕览》；韩非囚秦，《说难》、《孤愤》；《诗》三百篇，大抵圣贤发愤之所为作也。此人皆意有所郁结，不得通其道也，故述往事，思来者。于是卒述陶唐以来，至于麟止，自黄帝始"。如果没有感情的作用，那么《史记》这一部伟大的不朽史著就不可能出现。

郭： 所以实证主义史学所强调的那种在历史研究中摒弃情感、纯客观地求真求实是不可能的。

刘： 小凌的话有道理。实证主义史学要求史学家摒弃感情，纯客观地求真实，这是以十分严肃的态度表述了一个比较天真的思想。为什么说这种思想是天真的呢？因为一方面，这种思想把复杂的问题看简单了，显得不够成熟；另一方面，这种思想有其纯真无邪的内容，有其科学的或合理的内核。

郭： 那么我们将如何避免重蹈其简单幼稚的覆辙，而又能汲取其合理的内容呢？

刘： 我还想和朋友们探讨这个问题。现在谈些想法，请指教。

郭： 您太客气了。

刘： 我以为，一位严肃的历史学家在从事一项历史研究或撰述之前，必定在精神上处于孔子所说的愤悱状态。"愤者，心求通而未得之意；悱者，口欲言而未能之貌"。（《论语·述而》篇朱熹注）愤悱是因某种外在和/或内在因素的刺激而产生的一种感情状态。不过，这已经不是由本能而生的低级感情，而是出于求知欲的高级感情。人们通常把这种高级感情称为理智感，因为理性的因素已经潜蕴于其中。在这个阶段，一个严肃的历史学家必定对自己持有敬意。这种敬意也包括两个方面：一方面，对自己的愤悱状态保持尊敬。这尊敬，不是个人的狂妄自大，而是对于自己作为史学工作者提出问题（愤悱处于欲知未知之间，实际是酝酿问题和/或是提出问题的阶段）的权利和义务的尊重；没有这样的尊敬，就没有史家人格的建立。另一方面，对自己的愤悱状态保持肃敬。这肃敬，就是要对自己的愤悱状态、对自己酝酿和提出的问题保持慎重和严肃的态度；没有这样的肃敬，同样就没有史家人格的建立。这可以说是事情发展的第一阶段。

在第一阶段中的史家人格的建立，切不可庸俗地理解为自封为史学家。恰恰相反，第一阶段肯定中即已包含了否定的因素。因为在第一阶段中，问题的提出是建立、是肯定，而问题的本身就包含了质疑、否定的因素。在第一阶段中，史家人格的建立，只表明一个人对于史学工作产生了自觉的责任感或使命感；至于他是否能够尽到自己的责任或完成自己的使命，那就要依他对于史学问题解决的客观后果来论定。所以，到了事情发展的第二阶段，前一阶段居于主导地位的感情必须经由理智感的渠道而让位于理性。在这个阶段，一个严肃的史学家必然明白，历史学上的真理绝非可由自己的主观来确定的。对于历史的敬意，对于历史学上的真理的客观性的敬意，在这一阶段必须居于主导地位。一个忙于搜集材料来论证自己某些初步见解的人，一个误以为用一切方法来维护自己某些初步见解便是维护自己史家人格的人，在客观上往往不能维护其作为史家的人格。因为他已经拒绝了对于史学真理的进一步探讨，他已经自以为成熟而自我封闭起来。在这个阶段，一个人的史家人格，一个史家对自己的敬意，毋宁用勇于对自己初步见解的证伪（falsification）和一切唯真理是从的理性精神来表现。不能自我证伪，不能自我否定，怎能摆脱前此的错误和局限（局限的危害甚于错误）而达到更高的阶段？怎能维持自己作为史家的人格？《老子》（第七章）说：是以圣人后其身而身先，外其身而身存"。看来从史家人格的建立到确立，中间也少不了一个"后身"与"外身"的否定阶段。

郭：在这里我们可以看到与实证主义史学的客观精神的相同或相似之处。

刘：正是这样。您说"相同或相似之处"，说得好，也很有意思。实证主义史学片面强调客观精神，否认史家作为主体的能动作用（包括感情因素的作用）；形象地说，他们的思路是一条直线。我们注意史家感性因素与理性因素的对立统一关系，注意史家的主观能动性与客观精神在研究的不同阶段的不同作用；形象地说，我们的思路是一条曲线。如果数学这一门神圣的学问也可以暂时借用来打个比方，那也许可以有一个更简要的说明。

郭：实证主义史学的客观精神用一个一次的或线性的方程式来表示就可以了，而我们的思路，则非有多次的或非线性的方程式来表示不可。二者之间显然有着层次的不同。不过，那是否只能说二者之间有相似之处，而不能说有相同之处了？

刘：当他们的直线和我们的曲线相交的时候，在交点上，二者重合，可以说是相同；如果结合两条线的整体来看交点上重合的那两点的各自运动方向，二者又是不同的，只能说是相似。小凌把相同或相似都说了，所以我觉得很有意思。

现在话归正题。经过第二阶段的富有客观的、理性精神的研究，历史上的真伪和是非问题弄得更清楚了。于是事情的发展进入了第三阶段。这时候，史家的自信在一个更高的层次上油然而生，作为史家的人格经过否定阶段以后重新达到肯定阶段，达到了确立。史家对于自身的敬意，既包括了对自身成绩的喜悦与自重，又包括了导致这种成果的严肃的、客观的精神，达到了尊敬与肃敬、感情与理性的统一。史家对于历史的敬意，表现在对历史过程的崇真黜伪上，表现在历史价值的是是非非或善善恶恶上。是非善恶的感情以理性的判断为基础，而理性的判断明确规定了更高一层次的感情。这也是感情与理性的统一。总之，我们的史学研究在开始时难以无情，深入时又不能不重理，而最终则要求情理结合。我的理解如此，二位以为如何？

郭：以上带有理论性的分析或推导，是不难理解的。但最好结合史学史上的实例来谈谈，比如说，以上谈到了司马迁决心著书时的发愤之情。现在我们读《史记》，也还能清楚地感触到太史公笔端的感情。那么，他又是怎样处理感情和理性的关系问题的呢？

刘：司马迁郑重说明自己由发愤而著书，这发愤之情首先值得分析。他已是刑余之人，人格遭到极大的屈辱。但是，他又意识到了自己不能有辱家世史官的使命，并有强烈的成一家之言的欲求。在这种剧烈的感情冲突中，他终于决心著书。如果他的激情不是或者意志不强，那就不会有《史记》之作了。他决心著书，表现了他的自我尊敬之情，也表现了他的"究天人之际，通古今之变"的理智感与不辱家世史官使命的道德感，也就是对自己史家人格的肃敬之心。这标志了他是史家人格的建立。在司马迁著书的过程中，他面对上古传说中的那么多的真伪杂陈的材料，不得不理性地予以甄辨取舍；面对古今那么多是非善恶以用好或坏两个字来判断的人物和事件，不得不理性地如实记载。非如此，他便不能维护其作为史家的人格。然而，正是出于对自己史家人格之敬意，他不能不对历史本身具有真诚的敬意。他对自身之敬，于此外化为对史之敬。

郭：您可否举些实例呢？

刘：请以太史公对秦始皇的态度为例。秦始皇是历史上的一个大人物，也是一个大复杂人物。在《秦始皇本纪》中，司马迁对秦始皇的阴险、暴戾、刻削、贪婪的性格，对他以残暴得天下并于得天下后又残民以逞的行为，都一一记载清楚。他还引了尉缭的话、侯生和卢生的话，作为对秦始皇的描写的点睛之笔。从这些文字里可以清楚地看到司马迁对秦始皇的憎恶之情。那么他对秦始皇就是单凭感情用事了吗？并不如此。《秦始皇本纪》中，司马迁把秦始皇游巡各地时刻石颂德的文字都记载下来了。司马迁和班固不同，不是爱在本记或传记里记录文献的人。他在汉《高祖本纪》中，都未收录一篇高帝诏书（《汉书》则尽收之），为什么偏偏要收录对秦始皇歌功颂德的文字？而且收录得那么齐全。我对此曾经多年迷惑不解。后来反复细读一篇篇的铭文，才理解到铭文中原来也记了一些重要的历史事实。不论秦始皇如何残暴，也不论铭文中有多少阿谀之词，但铭文所记秦始皇作的一些有利于人民的事情，也是不能凭感情而予以一笔抹煞的。司马迁引用尉缭、侯生、卢生的话时，用的是"寓论断于序事"的方法，以否定秦始皇；在引用刻石之文的时候，用的也是"寓论断于序事"的方法，以肯定秦始皇。在这里，我们可以明显地看到太史公的实事求是的客观精神，看出他作为史学家的卓越理性。

说到这里，二位也许会问：太史公对于秦始皇是否理性上予以肯定而感情上予以否定呢？事情也非完全如此。如果完全如此，太史公岂非得了史学精神分裂症？他又何以能成一家之言？

郭：问题很有意思，愿闻其详。

刘：史学家在研究历史的过程中，尤其在上述的第二阶段，常常不免发生感情与理性的冲突。不能发生这种冲突的史学家，大抵所见浅陋，不能达到事物深层的矛盾处，故其书亦往往平淡无奇，不堪传世。

可是如果让这种冲突敞开口子，那么其书必能引起读者的惊心动魄或彻底深思，往往可以成为一部文学杰作。《史记》之所以能够作为文学巨著，看来与其中的这种冲突剧烈有关。

但是，司马迁决不仅仅是出色的文学家，而更主要的是伟大的史学家。因为他没有止步于表示自己感情和理性的矛盾。他把秦始皇放在历史过程中看，所以说"秦取天下多暴，然世异变成功大"。（《六国年表·序》）他给秦始皇以历史的肯定。他又把秦始皇放在历史过程中看，所以又说"乡秦之禁，适足以资贤者（指汉高帝）为驱除难耳"。（《秦楚之际月表·序》）又给秦始皇以历史的否定。那么司马迁至此就真的只认定历史的客观性，而自己就漠然无情了吗？也并非如此。他对秦始皇的论述深有憎恶之情。那么他又是感情用事了吗？亦并非如此。平心静气地读《秦始皇本纪》，就可以发现，凡司马迁对秦始皇憎恶处，大抵皆人民所难忍处，也即秦不能不自我否定之处。历史理性既已表明，秦之自我否定为不可免，司马迁针对秦之自我否定之理而寄以否定之情。这样他就达到了情理圆融的史学研究发展的第三阶段。这样他才算成了一家之言，他的史家人格才得以在历史上确立。

郭：但善和恶的标准是由人定的，不同的人群有不同的标准，有没有超时代的永恒的标准呢？如果没有，有情不就成了偏见了吗？

刘：具体的人，历史学家也是一样，都生活于具体的历史时期的群体之中，由此而得到了他的规定性（从肯定方面看），也由此而得到了他的限定性（从否定方面看）。人非上帝，孰能无限？

郭：人既非上帝，不能无限；人又非禽兽，不能无情。这样看来，要避免偏见就很难了。

刘：不过人为万物之灵，其杰出之处在于能意识到自己的有限性。所以对于一位严肃的史学家不能要求无感情、无偏见，而且能要求他以理性来洗练感情从而不断克服一偏之见。我们只能在不断否定自己的弱点和缺点中前进，永远只能如此。

郭：先生是否可以扼要地谈谈对历史的敬意应体现在哪些方面？

刘：我正想转向这个问题。我认为，对历史的敬意首先应体现在对历史的客观性怀有敬意。刚才我们已提及这个问题，不过为了把问题弄得更清楚一些，还有以下一些问题需要稍加讨论。

第一，什么是对历史的客观性持有敬意？这就是承认以往的历史过程是客观的、不以人的意志为转移的。对于历史学者来说，就是要在史学研究中力求如实掌握客观的历史过程，在历史著述中力求如实再现客观的历史过程。

第二，有何必要对历史的客观性持有敬意？这要从两方面来看。一方面如您刚才说过的，历史会报复对它不敬的人。也许有人会问，历史是过去的事，历史上的风流人物也早作古人，古人怎能报复今人？要古人报复今人，岂非要关公战秦琼？不过我想，您所说也是人们常说的"历史报复"，其"历史"是通古今以为一的历史，是活生生的历史长河。在这个活生生的长河中，古人是前浪，今人是后浪，前浪引起后浪，后浪接续前浪，其间有割不断的生命联系。因此颠倒并玩弄历史者，往往就是企图颠倒并玩弄其时代之人。这种人自然会受到时代的唾弃，或早或晚地没顶于历史的长河之中。这是人们对历史的客观性不能不持敬意的原因之一。另一方面，对于历史学家来说，他还需以研究历史之真实与表述历史之真实为使命，这真实只能是客观的或不以其意志为转移的。如果历史学家不以客观真实的历史为研究对象，而任意驰骋想象，那他就不能成为一个好的历史学家，以致不能成为一个历史学家。他由对于历史的客观性不敬而导致对自身史学人格的不敬，就是走向了自身的反面。这是人对历史的客观性不能不持敬意的原因之二。

第三，有无可能对历史的客观性持有敬意呢？

郭：这就涉及相对主义史学的问题了。

刘：正是这样。历史相对主义认为，人不可能真正地掌握客观的历史；如果认为可能，那就只能是一个"高贵的梦"。美国史学家俾尔德（C.A，Beard）1935年发表的《那个高贵的梦》（*That Noble Dream*），就是这样说的。如果俾尔德所说为真，那么我们对历史的客观性的敬意便无依托之所，当然这种敬意就只能作废了。可是历史相对主义恰恰在否定历史的客观性这一点上是站不住脚的。

历史相对主义史学在上世纪末、本世纪初曾经盛行一时。欧洲的哲学家如狄尔泰（W.Dilthey）、李凯尔特（H.Richert）、克罗齐（B.Cloce）等还曾为历史相对主义提出过一些知识论上的证论。总的说来，历史相对主义者们的论证大体有三方面：其一，历史的记载和著述永远不可能像客观历史过程那样完全和清楚；其二，历史记录和著述中的历史过程的秩序和连续性（因果关系、必然联系）是经过人的理解塑造出来的，不等于客观过程本身；其三，对于历史事实的解释和评价取决于历史学家这个主体，而主体对历史过程的解释与评价受制约于他所处的时代，而不取决于已经消失的那个客观过程的那个时代。其中的第一条比较简单，俾尔德这样的史学家很强调它。而克罗齐等哲学家则不提它。因为不能知（甚至不知）其全体，并不等于不能知其部分。我们只要能知历史客观过程的一部分，这就是能知（尽管不全）而非不能知；这样，我们对于历史客观性的追求和敬意，就不再是"梦"，而是一种理想，一种高贵而不易达到（但非不能达到）的理想。关于历史相对主义，美国史学理论家曼德尔鲍姆（M.Mandelbaum）在其《历史知识问题》(*The Problem of Historical Knowledge*，1938）一书的第一部分中已有了回答。从此以后，相对主义史学的盛世基本也就过去了。现在我手边没有曼德尔鲍姆的这本书，只能凭过去浏览的印象说点粗枝大叶。如果说人对历史客观过程的知识必然受到自身所处历史条件的限制，那么人对自然的知识同样如此。人们既不能用人的知识的历史限制来否认自然科学的客观性，那也就不能用它来否认历史科学的客观性。特别值得注意的是，历史记录和著述中的事实性的叙述不等于解释性的判断；尽管二者之间有密切的关系，但总是有差别的二，而非无差别的一。叙述与客观相对应，判断与主观认识相对应。而且，历史学家不能凭空解释，凭空判断，而只能根据已有的事实叙述来解释和判断。因此，一个历史学家，可以有错误的解释、错误的判断，甚至可以歪曲了历史事实，但是他不可能消除历史学的客观前提、不可能消除历史的客观性。我说这些，如果有符合曼德尔鲍姆的见解之处（相信会有的），那是受了他的启发，不敢掠美；如果说走了题，或者与他不同而有错误，那应由我负责，因为我的记忆或理解错了。

郭：那么相对主义史学是否就一无是处，一点历史的价值也没有呢？

刘：我倒也不这么看。因为相对主义史学是相对于实证主义史学而产生的。《那个高贵的梦》就是批评那些踌躇满志的实证主义史学家的。实证主义史学家们承认并尊重历史的客观性，这是正确的，是值得尊敬的。但是他们把真理讲过了头，问题就发生了。这就是他们只强调历史的客观性、科学性，而否认史学家的主观能动作用。这可以举出19世纪法国著名史学家古朗日（Fustel de Coulanges）为例。当时有一种说法认为，法国的政治自由是早先的日耳曼人（德国人）带进高卢的。法国知识界对此极为反感，古朗日就是其中的代表人物。有一次，他正给学生讲早期法国制度，学生们忽然报以热烈的鼓掌。他忙说："诸位，请勿鼓掌，这不是我说的，是历史通过我的嘴说的。"分明是一位既有见解又有爱国心的历史学家，忽然变成了为历史传声的简单的话筒。他这样做，一方面是太谦虚了，谦虚到了不尊重历史客观事实（他作为杰出历史学家的事实）的程度，自己的行为与自己的理论发生矛盾；另一方面，他又太骄傲了，骄傲到了把自己作为客观历史的代表或化身，而如果有人敢于反对他，那么就不再是反对他作为史家的主观，而是反对历史的客观性了。他完全未意识到，他这样做，从尊重历史客观性出发，走到了极端，便达到自己的主观与历史的客观不分的程度。这又何等可惊可怪。英国著名实证主义历史学家伯里（J.Bury）曾坚持说："历史不多不少恰好是一门科学（History is a science, no less and no more）。他对历史作为科学十分自信，自信到了认为它"不多不少"正是的程度。这样就发生了两个问题：第一，历史作为科学，既不多也不少，那就过去不曾有所损益或发展、将来更不可能有损益或发展。于是历史变成了一门无发展也不能发展的科学，也就是说历史变成非历史的科学。至少，它到伯里那里已经到了终点。第二，历史作为科学，既已不多不少，那就与科学的一般臻于同一，那也就是说不再有作为具体学科的特色和个性。世界上哪有一门没有自己的特色和个性的科学呢？否定了历史科学的特色和个性，岂不是也就否定了历史之作为科学？顺便说一句，狄尔泰、李凯尔特、克罗齐等人都是以强调历史学科的特色和个性来攻击实证主义史学，并宣扬相对主义史学的。所以，历史地说，相对主义史学对于批判实证主义史学的缺点和错误来说是合乎史学自身发展的规律的。因此，它在史学史上的地位不能一笔抹杀。

郭：不过，历史相对主义对历史的客观性没有敬意，这一点和我们是不同的。

刘：的确如此。但是，经过相对主义史学对实证主义史学的批判，我们对历史的客观性的认识不致再像实证主义史学家们那样简单而极端。我们知道，历史的客观性总是在和史家的主观在打交道的。因此，我们在发挥史家的主观能动性的时候必须经常而加倍地对历史的客观性持有敬意。

郭：对于历史客观性应有的敬意已经谈得不少了。这才是第一点。

刘：对，现在该谈第二点了。不过，第二点可以少谈一些。第二点是，敬意还应体现在尊重历史的价值上。现在历史的价值不清，不少人认为历史无用，当然这里的历史仍是历史认识，也就是史学。我们首先应尊重历史的有用性，史学不可能没用，认为历史无用的人是对历史的无知，也是对人类本身的无知。现在认为有用的知识就是看能有多少含金量。历史最好能像救心丸医治心脏病发作。但它既不能吃也不能穿，又不能使人成为万元户，使国家一下子增加税收和外汇，在这种要求下，历史自然就无用了。实际上历史的作用不在于立竿见影，马上解决问题。关于历史的价值问题，许多同志都已谈到，我同意他们的观点。我对此补充一点，这就是无用之用。老子讲："三十幅共一毂，当其无，有车之用。埏埴以为器，当其无，有器之用。凿户牖以为室，当其无，有室之用。故有之以为利，无之以为用"。（《老子》第十一章）我们通常容易看到有之以为利，而忽视了无之以为用。

历史的用处不亚于阳光、空气和水，一旦失去历史，人也不成其为人了。我们可以假设一下，我们三人，小凌、怀祺和我突然得了健忘症，我们互相不认识，不知道自己是谁，对方是谁，那将是一种多么可怕的情景。如果我们一切从现在开始，不要历史，那还有什么人类的文明！？

郭：是啊，我们就返回到一无所知的原始时代。可是就连数起数来到不了五的原始人也有历史意识，存在诸如祖先崇拜、图腾崇拜。

刘：我们现在讲热爱祖国，割断了历史，还怎么爱祖国。试看美国，他们历史那么短暂，但史迹却保存得那么好，每个城市、每个小镇，都有自己的博物馆、历史展室，到处都能看到保存完好的历史遗迹，如葛底斯堡，林肯纪念堂，而且多数历史博物馆都是免费的，总能看到一队队的学生，这点小凌可能也有体会。

郭：的确深有体会。美国人表面上不讲政治教育，也没有政工人员，"宣传"在那里是贬义词，但他们创造了爱国主义、大美国主义的教育氛围，国家舍得把纳税人的钱花在历史遗迹的保存和整理上，也许他们的古迹少，物以稀为贵嘛。但他们的确抓住了历史教育，把它当作培养公民意识的有效工具。

刘：在耳濡目染、课上课下的教育中，美国人走到哪里都知道自己是美国人。现在不少人爱国心不强，我觉得一个原因就是过去乱批历史的结果。历史上没有几个好人，我们还爱什么？我们都读过文天祥的正气歌。他诗中的人物起初大概都是无心看到、无心记住的。可是一旦到了"时穷节乃见"的时候，历史人物便一齐涌上他的心头，使他自信为正气的化身，使他超凡入圣。这就是无用之用，形似无用之大用。

郭：我也认为历史的主要的价值恐怕还是精神的而不是物质的，是隐性的而不是显性的。确如刘先生所说是阳光、空气，是蛋白质和维他命。他是人的一种必备的修养，不管意识没意识，人们都在历史中生活，用历史的方式进行思考。历史是参照，赋予人们起码的判断能力。

刘：历史不是万能的，不能强加一些价值给史学。历史不是一堆大洋钱，不是一个任人打扮的小姑娘。它本身的价值应该也能够得到充分的发挥，它本身没有的价值也不能硬给它安上。我们常拿历史来论证我们不能论证的东西，结果起不了好作用。"文化大革命"时"四人帮"就是这样做的。其实凡是有用的东西都是具体的、有限的。比如收音机，可听播音，但不能录音，因此不能当录音机使。我们只能按照历史的特点去论证，对历史万不可取实用主义的态度，否则起不了好作用。现在许多人对历史不信任，很大程度上是"四人帮"滥用历史的结果。所以我们既要看到历史的价值，又要看到它的有限性，不要指望它治百病。以为历史能治百病，非把历史庸俗化为万金油不可。史学改革我十分同意，但历史的科学性不能放弃。我觉得对于史学工作者来讲，对史学具有敬意就是要在暂时困难的条件下不管别人怎么看我们的工作，我们自己应对我们的工作始终充满敬意。

宋朝的程颐说："所谓敬者，主一之谓敬；所谓一者，无适之谓一"。理学家的敬就是控制自己，心无二用。我们对历史的敬意，多少也应该有点这样的精神。不过，古文字学大师段玉裁说宋儒释敬不对。这也没关系。《说文》："忠，敬也。尽心曰忠。"无论怎样，我们作为史学工作者对史学的科学性要尽我们的忠心。我个人的一点愿望就是对史学秉持这种尽心之敬。

（原载《史学史研究》1993年第2期）

"学者亦必志于彀"

——访刘家和教授

刘家和　江　湄　罗新慧

江、罗：您的学术精神对我们晚辈学者来说有一种鼓舞和昭示的作用，我们很想了解您的治学经历，尤其是，在您学习的过程中，是否曾受到一些前辈的特别的影响，对形成您自己的学术道路起了重要的作用？

刘：我小时候先上私塾读了几年旧书，然后才上小学，上了不到三年，抗战爆发，接着就逃难，上学校读书断断续续，但我从老先生读旧书一直没有中断。当时的老先生讲古文，对于一些关键性的字，常会讲它是怎么来的，写出它的篆体，说出它的古音，逐渐引起了我的好奇心。到了十四五岁的时候，稍微读了一点书，就问先生这些是怎么学来的，先生说首先要读《说文解字》，以后讲字，有时就会打开《说文》指着书给我讲。这是我接触《说文》的开始。先生不仅善于讲书解字，而且善于教学生读书写文。先是教学生按照一定的音调朗诵、背诵古文，等到你对一篇新文章也能够自己朗诵出一点味道的时候，他就开始要你作文了。教的方法也很有趣，每次他都从一部书里选一段短文（开始才一二百字，以后逐渐加长一些），先朗读一篇，解说大意，再朗诵一遍。接着就开始让我们依样画葫芦，凡是已经背得的，可以照原文默写出来；记不得的，就自己"狗尾续貂"，用自己的可怜的文言文补上。为了自己的"续貂"不至于太难堪，我们再朗读古文时，就一边朗读，一边揣摩人家的文章是怎么写的。就这样，读书和作文结合得比较紧密,作古文的水平上得也比较快而且自然。我也就对读古书有了深厚的兴趣。上了高中,抗战也胜利了。这时我对中国国学有了浓厚的兴趣。当时,在我的头脑里,没有什么文史哲的区别,凡是中国的历史与文化,对这方面的书,我都很爱读。当时床头案边常放着《国语》、《春秋三传》(世界书局所编三卷本宋元人注"四书五经"里的一本)、《老子》、《庄子》、《韩非子》等书,不时浏览。快上大学了,原来和我在一起读古文的一位学长正在无锡国专读书,他劝我也上国专。我到无锡国专去看,觉得是治国学的好地方;不过上了高中以后思想有些变化,又觉得那里太传统了一点。国专的另一位学长告诉我,荣家在无锡兴办江南大学,请了钱穆先生,劝我去跟钱先生学,有需要时也可以到国专去向老一辈先生请教。接着我就到江南大学去学历史。在那里,从钱先生学了中国通史及秦汉史,尤其值得一说的是,根据他的指导,我读了他的《先秦诸子系年》和《中国近三百年学术史》以及梁任公的《中国近三百年学术史》。读了《系年》,我知道了要治先秦史及诸子,不能不作考证,而作考证就不能不知清人研究成果,而梁先生的《学术史》则恰好告诉了我接近清代学术的门径。就这样,以后我在治中国古史时始终不敢忘记考证之学,一直不能忘情于清代的学术研究成果。又从唐君毅先生学了哲学概论和伦理学,这引起了我对西方哲学和哲学史的浓厚兴趣;尤其唐先生很喜爱讲黑格尔,使我从最初的难以理解到后来的欲罢不能,见到黑格尔的书,只要有时间,看不懂也肯硬着头皮看下去,多年来一直如此。唐先生还有一句话使我难忘:要学哲学,不能用常识来思考,要用逻辑来思考。当时正好是牟宗三先生讲逻辑学,我听了也非常有兴趣,从此养成了长期在研究中遇到逻辑问题的时候总必须找逻辑书查清才罢手的习惯。又从冯振先生学了文字学,冯先生上课实际是讲《说文解字》,我自幼养成的喜爱文字训诂之学的兴趣得到了很大的满足;冯先生的课并没有把《说文》讲完,但是他让我知道了清儒(尤其是段玉裁、王念孙、引之父子)在文字训诂研究上的丰富成果。因而几十年来,我和《说文》、《尔雅》等书结了不解之缘,如非在特殊情况下,读古书遇到问题,不查阅这些书籍,心里就总过不去;而在看古书的时候，如果手边没有段、王的书作参考，那也就总是放心不下。在我几十年学术生涯中，遇到过好多位好的老师，例如我学外文就遇到过几位非常好又非常令人难忘的老师。可惜今天不是来让我专门谈老师，所以很多恩师这里都未提及。以上所谈的几位老师都是在我茅塞要开未开之际，适逢其会地给了我一生受用的影响；他们只教了我一至二年，可是我从他们那里得到的却是对于这些学科的终生学习的浓烈愿望。我觉得这是最宝贵的。因此，特别地说到了上述的几位老师。同时要说明的是，我提到这几位老师，并非说我能继承他们的学术、够作他们的入室弟子，而仅仅是因为他们在治学道路上给予了我终身的影响。

在江南大学读了两年，因史地系停办，我转到南京大学历史系，后来又转到北京辅仁大学历史系读到毕业。大学毕业，适逢院系调整，我被留在北京师范大学历史系工作。按照我的主观愿望，当然是想研究中国史。但因为工作需要，只能从事世界史专业，而且是世界古代、中世纪史专业，我心里知道这很难，但只好硬着头皮去做。研究世界古代史，是从希腊开始的。为什么从希腊开始呢？因为希腊的思想文化非常丰富，还可以和中国的思想如诸子比较。那时是在读侯外庐先生的著作中受到启发，我也认为，研究思想史，应先从社会经济史入手，于是开始把注意力集中在斯巴达的黑劳士问题上。随后有两年到东北师大从苏联专家进修世界古代史的机会，那等于上了一次研究生班，写了一篇《论黑劳士制度》（后来发表的只是论文主体部分）通过答辩毕业。它可算是我这一阶段的研究成果，而这个问题也和中国古史分期问题有关（发表时把有关比较的部分全删去了）。我明白，要研究希腊史就要懂多种语言文字，尤其是希腊文和拉丁文，在这一阶段我曾试图自学希腊文，但因没有老师解惑也没有充足的时间，作了不到一学期就知难而退了。从东北进修回来，我发现，印度与中国的关系很密切，也有十分悠久的文明传统，国内有大量汉译佛经可以作为研究资料。我首先从研究佛经目录开始，也还是从社会经济史入手，写了《印度早期佛教的种姓制度观》、《古代印度的土地关系》。当时，我尽可能地找一些英文书来对，还想学梵文，但是这时社会条件已不允许了，运动一个接着一个。

等"文革"后期闲下来,我就开始自学梵文,但重走学习希腊文的老路,难以继续下去。这就到了"文革"结束。

对中国史,我是一直不能忘情,所以也就从来没有放下。其实,我研究世界史的方法,在一定程度上也是从研究中国史的方法中移植过来的。治中国史,必从史料入手,要懂目录学和文字训诂之学。研究世界史的方法又何尝不是如此?我们作世界古代史教学工作,少不了要看一些英文和俄文世界史教科书(五十年代尤其是俄文书),可是当我看到乔治·格罗特的《希腊史》,就发现西方史家治史也是讲目录之学和文字训诂之学,要弄懂原始材料,要搞清学术发展脉络的。对于我来说,中国史和世界史并不是两张皮,互相扯着,而是相通的。当时,我经常去逛旧书店,主要是扩大中国史目录方面的知识。对文字训诂之学,我也一直没有放下,刚一工作,虽说是要研究世界史,但我首先买了《四书五经》、《十三经注疏》、《尔雅》等等。"文革"后,白先生要我到史学所工作,就又正式研究中国史,主要是先秦史。当我做世界史的研究工作时,无论从方法上还是内容上,我都在为作比较研究做准备,选取希腊和印度古代史,就是想构成比较的点。这使我近年来能作一些比较研究方面的工作。

江、罗:您一直对中国古史情有独钟,这其中是不是存在一种情感因素呢?

刘:这是毫无问题的。我幼年的时候正是我们民族灾难深重的时代。我生活在沦陷区,的确感到中国的历史文化就如同自己的生命一样。记得上英文课时,曾学都德的《最后一课》,当时我们读起来简直有切肤之感。大片国土已经沦陷,如果再忘掉自己的历史文化,那就要彻底亡国。这是中国人无论如何不能容忍的。为什么我能一直读古书,就是因为感到这是自己的历史和文化,不能割舍。在上大学选择专业的时候,虽然我对哲学也一直深有兴趣,也喜欢文字学,也喜欢古典文学,但还是选择了历史学,这是因为它涵盖面广、有助于我们思考自己民族和文化的未来,这也是司马迁"述往事,思来者"的意思。

江、罗:记得您在讲治学方法的时候,曾强调"两极间的张力":

一极是哲学，一极是文字训诂之学。为什么您在研究历史学的时候，会强调这样两极呢？

刘：研究历史，不直接强调历史，而谈哲学与文字训诂之学的张力，这看起来的确有一点奇怪。不过，如果稍一深思，那就可以发现其间是有路可寻且可循的。我们要研究历史，这里当然是说古代史，就不能不读古代史书，因为我们无法直接面对已往的古史；而要读古代史书，就不能不与古代历史典籍的作者相对话。我们不能简单地以为，古代历史家已经用最直接的语言把全部历史过程叙述得一清二楚了。一般说来，除了某事发生于某时某地之类的最简单的叙述之外，凡是事情的前因后果都是由历史家通过自己的理解来表述的；甚至某些最简单的记载，如《春秋》僖公二十八年所记"天王狩于河阳"，也不全简单地是字面上的直接的意思。因此，我们必须仔细提出问题来："他为什么这么说呢？他说的到底是什么意思呢？""有没有藏在话语背后的内容或弦外之音呢？"做不到这一点，你怎么能够与古代史家对话？怎么能够真正理解所读的古代史书呢？所以，我们只要研读古书，就不能不首先重视文字训诂之学；因为这是对话的第一道关口，就好像不会外文不能与外国人对话一样。可是，只过这一关还不够。因为，当我们克服了语言文字的障碍以后，我们还必须在思维能力上具有把握和分析所读古书的水平。如果不具备这样的能力，那么就会像一个幼儿和说同一语言的大人对话一样，看起来相互间并无语言障碍，可是就是幼儿无法理解大人所说的话，从而无法对话。要克服这一种障碍，当然需要有各种专门的必要的知识，不过必要的知识也只是帮助我们理解古人；如果不仅要理解古人，而且能分析古人的思想，从世界观的高度作总体的把握，从而形成对话，即我们对于古人所论能在应有的深度与高度上有所回应，（尽管古人已经不能再起而倾听我们，可是当我们自己要真正从事撰述而不是转抄古人的话，我们所写的就必须是我们对于古书论述的回应。）那么我们最需要的还是哲学。在这里还要说明一点，我们对于形成文字训诂之学与哲学之间的张力的要求，只能是循序渐进的，而且总是有限度的（限于主客观的各种条件）。说实话，我们治史学的人，一般不能成为文字训诂之学的专家，也不能成为哲学专家，我们要有这种自知之明。但是，我们需要有形成这种张力的自觉。没有这种自觉，我们就会总是徘徊在某种理解古书和分析历史的较低的水平上；有了这种自觉，我们就可以用睁开了的文字训诂之学的眼睛去促进哲学的学习自觉性，又用睁开了的哲学的眼睛去促进文字训诂之学的学习。这样，张力就不仅是一种使我们感到两头吃力的离心力，而可以成为一种使我们收其两头相互促进之功的向心力。所以"宏观"和"微观"是两个相反的东西，互相构成张力，张力就像拔河一样，既是要离开的又是相吸引的，内部是相通的，实际上是相反相成的。

江、罗：那么，您是怎样领悟到这一点的呢？

刘：说来这也有一个过程。我们小的时候，读书要背，而背书在很大程度上是为了学作文。对于青少年来说，背书不难，有时又很难。字懂、句懂、段落大意懂，背起来就很容易；字不懂、句不懂、段落大意不懂，背起来就很难。背《论语》的"学而时习之"，这有何难？可是要背《中庸》，那就难了。当时童谚说："中庸中庸，手心打得通红。"我当时背《中庸》也很头痛，就是因为对于其中所说自己似懂非懂。为了背快、背熟、背牢，我就尽力一字一句地弄懂书的意思，结果成绩很不错，逐渐成为背书能手。

江、罗：曾记得您说过，为什么能把书背下来呢？其实不是"背"下来，而是真正弄懂了，因此，即使自己要表述同样的意思，那也会说得和书上说的一样。

刘：是这样。可是会背书才是第一步，从背书到自己写文字，还有一大段艰难的历程。真要会作文章，就得一边背书一边揣摩其中的谋篇、结体，就得边背边体会前人文章为何这样立题、这样入手、这样引申、这样演绎发挥、这样达到高潮而后结束，有时还结有余韵，启发人继续思考。文章背多了，揣摩多了，实际上就是学会了人家提出并思考问题的方法、解决问题的途径，这样自己才逐渐学会作文。在背书揣摩之中，我逐渐体会到，越是对字词句把握得好，就越是能够更快更好地理解通篇道理；对通篇道理把握得越好，也就越是能对字词句的细微含义体会得更为深切。这样读书、背书、学作文多年，逐渐体会到这是一种微观与宏观把握的相反相成；后来又学了文字学和哲学，于是在学习"反刍"中渐渐体会到，原来这就是文字训诂之学与哲学之间的张力。在这里必须说明，我无意主张学历史的人个个背古书，而只是说，背古书是一种有效的"钻进去"的方法，而且，只"钻进去"不够，还要能"走出来"。从学前人文章到自己写有创见的文章，这就是"走出来"。不能"走出来"，就是死读书，最多成为一部"活字典"。要能从读人家的文章到自己写有创发性的文章，就必须能从人家的文章里看出问题并能提出对问题的解决思路。朱熹对他的学生说，诸君读书为什么不能够深入下去，不能够长进，关键是未能看出"缝罅"来。"读书，须是看着他那缝罅处，方寻得道理透彻。若不见得缝罅，无由入得。看见缝罅时，脉络自开。"（《朱子语类》卷十《学》四）你只有把文字看透了以后，才能看出他的精神来，再进一步，才能看出其中的"缝罅"来。黑格尔讲，凡是具体的事物，其本身都是矛盾的。当然，要善于从人家文章看出"缝罅"，那么哲学的训练就是非常重要的了。如果没有看到所读书中的矛盾，那就是读书没有到位。

江、罗：您在一篇文章中曾提到，您在读《史记·秦始皇本纪》时，对司马迁大量收载刻石纪功文字产生疑问，因为司马迁并不喜欢记载诏令表章，在《高祖本纪》里就一篇诏令也没有。后来您才明白，他是用这样的方式表述他对秦始皇历史功业的正面看法。他又引用侯生、尉缭等人的话，表明他对秦始皇之为人的一种反面看法。以如此之人作出如此业绩，正是太史公对秦始皇这样一个充满矛盾的人的如实的（揭示矛盾的）表述。这样的读法是在和司马迁展开对话吧？

刘：是这样。我总觉得自己很笨，别人很快就懂了，可我就是觉得不懂。不懂就要问，古人早已不在，只能问他们的书。怎样问？就是反复质疑、推敲，得出恰当答案而后已。

我很希望在你们这个年龄段的人里能出史学大家。怎样才能成为大家？我没有资格来告诉你们，不过《孟子·告子上》的这样一段话对我们大家都可能有用："羿之教人射，必志于彀（把弓挽满之义），学者亦必志于彀。大匠诲人必以规矩，学者亦必以规矩。"箭无论是否能射准，弓却要拉满，弓都拉不满，还瞎比画什么。要在青年学者中出大家，就要让他把基本功打扎实了；不重视这一点而拼命要他出成果，恐怕就是孟子所说的"揠苗助长"了。

　　孟子告诉了我们治学的方法：一开始就要有一种高标准："志于彀"。同样，孔子主张"先难后获"。这看起来好像也是很笨的方法，不过这种笨的方法其实是最有效率的方法。有一种相当流行的幻想，以为马虎地读书可以提高速度，其结果是没有真懂，似懂非懂就永远真快不了。另一种方法是，开始不求快，但求真明白，以后自然地越走越快，而且是有效率地真快。比如看《资治通鉴》，一开始就以一天若干卷的速度快看，结果许多文字都未看明白，人物事件关系也未看清，这样越到后来就越看不快，且看不懂。相反，如果开始就不求快，下扎实功夫，前面基础实在，到后来就越走越快，而且这是真快，高效率地快。现在我们看王夫之的《读通鉴论》，能够感觉到，他一边看《通鉴》，一边思如泉涌，读和写的速度都不会低；可是这一定是在坚实基础上的快，而非马虎的快所能达到万一的。如果马虎地读，那么大概就只能从《通鉴》里找些材料编些什么，就谈不上研究了。这样的两种读法就是两种进路，也是两种效率。又如我们看《刘申叔先生遗书》，会惊讶这位36岁就去世了的学者竟然读了那么多的书，而且读得很深，他的时间是从哪里来的？答案只能是，他靠高效率延长了他的相对时间；有的人活到72岁还没有他36岁读过的书多，不是因为绝对时间比他短，而是相对时间远远没有他长。我们讲治学方法，想作出高水平的成就，不能靠延长绝对时间，只能靠提高速度来延长相对时间，而速度又只能靠提高实效来提高。

　　江、罗：您的治学方法作为一种进入历史文化的路径，似乎是更强调内在的理解，这对于作为晚辈学者的我们来说，是特别有启发也特别必要的。我们经常感到对自己历史文化的深入体贴和理解是很不够的。80年代以来出版的"海外中国学丛书"在学界较有影响，一些外国学者观察中国历史文化的视角的确比较有穿透力，能够提炼出关于中国历史与思想的相当关键的问题，但其中一些却是简单地从某一种理论视角出发，从外部进行一种宏观的分析和批判，尽管新颖独特，但总有不到位之感，因而也缺乏真正的说服力。毋庸讳言，这种"外国人看中国历史"的思路对一些年青学人是有影响的，这包括我们自己在内。但是，我们又的确感到，这样的思路有其严重的缺陷。近年来，可以看到一些近代"非主流"史家的作品，如钱穆、蒙文通等，感觉到他们对中国历史文化的理解和体会是很深切的，因而对他们的文化精神以及史学思想也更加同情和赞许。对自己的历史文化如果缺乏内在深入的理解和把握，那么，我们与自己历史文化之间的内在的精神联系也会被割断，比如，我们常常轻率地讲"取其精华，去其糟粕"，那是把自己的历史完全当成身外之物，然后按照某种标准加以去取，这样的话，所谓"民族意识"也就成了无源之水、无本之木。不知这一想法是否正确？愿您有所指教。

刘：你们说得很准确，我的确更强调对于历史的内在理解，但不是否定对历史的客观的分析。当然，这里首先要说明一下对于历史的内在理解的涵义。所谓的对于历史的内在理解，第一层意思是，在阅读历史著作时，要透过著作理解作者的思想和精神；第二层意思是，在此基础上，进一步理解历史的时代精神。如果缺乏这两种理解，那么我们对于历史的认识就只能是支离破碎的或皮相的。现代的人能够对于已成过去的历史有内在的理解吗？是能够的。因为历史是现实生活的渊源，和我们的文化生命有着内在的联系，本国的历史文化尤其如此，所以我们必须也能够把它作为一种活体来理解或体验。那么，为什么又必须有对于历史的客观分析？因为从另一方面说，历史又是我们研究的对象，是外在于我们的客观存在。作为历史学的研究者，当然应该也必须对自己的研究对象加以认真的分析或解剖。对于历史的内在理解与客观分析二者之间实际也存在一种张力，它们的方法和任务各不相同，但是又能互相促进。

江、罗：但怎样把这样的意愿落实到工作里呢？

刘：我想，这就是既作好对于历史的内在的理解，又作好对于历的客观的分析，并且使二者互相促进，形成张力。具体地说，如果没有对一部重要的史书或其他文献有一个通体的了解与理解，只是凭借索引之类的工具搜集材料（这样就没有看到材料之间的内在联系，从而往往是片面的断章取义），就用某种理论或方法加以分析、整合，写成作品，那么就好像把前代历史著作看成已死的猪、狗、牛、羊，任意从它们的身体上割取这些或那些肉，然后用某种方法加以烩炒，作成一盘菜肴。换一个人来还可以照这种方法割取另外一些肉做出完全不同的另外一盘杂烩。这样就很难说是严肃的史学著作了。在这样的情况下，就十分需要强调对于历史的内在理解，从而形成对于历史的通识；没有通识，是谈不上史学的撰述的。可是，重视对于历史的内在理解，也不能是凭某种直觉而发生的领悟或体验。要达到对于历史的内在理解，首先必须弄清有关材料的文字训诂，确切把握文献的涵义；在此基础上进一步作逻辑的分析，弄清文献所述内容的内在理路。这些都是必不可少的客观的分析，没有这种分析，所谓的内在理解就没有了可靠的基础。因此，需要的是二者的相辅相成与相得益彰。

江、罗：您做中外比较研究，对西方的史学理论、史学方法论都非常熟悉，那么，在具体的历史论证方法上，您受益最大的是什么？

刘：谈不上熟悉，略有常识而已。我觉得，自己获益于西方学术最大的是逻辑的分析和论证方法。我们中国人习惯怎样论证问题呢？中国人习惯历史的论证：你说一个道理，要拿出证据来，关键是举出事实例子来，所谓无征不信。先秦诸子不都是拿证据说话吗？通过故事讲道理，当然这里面有逻辑，但主要是拿故事做论证，以为"载之空言，不如见之行事之深切著明"。但希腊留下的传统不是这样的，希腊哲学家认为历史的证据是不能证明永恒的真理的，因为它昨天是这样的，今天可以不是这样的，所以必须做逻辑的论证。然而中国传统以为，真理不能从静态中把握而只能在动态中把握，所以最好的论证就是历史的论证。这不是两种思路吗？应该说这两种思路各有所长，具体情况今天不可能细说。不过，对于我们中国人来说，我觉得必须学习西方学术传统里的逻辑的自觉性。只有学人之所长，才能补己之所短；从而才有可能把经过取长补短的中国文化贡献于全人类。

谢谢你们花了这么多的时间来访问我,而我所谈的都是一管之见,为是为非,就要请你们以及大家来批评指正了。

江、罗：您在谈话中所强调的,我们感到,皆是您在治学中深有体会之处,值得我们认真记取。非常感谢您!

（原载《历史教学问题》2002年第4期）

在中外历史文化长河中徜徉

——访刘家和教授

邹兆辰

一

邹：刘先生，您好！您是我国著名的世界古代史方面的专家，多少大学生都是读您主编的教材学习世界古代史的；另一方面，您又对中国古代的思想文化特别是先秦的史学、经学有精深的研究。您善于运用历史比较方法，在中外古代历史文化间，进行相互比照。您的第一部著作是《古代中国与世界——一个古史研究者的思考》，出版于1995年；2005年您又推出了第二部著作《史学、经学与思想——在世界史背景下对于中国古代历史文化的思考》。两部书都体现了中外历史比较的思想。我还几次听到您在学术会议上讲历史比较问题，这使我对您的学术思想的内涵和特点产生了极大兴趣，所以想趁这个机会向您请教一些问题。

刘：好，欢迎您提出问题来我们一起讨论。

邹：现在的一般学者特别是新中国成立以后才开始学历史的，他们的知识领域往往限于某一个方面，或搞中国史或搞世界史，很难做到中西兼通。而您却能做到这一点，这是不是与您所受到的教育和工作的经历有关呢？

刘：我首先绝对不敢说中西兼通，如果说在两方面皆有所涉及，想来与小时候的某些具体条件有些关系。我在没上小学之前，先上私塾读了几年旧书，然后才读小学。上了不到三年就赶上抗战爆发，由于逃难，上学读书断断续续。但是跟从老先生读旧书却一直没有中断。老先生给我讲古文，对于一些关键的字，就会讲这个字怎么来的，它的篆体怎样写，并能说出它的古音。这使我感到很奇怪。到了十四五岁时，先生就告诉我要读《说文解字》，以后讲字，就会打开《说文》指着书给我讲，这是我接触《说文》的开始。先生不但讲书解字，还教我读书和写文。他先让你按音调朗读和背诵古文，而且让你把已经背得的古文默写出来。我们在反复朗读的过程中，就要揣摩人家的文章是怎样写的。这样读书和作文结合得比较紧密，写作古文的能力也就有了提高。当我上高中的时候，抗战胜利了，我对中国的国学也有了浓厚的兴趣。

邹：那么您这时是否确定要学历史了呢？

刘：当时在我的头脑里没有什么文史哲的区别，凡是关于中国历史文化方面的书我都爱读。《国语》《春秋三传》《老子》《庄子》《韩非子》等书常常放在案头，随时浏览。高中毕业后，我上了荣家在无锡兴办的江南大学史地系。虽然上的史地系，但主攻的仍是历史。兴趣最大的所在是先秦和两汉的历史。不过，我的兴趣远远没有限制在这个范围里。在江南大学期间，除了中外两门通史、中外两门近代史、大一国文、英文及两门地理学方面的必修课外，我还选修了商周史、秦汉史、哲学概论、逻辑学（当时称理则学）、伦理学、中国文学史、古文字学、政治学、经济学、微积分等课程。

作为一个年不满二十但已遭受过日寇八年统治的青年，当时，我渴望深入认识中国文化，同时也渴望了解世界。从最初上私塾到大学毕业，我深感受到老师教诲的恩泽实在太多了。比如，钱穆先生教过我中国通史和秦汉史，他对历史发展大体的提纲挈领和对历史问题的精到论辩，都使我在课堂上感受过精神的震动。当时我在读《庄子》，知道钱先生正在写一本关于《庄子》的书，所以几次请教他一些关于庄子的问题。他看我幼稚而好辩，就嘱咐我好好地看看他的《先秦诸子系年》。我费了好大气力读了这部书，心里的幼稚浮躁之气逐渐平了下来，知道学问实在太大了。我开始认识到，学历史即使治诸子也不能不懂考证，学先秦文史不能不懂清儒研究成果。钱先生点了点头，他要我们读梁任公和他自己的两部同名之书《近三百年学术史》，目的就是要告诉我们一个治学门径。治史必重考证，治先秦史必自清人研究入手，这成了我半个世纪以来治古史时所信守的基本原则。

唐君毅先生教过我哲学概论和伦理学，给我打开了了解西方思想的窗户。刚开始听哲学概论时，对大量的西方哲学词汇都一无所知，颇有腾云驾雾之感；但是，并非什么都听不懂，也能感到他在辨析前代哲学家思想时所流露出来的哲学智慧，使我的好奇心逐渐向一个更深的层次发展。特别是唐先生很欣赏黑格尔的辩证法，这就引起了我几十年如一日的对黑格尔的兴趣。牟宗三先生教过我们逻辑学，讲的基本是西方的古典逻辑，但也偶尔夹讲一些因明学和墨家逻辑。这门课在开始听时对我也很陌生，不过因其内在联系清晰而紧密，认真地听下去就不觉得有困难；而且，我发现，它和我很喜欢的几何学是同一个路数，是一种西方人所习用而我们中国人不常用的思考方法。另外，我还从冯振先生学了文字学。他上课实际是讲《说文解字》，我自幼喜爱文字训诂之学的兴趣得到很大的满足。冯先生虽然没有讲完《说文》，但他让我知道了段玉裁、王念孙、王引之等清儒在文字训诂研究上的丰硕成果。此后几十年里，我和《说文》、《尔雅》等书结下了不解之缘。我在读古书时遇到问题，不查这些书籍，心里总是放心不下。

这些老师都是在我茅塞要开未开之际，适逢其会地给了我一生受用的影响。虽然他们只教了我一二年，可是我从他们那里得到的，则是我对这些学科终生学习的浓烈愿望。所以他们给予我的影响几乎是终身难忘的。我很幸运，我在一个适逢其会的阶段遇到了他们。当时我的求知欲极为旺盛，就像一株刚要从泥土里向外冒出头来的幼芽，恰好遇上了他们所施与的智慧的阳光雨露。如果早一点遇到他们，那么我对他们的施与会一切茫然无知，接受不了；如果再晚一点遇到他们，那也许我习惯已成，他们的施予也许就改变不了我已成的积习，同样归于无效。

邹：这真是很好的机遇。他们对您的影响是长远的甚至是终身的，在他们的教育和启示下，您应该对中国传统思想文化继续学习、研究下去，为什么又搞了世界古代史呢？

刘：我在江南大学只读了两年，史地系就停办了，我转到南京大学历史系，后来又转到北京辅仁大学历史系。1952年，我大学毕业，正赶上院系调整，我被留在北京师范大学历史系工作。按照我自己的愿望，自然是应该搞中国史的教学和研究，但是因工作的需要，安排我从事世界史而且是世界古代、中世纪史专业。我心里知道这个专业很难，但只好硬着头皮去做。

邹：让您搞世界史可能是因为您外语比较好吧？

刘：我当时只是会一点英文，能看一般英文历史书籍，但是阅读速度与理解深度都很不够。好在我对外文不仅无反感，而且有兴趣。既然要我搞世界史，那就横下一条心学呗。正在加紧提高英文水平中，又遇到了必须学而且迅速学会俄文的要求。参加了突击式的俄文速成班，班上老师要求学过一种外文的人尽可能联系已学的语文来学俄文。这给了我一个大启发。英文还未及加深，又来了俄文，搞不好就会"鸡飞蛋打"两头空。怎么办？只好联系英文学俄文。我的办法是，准备一本英文本《共产党宣言》和一本俄文本《共产党宣言》，两个本子一字一句地对照看，每一句都用在中学学英文时学过的图解法（diagram）来作文法分析，用不同颜色的铅笔轻轻地划在书上。每天不求多，但必坚持。经过一段时间，这本书读完了，自己觉得效果还不错。又用同样的方法读《家庭、私有制和国家的起源》，到这本书读完，不仅没有了"鸡飞蛋打"的顾虑，而且感到这样做能够使英文与俄文的学习互相促进；特别是在对读过程中发现了印欧语言词汇、语法中的一些有趣的异同，很开自己的眼界。以后，我学德文，在自学阶段时还是用这个方法，用德文原本对照英文和俄文译本每句都表解分析地读。由于德文和英文关系更近，在比较对读中可以迅速发现二者在词汇和语法方面的异同，大大加快德文学习进度，而且对三种文字的学习也大有互相促进的作用。

邹：有这样的精神，您会很快地胜任世界古代史的教学，并且开始进行研究工作的。能够说一下您最初的学术研究经历吗？

刘：经过两年，对课程基本内容有了一个大体的轮廓；知道全面平推不会有好效果，所以就想如何找一个点深入。我研究世界古代史是从希腊开始的。因为希腊的思想文化非常丰富，还可以和中国古代思想如先秦诸子比较。那时候正在读侯外庐先生的书，看到他搞思想史先从社会经济史入手；由此得到启示，自己也就从社会经济史开始。不管从哪里入手，有一点我心里明白，总必须和中国史有所比较。当时中国古史分期问题讨论正热，有些先生涉及了与斯巴达的黑劳士（Helot）制度的比较。我想，要研究希腊社会经济问题，斯巴达和雅典总是不可缺的。于是就开始准备作黑劳士制度的问题。先看了柏里（J. B. Bury）的希腊史打一个底，再细读格罗特（G. Grote）希腊史中涉及斯巴达历史的部分，这样对问题的原委和基本材料之所在也就有了一个底数，并且开始拟论文大纲，也作了部分卡片。

这时东北师大来了一位教世界古代史的苏联专家，要开青年教师进修班。我考上了那个班，从1955年深秋到1957年夏，在那里学了两年世界古代史。这两年里，除专家讲的本专业课外，还有俄文及理论课，其余时间就是作论文。我就选定了《论黑劳士制度》为题，一面尽可能地阅读凡是能够找到的有关英文和俄文专著，包括两本1952年新出的英文的论斯巴达史的专书及新出的俄文论文；另一面就从洛埃布（Loeb）古典丛书的英译文阅读并查核史料。结果写出一篇约八万字的论文，其中涉及了与中国史对比的问题。论文在一个规模不小的答辩会上答辩通过，并得到了当时认为的最好的评价。一位老先生把此文推荐给了一家出版社，他们看了稿子，答应出版，但是提了一些修改意见。多数文字加工意见我都能接受，就是有一条我不赞成一位苏联大学者的意见的地方，他们要我必须改；我想我的苏联专家老师都没有要我改，宁可不出也不改。这样就没有再把稿子寄回给他们。我觉得我算做对了一件事，因为没有把不成熟的东西随便发出去。"文革"以后，我把这篇论文删了一半还多发表了，把不成熟的与中国对比的部分全都省略了。

邹：在当时条件下，中国学者搞古希腊的历史研究是比较困难的，您这篇论文都利用了哪些资料呢？

刘：我写这篇论文是运用我在学习研究中国古史时所用的方法，它是进入实证层次的世界上古史的论文。它所依据的史料首先是古希腊典籍，即古典作家狄尔泰、希罗多德、修昔底德、色诺芬、柏拉图、亚里士多德、斯特拉波、波桑尼阿、普鲁塔克、雅典尼乌斯等人的作品；其次是当时以专著形式出现的国外代表性的研究成果，如格罗特、格罗兹、米切尔等人的论述。这样就使得论文所依托的史料同国外学者处于同一水准上。

邹：那么在《论黑劳士制度》这篇文章里，您都论述了什么问题呢？您如何看待这篇文章的学术价值？

刘：在这篇文章里我谈到了黑劳士制度的发生、黑劳士制度的形成、形成黑劳士制度的原因、黑劳士的地位和性质以及黑劳士制度的演变和衰落。我根据对斯巴达历史的具体分析，认为黑劳士制度是一种与城邦土地所有制相对应、与斯巴达城邦命运共始终的奴隶制度。黑劳士制度是城邦所有的奴隶制度，是城邦形成时期由于征服的作用而形成的制度。我觉得在当时的条件下，这篇文章是对黑劳士制度所作的最深入的分析和探讨，达到了相当的水平的，对于中国学者认识这种制度是很有帮助的。

邹：您在作黑劳士制度研究的前后，又写了三篇研究古代印度的论文，您的研究方向为什么从欧洲的希腊跳到亚洲的印度呢？

刘：因为我从上世纪50年代开始进行学术研究的时候，就明确打算进行比较研究，认为这样才能推动自己对整个世界古代史研究水平的提高。我觉得要想很好地理解黑劳士问题，没有深入的比较研究不行，我想选择两三个点来比较是必要的。古代中国一直是我的兴趣所在，作为一个点不成问题；另一个点落在哪？我经过再三考虑，选定为印度。因为古代印度也是文明古国之一，文化有自己的特色，完全可以和中国以及西方历史进行比较。同时，中国历史上有研究印度的传统，积累了大量的汉文文献，如果结合西方学者的研究成果及有关印度史的外文资料和翻译资料，就可以对古代印度的历史作出有自己特色的研究。

　　既要认真治古印度史,就不能不认真读书;要认真读书,目录学的知识是第一要义。开始时看明代智旭的《阅藏知津》,看了许久,略知佛经分部,但对佛经复杂的译本原委仍不清楚。我就从现代学者已取得的成果出发,转而先看《剑桥印度史》(第一卷)、《印度人民的历史和文化》(前三卷),经过一段时间,终于对国外学者研究印度古史的成果有了大体的认识,也知道了古印度原始文献有了哪些英文译本,都有哪些单行本(如《佛本生经》等)或收在哪些丛书之中(如《东方圣书》、《佛教圣书》等);不做这一步,就不能与国外学者对话。接着又看现代中国学者治佛学的著作,了解佛学大体的认识。梁启超的《佛学研究十八篇》中《佛典之翻译》一文的附录《佛教典籍谱录考》,见了简直如获至宝,觉得得到最有益的指点。多谢梁先生这个简单不过的附录的指引,我开始了从梁代僧佑的《出三藏集记》到唐代智升的《开元释教录》的阅读。读了一段时间,对千门万户的《大藏经》总算有了一个粗略的总门径的了解;于是转而集中注意于小乘诸经,即"阿含部"诸经和诸小乘律。这时,我的眼前放着的就不再是乱糟糟的一堆文书,而是大体知道它们哪些都是哪些经的同本异译,必要时一查还可知道其传译的源流。于是,我对作出有中国人特色的古印度史研究又增强了信心。当然,我具体做专题研究时,凡是引用重要资料,都是经过以汉译文献与英译彼方文献相对校读的。就是用这样的方法,我写了《印度早期佛教的种姓制度观》、《古代印度土地关系》等论文。研究的路数,仍然是由社会经济史而思想文化史;同时,我做古印度史研究也是在心里有一个不出台的作比较的参照系。譬如,我在研究印度种姓制度时,心里总是会想到以印度之首陀罗与希腊之黑劳士及中国古代社会里的某些人身不自由的劳动者相比较,以便把它们各自的特点认识得更为清楚一些。我知道,真要作古印度史,不能不学梵文和巴利文,系里领导也曾经答应送我去跟季羡林先生学几年梵文。可是,先是"四清",接着就是"文革"风暴,我的古印度史研究都被打断,更无论去从师学梵文了。

二

邹：最近看到您新的文集《史学、经学和思想》，副标题是"在世界史背景下对于中国古代历史文化的思考"。我觉得这个题目很恰当地反映了您几十年治学的旨趣。既然您教学和科研的主要方向是在世界古代史方面，为什么又发表了那么多关于中国古代历史文化的文章呢？

刘：我考虑到中国是世界文明古国之一，可是在外国人写的世界古代史中没有得到应有的地位。我想要改变祖国历史在世界史上的不合理地位，不能依赖别人，只有靠我们自己把中国史放到世界史中去研究。所以，我在从事世界古代史教学和研究的过程中，从来没有间断过对于中国古史的研究。中国古史实际上早就成为我的选点之一。在我以世界古代史作为主要工作对象的二十多年里，中国史只能是当作业余爱好来抓。当时我家住在离西单商场不远的一条小胡同里，每天工作到黄昏时总不免有些疲乏，没有特殊事情我就到商场的旧书店逛上个把小时，作为一种休息。一般我先到外文书店看看，然后大部分时间看中文书。进书店我先是广泛地看看，边看边考验自己的目录知识。对于眼生的书，每次挑一种，翻开看看序言、体例等，回到家里再查目录书，作为印证。如此日积月累，不了解的书逐渐减少，书目的眼界日益展开。这样做了几年以后，我的兴趣逐渐集中到清代的汉学家的著作上。只要见到他们的年谱之类，一般都要略看一遍，对其中一些有机会还会再仔细地看看，这样逛旧书店的过程也就可以大体区分为求博和求精的两个部分。从上世纪50年代初到60年代中，这十几年不停地逛旧书店，本来没有当一回事，可是竟然为我以后研究中国古史提供了一个有用的目录学知识基础，使我的研究有可能进入较深的层次。

邹：我看到您的很多论述中国古史的文章都是从世界史的背景来谈的。比如您的《关于中国古代文明特点的分析》一文，就不是就中国论中国，这里面包括了许多世界历史大环境的分析。

刘：您这个观察是对的。在这篇文章中我谈到了中国古代文明的三个特点：首先是中国古代文明在时间中发展的特点，即中国古代文明的连续性；其次是中国古代文明在空间中展延的特点，即中国古代文明的统一性；第三是中国古代文明的主要精神特点，即四海一家、天人相应思想。我们就以第一个特点来简单地说一下，可以从政治和文化两方面来看：

从政治史来看，文明大体是和国家同时发生的。世界上最古老的文明发生于公元前四千年代后期和三千年代。其中以尼罗河流域的埃及与两河流域南部的苏美尔地区文明发生最早，大约始于公元前四千年代后期。印度河流域文明发生于公元前三千年代中期。两河流域北部和腓尼基地区的文明和克里特岛上的爱琴文明，发生于公元前三千年代晚期，黄河流域的夏文明也是发生在这个时期。到公元前二千年代，小亚细亚产生了赫梯文明，希腊半岛上产生了迈锡尼文明。这个时代是青铜器时代的盛世，是埃及和两河流域古代文明的繁荣时期。但是就在这一时期里，印度河流域文明灭亡了，克里特文明和迈锡尼文明也先后灭亡了。

公元前一千年代前半期，在印度河流域和恒河流域出现了雅利安人的国家，在伊朗高原出现了波斯国家，在爱琴海地区出现了希腊诸邦，在意大利出现罗马国家。可以说在古代世界起过重要作用的国家，这时都出现了。但是，也就在这个时期里，最古老的埃及文明和两河流域文明开始失去政治上的独立，从属于波斯帝国的统治。世界历史表明，在青铜器时代产生的古老文明，除中国外，到了铁器时代的早期都已经失去政治上的连续性。在公元前一千年代产生的古文明，大多数也没有保持政治史上的连续性。波斯虽然征服了整个西亚、北非的最古老的文明地区，甚至到达印度河流域，但是到公元前四世纪后期，波斯为马其顿的亚历山大所征服。到公元前二世纪，马其顿和希腊又先后落入罗马人统治之下。罗马在公元前一世纪后扩展成为一个庞大的帝国，包括了埃及、叙利亚、巴勒斯坦、小亚细亚、希腊等更古老的文明地区，但是到四世纪后期，日耳曼人大举入侵，帝国分裂，五世纪西罗马帝国灭亡。这样，罗马文明即古代地中海地区产生最晚、影响最大的文明，也中断了政治上的连续性。当然，这些古代文明在政治上的断裂，各有其不同的具体原因，有的是内部的原因，有的是外在的原因，有的是由于自身的衰朽的情况下被外力所征服。

当我们再来看这个时期的中国古代政治史的时候，我们也可以发现中国在类似的时期也有类似的危机。中国的夏、商、周三代，从实质上说也是青铜时代的小邦林立时期，三代的王不过是不同规模的邦的联盟的首领。但是，当商征服夏、周征服商的时候，并没有发生政治史上的断裂现象。拿周征服商来说，商本来是先进的国家，《尚书》有"大邦殷"、"天邑商"之说，由于它"沈酗于酒"，"败乱厥德"，以致被原来落后的"小邦周"乘机征服了。周在征服商以后，没有打断商的政治传统，而在很大程度上是在继承它。

西周晚期的统治逐渐腐朽，结果犬戎入侵，周从镐京迁至洛邑，开始了东周。东周仍面临着内外的危机，但是靠诸侯的力量东周王朝还是维持住了。当时的形势是"南夷与北狄交，中国不绝若线"。当时黄河流域的中原文明曾受到落后的部落和后起的文明的威胁，但是这一次危机也没有导致中国古代文明的中断。

我们从西晋以后的南北朝时期来看，当时南方是东晋和随后的南朝，但是在北方却出现了十六国的局面。少数民族在北方占了优势，大多数国家的君主都是少数民族，他们屠杀了许多汉人。但是他们不能打断汉魏以来的政治传统，也不能不吸收汉族豪门参加他们的统治集团。所以说，从十六国到北朝时期，北方的政权仍然是少数民族统治阶层和汉族统治阶层的联合政权，遵循的仍然是以前的政治传统，不同的只是最高统治者的民族身份而已。因此，我们在西晋灭亡后的北方看到了西罗马灭亡后的欧洲所不能看到的现象，就是中国的政治史上的连续性甚至在北朝时期也没有中断。这对于中国古代文明的连续生存可以说是至关重要的。

邹：您在谈到中国古代文明的连续性的时候是从两个方面来说的：一方面是在政治史上的连续性，另一方面是在文化史上的连续性。您认为中国古代文明在文化史上的连续性更具有完整的意义。您可以就这一点说明一下吗？

刘：确实是这样，中国古代文明在文化史上发展的连续性，在整个世界史上尤其显得突出。这里我所说的一个文明在文化史上的连续性应该包括两个方面：一是语言文字发展的连续性，也就是文化赖以流传的工具或重要表现形式的连续性；另一方面是学术本身发展的连续性，也就是文化的精神内容主要是哲学和史学的连续性。

这里，我们也还是从世界史的背景来看这一点。比如，世界最古老的埃及文明和两河流域文明都有自己独特的文字系统，也有相当丰富的历史文献。可是当它们失去独立以后，文字使用的范围逐渐限于神庙祭司之间，以后终于被人遗忘了。它们的历史也就被淹没了。在以后很长时间里，人们只能从希腊历史学家的著作里得知一些残缺不全的消息。另外，像印度河流域文明、赫梯文明、克里特—迈锡尼文明都发生了文字被遗忘的现象，现在我们对于这些文明的了解，要靠近代考古学家的发现和研究，或者靠古文字学家对于那些死亡文字的解读成果。可是印度河流域文明的文字和克里特文明的某些文字至今尚未解读成功，这两个文明的许多问题至今也无从确定。以后，波斯的楔形文字也曾被遗忘，波斯的许多重要历史资料只是在近代学者解读它的文字以后才为人们所知。古希腊文、拉丁文没有被人遗忘，但是最后仍坚持用希腊语的只是为数不多的希腊人，而拉丁文到中世纪的西欧已经不是人们口头的活生生的语言文字，仅仅在宗教和学术领域里保存着。

但是，中国古代的语言文字在发展过程中从没有发生断裂的现象。当然现代的汉字与甲骨文、金文的差别的确很大，要求只认识简体汉字的人去认甲骨文、金文那是非常困难的事。不过，从甲骨文到现代简化汉字间的巨大差别是逐渐形成的。因为我们可以看到，从甲骨文到金文，从金文到篆字，从篆书到隶书，从隶书到楷书，从繁体楷书到简体楷书，全部发展过程基本上是清楚的。

中国古代学术传统的连续发展，脉络也是很清楚的，这种连续是从三代开始的。孔子说过"殷因于夏礼"，"周因于殷礼"。周代沿袭了夏、商两代的文化，又进一步加以发展。孔子作为商人的后裔，对周人文化表示高度的赞美。孔子整理了周代的典籍，修订了鲁史《春秋》，创立了儒家学说。他自己没有另编一套儒家的典籍，他所编订的周代典籍就是儒家的经典。孔子是哲学家，也是史学家，或者说他是一位哲学和史学尚未分离时的思想家。到汉代以后，以经学形式出现的哲学和史学正式分开了。董仲舒继承《春秋》，研究的是经学，司马迁继承《春秋》，研究的是史学。从此，经学和史学作为中国古代传统学术的主要支柱，一直没有中断。即使在西晋以后的南北朝分裂时期，中国的学术传统也没有中断。经学在分裂时分为南北两支，北方经学仍然遵循汉儒传统，相对南方来说比较兴盛；而南方的经学受到了魏晋玄学的影响，与北方有所不同。在北方最混乱的十六国时期，史学不仅没有中断，而且还相当繁盛。在那样混乱的政治局面下，史学的传统还能够连续不断，不仅四至六世纪的西欧不能比，就是在世界古代史中也是很少见的。

邹： 您上面所谈的这些问题，特别是中国文化发展的连续性的问题是很有说服力的，中国的历史文化总是在继承前代遗产的基础上不断向前发展的。但是我们在世界历史的范畴内，是否也可以看到这种继承前代文化遗产的现象？

刘： 这个问题您提得很好。但是我要跟您说明一下：文化遗产的继承和文化史上发展的连续性是既有联系又有区别的两回事。就是说，在文化连续发展的文明中，前代文化自然地作为遗产被后代所继承；但是，有文化遗产的继承却未必有文化史发展的连续性。我可以举两个例子：现在世界流行的阳历，可以溯源于古代埃及的历法；七天为一个星期，圆周分为360°，可以溯源到巴比伦。类似的例子还有许多。很多国家都继承了古代埃及和两河流域的某些文化遗产，但是接受这些文化遗产的国家都是各自国家先前文化系统的继承者，它们各自有文化上的连续性。它们虽然继承了古代埃及和两河流域的某些文化遗产，但是和它们并没有文化史上的连续性，这与前面我所说的中国的情况是不同的。

文化史上的连续性需要有政治史上的连续性的保证。中国古代文化史的连续性与政治史上的连续性是密切相关的。这不是说一个文明在失去政治独立以后立即就会发生文化史上的断裂，古代埃及文明和古代两河流域文明在波斯统治时期以至希腊化时期，其文化史的连续性并没有中断，不过这种情况不能永久地保持下去。即使像希腊人那样没有忘记本民族的语言文字，但他们在长期失去政治独立以后文化史上也发生了断裂性的变化。罗马统治时期，那些希腊史学家的史学著作已经不像希罗多德和修昔底德的著作那样充满了活生生的希腊人的精神。到罗马帝国晚期，希腊文明的文化传统逐渐中断了，奥林匹克运动会的废止也许算是一个标志吧。

邹：我发现您所发表的论述中国古代历史文化的文章，都是从世界史的背景来对中国古代历史文化的现象进行分析的，这样就能凸显这种现象的特点。比如您对中国古代王权发展中的神化问题是否就包括这样一种思考？

刘：可以说是这样的情况。我在阅读世界古代史的过程中，发现神化王权是一种常见的现象。比如，古代埃及、两河流域、印度、波斯等国的君主、马其顿的亚历山大及其后继者希腊化诸国的君主、罗马帝国的皇帝，都有过神化王权的思考和表现。这种情况在古代中国自然也不会例外。不过，古代各国神化王权的具体思想和表现也不完全一样，甚至同一个国家或地区在古代的不同时期也有不同的特点。我觉得这是一个很值得具体研究和分析的现象。我们看到，在中国古代王权发展中的神化过程，有比较丰富的资料，也有很多可注意的特点，所以我对中国古代王权神化问题的研究，是为了使我们对于世界古代史中的王权神化问题能够进一步的深入理解。

当时我的研究，大体上从商周时期开始到秦汉帝国为止。中国专制王权的历史发展得那么长久，为什么我的研究截止到这里呢？因为在这一段时间里，中国古代的王权由初生而逐渐成熟，王权神化的思想也由低级发展到高级。这一时期的第一阶段，是商和西周时期，这时期王权表现为诸侯或各小邦的共主，王权神化思想在这一阶段有了很重要的进展；第二阶段是春秋战国时期，这是共主性王权衰落和专制王权萌生的过渡阶段，王权神化问题成为百家争鸣的热点问题之一；第三阶段就是秦汉帝国，是专制王权确立时期，王权神化思想又经过一次发展而达到成熟。汉代的王权神化思想已经作为一种独特的政治理论出现在世界史上了。

在考察王权神化思想的发展过程后，我们可以概括地说，天命一直是神化王权的重要手段。以人心解释天命和以五德代谢解释天命曾经体现为神化王权思想中的两种合于理性的因素。在古代世界其他各国历史中，我们也很容易发现王权神化的现象，但是很不容易发现如此精致的含有理性成分的神化王权思想。因此，这些思想很值得我们关注。

邹：我觉得在古代人类精神觉醒问题的研究中，您更清楚地显示了这样一种世界史的视角，在这里您所借用的理论指导是德国哲学家雅斯贝斯的理论，所研究的对象是中国、印度和希腊。也可以说，您是在世界史的背景下来看中国，同时也是以对中国历史的观察来看世界。

刘：我是力图这样做的。

邹：雅斯贝斯的理论主要是什么观点呢？

刘：德国哲学家雅斯贝斯在他的《历史的起源和目的》一书中提出了一个"轴心时代"的理论。大家知道，我国历史上的春秋战国时代，是一个学术思想十分活跃、文化成就焕发异彩的时期。而大体同时，在印度，在希腊，也有一个类似的文化空前繁荣的时代。那么怎么认识这样一个异地同时发生的文化飞跃或突破的现象呢？雅斯贝斯认为，这时在中国、印度、希腊等地首次出现了许多哲学家，人类开始了对自身的反省，其精神的潜力得以充分展开，因而给人类的历史带来了一次突破性的进展。由于这一时期在人类历史上关键性的转换作用，雅斯贝斯把它称为"轴心时代"。人们对于他的见解可以有自己的分析、评价，不过他所提出的问题，确实对人们有启发作用，我们不能不看到，人类的精神觉醒确实是当时历史的一项十分重要的内容，而且对于以后的中国历史和世界历史都具有十分深远的影响。

邹：那么您对于这个"轴心时代"是如何认识的呢？

刘：我首先综合地分析了三个文明古国当时共同具有的一些基本条件，并且力图说明这些背景与人类精神觉醒的关系。我感到有这样几个值得注意的问题：一是铁器的使用引起了社会经济的新发展。铁器的使用在各个地区早晚有不同，但是与铁器使用相应的是经济的迅速发展，因此扩大了人类对自然的开发深度和广度，扩大了人们在地区内和地区间的来往，从而能够从原先的狭小的活动范围和狭窄眼界中解脱出来。二是血缘关系在印度、希腊、中国都经历了一个削弱或解体的过程。早期国家通常都由部落联合而成，所以在相当长的时间内存在血缘关系的残余。血缘组织既给了人们保护或依靠，同时又是对人的一种束缚。血缘关系的削弱或解体，使人发现个人存在的价值，对人的精神觉醒无疑是一种促进。三是在这一时期，印度、希腊和中国都曾有过小邦林立的状态，存在种种尖锐复杂的矛盾和斗争。社会变动中巨大而深刻的矛盾渗入人的心中，打破了先前精神的稳定平衡状态，人人都要加以思考，这也是能够引发人的潜力的内在条件。

邹：这三个文明古国在人类精神觉醒的表现上也有它们各自的特点吧？

刘：那是必然的。比如说，在人与天或自然的关系问题上，人类精神的觉醒在三国都有表现，但又有各自的特点。在印度，宗教势力的影响最大，对人类精神觉醒也有影响。例如"佛陀"这个称呼本身的意思就是"觉者"。佛陀认为，不能靠神、靠祭祀来求解脱，只有靠自己的觉醒来救自己。但佛陀觉醒的最大特点是把一切都看成虚幻，看成空。所以，曾经反映过人类精神觉醒的佛教，最后还是引导人们进入了宗教的迷信。希腊出现了许多哲学家，他们认为传统神话中的精神不能使人在理性的追求中感到满足，他们不再甘心作为从属于自然或神化的自然的驯服物，而开始把自然当作外在的对象加以研究。这无疑是人类精神觉醒的表现，在希腊逐渐形成了研究宇宙论和自然哲学的道路。在中国自周代开始，就自发地把民心看成是天命的依据，到春秋战国时期这个传统又有所发展。孔子几乎不离开人事而言天，孟子进一步把天意和民心结合起来，荀子也反对迷信，主张人定胜天。所以，先秦诸子所理解的天道，大多是从人事中悟出来的，不完全是宇宙论和自然哲学，主要是人文研究的传统。

再比如，三个国家的人类精神觉醒也体现在人与人的关系问题上。

印度的佛教主张"众生"平等，它要用种种事实证明人和人在自然属性上是无差别的或平等的。而古希腊的哲学家不讲无差别的平等，而是对平等进行具体的分析，从理论高度揭示出平等中的矛盾。中国古代人与人关系上的精神觉醒突出反映在孔子的仁和墨子的兼爱的主张上。仁，就是把人当成人来看，把人当成人来爱。这与佛教无差别的众生平等是不同的。儒家的仁和礼是联系的。礼是讲区别，讲层次的。儒家是以具有礼的形式的仁使现实的有差别的人同一起来。至于在人性的问题上，三国也有不同，印度人把人理解为宗教的动物，希腊人把人理解为政治的或城邦的动物，而中国人把人理解为伦理的动物。这就是它们各自的特点。

邹：在您的第二本书里，有几篇文章是评论外国学者的《尚书》、《春秋》、《左传》研究的文章。您为什么要关注这些国外学者对于中国历史文献的研究呢？是不是也是要把这些中国历史文献放在外国人的视野下，考察他们的见解与我们有何异同？

刘：是这样的。我一直非常关注经学与史学关系的研究，在五经中，《尚书》、《春秋》包括《左传》，可以称为是史学，我的许多文章都是研究这些史书，或者是从这些书中选取资料的。作为中国人，看本国典籍时可能会有"不识庐山真面目，只缘身在此山中"之弊，所以我先后写了四篇评论外国学者的《尚书》、《春秋》、《左传》研究的文章。其中有两篇是论19世纪英国汉学家理雅各译注的《书经》一书，同时也探讨了他所译的《竹书纪年》，后一本书的研究是与邵东方合作的。第三篇是论理雅各译著的《春秋》、《左传》的。第四篇是将理雅各的《左传》研究与19世纪日本学者安井衡的《左传》研究作了一番对比的探讨。理雅各当时在王韬的协助下翻译了许多中国经典，而且每译一本书就要发表一个长篇引论阐明自己看法。他的翻译和研究在当时来说不愧为一流之作，就是在今天，他的一些见解对于中国学者仍然是很有启发的。由于时代和文化背景的限制，他的译文和理解都有可商榷之处。但是，他要帮助中国人打破对于儒家经典的迷信，而他自己对于儒家思想的一些积极方面也无法理解。所以，我的文章主要是从文献根据、文字训诂、译文正误、思想见解等方面对理雅各的成果进行了分析并提出一些自己的看法。日本学者安井衡也是博通中国古代文化的学者，他曾注释多种经书、子书，特别是他对《左传》很有研究。他对于《左传》中所蕴涵的民本思想有敏锐的理解和把握，认为这体现的正是孔子作《春秋》的精神。我对他们两个学者的研究进行了一些比较，认为他们的见解对我们很有启发。一方面，中国历史上的统治阶级神化儒家经典，制造迷信来愚民，这是必须彻底摒弃的；但另一方面这些经典中的民本思想仍不失为我们民族的宝贵的文化资源，是应该有分析地加以发扬光大的。

三

邹：从您对中外古代历史所作的这些比较研究来看，进行比较研究是相当困难的事情，需要对进行比较的每一方面都要进行深入的研究，才能进行比较。

刘：确实是这样的，进行比较研究是很困难的事情。就拿写古代印度的论文来说，我在选定印度史作为一个点以后，做了许多打基础的工作，主要是在关于古代印度史的文献上下功夫。这种文献大体分为三个部分：一是古代西方人的撰述，二为古代印度人的典籍，三为古代中国人的撰述和大量汉译佛教经典。这里面第一类数量有限，难度不大。但古代印度人的典籍不但数量大，而且充满教派的分歧，成书年代漫长不易确定，而且文字又很艰深复杂，可以说难度极大。幸好19、20世纪一些西方学者和印度学者已经做了很有效的工作，有的重要文献有了现代西文译本，有些还有相当详细的学术性注释，甚至还有一些在考证文献基础上写成的学术著作。所以，在实际工作中感到入门并不难，掌握到一定程度比如说能够充分运用人家的已有成果也不十分难，但是要达到对文献的考证就很难了。至于汉文的佛教经典如《大藏经》，卷帙浩繁，内容复杂，如果只准备从里面摘抄一些有用的史料还不算太难，但如果想使这类文献得到合理而充分的运用并用出一定的水平来，那就非常不容易了。

邹：您不但在史学实践中运用比较方法，而且还经常从方法论的角度来研究这个问题。我们看到在您的第二部著作中，第一篇文章就是讲历史的比较研究与世界历史，那么您认为两者之间究竟有什么关系呢？

刘：好吧，我只能很简单地谈谈这个问题。所谓比较研究，就是对于不同的对象进行互为参照的研究，一般情况是指同时并列的不同对象的研究。但是它一旦作为一种方法用于历史研究之中，就在原有的横向的共时性比较之外，又加上了纵向的历时性的比较。所以，历史比较研究的功能就在于明同异。同异也是历史比较研究赖以实现的前提。无异之同不具备比较研究的条件；而无同之异也不具备比较研究的条件。总之，有相同，才能比其异同；有相异，才能比其同异。不同时期的不同国家和地区，一般说来不具备可比性，但只要从一个相同的角度去看，仍然是可以比较的。

再来看历史的比较与世界历史的关系，也是从两个方面来看。首先，历史比较研究对世界历史来说可以起到"辨一多"的作用。"世界历史"首先是由多而一的历史。世界历史作为全世界的历史，它必须是一个整体，必须是"一"。世界各个国家和地区的历史也是"一"，但那是"小一"，把"小一"集合起来就成为多，那只是一种量变。由诸多的"小一"经过否定才能达到"大一"的过程，在逻辑上说就是抽象的过程。进行抽象，就要辨异同，而不进行比较就不能明辨异同。所以，比较研究的"明异同"，就在方法上构成了世界历史所需的"辨一多"的必要条件。

另一方面，历史比较研究对世界历史又可以起到"明一多"的作用。世界历史又是一个一中涵多的历史。我们把世界历史理解为"一"，是从各个地区、国别的历史中抽象出同而加以概括的结果。如果要把世界历史看成是有机的"一"，而不是一大口袋马铃薯，就必须把认识再深入一个层次，从抽象再上升到具体，就是从同中再看出异来，看出那些各异的部分是怎样既互相拒斥又互相渗透地构成一个有机的一体的。

这就要在比较研究中达到同中见异，才会有世界历史的多样统一的活生生的"一"。这就是历史比较研究的"明一多"的意思。

上面我说了历史比较研究对于世界历史的重要性，但这不意味着比较研究能解决全部历史问题，其实比较研究也是有局限性的。它的局限性就在于它的运用离不开有意识的角度选择，在所选定视域之外的往往就是被忽略的。不认识这种局限性，就会把自己的比较研究视为绝对真理，从而陷入盲目自信状态。

邹：您在2005年的学术会议上和当年所发表的文章中，谈到了"比较研究的一般逻辑"问题，其中有一些新的概念，新的提法，比如说"比较是不可公度性与可公度性的统一"。这个观点很新颖，但我还感到比较困惑，您能简单地解释一下吗？

刘：现在我们可以看到许多历史比较研究的作品，这些研究主要是期待揭示比较对象之间的异同与本质特征，人们把比较看作是一种现代意义上的专业历史研究法。但是，历史比较研究作为人文学科内比较研究的一种，它也应该遵循一般比较研究的逻辑。或者说，历史的比较研究在逻辑上是如何成为可能的？过去，人们有一种乐观的信念，认为比较研究自然就是可能的，所以对此没有提出问题。20世纪60年代以后，西方科学哲学领域内有关于不可公度性的讨论。美国的库恩（T. Kuhn）提出，"范型"（paradigm）之间存在"不可公度性"（incommensurability）。"不可公度性"是否就等同于"不可比较性"？经过长期争论，库恩本人也承认，"不可公度性"并非完全等同于"不可比较性"。此问题争论至今尚未终结。我们说比较是不可公度性与可公度性的统一，就是对于这一讨论提出我们自己的见解。这个说法可能理解起来比较抽象。我想打个通俗的比方您就可以理解了。比如我们比较的对象完全相同，例如数字3、3、3……它们之间有同无异，这种比较毫无意义；再如比较字母A、B、C……，它们之间有异无同，也没有比较的意义。假若是3A、6A、9A……等一系列比较项中，3是公约数，A也是公约数，以3A公约以后，1、2、3……就不可公约了。这当然是最简单的比喻，如果我们以法国年鉴学派学者布洛赫的比较研究经典之作《封建社会》中对于"封建主义"的讨论为例来说明一下,也可以帮助我们对这个问题的理解。在布洛赫看来,欧洲不同地域的"封建社会"所以能够比较的原因,就在于它们有一些共同的特征,即依附农民,附有役务的佃领地也就是采邑等,这些似乎就是欧洲封建主义的基本特征。但是,欧洲封建化的程度并不是全部一致的,节奏也不完全相同,而且最重要的是,任何地方都不是完全封建化的。由此我们可以看出,研究中世纪欧洲范围的封建主义,必须同时揭示其中的异与同,而研究本身是从现象之异中抽象出同,没有对异的感知,就不可能有对同的抽象。所以,比较研究中,如果可公度性意味着"相同"的话,不能由比较对象之间局部要素的可公度性推导出整体的可公度性。同时,比较研究中,比较对象的可公度性与不可公度性会随着比较者设定的比较范围或概念层次而发生变化。(关于这一问题的详细论证,如有兴趣,可参看《历史比较初论:比较的一般逻辑》,《北京师范大学学报》2005年第5期)

邹:我发现您不仅注重对客观的中外历史实际的比较,而且还重视反映客观历史的史学的比较。您曾经就史学在古代中国、印度、希腊学术中处于不同地位的原因进行过比较,这也是个比较有趣的问题。

刘:是的,我是在这方面进行过比较性的探讨。主要目的在于说明史学在中国传统学术中长期占有仅次于经学的地位,这种情况是与古代印度和古代希腊很不相同的。在古代印度,史学没有真正从其他学术中分离并独立起来。印度学者也承认古代印度缺乏史学文献,也没有出现过像希腊的希罗多德,罗马的李维、塔西佗那样的史学家。我觉得这种情况还是要从印度宗教的情况来解释。在印度,不论是婆罗门教、耆那教还是佛教,都认为现实世界的一切都是变化无常的、虚幻的。这些宗教所追求的最终境界是长住永恒的彼岸世界,而历史永远属于此岸世界,史学所能体现的变中之常或某种法则也是属于此岸世界。因此,史学不能成为这些宗教的有效的论证手段。在古代希腊,史学有了相当高度的发展,其发展程度决不能说在中国古代以下。但是在古代希腊的学术里,史学所居的地位却无法与中国古代史学所居的地位相比。在古代希腊人那里哲学处于最高地位，大体与中国的经学地位相似，诗有助于提供一般真理更接近哲学，所以比史学地位也要高。在希腊人的观念里，史学难以成为高级的学问，他们很难写出一部包罗万象、贯彻古今的通史，不可能孕育出《史记》这样的通史巨著。而中国古代的史学富有人文主义的传统，早在西周的文献中就有了人文主义思想，而后形成了中国史学的长期传统。另外，中国的儒家经典对于问题的论述，都是以历史为论证手段的，先秦诸子的思想也是以历史为主要论证手段的。郭象所说的"承百代之流，而会乎当今之变"这句话表明了古代中国人观照一切现实问题的一个最基本的思路。它意味着历史上的每一当今之变都不是一朝一夕的缘故，而是源于百代之流。一个人要了解今天之变，就不能不考百代之流。由于古代学者对于历史的这样一种见解，所以它促使了古代中国史学的发展。

邹：半个世纪以来，您在中外古代历史文化的长河中徜徉，在史学这个园地中留下了您的足迹，而今天您仍然为中国史学的新发展乐此不疲。现在，您还在承担着很繁重的工作任务，能够谈一下您对中国史学的期盼和今后的打算吗？

刘：我希望在中外古史比较研究方面不断有新的专家和专著出现，我更希望这种研究是潜心的、踏实的、真正的研究。我常想，前辈学贯中西的大家为什么能达到那么高的学术境界？有一点至少是明白的：他们都在自己本国的文化领域里具有深厚的基础和功力，因而他们在探研外国历史文化的时候也就能自其大者、自其高处观察它们，理解和把握它们。他们学外国学问的时候，在精神境界上不是作为一个初学者趴在地上一点一滴地拾人遗穗，而是在本国学问上与外国学者站在平等的地位上的。当然，由于各种条件的限制，不能在中国历史文化方面先奠定基础就开始学外国历史文化的现象也常会发生。但重要的是，当一个人在外国文化方面有一定造诣以后，不宜忘记学习本国文化；因为不管自觉与否，这总是我们的精神植根最深的土壤。离开这块土壤，我们的成就是不可避免地要受到很大的限制的。我深深景仰前辈大家的那种风范，愿意景行行止，也愿意与有志于中外古史比较研究的青年朋友们共勉。

至于我个人，虽然说过去研究了一些问题，写了一些东西；但我从来不觉得我写的那些有多么重要。这些并不是我所要达到的最终目的，当年我曾经有过许多梦想，今天我还有许多的"残梦"没有实现，我还要继续努力。另一方面，我对于世界范围内所出现的新理论、新概念、新问题都抱着热切关注的心情去对待。这一点和我年轻时的心态是一样的，我不能停止不前，还要继续去学习、去探索。近年来，我在北京师范大学史学理论与史学史研究中心里，负责两个重要课题的研究：一是古代中西历史、史学与理论的比较研究；二是中外史学理论比较研究。这两个项目都是很艰难的工程，在思考这两个课题的过程中，我学习了很多的东西。我想只有不断学习新的东西，才能适应当今学术发展的趋势，才有可能把中外历史的比较研究推进一步。

邹：从与您的谈话中我确实学到了很多东西，并且对您的学术追求和人格特点有了更深切的了解。您所谈的这些，一定会对年轻的学者们有很大启发。谢谢您的谈话！

刘：多谢您为了和我谈话以及为此而作细心准备付出了那么多的宝贵时间。

（原载《史学月刊》2007年第2期）

在挑战与回应中前进

——刘家和先生谈学术工作的基础

刘家和　蒋重跃

2014年12月11、17、21日,蒋重跃带着访谈任务三次拜望刘家和先生,就学术工作基础的问题向先生请教,每次访谈都超过三个小时。现将访谈内容的第一部分整理如下。

蒋：先生,您好!您在二十几年前曾发表过一篇谈学术工作基础的文章①,影响很大,让我们深受教益。近些年来,您多次说过,关于学术工作的基础,您又有一些新的进展。

刘：你好!多谢你来和我交谈学术问题,我十分高兴。我的确一直在关心这个问题,而且也的确在这个问题上又有所进步。

蒋：学术研究要有创新,这是学术界的共识。可是怎样才能创新呢?我想,您对学术研究方法的思考对我们会有大的帮助,所以特别想请您谈谈这些年您在这方面的新的思考。

刘：还是让我们一起来讨论吧。

蒋：那么,请您先说。

刘：你刚才提出的学术创新问题,实在太重要了。这实际是学术能否真正传承和发展光大的关键所在,而能否真正发现并回应挑战,也可以说是学术能否创新的关键所在。人类历史是在不断回应各种各样的挑战中逐渐有所创新而发展起来的,学术研究是人类生活中的一个重要部

---

① 刘家和:《谈学术工作的基础》,20世纪90年代初发表,后收入刘家和:《古代中国与世界——一个古史研究者的思考》,武汉出版社1995年版。

分，自然需要积极发现并回应挑战，在克服困难中不断前进。

蒋：为什么要把回应挑战当作能否创新的关键呢？这样说是不是太被动了？难道我们的学术工作就是为了回应别人对我们提出的挑战么？我们就不能向人家发起挑战么？

刘：你的话非常富有挑战性，因此也非常值得思考。难道我们在学术上应该消极被动吗？当然不该如此。不过我说的不是这个意思。那么，这就是你误解我了？其实，这也不能怪你。因为我从前还没有能够把问题说透了，怎能要求你完全理解呢？多谢你的挑战，今天应该是说透这个问题的时候了。

蒋：您说我的话非常具有挑战性，因此值得思考，这对我也有启发。您的意思大概是，没有挑战性的话，听听也就罢了，无需特殊回应。我一"挑战"，您就想把问题说透，今天就请您说透了吧。如果一次时间不够用，再谈一次也好。

刘：现在就让我来尝试把问题说清楚。我所说的挑战，就其深层意义而言，不仅仅是指人家向我们发起的，而且更为重要或更深层次的，是我们必须能够自己向自己提出挑战。

蒋：为什么？

刘：当他人提出挑战的时候，我们自己是对象，而当需要我们回应的时候，我们自己却转变为主体。作为主体，自己是否有能力发现或意识到这种挑战？发现或意识到了，自己又是否有能力面对并回应这种挑战？如果一时没有能力，那么是采取回避的态度还是采取积极准备以求今后能以回应的态度？这些就都需要自己对于自己的挑战了。概括地说，这包括对自我能力极限的挑战和自我选择的挑战。我所说的挑战中应该包括自我挑战大体就是这个意思。

蒋：您所说的对自我能力极限的挑战，容易理解；而所谓自我选择的挑战，那又应该如何理解？

刘：其实，每一位学者都有其能力极限，专业的选择往往规定了我们能力极限的范围。不过，这又不是绝对的。譬如，我们所选择的学科是史学，史学的研究领域包括人类生活的历程及其所能给予我们的经验教训。这看来是明确的。不过，人类生活涉及方方面面，这里面的问题就复杂了。于是，由此而产生了二级学科、三级学科。一个史学的大屋顶下就有着复杂的结构，何况还有若干与史学相关联的其他邻里学科。选择的挑战是明显存在的。在具体进行选择的时候，又不可避免地有着两种相互区分而又联系着的问题：学术使命的理想目的与学者个人的功利目的。在这样的选择张力下，就有着相当实在的自我挑战问题。

蒋：现在您把问题展开了，也把它复杂化了。不过，对于我来说，这个问题却颇为现实而鲜明。我做学报编辑工作若干年，经常阅读各种来稿，其中就可见到作者们的不同选择，看到他们应对自我挑战的不同态度与风格。因此，我会想到古人对此已有许多论述。您说是吧？

刘：你的话对极了。孔子说："古之学者为己，今之学者为人。"（《论语·宪问》）这句话在今天很容易被误解为：古人学习的目的是为了自己，而今人学习的目的却是为了他人。其实，历代注释的理解都是：古代学者是为了自己求得真知，以便实行；后世学者是为了对他人显示自己，以求获利。孔子说："不患人之不己知，患其不能也。"（《论语·宪问》）又说："君子求诸己。"（《论语·卫灵公》）这些都可以作为前代注释的根据。在孔子所说的"为人"与"为己"两种可能的面前，怎么办？这就是自我选择的挑战。深一步说，事情也真吊诡，古之学者为己求真知，其结果最终可以有益于他人；后之学者为了炫耀个人，未得真知或苟且其说，其结果最终可以无益或贻误于他人。当然，这样也就会贻误了自己，走到了事物的反面。如果不能认真挑战自己、严格要求自己，从而学风不振甚至不正，怎么还能严肃面对并切实回应他人的挑战呢？严格地说，能够切实挑战自己，这正是回应外来挑战的必要条件。

蒋：能否谈一点具体挑战自己的方法？

刘：如果以最简单的办法说，那就是要不断地、严格地质疑且追问自己。说到这里，我想插一句闲话，你的英文很好，一定知道"挑战"在英文里怎么说。

蒋：Challenge。啊，原来这个英文字里就包含着质疑追问的义项呀。所以从"挑战"到"质疑追问"并非转了话题，而是同一问题的具体化。

刘：书归正传，举例来说，每引一条材料，就要考问自己，材料的出处是否可靠？材料的内容是否可信？自己真弄懂它的意义了吗？每提出一个见解，就要质问自己，思维的逻辑是什么？自己真清楚了吗？一步一个脚印地对自己追问下去，在不断的自我否定、自我超越中前进。其实，这样的严肃挑战自己的历程，往往是与回应外来挑战的历程相一致的。这样才有可能一步一步切实回应他人的挑战。即使一次回应失败，那也便于查出自己是在哪一步上把棋走错了，以便以后自觉提高能力；如果错得糊里糊涂，那就难免糊涂下去，很难走出这种积习了。

蒋：我想起来了，您在写《关于"以史为鉴"的对话》这篇文章时曾借"客"之口说过您要"对自己进行挑战"的话[①]，可见这个思想那时就已经很明确了。您把内在的自我挑战与对外的回应挑战这样紧密地结合起来谈，应该说是一种很独到的见解了。

刘："独到"实在不敢当，我是从前贤那里学来的。首先，说对话的形式。中国的《论语》、《孟子》的呈现方式都是对话。希腊柏拉图的对话，大多都是自己写的，都是在自己挑战自己。所以从形式上我就是学来的。再则，说自我挑战的理性自觉。我知道，你非常熟悉《老子》，时常能大段地背出来。"知人者智，自知者明；胜人者有力，自胜者强。"（《老子》三十三章）这几句话文辞浅近，不难读懂。好像是在给"智"、"明"、"有力"和"强"下定义似的。其实，《老子》告诉我们的是：知人的智和胜人的力，对于每一个人来说都是有限度的，因为到底是否能知、能胜，那要因对象的条件而变；而自知的明和自胜的强，对于每一个人来说却是无限度的，只要我有自知、自胜的志愿和理想，那就是谁也阻挡不住你的。所以，人必先自知，然后才可

---

① 刘家和：《关于"以史为鉴"的对话》，《北京师范大学学报》（社会科学版）2010年第1期。

能知人；必先自胜，然后才可能胜人。自知与自胜实际是人的一种高度自觉而且高度专注的精神状态。所以我对于自我挑战的理性自觉也是从前贤学来的。

蒋：对不起，我想插提一个问题，可以吗？

刘：当然，请提。

蒋：据我所知，您读《老子》至今大概已有七十年，刚才您对三十三章那段话的理解是从十几岁时就有的吗？

刘：那怎么可能？最初只觉得这几句话很简明，但也很有蕴含，经得起回味，像含橄榄似的。记不起具体时间了，总是在中年以后才逐渐悟出上述的道理来。

蒋：原来您是经过长期的自我挑战以后，才逐步突破自己的能力极限，解决了如何解释这些话的难题，从而回应了挑战的。从这一点来说，您对自我挑战的自觉性并非简单地学来的，而是经过长期不断超越自我的努力得来的。

刘：很高兴，不是因为你在过誉我，而是看到了你已经自如地把握对话中的挑战与回应的技艺了。你方才的插问原来是要把我一步步地引入你所要得到的答案上来。

现在重归正传。当一个人面对挑战的时候，他所需要的是什么精神状态呢？

蒋：不会是无动于衷吧。

刘：挑战一般用来指较为严肃的问题，有时指生死攸关的问题。Challenge，不是还有要求决斗的意思吗？当然，研究学术不会与人决斗。不过，既有挑战，那就不能不具有清醒积极的回应意识与意志。人一旦意识到它是一个挑战，而且要想回应，就不应该昏昏欲睡，就应该全神贯注，全力以赴，给予回应。这是一种清醒的状态，有了这种状态，就会想方设法回应挑战。学术研究当然也需要有这样的清醒状态。我们的问题，要在挑战和应战中发现，我们的方法，要在挑战和应战中锻炼，我们的学术工作的基础，也要在挑战和应战中不断调整。对于学术研究来说，首先是要发现问题，然后是找到解决问题的办法，要做到这两点，都离不开知识结构的调整，离不开学术工作基础的改善。

蒋：怎样在挑战和回应中发现问题呢？

刘：就像刚才说的，挑战不仅仅是外部什么人向我们提出的，还有我们向自己提出的。这就是说，我们不但要发现客观的问题，更要发现自己主观的问题。而且回应自己发起的挑战，或回答自己提出的问题，往往比回应人家的挑战、回答人家提出的问题更关键，更具有先在性。自己没有问题，要想发现人家的问题，是很难的。

蒋：我觉得您的文章都是在回应这样两种挑战啊。

刘：我的确想向这个方向努力，至于成败得失，那就很难说了。

蒋：现在看来，您在回应外部挑战中获得成功，也是因为您首先回应了自己内部的挑战了？

刘：回应外部挑战成功，这就更不敢说，但一直在回应自己的内在挑战倒是真的。

蒋：那么，当年您写《论人类精神的觉醒》，又是回应什么样的挑战呢？

刘：关于这个问题，其中情况比较复杂，难以用三言两语表达出来。

蒋：那就请您把写这篇文章的考虑说明一下，也可能对我们有些启发。

刘：事情是这样的。1986 年我在美国访学，读到雅斯贝斯《历史的起源与目标》(*Vom Ursprung und Ziel der Geschichte*) 的英译本 *The Origin and Goal of History*。他的"轴心期"学说对我的精神震动很大。

蒋：为什么？

刘：你知道，我从十五六岁起就开始阅读先秦诸子，而且一直很有兴趣；十八九岁以后又开始学习西方哲学，同样一直很有兴趣。在当时还处于朦胧状态中的我，已经强烈地意识到其中有非常重大的问题值得思考。1952 年分配工作以后，我的业务领域是世界古代中世纪史。我很想做思想史的研究，不过，由于想到，如果没有整个古代史的基础，没有对于古代社会经济史的底蕴，那么思想史很可能会做空了。所以，我曾在希腊和印度古代的社会经济史上先后下了一番功夫，在咱们学报发表过相关的研究成果①。而中国史则是我从来不敢也没有忘怀的研究领域，自学从未间断。也可以说我在1955年就选定了以希腊、印度与中国作为自己的古史比较研究的三个支点。白寿彝先生对我的情况有所了解，所以在1979年底把我调到史学所，让我从事中国通史和中外古史比较的研究工作。这样我就又有了若干年比较系统地研究中国典籍并与外国古史作比较的机会。在此期间，我对于黑格尔在其《历史哲学》中对于中国（以及整个东方）历史文化的误解、曲解甚至歧视，越来越感到应该也必须予以回应，可是我却一时无力实现，内心深自纠结，不断努力寻求突破。在这样的情况下，我看到雅斯贝斯的"轴心期"学说，见到他把中国、印度与希腊并提，认为"世界上所有三个地区的人类全都开始意识到整体的存在、自身和自身的限度"，"意识再次意识到自身，思想成为它自己的对象"，"无论在何种意义上，人类都已迈出了走向普遍性的步伐"②。他的这些意思都是对于黑格尔的观点的驳难与否定，使我颇有"先得我心"、"相见恨晚"之感。不过，我也觉得，雅斯贝斯所着眼处主要在于哲学领域，从而对于公元前800—200年（轴心期）间历史诸方面发展与演变的深层结构，看来并未能充分展开。我作为中国学者，当然有义务给予自己的回应。所以严格说来，是黑格尔的挑战在先，使我不能不对自己的能力进行不断的挑战，是雅斯贝斯的书启发

---

① 1955年10月刘先生考入东北师范大学由苏联专家主讲的世界古代史教师进修班，1957年7月毕业论文《论黑劳士制度》通过答辩，这篇文章直到80年代初才得以发表（刘家和：《论黑劳士制度》，《世界古代史论丛》，第1辑，生活·读书·新知三联书店1982年版）。从20世纪50年代后期到60年代初，刘先生在古代印度史领域辛勤耕耘，取得重要创获，研究成果大多在《北京师范大学学报》上发表，最有代表性的有《印度早期佛教的种姓制度观》，《北京师范大学学报》1962年第2期；《古代印度的土地关系》，《北京师范大学学报》1963年第4期。这些文章后来收入作者的论文集《古代中国与世界——一个古史研究者的思考》。直到今天，这些文章仍然频繁出现在古代希腊史和古代印度史研究者的参考文献中。

② 见卡尔·雅斯贝斯：《历史的起源与目标》，魏楚雄、俞新天译，华夏出版社1989年版，第8、9页。先生附带说明：当时我读的是英译本，知道了他的这些意思。这里引用中译文，只是为了便于读者朋友参考。

了我，这样我才作出了初步的自己的回应。其实，对于雅斯贝斯的哲学思想（存在主义），我有难以完全认同的感觉，但是在写那一篇文章时又无力予以分析与回应。所以，对于雅斯贝斯的挑战，迄今已经二十余年，我还欠着债未能还清。只要我们能够保持一定程度的清醒与自觉，那么，挑战就会是层出不穷的。个人终究是有限的，回应一切挑战几乎是不可能的，不过这种压力感，能使我们时时自知不足，不致陷于昏昏墨墨的自满状态，所以也是有意义的。

蒋：听了您的这一段话，我好像喝了一杯薄荷凉茶，您的清醒意识也让我有清醒之感。不过，雅斯贝斯所说的"整体意识"或"普遍性"以及它的内部结构究竟是怎样的，似乎未能给予系统的说明。您的文章还是给出了自己的分析与论证的。

刘：针对这个问题，我写出了《论古代的人类精神觉醒》①一文，试图用"人类精神觉醒"（这个提法也是借用雅斯贝斯的），即"人类经过对自身存在的反省而达到的一种精神上的自觉"来概括三地思想家的共同问题，并把它具体化为人类"关于自身对外界限的自觉"、"关于自身内部结构的自觉"以及"自身精神的自觉"三个维度或层次，我把这种觉醒解释为"人类经过三个方面的反省所达到的三个层次的自觉"②。我认为这三个维度或层次是古代轴心期文明的共同主题，思想家们在回应各自面临的现实挑战中，最大限度地挖掘了各自的潜力，焕发出各自的创造精神，在这三个主题上取得了各具特色的辉煌成就，为后来世界文明的发展开创了新的局面。总之，我是在雅斯贝斯的启发和触动下，在我的知识背景上，尽我所能，回应了我自己的一个内在挑战，如此而已。

蒋：这篇文章我读过不知多少遍，但都没有像今天这样听到您讲解后理解得透彻，实在是太好了！说来惭愧，您的文章我都认真地读了，当时感觉是看懂了，可是并未上升到这样的高度来认识。现在想来，的

---

① 原载《北京师范大学学报》（社会科学版）1989 年第 5 期，后收入《古代中国与世界——一个古史研究者的思考》，第 571—599 页。

② 刘家和：《论古代的人类精神觉醒》，《古代中国与世界》，第 572—573 页。

确应该重新思考啊!

刘: 希望你多谈谈你读后的看法。

蒋: 我觉得先生的《关于历史发展的连续性与统一性问题——对黑格尔曲解中国历史特点的驳论》一文就是回应黑格尔的挑战的代表作之一。您在文中指出,对于中国历史,黑格尔认为:"中国很早就已经进展到了它今日的情况;但是因为它客观的存在和主观运动之间仍然缺少一种对峙,所以无从发生任何变化,一种终古如此的固定的东西代替了一种真正的历史的东西";他把中国等东方国家的历史称为"非历史的历史";对于中国的史学,黑格尔认为:"在中国人中间,历史仅仅包含纯粹确定的事实,并不对于事实表示任何意见或者理解。"① 对于黑格尔的观点,您是这样说的:"黑氏在其《历史哲学》中对中国历史文化的根本性的误解或曲解具有两个特点:第一,他的全部论述与结论都是在历史的比较研究中进行的;第二,他的错误并非仅仅表现在个别的、零星的问题上,而是涵盖了历史的、史学的和理论的(历史哲学性的)三个层次,其本身就是一个三维结构的整体,因此,我们的回应,首先必须是以比较研究为基础的,同时应该且必须在这三个层次上来依次展开。这就是我们的此项研究涵盖着历史、史学和理论三个层面的比较的根本原因。"② 可见,您的研究是为了回应黑格尔的挑战。而且,您的回应有着很深的理论思考,就是您对挑战者的观点及其内部结构做了深入的研究,对自己的研究也有着深入的反省,所以才能有针对性地提出同样有结构的回应。您主持的重大课题"中西古代历史、史学与理论的比较研究"就是以此为基础展开的③。

刘: 的确如你所说,我那篇文章是为了回应黑格尔关于中国历史乃至历史发展问题提出的挑战的。当然也在一定程度上回应了自己的挑

---

① 黑格尔:《历史哲学》,王造时译,上海书店出版社 1999 年版,第 123、141 页。
② 刘家和:《关于历史发展的连续性与统一性问题——对黑格尔曲解中国历史特点的驳论》,《北京师范大学学报》(社会科学版) 2009 年第 1 期。
③ 刘家和:《中西古代历史、史学与理论比较研究》(国家哲学社会科学成果文库),北京师范大学出版社 2013 年版。

战，为什么这样说呢？因为，写了《觉醒》那篇文章以后，又觉得那只是在雅斯贝斯的基础上作了一定程度的发挥，对于黑格尔的挑战仍然远远回应不足。这又是自己能力的限度在挑战自己，我必须回应这个自我挑战。

蒋：可是，有人以为黑格尔距离我们太过遥远了，将近有两个世纪了，在这将近两个世纪时间里，出现了许多哲学家、史学家、汉学家，像刚才说的雅斯贝斯，还有汤因比、理雅各、高本汉、葛瑞汉、费正清，直到前些时候刚刚去世的倪德卫教授等等，他们对于中国历史表现出相当浓厚的兴趣和相当程度的尊重，他们对中国历史发展的阶段性和完整性给予了充分的肯定和再现，事实上已经克服了黑格尔的偏见，在这种情况下，还能说黑格尔的见解是一种挑战么？

刘：不错，黑格尔之后，在西方的确出现了许多认真研究中国历史和文化的学者，对于中国历史的发展也给予了相当程度的承认。但是，在理论上问题提得最深刻也最尖锐的，仍然要数黑格尔。这些问题本身一直没有从理论上给予认真的回应，也就是说这些问题一直存在着，怎么不是挑战呢？其实，是不是挑战不能只看时间的远近，更关键的，要看这些问题是不是给予了实质性的回答，是不是从根本上给予了解决。如果不是，时间再久远，仍然还是挑战。

蒋：先生说得实在是太好了，让我有顿开茅塞之感！其实，给我印象同样深刻的还有您的另一篇文章，就是《关于"以史为鉴"的对话》一文。我觉得，在这篇文章里，您彻底回应了黑格尔提出的更为严峻的挑战。

刘：说我对黑格尔历史不能为鉴说回应已经彻底，看来难免过誉。不过我却真是经过了不少于十年的寻思的。然而，它是否真的便于大家理解，我仍然没有自信。你对那篇文章印象如何？

蒋：印象较深，而且我最近又读了几遍，这次的体会比以前更深入了一步。您在文章中主要谈了两个问题，一个是黑格尔关于人们能否从历史中得到教训的问题；另一个是对于以史为鉴的本质的分析。关于第一个问题，我印象最深的就是您指出黑格尔在《历史哲学》中有一段对以史为鉴最具有直接挑战意义的话,并且对这段话作了深入的分析。您首先对英译和德文原文做了详细的核对,指出英译本在语言翻译上未能把黑格尔对于历史教训的否定态度明确而充分地呈现出来;然后又从历史观念和哲学背景上对黑格尔何以如此而英译者未能把握的深层原因揭示出来。在此基础上,您把这段话做了准确的汉译:"但是经验和历史给了我们的教训却是,各民族和各政府从来就没有从历史学到任何东西,而且也没有依照那就算是(原文用虚拟式过去完成时,英译、王造时中译皆无显示)从其(指历史)中抽绎出来的教训行事。"①接着,您又对这段话做了语法分析,指出这是由一个主句和并列的两个副句组成的复合句,主句"经验和历史给了我们的教训是",明白地告诉人们历史给了人们某种教训;可是两个作表语的副句却是"各民族和各政府从来就没有从历史学到任何东西";"而且也没有依照那就算是从其中抽绎出来的教训行事"。两句表达的是同一个意思,也是明明白白,历史从根本上说并没有给人任何教训。到了这里,您就直接点破了黑格尔在这个问题上出现了悖论(paradox)。您的分析非常清晰,非常雄辩,非常深刻,发现这个悖论,更是一个了不起的贡献!

刘:发现这个悖论并非易事,其实是经过很长时间思考的。

蒋:您为什么非要指出黑格尔的这个悖论不可呢?

刘:我之所以下力气分析这个问题,就是为了揭发黑格尔的轻佻!人们对黑格尔一直存在着某种迷信,为了破除这个迷信,就需要祛魅(Disenchantment)。只有一个东西可以祛魅,那就是先把最有魅力的地方揭穿,然后再层层剥皮。指出黑格尔的这个悖论,然后就要分析这个悖论何以出现。

蒋:是啊,我曾不止一次读到、听到有人引用黑格尔的这段话,以不屑或调侃的口吻对以史为鉴表示了不以为然。这样看来,指出这个悖论的确具有重要的意义啊。

---

① 刘家和:《关于"以史为鉴"的对话》,《北京师范大学学报》(社会科学版)2010年第1期。

刘：当然，祛魅并不是目的，真正的目的是要说明黑格尔对历史经验教训的真实态度。从他的话里面，可以发现三个问题，即：第一，历史经验给了我们的教训是，从来没有人从中得到任何教训；第二，即使有历史经验教训，人们也有拒绝的自由；第三，在古今变易中究竟有无相同或相通的经验教训。关于第一个问题：黑格尔所说的话是一个悖论（paradox），这一点我们在前面已经说过了。关于第二个问题：黑格尔认为，对于历史教训之取舍，人们有自己的选择自由。可是在我看来，对这一自由选择的结果，就不再有选择的自由了。而且，选择的历史前提条件也是不可以自由选择的。从拒绝接受历史教训而失败的例证，人们可以证明历史教训是存在而且起作用的。选择自由只不过是不自由中的自由而已。关于第三个问题：黑格尔认为在古今变异中没有相同或相通的经验教训。在他看来，因为历史的经验教训既然是在历史中产生的，那么它就必然离不开它所由以产生的历史条件，也就必然具有历史性。既然有历史性，就不具有永恒性或逻辑的无条件的必然性。当然，黑格尔也认为人类历史本身是有理性或必然性的，可是那只是世界精神自身展开的必然性，活生生的人在这种客观理性的绝对支配下，只不过是中了所谓"理性的狡计"（List der Vernunft，Cunning of Reason）的不自觉的演员而已。当然，我也承认，人类历史经验中的理性是有其历史性的，不过，人类既然生存于历史长河中，那就只能满足于具有历史性的历史经验教训。更何况历史的"变"之中也是有其"常"的，虽然历史流程中的相对稳定性或"常"在不同层次上并不相同，但是，只要在某个层次上有关的历史条件仍然存在，相应的经验教训就应该是有效的。从这个意义上说，历史仍然可以给人以有益的教训。

蒋：这就又回到以史为鉴的有效性问题了。

刘：是的。我的那篇文章接下来就对以史为鉴本身的有效性问题展开了讨论，你还有印象吗？

蒋：有的，这是我印象最深刻的部分。

刘：那谈谈你的看法好吗？

蒋：好的，不过我的叙述可能有些啰唆。我觉得您在这部分里对以史为鉴的本质的讨论对我有大启发,也是您对史学理论作出重要贡献的地方。给我印象最深的首先是您提出的问题。您的问题是:怎样理解以史为鉴的真实含义?以史为鉴又如何成为可能?我知道这个问题您很早就关注了。我的印象中最鲜明的是,2007年暑期在陕西师范大学召开史学理论研讨会上,您再一次郑重地提出这样的问题。您还具体地提出两个问题:其一是,古人以铜镜为鉴,因为从中可以看到自己,可是,如果以史书为鉴,那却无论如何也看不到自己,即使有同名同姓的人,那也不是自己,所以史书何以可能为鉴?二则,古人还以止水(完全平静的水)为鉴,因为止水平静如铜镜,而历史本身却像是一条长江大河,奔腾不息,哪里还有一点作为镜子的可能呢?您把问题提出来,会场上却毫无回应,您也就不说了。当时我也不明白为什么您要提出这个问题。在我看来,用历史上的经验教训来做借鉴,指导我们今天的社会实践,这是天经地义的呀,还有什么疑问吗?可是这几年来反复阅读您的文章,听您谈话,才渐渐地加深了对这个问题的理解。原来,怎样理解以史为鉴的真实含义对于我来说的确是一个问题,而且是一个非常严峻的大问题!带着这个问题又反复阅读您的文章,我才注意到:原来您在文章中指出以史为鉴是一种隐喻,并非平实的科学叙述。既然是隐喻,那么隐喻之词与被隐喻之物就只能是相关的二者,而非绝对的同一;既然是相关的二者,其间就只能有着某种意义上同一的关系。我们从水或铜镜中并未直接地看到自己,我们看到的是自己投在水或镜面然后又反射回来的一种影像,这个影像只是自己真实形象的一种反映,也就是反映了自己相貌的他者。具体地说,我们本来无法直接看到自己的形象,而只能通过他物(例如止水或铜镜)反射回来的影像才能间接地看到。按照黑格尔的说法,一个映现在他物中的存在叫做"本质"(essence),人要认识此物的本质,就必须到他物中去寻找此物在其中的映现。这个供我们认识此物映现的他物,黑格尔叫做"中介"。人要认识此物的本质,就要寻找到此物映现在其中的中介。您在文章中指出,人们对自己的本质也需要从多方面来认识,或者说人本来是具有多重本质的,为了认识不同的本质,就需要选用不同的材质为中介。您举的例子非常能说明问题,您说,要想知道自己的形象,可选用镜子;要想知道肺部健康情况,就要选用X射线照相;要想知道自己的历史处境与前程,就必须选用历史书。这是您对自己在西安提出的第一个问题的回答。由此您又进一步推演,人的生存状态不是静止不动的,而是有发展变化的;对于流变中的事物来说,最好以流变中的历史长河来为鉴。因为要想从当下来思考未来自己的处境和发展,那就要寻找到某种中介,从中可以看到前车之鉴。寻求前车之鉴,这就是以史为鉴!以史为鉴就是用史书作为中介以了解自己历史命运这个本质属性的一种方法。

刘:你说得好。看来你是真的读进去了。

蒋:您的论证实在是给以史为鉴这个千年命题做了充分的理论说明。您在这篇文章里的论证让我由衷地感到自豪:中国人完全可以站在理论思维的高度上与西方学术大师进行对话,这种对话是平等的,理论性的,富有启发意义和建设意义。我觉得,您的这篇文章真正在理论上回应了黑格尔对于以史为鉴的挑战。当然,您在文章末尾对于以史为鉴在实践中的限度表示要进一步研究下去。

刘:不过我绝对不敢以为自己已经很好地完成了这一回应。我相信自己的论证还会有不足之处,希望自己在将来也更属望于来者进一步克服我的缺陷,从而对于以史为鉴作出出色的论证来。

蒋:我现在的问题是,回应黑格尔的这个挑战意义究竟有多大呢?

刘:你知道,如果不回应,以史为鉴就彻底被颠覆了,我们的四千年文明史就这样被颠覆了。回应这个挑战是我们中国史学工作者应该负起的神圣使命!说到这里,我想起谈话开始不久时,你曾问:"为什么要把回应挑战当作能否创新的关键呢?这样说是不是太被动了?难道我们的学术工作就是为了回应别人对我们提出的挑战么?我们就不能向人家发起挑战么?"现在我试图也向黑格尔提出一项挑战。当然,黑格尔早已去世,不可能自己回应,那么现在可以提出来让大家评评理。如果我问错了,你也可以代表黑格尔反驳我呀。我的问题是:即使是充分表现了鲜明的逻辑理性特征的黑格尔的哲学,难道不是以康德的哲学为鉴才产生的?难道康德的哲学不是以莱布尼兹和休谟的哲学为鉴才产生的？再往上推，难道亚里士多德的哲学不是以柏拉图和希腊哲学史为鉴才产生的？黑格尔的哲学也是产生于历史中的，它的价值也在历史中，没有终结，哪有终结呢？他本人的哲学不多不少恰恰也就是历史的。如果不是以史为鉴，他的哲学怎能达到那样的高度呢？没有以史为鉴，人是不能反省的，只能站在原点上。黑格尔哲学本身即是以史为鉴的结果，他不以柏拉图、亚里士多德、康德为鉴，即不能成其为黑格尔！他的哲学本身即说明了这一点，看起来高耸入云的东西原来也在历史中。我们只有反思黑格尔才能有所进步啊。

蒋：是啊！黑格尔在《逻辑学》存在论正文开始之前，对从古希腊到康德的西方哲学史做了简明扼要的梳理和分析，然后才为自己的逻辑学确定了起点①。原来您做了这么深入的思考！

刘：我思考这个问题，也是为了在黑格尔面前讨一个公道，给以史为鉴一个生存的权利，给史学一个存在的理由！当然，我们也不能不公正地肯定黑格尔在人类文化史上的崇高地位。他的《精神现象学》、《逻辑学》、《小逻辑》都是充满了发展的历史意识的，他努力把人类意识的发生发展、逻辑的发生发展解说为历史的，提出逻辑与历史统一的观念，真了不起。可是，他把现实的历史又套上了他所设定的世界精神的牢笼，因此把问题弄颠倒了。我们挑战他、批评他，也是以他为鉴啊。看来迎接挑战永无止境，我毕竟已经是"80后"，人一老，锐气就差了。我还要向中青年学者朋友学习。

蒋：先生太谦虚了！

刘：我要郑重地说，这不是谦虚，而是我还没有糊涂到不想真正认识自己的程度。今天我们谈了很久"挑战"与"回应"（早年常译为"应战"）的问题，其实把这一对概念最广泛地运用于解释人类文明历史的是英国著名史家汤因比（1889—1975年）。在他所著的《历史研究》一书中，他把人类历史分为若干（具体数目先后之说不一）文明，

---

① 黑格尔："思想对客观性的第一态度：形而上学"，"思想对客观性的第二态度：经验主义、批判哲学"，"思想对客观性的第三态度：直接知识或直观知识"，见《小逻辑》，贺麟译，商务印书馆1980年版，第94—186页。

以文明为单位，而每一个文明都有起源、生长、衰落、解体的过程。他认为，在文明的全部进程中，回应挑战的成败也就是一个文明成败兴衰的关键所在。他的"历史形态"学说，具有鲜明的意识形态色彩，对历史结构的解说也有牵强附会之处，这里姑且不（也无暇）作评说。不过，他的挑战与应战的见解对于世人却颇有启发作用。他曾说过："历史证明对于一次挑战胜利地进行了应战的集团很难在第二次挑战中再取得胜利。""凡是在第一次取得胜利的人们很容易在第二次时'坐下来休息'。"[①] 他在书中引用了大量古今历史实例为证，这里无法备引，所以节用其提要之文。我们中华文明曾经在古代历史上成功地回应了挑战，从而取得过辉煌成就，可是后来逐渐困倦了，到了近代也曾面临着无力回应西方挑战的悲惨局面。现在中华文明要复兴，我们实在不能再"坐下来休息"了。对于学者个人来说，也是如此啊。任何一点成绩都有可能立即转化为一种安慰剂，使人昏昏欲睡；只有不断真切地自我反思，从而不断地自我超越，才能保持自己的精神处于清醒状态。尤其人到中年以后，因为或多或少已经做过一些事情，有了不同程度的成绩，就很容易吃老本，在不断简单复制自己的过程中衰老下去。对于这种没有前途的"前途"，我的内心深处充满了惶恐，生怕逐渐昏昏欲睡。怎么办？坚持每天温故而研新，这样就能不断发现自己的不足与无知，就像天天都用凉水洗脸，从而保持一定的清醒状态。不过，人毕竟变老了，精力已经有所不济。不想倚老卖老，那就只有多和中青年学者朋友交往，从他们身上汲取朝气了。

蒋：您的话说明了您还很清醒，也有利于我们清醒。

刘：关于这个问题是否先说到这里？多谢你的访问和"挑战"。再见。

蒋：多谢您的畅谈，再见。

［原载《北京师范大学学报》（社会科学版）2015 年第 2 期］

[①] 汤因比：《历史研究》，索麦维尔节编本，中册，曹未风等译，上海人民出版社 1986 年版，第 404 页。

再谈挑战

——访刘家和教授

邹兆辰

一、应对挑战是学术创新的关键所在

问：刘先生，您好！时隔几年，再次来与您探讨学术问题，这是非常难得的学习机会。此前读到您的文章《关于"以史为鉴"的对话》(《北京师范大学学报》2010 年第 1 期）和蒋重跃教授对您的访谈文章《在挑战与回应中前进——刘家和先生谈学术工作的基础》(《北京师范大学学报》2015 年第 2 期），今天想向您再次请教一下中国学者如何应对挑战的问题。

刘：多谢您多年以前，为了对我的访谈所做的充分的准备工作，至今我还未能忘。现在，您又做了充分的准备，来进行这次访谈。说实话，我真有点于心不忍。当然，为了学术您也就只能辛苦一点了！

问：从这两篇文章中看出，您认为回应挑战是与学术创新有关的。

刘：确实是这样。学术创新问题实在太重要了，这实际是学术能否真正传承和发扬光大的关键所在。人类历史就是在不断回应各种各样的挑战，而逐渐在创新中发展起来的。学术研究是人类生活中的一个重要部分，也需要积极发现并回应挑战，在克服困难中前进。

问：为什么要把回应挑战看得那么重要呢？

刘：我是把回应挑战当作学术能否创新的关键问题。蒋重跃教授在上次对我的访谈中曾经问我：这样说是否太被动了？我们的学术工作难道就是为了回应别人对我们提出的挑战么？我们就不能向人家发起挑战么？我回答他说：这里我所说的挑战，是就其深层意义而言的，不仅是指人家向我们发起的挑战，而且更为重要或者说更深层次的，是我们必须能够自己向自己提出挑战。

问：这个提法很新奇，为什么我们要向自己提出挑战呢？

刘：这个问题提得很好。我们所以要向自己提出挑战，是因为当他人提出挑战的时候，我们自己是挑战的对象；需要我们回应时，我们自己就转变为主体。作为主体时，你自己是否有能力发现或意识到这是一种挑战，这很重要。发现了或者意识到了，自己又是否有能力来面对并且回应这种挑战呢？如果一时没有能力，那么是否能积极准备以求今后能加以回应呢？这些就属于自己对于自己的挑战了。概括地说，这包括对自我能力极限的挑战和自我选择的挑战。

应该说，每一位学者都有他自身能力的极限。如专业的选择就往往规定了我们能力极限的范围。当然这也不是绝对的。我们选择的学科是史学的研究领域，这就包括人类生活的历程以及所能给予我们的经验教训。这里选择的挑战是明显存在的，在具体进行选择的时候，又不可避免地有着两种相互区分而又联系着的问题，即学术使命的理想目的与学者个人的功利目的。就像孔子所说："古之学者为己，今之学者为人。"在孔子所说的"为人"与"为己"两种可能面前，怎么办？这就是自我选择的挑战。如果不能认真挑战自己，严格要求自己，从而学风不振甚至不正，怎么能严肃面对并切实回应他人的挑战呢？所以严格地说，能够切实挑战自己才是回应外来挑战的必要条件。其实，这样的严肃挑战自己的历程，往往是与回应外来挑战的历程相一致的，这样才有可能一步一步切实回应他人的挑战。

问：您这里所说的自我挑战的问题，确实对我们很有启发。要想在学术上有所进步，就必须不断地对自己提出挑战。那么我们怎样才能实现这种自我挑战呢？

刘：我觉得最简单的办法，就是要不断地、严格地质疑、追问自己。比如，每引一条材料，就要考问自己：材料的出处是否可靠？材料的内容是否可信？自己真弄懂它的意义了吗？再如，每提出一个见解，就要质问自己：思维的逻辑是什么？自己真正弄清楚了吗？这样一步一个脚印地对自己追问下去，在不断的自我否定、自我超越中前进。这也就是自我挑战。

问：您说得很有道理。那么您这种自我挑战的意识是从哪里来的呢？

刘：这种自我挑战的理性自觉，我是从前贤那里学来的。老子曾说过："知人者智，自知者明。胜人者有力，自胜者强。"这几句话不难读懂，好像是在给"智"、"明"、"有力"和"强"下定义似的。其实，老子告诉我们的是：知人的"智"和胜人的"力"，对于每一个人来说都是有限度的，因为到底是否能知、能胜，那要看对象的条件。而自知的"明"和自胜的"强"，对于每一个人都是无限度的。只要我有自知、自胜的志愿和理想，那就是谁也阻挡不住的。所以，人必先自知，然后才可能知人；必先自胜，然后才可能胜人。这种自知与自胜，实际上是人的一种高度自觉、高度专注的精神状态。我对于自我挑战的理性自觉，应该说是从前贤那里学来的。

问：您说的自我挑战的意思明白了，您能够把如何应对挑战的问题说得再具体一点吗？

刘：挑战一般用来指较为严肃的问题，有时会指生死攸关的问题。既然有挑战，那就不能不具有清醒、积极的回应意识与意志。人一旦意识到自己面临挑战，而且要回应这种挑战，那就不应该昏昏欲睡了，就应该全神贯注地、全力以赴地去回应。就是说，必须要有一种清醒的状态。有了这种状态，才会想方设法回应挑战。学术研究当然也需要有这样的清醒状态。我们的问题，要在挑战和应战中去发现；我们的方法，要在挑战和应战中来锻炼。我们学术工作的基础，也要在挑战和应战中不断加以调整。对于学术研究来说，最重要的是要能发现问题，然后是能找到解决问题的办法。但是要做到这两点，离不开知识结构的调整，也离不开学术工作基础的改善。

问：您能不能从您自身回应挑战的事例给我们一个更具体的认识呢？

刘：好！那就请您关注一下《关于"以史为鉴"的对话》(《北京师范大学学报》2010年第1期）那篇访谈吧！

二、从黑格尔关于"以史为鉴"的一段话说起

问：我已经看过了《关于"以史为鉴"的对话》这篇文章。我看您所说的回应挑战的问题，主要是从黑格尔《历史哲学》中关于"以史为鉴"的一段话引起的。这句话为什么会引起您这样特别的注意？

刘：确实如此。我曾经说过，我自己对"以史为鉴"的问题总有一种"放心不下"的情结。这是由于我不只是读中国史学、经学方面的著作，如果那样就不会发现这个问题。西方的历史文化使我的思考常常面临一种挑战。这里我难以忘怀的就是黑格尔所说的那段"以史为鉴"的话。

问：您说的是哪一段话呢？

刘：您看，这是我1959年读过的黑格尔的《历史哲学》。我画红线的这句话说："人们惯以历史经验的教训，特别介绍给各君主、各政治家、各民族国家。但是经验和历史所昭示我们的，却是各民族和各政府没有从历史方面学到什么，也没有依据历史上演绎出来的法则行事。"这段话不知您看了有何想法。这是不是对于"以史为鉴"说的直接挑战呢？我想他的话并非不值一驳，不理不行。问题在于如何回应。黑格尔的那段话，使我不能不深思的是他的那一套思想体系与深远的哲学史的背景。我觉得黑格尔那一段话里有合理之处，也有其自身的问题。

问：我确实看不出这段话有什么问题，您认为他的这段话就是一种挑战吗？

刘：他的那一段话虽然说得机警锋利，但是仔细分析是有问题的。黑格尔说，历史的经验可以给人以教训，但又说从来没有人从中得到过任何教训。这句话看起来好像谈得很深刻，但其实它本身就是一个悖

论。如果肯定前面的主句，即历史经验给了我们教训，这样的话，断言从来就没有人从中学到任何教训的后一句就不能成立了。反过来说，如果副句的判断成立，那么主句就不能成立。这是一种自我矛盾。另外，黑格尔在后面接着说，即使历史经验真给人们留下了教训，那也是没有人会接受这种教训的。为什么呢？他在那段引文之后接着解释说："每个时代都有它特殊的环境，都具有一种个别的情况，使它的举动行事，不得不全由自己来考虑、自己来解决。当重大事件纷陈交迫的时候，一般笼统的法则，毫无裨益。回忆过去的同样情形，也是徒劳无功的。一个灰色的回忆不能抗衡'现在'的生动和自由。"

黑格尔的这段话可以从两方面解读：一是历史经验教训与人们的自由选择之间关系问题，二是在古今变易中究竟有没有相同或相通的经验教训。

首先看历史的经验教训与人们的自由选择是什么关系。我觉得，黑格尔如果是在依据经验说话，那他的话大体就不会离谱太远。他说，对于历史教训人们有自己的选择自由，这话的确不错；对历史教训持不接受态度的事例在历史上确实太多了。所以，他的话里是有正确的地方。中国人从很早就坚信：以民为本从而得民心者得天下，残民以逞从而失民心者失天下。这就是一条很重要的历史教训。可是在殷商、秦、隋三个朝代的末世都拒不接受这个教训。所以，历史教训的确是值得重视的问题。不过，黑格尔这里只说了有不肯接受历史经验教训的人，那么还有没有肯接受历史经验教训的人呢？既然他承认，人们对于历史经验教训是有接受与否的自由的，那么人们选则接受历史经验教训在逻辑上就是不能被排除的。因为，如果没有两种以上的选择出路的话，那就谈不上有选择的自由。逻辑上既然不能排除，那么在历史事实上是否曾经存在呢？

黑格尔的回答是否定的，至少是存疑的。这样的结论不符合历史事实。大家知道，在殷、秦、隋等王朝拒不接受历史教训而灭亡的同时，还有周、汉、唐等王朝因乐于接受历史教训而兴起。怎么能说没有人接受历史的经验教训呢？所以，黑格尔在这里犯了以偏概全的错误。因为讨论还在经验的层面，黑格尔是在经验分析论证中犯了片面性的错误。

问：这是您要谈的第一个问题。现在您是否谈谈第二个问题，在古今的变易中有没有相同或相通的经验教训？

刘：我对这一个问题的答案十分明确，那就是没有。为什么呢？因为历史的经验教训既然是在历史中产生的，那么它就必然离不开它所产生的历史条件，换句话说就是具有历史性。它是依据具体的历史条件而产生的，也必然随历史条件的变化而变化。以中国历史为例，在三代时期，王朝必须分封诸侯才能维持统治，不论是名义上的或事实上的分封，所以诸侯之国往往能长期存在；而汉初分封的功臣侯者到汉武帝时就没有什么了。那么汉朝为什么不接受三代的历史经验教训呢？司马迁在《史记·高祖功臣侯者年表》序中有一句话说得很好："居今之世，志古之道，所以自镜也，未必尽同。帝王者各殊礼而异务，要以成功为统纪，岂可绲乎？"这说明他已经清楚地认识到有些历史经验教训是会随着历史条件的变化而变化的。

问：我们从中国的历史事实中可以看到，人们对于历史的经验教训采取什么态度，是有选择的自由的。

刘：确实是这样。通过以上我们所举殷、秦、隋之所以亡而周、汉、唐之所以兴的事例，恰好证明了这样的道理：人们对于历史经验教训的取舍是有选择的自由的；可是，人们对这一自由选择的结果，就不再有选择的自由，也就不能随心所欲了。所以，我们看到殷商、秦朝、隋朝先后都因拒不接受历史的教训而"无可奈何花落去"；而周、汉、唐等王朝，却因为能够虚心地接受历史教训而勃然兴起，并在中国历史长河中熠熠生辉。因此，我们承认黑格尔所说的，人们对历史经验教训是有取舍选择的自由，但是不能因此就看轻历史经验教训的存在与意义。同时，这样的事例还告诉我们：殷商、秦、隋等王朝的末世拒之而亡亦即周、汉、唐等王朝受之而兴的历史经验教训，在选择自由的背后却有着结果的必然性；这种结果的必然性正好说明，上述历史经验的教训的本身有其固有的稳定的特质。

问：我想追问一下：为什么不同朝代的统治者会有不同的选择呢？

刘：我想不论我们怎么说结果的必然性，人们在历史面前选择意向的自由总是有的。对于同一个历史经验教训，殷商、秦、隋与周、汉、唐所以会采取截然对立的选择，是什么原因呢？我想对于这样的国家大计，一个统治者恐怕是不会完全掉以轻心的。但在考虑是否接受历史经验教训的时候，他们总会给自己的决策找出理由，他们的根本依据恐怕只能是自身或阶级的最大利益。在同一个历史时代并且面对同一个历史经验教训，殷、秦、隋等王朝采取拒不接受历史教训的态度，而周、汉、唐等王朝却采取了乐于接受历史教训的态度。为什么会有这样对立的选择呢？这是因为他们的现实利益本身是对立的。如果要问他们的现实利益为什么是对立的？这就不是他们自己能够自由选择的了。因为他们各自处于不同的历史前提条件，而历史的前提条件对于他们来说就不是可以自由选择的了。因为这些条件是既定的。也就是说，他们各自的自由选择中存在着历史前提的不自由，因此他们各自的选择自由只不过是不自由中的自由而已。

问：您在《关于"以史为鉴"的对话》中有很大一部分是谈怎样理解"以史为鉴"的。我们应该怎样理解呢？

刘：我想，既然谈到"以史为鉴"，这里首先要涉及历史经验教训的有无及其是否有用；然而这只是"以史为鉴"包含内容的一部分，并非其全体。所以，我们要搞清楚什么是"以史为鉴"，还要从确切把握它的真实含义着手。

"鉴"是什么？是镜子。所以"以史为鉴"就应该是用历史来作镜子反照自己。不过要注意一点，当我们拿镜子来照自己的时候，在镜子里出现的是我们自己；而当我们以史为鉴的时候，那么从作为镜子的史书里看到的却没有自己，而是前人或前人的事。这就会让人怀疑"以史为鉴"这个比喻性说法的确切性与可能性。再一点，"以史为鉴"的"鉴"字原来是写作"监"字。《十三经注疏》本里，《诗经》说周人以殷为鉴的时候是写作"鉴"字；而在《尚书》里却一般都作"监"。孔子也说："周监于二代，郁郁乎文哉。"这里的"监"字还是作"鉴"来用的。"监"的繁体字"監"，其左上角的"臣"字本是眼睛的象形，右上角是"人",下面是"皿"字上面加"一",这个"一"表示皿中的水。这样整个字形就表示人用眼睛看器皿中的水,也就意味着是对照盆里的水来照见自己。因为止水的表面是光滑平静的,可以代替镜子。至于流水,它就没有止水的上述特点,大概没有人站在江河边上临水照自己。而历史恰恰是一条后浪推前浪的不断奔腾前进着的长江大河,这样看来,历史又怎么可以为"鉴"呢?

问:是啊,您这里说的意思是流水不可以为鉴,那么怎样才能从历史中汲取经验教训呢?

刘:我的意思是说,如果您的意向是要知道自己的历史处境,那就不能用本质是静态的镜子来作为中介,而只能用本质是动态的历史来作为中介了。我想举一个历史上的例子:当周公协助武王伐纣的时候,他们从作为中介的历史中所得的反映是革夏命时的商汤,到了他们推翻了殷商并取而代之的时候,情况已经发生了翻天覆地的变化,原来的"小邦周"变成了"赫赫宗周",原来的"天邑商"、"大邦殷"变成了"殷小腆"。这一种历史的变位,使周登上了殷商当初的天子地位。这时周公从自己的新处境出发,再把意向投向历史时,他得出了两类反映。一类是尚未被推翻前的纣,他处于"天子"之位却残民以逞,结果就是灭亡的下场;另一类是所谓的"殷哲王",他们因勤政爱民而能享国长久。就是说,周公看到当时已经成为天子的周王能够从殷人典册里看到了正负两类影像:哲王或暴君。这两类相对立的影像有着两类相对立的结果。这样,周公面临着作为镜子的史书中提供的两种可能选择,他选择殷哲王作为典范。从多篇《尚书》里,我们可以看到他反复申述必须以民为本、"保民而王"。从这个例子里可以看出,主体总处在变化中,其意向性也就会在变化之中;而变化了的意向投向历史的时候,其反映也就必然发生变化。这就是说,止水或镜子在这时已经不能充作中介了,只有流动着的历史才能起到反映动态的作用。这里,我们是否可以对"以史为鉴"作这样的理解:临流水不能照面部;而情同流水的历史却能作为历史人物的中介,能从中反映出一种动态的历史趋向。

三、如何才能具有应对挑战的条件

问：您这里对"以史为鉴"的解释使我们有茅塞顿开之感。有了这两层意思，才让我们弄明白，究竟什么是"以史为鉴"。从您上面谈的情况来看，您对黑格尔的有关问题的思考已经历了很长的时间，您是一直在思考着回应挑战的问题。问题是您为什么能够回应这种挑战？换句话说，回应挑战需要具有什么样的条件呢？

刘：我觉得回应这种挑战需要有一个长期的思考过程，并且把问题本身弄清楚。今天，我把我看到的《历史哲学》的各种版本都找了出来。我要跟您面对面地把我对这个问题的思考过程讲一讲。我1959年看到黑格尔《历史哲学》，是1956年三联书店出版的王造时译本。我看到了这段话，就是我画了红线的这段。他说："人们惯以历史经验的教训，特别介绍给各君主、各政治家、各民族国家。但是经验和历史所昭示我们的，却是各民族和各政府没有从历史方面学到什么，也没有依据历史上演绎出来的法则行事。"这里他强调各君主、各政治家们没有"学到什么"，也就是没有学到"历史经验的教训"。我觉得这个观点与我们习惯的《资治通鉴》的思想是对立的。这里有两个问题：一是历史有没有教训？黑格尔说"没有从历史方面学到什么"。那么历史有没有经验教训呢？历史告诉我们，历史是有教训的。而他的意思是说谁也没有得到教训，谁也没有按照历史的法则办事，原话是说"没有依据历史上演绎出来的法则行事"。

1959年我读到这里时就有所怀疑。我想是不是翻译的问题造成的，于是就找英文版的《历史哲学》来对照，同时又看了黑格尔的《小逻辑》。因为只有读懂《小逻辑》才能读懂《历史哲学》。这是在1960年读的。后来我又读了黑格尔的哲学史。读了这些，还是有些问题不懂。我当时为什么要自我挑战呢？首先，是要挑战我自己的极限。以后，就是"四清"、"文革"了，这种书就不能再读了，于是就读马克思的书。以后，又重新读了黑格尔的《历史哲学》、《小逻辑》，但只能看中文版的了。

20世纪80年代中期以后，我开始重新考虑史学理论问题。于是，我就复印了《历史哲学》的英文版，发现英文版中我所怀疑的那句话和王造时的中文译本是一致的。对此我还是放心不下，觉得这里还是有问题。到90年代时我就下决心找德文版来看一看。当时，找不到德文版的《历史哲学》，于是就到北图去找德文版的《黑格尔全集》，从第八卷中找到了这部分，也找到了这句话。我根据德文版的文字来校对英文版的这句话，发现英文版有的地方译错了。为什么说译错了呢？英文版说"也没有依据历史上演绎出来的法则行事"，从这里看黑格尔是承认历史中能够演绎出法则或规律的。但在德文版中，黑格尔使用的是虚拟语气：就算是有演绎出来的规律，也没有按照其行事。我反复地对照了几遍。我还把这句话放到他的书的整个一章来看，以及《小逻辑》提供的思想背景来看这个问题。原来黑格尔认为，历史的规律没有逻辑规律那么严格。比如A大于B，B大于C，则A大于C。这是永远正确的。但历史有没有这种规律？历史的规律永远是历史的。原始社会的规律只能说明原始社会，但人心的向背决定政权的得失存亡这种规律也永远是正确的。所以，要以人为本，否则迟早会垮台。我们承认历史规律和逻辑规律是不一样的。人本身就是历史的。

问：这就是说，您是在读了黑格尔《历史哲学》的德文版以后，对于他的这句话的问题才有了进一步的认识，才坚定了您应对挑战的信心。这样看来您的德文水平也是比较高的。

刘：我没有那么高的德文水平，我在这句话的翻译中发现的问题是请教了德文专家的，他认为我的思考是对的。经过这一番研究，我才把我的意见拿出来。我是从1959年开始读黑格尔的著作的，并且开始思考这个问题，到2010年才正式发表出来。这中间经过了50年。如果我不确信我的观点是正确的，我就不发表出来。花了这么长的时间代价，我觉得这个结果的性价比还是很值得的。

黑格尔认为历史是有规律的，但这个规律是精神的规律，是历史的理性。他是按照自由的发展来讲规律的。黑格尔讲这些话大约是在

1821—1830年，即鸦片战争前的10年，这期间他谈过五次，到今天快200年了。但这种挑战我们不知道，不知道就无法去回应。我们只能对自己进行挑战，才能发现别人的挑战。

问：从以上您所谈的情况来看，原来您对黑格尔关于"以史为鉴"的问题的观点早就有自己的看法，就是还没有找到回应的机会。您一直对此耿耿于怀，于是才有了2010年的这篇《关于"以史为鉴"的对话》。我看蒋重跃教授对您的文章评价说：您的论证实在是给"以史为鉴"这个千年命题做了充分的理论说明。您在这篇文章里的论证让我由衷地感到自豪：中国人完全可以站在理论思维的高度上与西方学术大师进行对话。这种对话是平等的、理论性的、富有启发意义和建设意义。我觉得您的这篇文章真正在理论上回应了黑格尔对于"以史为鉴"的挑战。蒋教授的话恐怕是代表了晚辈们对您的这种精神的评价。

刘：首先我绝对不敢以为自己已经很好地完成了对这一挑战的回应。我相信自己的论证肯定还会有不足之处，希望自己在将来也更属望于来者能够进一步克服我的缺陷，能够对于"以史为鉴"的问题作出更好的论证。

回应黑格尔的这个挑战究竟有多大意义呢？我可以说，如果不回应，"以史为鉴"的理论就会彻底被颠覆，我们中华民族的文明史也就这样被颠覆了。回应这个挑战应该是我们中国史学工作者担负的神圣使命！当然了，黑格尔本人早已去世，他不可能自己来回应。现在我提出来可以让大家来评评理，如果我问错了，你也可以代表黑格尔来反驳我呀！我要问的问题是：即使是充分表现了鲜明的逻辑理性特征的黑格尔哲学，难道不是以康德的哲学为鉴才产生的吗？难道康德的哲学不是以莱布尼茨和休谟的哲学为鉴才产生的吗？如果再往上推，难道亚里士多德的哲学不是以柏拉图和希腊哲学史为鉴才产生的吗？黑格尔的哲学也应该是产生于历史之中，它的价值也在历史中，没有终结。哪有终结呢？如果不是"以史为鉴"，哪有他的哲学啊！

我想我今天思考这个问题，也是为了在黑格尔面前讨一个公道，给"以史为鉴"一个生存的权利。给史学一个存在的理由！我们也不能不公正地肯定黑格尔哲学在人类文化史上的崇高地位。比如他的精神现象学、逻辑学、小逻辑等等，都是充满了发展的历史意识的。他努力地把人类意识的发生发展以及逻辑的发生发展解说成为历史的，提出了逻辑与历史统一的观念。这真是了不起！可是，他把现实的历史又套在了他所设定的"世界精神"的牢笼里，因此就把问题弄颠倒了。今天我们挑战他，批评他，也正是以他为鉴啊！看来迎接挑战是永无止境的，我毕竟已经是88岁的老人，人一老，锐气就差了，所以我还要向中青年学者朋友学习！

问：您虽然已经是88岁的老人了，但是您应对挑战的精神，绝对是值得年轻人学习的。

刘：我还要补充说一点是，今天我们谈了很久"挑战与回应"，早年常译为"应战"。把这一对概念最广泛地运用于解释人类文明历史的应该是英国著名史家汤因比（1889—1975）。大家知道在他所著的《历史研究》一书中，他曾把人类历史分为若干"文明"。他以文明为单位，认为每一种文明都有自己的起源、生长、衰落、解体的过程。他认为，在文明发展的全部进程中，回应挑战的成败就是一个文明成败兴衰的关键所在。不可否认，他的"历史形态"学说，具有鲜明的意识形态色彩，同时对历史结构的解说也有些牵强附会之处。不过，他对于挑战与应战的见解对于今天的人们却很有启发作用。比如他曾说过：历史证明，对于一次挑战胜利地进行了应战的集团很难在第二次挑战中再取得胜利；凡是在第一次取得胜利的人们很容易在第二次时"坐下来休息"。他引用了大量古今历史实例来证明他的观点。我们中华文明曾经在古代历史上成功地回应了挑战，从而取得过辉煌成就，可是后来逐渐困倦了，到近代也曾面临无力回应西方挑战的悲惨局面。所以，现在中华文明要复兴，我们实在不能再"坐下来休息"了。对于学者个人来说，也是如此啊！任何一点成绩都有可能立即转化为一种安慰剂，使人昏昏欲睡。只有不断真切地自我反思，从而不断地自我超越，才能保持自己的精神处于清醒状态。尤其是人到中年以后，由于已经做过一些事情，有了不同程度的成绩，就很容易吃老本，很容易在不断简单地复制自己的过程中衰老下去。这是一种没有前途的"前途",我的内心深处充满了惶恐,生怕自己逐渐昏昏欲睡。怎么办?那就坚持每天温故而研新,这就能不断发现自己的不足与无知,就像天天都用凉水洗脸,从而保持一定的清醒状态。

问:您说的这些话不仅仅是对自己的鞭策,对每一个史学工作者都有警示作用。我个人觉得能不能应对挑战,特别是自觉地、理性地应对挑战,虽然与年龄、学历有关,但更重要的还是知识结构、思维习惯以及对于史学工作者使命感的认识问题。您的这种深入探研、富于思考的精神,是值得我们学习的。

谢谢您的谈话!祝您健康长寿,学术之树长青!

刘:谢谢您!谈的有不合适的地方请您和读者朋友们指正。

(原载《中国史研究动态》2016年第3期)

拜嘉感言

刘家和

《丽泽论史集》即将出版，对此我既心怀感激，却又不胜惶恐。因为撰文诸君皆为历年论学之友，而所论又为不佞历年之作，且谬蒙过爱，奖誉难免逾分，展读之下，能不汗颜？

虽然如此，撰文诸君并非学林乡愿，而皆各具自身独立学术人格之学人，在评论拙作时，即展现了他们自身的思路。即使其中曾经从愚问学者，自开学之时即约定师生即朋友，在学术问难之际必以求是为归依，互以建立各自独立学术人格相期许。因此，可以相信他们言必由衷。这就让我思索，为何撰文诸君于愚多所过誉呢？举例来说，他们知道我曾多次阅读《说文解字》，也还知道一些小学，就以为我精于小学，其实如果拿《说文》来考我，照样还有很多字记不住了。对于外文就更加如此，诸君见到我对某些学科的比较生僻的词似乎很熟，就以为我识字必多，其实在许多方面的词汇都不够。由此可见，诸君见到的往往是我所展现出来的长项，而不容易看到长项背后的短板。何况诸君对我均满怀鼓励之情，当然，我不能"责备于贤者"，而应当由此多自反省，好好反复研读《荀子·解蔽》，在不断自我否定中超越自我，以副诸君之厚意。

以上所言，皆因各篇均涉及我，我自当郑重致谢、反思。如果从《丽泽论史集》中所涉及的中西史学的比较研究的学术内容本身来看，那么书本身就只能是一部学术论文集。按《周易·兑卦象辞》："丽泽，兑，君子以朋友讲习。"丽泽就是二水交流，象征学者之间的学术交流，因此就被命名为《丽泽论史集》。在这部文集中，我的作用是一块砖，由此引出一群玉；希望这部文集再作为一块砖，抛出后引出更大的一群玉，群策群力，把我们中国的中西文明比较研究逐渐推向更高的高峰，此即这篇感言的最高期望。

2020 年 8 月 15 日